イスラーム基礎講座

ISLAMIC BASIC COURSE

渥美堅持 著

ATSUMI KENJI

東京堂出版

イスラーム基礎講座◎目次

序　イスラーム教理解のために
――アッサラーム・アライコム

プロローグ　18
本書は専門書にあらず　24
イスラーム教の理解は日常語で十分　27
イスラーム教理解のために
「預言者」は「予言者」ではない　28
混乱をもたらしたヨーロッパからの知識　30
単純な疑問からの出発　32
イスラーム教徒としての視点から見る　34
宗教の日本的共存スタイルを認識　36
日本的宗教感覚を捨てること　38
本書の内容構成
ファジルの章　42
ズフルの章　42
アスリの章　43
マグリブの章　45
アシャーアの章　46

1　アラブ人の思考と行動様式
――ファジルの章

風土が生み出したアラビア民族の思考性
アッラーがアラブ人を選んだ　52
強力な選民思想　52
疑問の発生　53
なぜアッラーはアラブ人を選んだのか　53
鍵はアラビア語、アラブ人にあり　54
平和と秩序を求める人々　54
受領者としての条件　55
整っていた啓示への理解　57
なぜアラブ人はイスラーム教を理解できたのか　58
知識がなくともイスラーム教を理解できたアラブ人　59
思考と行動様式の源泉―風土と歴史　59
アラブ人の思考の源泉―沙漠　60
預言者モーゼに見る風土　60
異質なアラブ人と日本人　61
沙漠的環境で育まれたアッラーと人間の関係　62
「出エジプト記」に見る律法の民　63
沙漠に一神教思想の源泉あり　63
日本人と沙漠
一神教と無縁な世界―日本　65

日本人を作った日本の自然　66
人間中心の世界―日本　67
理解できなくて当たり前、日本とアラビア　67
日本人の沙漠観　68
「沙漠」と「砂漠」　69
湾岸戦争に見る日本人らしい誤解　70
私の見た沙漠世界　71
イスラーム教は沙漠の民に降りた宗教ではない　72
沙漠が与えた思考と行動様式
沙漠の砂と日本人の土がもたらす世界観　73
砂粒がもたらす非連続的世界観　74
両極的にして直線的景観を見せる沙漠　75
アラビア語にも見られる両極性の具体例　76
目線で見る日本人、俯瞰的に見るアラブ人　78
人間臭さを生む酷暑・酷寒と乾燥　79
酷暑と乾燥を利したアラブ人の戦法　80
沙漠で生き抜く方法　81
人間臭い世界―沙漠　82
サダム・フセインの行動は沙漠的常識　82
沙漠は強い忍従性と巧妙な交渉能力を育む　83
アラビアのローレンスに見る沙漠人の美学　84
自然崇拝とは無縁な不毛の世界―沙漠　85
イスラーム教に見る沙漠的思考性
イスラーム教に見る両極的思考性　86
現実的思考で解釈するアラブ・イスラーム教徒　88
イスラーム教に見る直線的思考―現世と来世　90
イスラーム教に見る非連続的思考―断続的歴史観　92
イスラーム教に見る俯瞰的思考性　95
2
イスラーム教の降誕と預言者時代　――ズフルの章
アラビア民族の登場
現代のアラビア　98
そもそもアラブ人とは誰のことか　99
アラブ人にとってアラブとは　99
アラブ人の二大潮流　102
アラブ人はどこから来たか　103
歴史に登場したアラビア民族　103
アラブ人の歴史伝説は伝える　104
対立する二つの部族　106
闘争のアラビア
沙漠で生きていくための必要不可欠な能力　107
埋められた女児達　108

アラビア的部族社会 108
沙漠で生まれたアラビア的民主主義 110

イスラーム以前のアラビア世界

アイヤーム・ル・アラブ 111
部族的秩序と英雄の時代 111
訪れた繁栄の時代 112
堕落をもたらした繁栄 113
メッカの支配者─クライシュ部族 114
ジャーヒリーヤ時代 114
腐敗は崩壊をまねき滅亡をもたらす 116
セム族的危機意識の芽生え 117

ムハンマドとイスラーム教の誕生

クライシュの子─ムハンマドの家系 118
貧しき名門の子─ムハンマドの誕生 119
孤児となるムハンマド 120
有能な商人─ムハンマド 120
知的にして豪商の寡婦《かふ》ハディージャとの結婚 121
ムハンマドという人 122
危機感を深めるムハンマド 123
苦悩するムハンマド 124
ヒーラーの洞窟にこもる 125
イスラーム降誕 125
アッラーの郵便配達人ムハンマドの誕生 126
ムハンマドは単なる人間で単なる使徒 127
なぜ、人はそれをアッラーの言葉であると信じたのか 128
至上の音楽─アル・クラーン 129

原イスラーム教世界の誕生

イスラームへの誘《いざな》いのはじまり 130
最初の入信者 130
ジャーヒリーヤへの挑戦 131
硬軟政策をもって臨んだクライシュ部族 132
クライシュ部族の有力者が入信 132
エルサレムへの夜の旅「アル・イスラーゥ」 134
ムハンマド、アッラーに会う「アル・ミアラージュ」 134
アッラーがムハンマドに語ったこと 135
イスラーム教の聖地となったエルサレム 136
本拠地の移転 137
移住「ヒジュラ」への旅 137
湾岸戦争を正当化した移住への旅 138
ヤスリブでの生活 139
最初の「アザーン」が響き渡った 140
ヒジュラ暦の始まり 141
イスラーム革命の成立 141
部族意識からイスラーム意識の定着 142
新たな連帯意識の登場 143

原イスラーム教国の出現　144
イスラーム的平和郷（ダール・サラーム）の出現　145
最高統治者アッラーの君臨する世界　146
預言者ムハンマドの死　146
イスラーム世界崩壊の危機　147
アル・マディーナの誕生　148
カリフ時代の幕開け
預言者の代理人の選択　149
預言者の代理人カリフとは　149
カリフの選出はアラブ式方法で　151
アラブ世界における指導者の条件　151
アラブ的色彩の濃い初期イスラーム教世界　152
正統カリフ時代――拡張と分裂へ
正統カリフ時代とは　153
第一代カリフ―アブー・バクル　154
第二代カリフ―ウマル　154
第三代カリフ―ウスマーン　155
第四代カリフ―アリー　156
事態を複雑にした預言者の寡婦アイーシャの存在　157
イスラーム教最初の分派ハワーリジュ派の誕生　158
アラビア語世界への逆走　160
誕生した抗争の二大勢力　161

3 多様化し拡散するイスラーム世界――アスリの章

歴史への登場
沙漠からの脱出　164
土地を開拓するという感覚のないアラブ人　164
いよいよ中東の檜舞台へ　165
アラビア半島の支配と支配体制のシステム　166
庇護民（ジンミー）の誕生　167
二大帝国への挑戦　168
攻略の戦術―辺境のアラブ人国との協調　169
生きるための征服の開始　169
新連帯意識の勝利―三日月地帯の新支配者へ　170
征服はなぜ成功したのか　171
勝利の秘密兵器―イスラーム教による連帯意識と背水の陣　171
徴税こそ大いなる目的　172
点と線を支配せよ　172
新社会構造の誕生　173
偉大なる文明との出合い　174
異文化化するアラビア　175
アラビア化する先住民　176
新たな顔―アラビア語世界の出現　176

アラビア離れするアラビアの子孫達　178
新アラブ人の誕生　178

拡張、定着、そして分裂するアラブ・イスラーム世界

布教とアラビア民族　179
自発的なイスラーム教への改宗　180
非アラブ系イスラーム教徒の誕生　180
新アラブ人のもとで多様化するイスラーム教世界　181
原イスラーム教から離脱するイスラーム世界　182
連帯意識を低下させたイスラーム教世界　182
連帯意識の崩壊が招いたアラビア民族の終焉《しゅうえん》　183
危機意識の誕生　184
回帰運動の発生　184
試みられたイスラーム教正常化への道　186
閉ざされたイジュテハードの門　188
私が経験したイジュテハードの門　189

イスラーム教は律法なり

教徒だけを対象にする世界　190
教徒にとって法とは何か　190
イスラーム教は法なり　法こそ不可欠なり　191
法の源―アル・クラーン　192
盲目的に従う者―教徒　192
法源としてのアル・クラーン　193
第二の法源―ハディース　193
第三の法源―イジュマー　194
第四の法源―キヤース　194
現実的解釈を優先させた法解釈　195
イスラーム教世界は一つではない　196
預言者のように―スンニー派　197
四大法学の成立　198
ハナフィー学派　198
マーリキ学派　198
シャーフィ学派　199
ハンバル学派　199
四つの世界を示した「マディーナ・トル・サラームの門」　200

礼拝所に見る小さなイスラーム教世界

アラブ・イスラーム教における礼拝所とは　200
礼拝所での一日　202
いろいろある礼拝所　202
ジャーミウに見る一法学の世界　203
大学は金曜礼拝所に付属する機関　203
マドラサに見る四大法学共存の世界　204
金曜礼拝は連帯意識の認識　205

4 雑学イスラーム教案内
——マグリブの章

アッラーの支配する世界

ユダヤ教、キリスト教、イスラーム教は同根の宗教 208
中東世界の中における宗教の共存 208
宗教の共存とお汁粉談義 209
「ホリデイ」を休日と訳した働き蜂日本人 210
「干渉されず、干渉せず」の世界 210
田舎汁粉の世界—中東 211
都汁粉的共存の国—日本 211
日本にしか見られない宗教トラブル 212
独特な日本的信仰の自由 213
国家と宗教についての考え方の違い 213
イスラーム教世界をまもる連帯意識 214
一神教におけるイスラーム教の位置 214
地上に誕生したイスラーム教の世界 215
アッラーの僕《しもべ》としての教徒 216
断食の行《ぎょう》に見られる実例 216
礼拝所（モスク）は神社や寺院ではない 217
カーバ神殿は聖なる場所で俗なる場所 218
アッラーは近くて遠い存在 219
イスラーム教の目的とは何か 220
その答えは初めにありき 220
閉鎖的環境による汚染からの防衛 221
戒律より体制を守り滅亡から逃れること 222
労働法はイスラーム教に反するのか 223
必要ならモスクの破壊、巡礼の中止も許される 224
臨機応変に守られるイスラーム教の体制 224
アッラーとの契約不履行は地獄への道 225
中東では社会主義国でもイスラーム教が国教 226
ユダヤ教世界も律法の世界 226
土曜日の朝に学ぶユダヤ教の世界 226
イスラーム教徒はイスラーム法の中で生活する 227

イスラーム教徒の生活

〔誕生と幼児期〕

子供はアッラーからの授かりもの 228
命名式 228
七日、一四日、二一日のお祝い 229
幼きムスリム 229
連帯意識の核—親子 230

〔割礼〕

イスラーム教以前からある割礼の風習 231
割礼に関するイスラーム教的解釈はスンニー派法学より 232
割礼をめぐる医学的見解 232
割礼は合法か否か 233

〔イスラーム世界の教育〕
強い連帯意識を持つムスリムになるために 234
タウヒードの信仰を身につけること 234
正解はアッラーが決める 236
暗記こそ学ぶ者の心得 237
宗教を学ぶということは 237
比較宗教学という講座のない世界 238
礼拝所も学校になる 238
至るところが学びの園となる 239
時・場所・人を選ばないイスラーム教の教育 240
「マー・シャ・アッラー」にもとづく基本理念 241
〔イスラーム教徒の男女交際と結婚〕
イスラーム教世界における男女関係の基本 241
血の純血に気を使う男女交際 242
親が子を殺した悲劇と名誉 243
親が大きな権限を持つ婚約者の選択 244
男女関係をチェックするイスラーム警察 245
結婚に関するアル・クラーンの規定 246
禁じられている結婚 246
許される他の経典の民の女性との結婚 247
結婚は公表して成立する 247
夫が妻に贈る結婚の贈り物―マハル 248
〔イスラーム教の葬儀〕
死もまたアッラーのなせること 248
イスラーム教の葬儀 249
埋葬を見るとイスラーム教以前がわかる 250
イスラーム教の祭日
メッカからの集団的緊急脱出―ヒジュラ 250
イスラーム暦の制定 251
三つの時計を使うイスラーム教世界 252
きわめて少ないイスラーム教の祭日 252
断食明けの祭り―エィード・ル・フィトゥル 254
犠牲祭―エィード・ル・アドハ 254
個人的に祝うその他の祭り 255
六つの信仰が育む連帯意識
単純なイスラーム教の信仰 256
イスラーム信仰の基本―タウヒード信仰 257
イスラーム教徒の六つの信仰 258
六つの信仰―イマーン 259
①アッラーを信じること 259
②アッラーの天使を信じること 260
③アッラーの経典を信じること 262
④アッラーの預言者を信じること 265
⑤審判の日を信じること 268
⑥天命―カダルを信じること 272

イスラーム教徒の連帯意識を育む五つの行《ぎょう》
①信仰の告白―シャハーダ　275
②礼拝―サラート　276
③喜捨―ザカートまたはサダカ　281
④断食―サウムまたはスィヤーム　286
⑤巡礼―ハッジ　295
連帯意識の結集―ジハード
ジハードの意味―「アッラーの道のために奮闘努力すること」　301
イスラーム教徒に課せられた最も基本的な心構え　302
防衛のための戦い　303
イスラーム教世界は閉鎖的にならざるを得ないのか　303
キタールとジハード　304
連帯意識の結集―ジハード　305

5 今日の中東世界とイスラーム教――アシャーアの章

イスラーム脅威論のはじまり―ウサマ・ビン・ラーデンと九・一一事件
恐怖の中で迎えた二一世紀　308
過激派を作り上げたアメリカのアフガニスタン攻撃　310
管理する者のいないイスラーム世界　312
イスラーム帝国とカリフ制の消滅　313
「カリフ制」崩壊がもたらしたもの　315
分割されたオスマン・トルコ帝国、新中東世界の誕生　317
三種のアイデンティティが並立する世界の出現　318
「アラブの春」は民主化運動か
アラブの春が示す政教分離の姿　319
シリア、イエーメン、リビアの騒乱が示す部族世界の存在　321
近代を彩ったアラブ・ナショナリズムとパン・イスラミズム　323
近代国家の概念との対立に直面する中東世界
近代イスラーム運動の芽生え　324
近代国家を否定し抵抗するイスラーム　325
イラン・イスラーム革命の衝撃
イランに誕生した指導的イスラーム世界　328
聖典に見る国家否定の神託　331
イスラーム運動のはじまり
正統カリフ時代に生まれた最初のイスラーム運動　333
ハワーリジュ派に見るイスラーム運動　334
イスラーム降誕五一年目で発生したイスラーム運動　336
イスラーム過激運動の要因とは
過激的イスラーム運動とは　337
内部の矛盾により発生するイスラーム運動　339
外部からの刺激により発生するイスラーム運動　341

それはナポレオンのエジプト征服から始まった　343
イスラーム過激派を生み出した紛争　345

バグダーディ、ウサマ・ビン・ラーデンらの位置づけとは

「イスラム国」の樹立宣言　351
九・一一事件がもたらしたイスラームへのテロ疑問　353
イスラーム・テロ以前のアラブのテロ　356
イスラーム過激派について　359

イスラーム過激派の特徴

過激派の第一の特徴　360
過激派の第二の特徴　361
過激派の第三の特徴　362
さまざまなイスラーム運動　364
穏健的イスラーム運動　364
社会的イスラーム環境への回帰　365
イスラーム国家建設を目指す地域限定的な過激運動　367
イスラーム世界の防衛を目指す国際的過激派　368

指導的イスラーム運動の実例

イブン・サウドによる統一サウジアラビア王国の建国　369
ホメイニー師によるイラン・イスラーム世界の再建　373
アフガニスタン・タリバンに課せられていた責務　376

「イスラム国」を読み解く

突然の「カリフ国家成立」宣言　381
「イスラム国」出現の過程　383
アル・カーイダとの関係は　386
八年前に出されていたスウェーデン人風刺画家暗殺司令　388
なぜ「イスラム国」には若者が集まるのか　390

過激派組織を支えるもの

イスラームの運動、組織とその資金　392

エピローグ　399

下段の補足解説　目次

1　アラブ人の思考と行動様式 ——ファジルの章

アラビア語の音《おん》　54
アラビア語の文字表記　54
母音は三つ、意味がわかって初めて音が出る　56
アラビア語はなぜ解きに似ている　56
辞書を使えれば初級卒業　57
アラビア語は音楽です　58
二つあるアラビア語　59
十戒　62
律法と法律　63
ヘジャーズ地方　64
メッカ　67
アル・マディーナ　68
沙漠　71
沙漠での服装　72
沙漠と水　74
沙漠の脅威　74
アラビア半島　76
オアシス　77
ワディ　78
幸福なアラビア　78
ナツメヤシ　80
ラクダ　80
アラビア馬　83
イスラーム教と動物　85
セム族およびセム語　89
アラビア民族の才能　90
「マー・シャ・アッラー」　92
日本人とアラブ人の思考の違い　95

2　イスラーム教の降誕と預言者時代 ——ズブルの章

現代のアラブ人　98
北アラブ族と南アラブ族　103
マーリブのダム　105
「ハダラ」と「バドゥ」　106
遊牧民　107
アラブ人の名前　108
部族社会　109
アイヤーム・ル・アラブ　111
族長会議（マジリス）　112
クライシュ部族　114
アラブ的指導者　118
シャーム地方　119
連帯意識（アサビーヤ）　120
イスラーム教と偶像　124
ライラ・トル・カドルと三日月の国旗　127
「敵が来襲した」という逸話　129
天使ジブリール　130
最初の男子入信者は誰か　131
カーバ神殿　132
エルサレムへの夜の旅　134
ムハンマドが会った八人の預言者　135
ユダヤ教・キリスト教との関係　136
ヒジュラ（移住）　138
マディーナという町　141
マディーナ憲章　142
バドルの戦い　144
ウフドの戦い　145
ハンダクの戦い　146
フダイビアの盟約　147
メッカ開城　148
ユダヤ教徒との戦い　149
原イスラーム世界　150
預言者の妻たち　151
預言者の子供たち　153
預言者の孫　154
分裂と繁栄、暗殺と謀略の時代の幕開け　155
アラブ世界のシーア派　161

3　多様化し拡散するイスラーム世界
――アスリの章

イスラーム教と布教　166
布教よりも税収を、それを証明したマワーリ制度　167
アラブ・イスラームにより滅亡した二大帝国
(1)ペルシャ帝国　168
(2)ビザンチン帝国　169
三日月地帯征服の二人の猛将
(1)シリアの征服者ハーリド・イブン・ワリード　170
(2)エジプトの征服者アムル・イブン・アース　172
主なイスラーム教国
(1)ウマイヤ朝　174
(2)アッバース朝　175
(3)後期ウマイヤ朝　178
モンゴルにより断ち切られたアラブ人の歴史　178
百花繚乱のエジプト・イスラーム世界
(1)トゥールーン朝　180
(2)イフシード朝　183
(3)ファーティマ朝　183
(4)アユーブ朝　185
(5)マムルーク朝　186
主なシーア派諸派　195
(1)一二イマーム派　196
(2)ザイド派　197
(3)ドルーズ派　198
(4)アラウィ派　199
(5)イバーディー派　200

4　雑学イスラーム教案内
――マグリブの章

新聞記事を読んで　212
礼拝のはじまり、アザーン　214
ウドウ（お清め）の作法　215
ウドウの順序　216
礼拝について　222
礼拝の単位―ラカー　223
各礼拝の回数　224
エジプト・アラブ共和国憲法　225
金曜日の特別な礼拝　226
礼拝のしかた　227
礼拝の次第　235
義務の礼拝と任意の礼拝　236
結婚に関するアル・クラーンの一節　241
離婚に関するアル・クラーンの一節　242
結婚契約金「マハル」　243
離婚　244
イスラーム教の墓　248
ヒジュラ暦（イスラーム暦）　250
預言者の生誕祭　252
アラブ・イスラーム教世界の祭り　253
みいつの夜　255
「アル・クラーン」について　256
イスラーム教にとって最も重要な「タウヒード」　257
天使　261
いろいろあるアッラーの名前　263
イスラーム教と刑罰　268
マスジット、ジャーミア、モスク　272
礼拝の方向「キブラ」　276
ジハード　301

5　今日の中東世界とイスラーム教
――アシャーアの章

アメリカ同時多発テロ事件　308
ウサマ・ビン・ラーデン　309
ボコ・ハラム　313
アッ・シャバーブ　313
イジュテハードの門　315
アラブの春　319
シリア動乱　322
アヤトラ・ホメイニー師　329
イスラーム教は世界の脅威か　333
サヌーシ教団　343

マハディー集団　344
ムスリム同胞団（イフワーン・ムスリミーン）　345
イラン・イラク戦争　348
湾岸戦争　349
イラク戦争　351
預言者時代を彷彿《ほうふつ》させるワッハーブ運動　354
パレスチナ問題　356
アラブの中のパレスチナ問題　357
レバノン内戦　358
ハマス　367
中東諸国の人口と宗教の構成比　383

❖解説文中に＊印の付してあるものは、下段に補足的解説があることを示す。ただし、前後のページに散っている場合もある。

言葉の手引き

アザーン　礼拝の呼びかけ。１日５回マスジットから町の人に呼びかける。現在はテレビ、ラジオなども使用し、イスラーム世界の人々は時計がわりにもする。

アッラー　訳して「The God」即ち「神」に定冠詞をつけて限定したもの。「アッラーの神」という言い方は誤り。

アル・クラーン　イスラーム教の聖書のこと。イスラーム教はキリスト教と異なり、いかなる派でもすべての章句を使用する。別名「アル・キターブ」ともいう。

カダル　「天命」と訳され、人間の行為はすべてアッラーの命じたものであるとする。

カリフ　正式にはハリーファ。預言者の代理人としてイスラーム世界を束ねる任にある。別称「教徒の長」とも呼ばれ、最初の４人のカリフを特に「正統カリフ」という。

サウム　「断食」と訳される。ラマダン月（９月）の断食は１か月行われる。またそれ以外の月に任意に行うこともできる。

ザカート　「喜捨」と訳される。「清める」という言葉から派生したもので、行を行うことができないとき喜捨をしてその代わりとしたり、巡礼や断食の行が終わったときなども「喜捨」が行われる。

サラート　「礼拝」と訳される。預言者がエルサレムから天界に巡礼し、アッラーから１日５回の礼拝を命じられる。

シーア派　預言者の娘婿アリーを預言者の継承者とする派でスンニー派と対比される。イランがその中心であるがアラブ人の中にも教徒はいる。

ジハード　「聖戦」と訳される。布教のための戦いではなくあくまでも防衛戦を指し、開戦には法的根拠が必要。

シャハーダ　「信仰告白」と訳され「アッラーの外に神はなし。ムハンマドはアッラーの使徒なり」という言葉がそれを指し、イスラーム教徒になるときの宣誓の言葉である。

スンニー派　預言者の言ったこと、言わなかったこと、行ったこと、行わなかったことをアル・クラーンとともにイスラーム教徒の規範とする派。その解釈をもとに４派に分かれている。

ダール・サラーム　教徒がイスラーム教の律法の下で生活できる世界をいう。それ以外の世界を「ダール・ハルブ＝戦争の世界」と呼ぶ。

ナービー　「預言者」。すなわち「言葉を預る者」。イスラーム教の場合、代表的な預言者はムハンマド。「アッラーの使徒」（ラスゥル・ラー）とも呼ばれる。

ハッジ　「巡礼」と訳される。イスラーム暦の12月の８日から10日にかけて、メッカのカーバ神殿を中心とする行である。

ヒジュラ　預言者がメッカからマディーナへ居を移したことをいう。イスラーム教はその年をイスラーム暦（ヒジュラ暦）元年としている。

マスジット　通称「モスク」と呼ばれるイスラーム教の礼拝所をいう。マスジットの中で金曜日の集団礼拝に使用される礼拝所は「ジャーミウ」（集まる場所）といわれる。

ラマダーン　イスラーム暦の９月のこと。この月は断食の行が行われることから「断食の月」とも呼ばれる。

六信五行　イスラーム教徒が信じるべき対象の六つ＝アッラー・天使・経典・預言者・来世・天命と、実践すべき行為五つ＝信仰告白・礼拝・断食・喜捨・巡礼のことをいう。

イスラーム基礎講座

アラビア語による絵文字（意味は19頁参照）
（吉田佐源二『アラビア文字の美』より）

序
イスラーム教理解のために

アッサラーム・アライコム

プロローグ

今、世界はイスラーム過激派という集団の行動に戸惑い、怯え、そしてその行動の理解に苦しむと同時に、イスラーム教そのものに疑問を抱き、その答えを求めております。特にイスラーム教徒が多く住む地域で起きる暴動、殺戮、誘拐と人質、それに繋がる身代金の要求、そして許し難い歴史的建造物の破壊と無差別に行われる一般市民へのテロ、また自らの死をもって行われる自爆テロという死への行動には、理解が及びません。

本来の「テロリズム」という行為は、ローマ帝国下の中東世界で生まれた、歴史の長いアンダーグラウンド的な政治是正の不法なシステムです。国民を恐怖の世界に追い込み、その恐怖心をもって政府にテロリストにとって都合の悪い政策の停止是正を行わせるということを目的として展開される、政策手段です。よって、テロが行われた場合、必ずその目的を宣し、行為の目的を国民に告げて初めてテロリズムなるものは成立します。その始まりは、民主的政治を履行していたローマ帝国時代に生まれたといわれていますが、テロは国民を政治手段として使う行動であり、国民が動き政治に影響を与えることのできる体制、すなわち民主国家でなければ起きないというのが前提です。全体主義国家、独裁国家などの非民主的な国家では暗殺は行われますが、国民を恐怖でもって動かすテロは起きづらいという政治修正の一つの方法です。

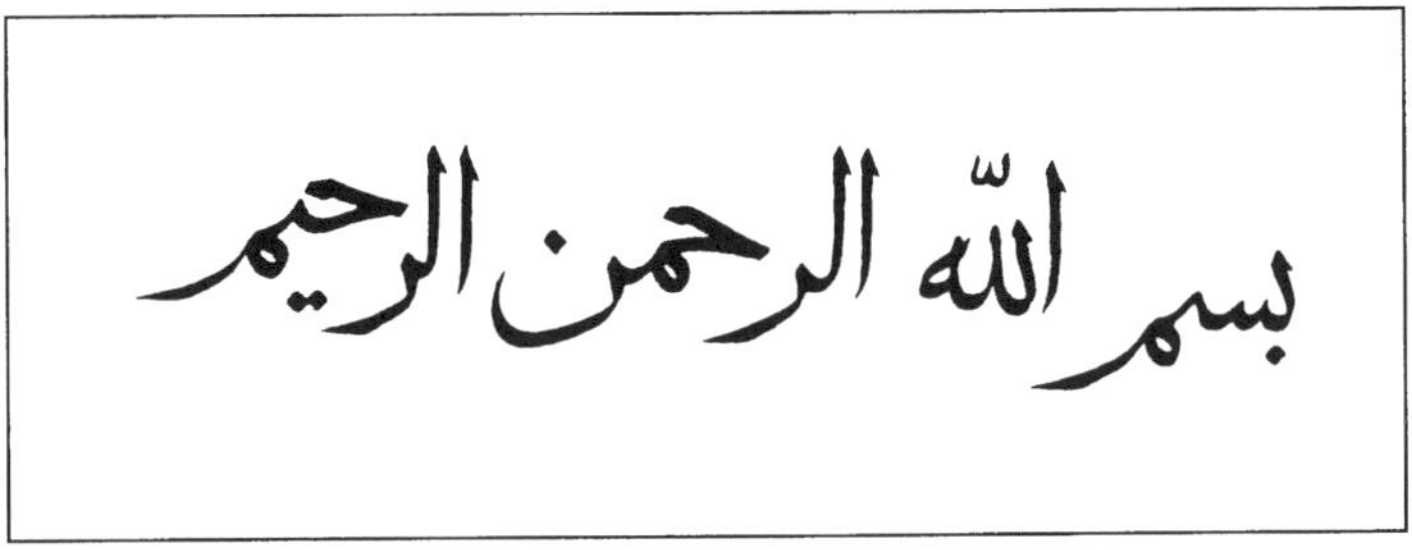

16頁の絵文字をふつうの書体で書くとこのようになります（意味は次頁参照）
（吉田佐源二『アラビア文字の美』より）

いずれにしても「テロリズム」は長い歴史を持ち、それゆえに伝統的なシステムが存在しアンダーグラウンドの世界をともなってテロリストを動かし、政治路線を修正もしくは変更するために一般市民の恐怖心を利用するという戦術の一つとして行われる、卑劣な政治手法です。テロは時には外の勢力の侵略の道具としても使われ、また同じ思想下にその国を組み入れようとする謀略の手段としても利用されることがありますが、実行犯のテロリストは、政治体制の変更を画策する一団によって雇用される場合が多いようです。

不特定多数の一般市民を無差別に殺害し、市民に限りない恐怖心抱かせ、その恐怖心が民主主義という環境を使って反政府勢力にとって都合の悪い政策を停止、もしくは変更させることを目的とした恐怖行為、それが「テロリズム」の本道です。

過去において中東、欧州ではこの手法は多く使われました。需要があればそれをこなす便利な集団が生まれます。当然なことに、受け入れ代行組織はアンダーグラウンドに置かれ、その実態は今日に至るも明確ではありませんが、存在していることは確かであると見られています。

しかし今、中東イスラーム世界で起きているテロ、いわゆるイスラーム教徒によるテロは、伝統的な「テロリズム」と異なるようです。

二〇一四年六月末にカリフ制の復活を唱え登場を宣した「イスラム国」の見せた行動は、「テロリスト」の行動とはいい難いものでした。「イスラム国」の行動は、完全とはいえないものの、明らかに「建国の戦争」を開始し

16頁の絵文字と前頁の言葉の意味

「慈悲あまねくアッラーの御名によって」という意味で、イスラーム教徒はこの言葉をもってあらゆる行動をはじめます。

本を開くときにもこの言葉「ビスミッラーヒ・ラハマーニ・ル・ラヒーム」と唱えます。

たことを示しています。しかし世界は、この「イスラム国」をテロリストの範疇でその行動を規定し、認識し、対応策を考えています。

「イスラム国」は、イラク・シリア領内に独立した国家を建設することを目指す集団の集まりであり、テロ集団ではありません。それゆえシリア、イラク両国をまたがって起きている紛争は、内戦としてこの問題を判断すべきでしょう。イラク、シリアの周辺国家である隣国のトルコ、クルド自治区そして国境を接するサウジアラビア、ヨルダン等では、国家存続に強い影響を与えかねない問題としてこの問題を認識し、国家安全保障の問題から「イスラム国」への攻撃を国軍に命じたのは、「イスラム国」の性格を判断した上での結論の結果のように思えます。

　しかし世界がこの集団をテロ集団として規定し、この集団に恐れを抱いているのは、この「イスラム国」なるものの影響が中東、アラブ・イスラーム世界に留まらず、イスラーム教徒の子弟の数が多い欧米世界にも波及し、その結果、無関係な人々が犠牲になるという痛ましい事件を多発させる可能性が高いとの判断が定着したからです。つまり欧米世界では、「イスラム国」による被害が中東、イスラーム世界という限定された地域を越えて拡大するばかりか、その影響は全世界にも及び、その結果、人々の安全が損なわれる事態が慢性的になると判断したのです。世界には新たな危機の時代が到来したとみなし、対テロ対処法を用いてこの集団を壊滅することの必要性を強く認識したのです。

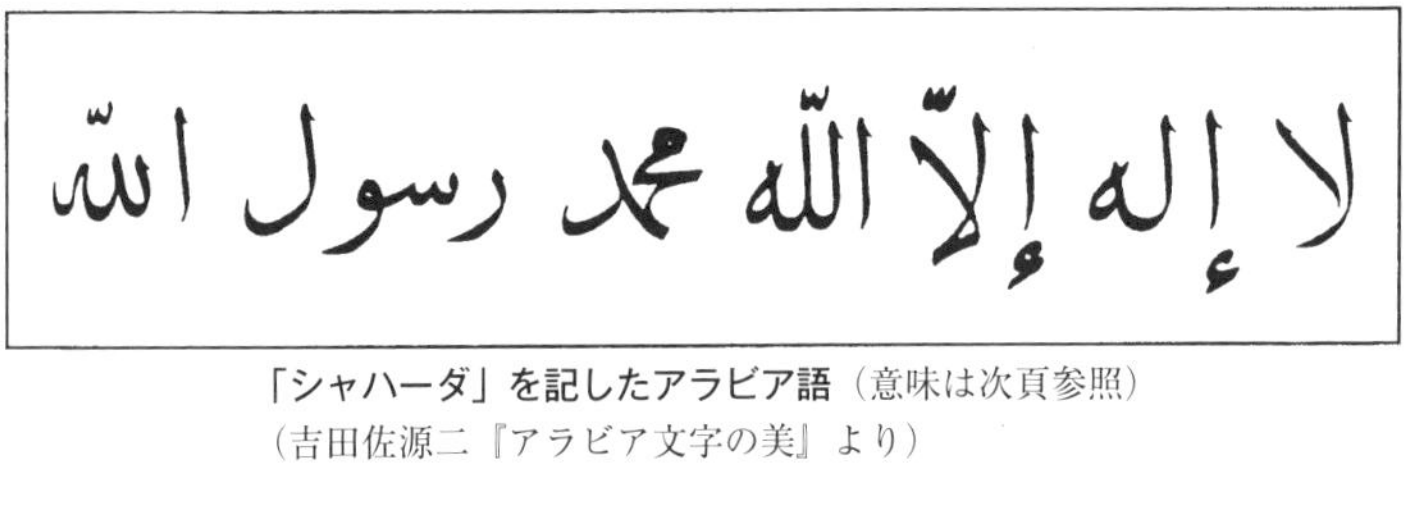
لا إله إلا الله محمد رسول الله

「シャハーダ」を記したアラビア語（意味は次頁参照）
（吉田佐源二『アラビア文字の美』より）

世界がこの集団をあえてテロ集団として規定したのは、調査摘発が容易なテロ法の適用をもって対応することが即戦術として必要なことであるとの認識に立っていると思われます。こうして出された結論で、あえて「テロ集団」として認定したものと思われます。

しかし「イスラム国」は有名な「アル・カーイダ」とは異なり、「イスラム国家」建設を目的として名乗りを挙げた集団です。アラブ世界ばかりではなく、全世界のイスラーム教徒の中からの参加者を募り、今後も増加しそうな状況下にあると見られています。全世界のイスラーム教徒の数から見ると、その数は数字にもならないほどの数ですが、現在「イスラム国」が行っている行動を全世界で行われると考えた時、その恐怖が「イスラム国」壊滅を願う結論を生み出したのは、当然なこととといえましょう。

多くの欧米居住の若いイスラーム教徒が中東、アフリカ、アジア等のイスラーム圏に入り込み、そこで軍事訓練を受けると同時に、過激的なイスラーム教徒になるための教育と訓練を受けています。その結果の行動を、世界各地で展開する可能性を現実化させています。特に最近の事件ではテロ、破壊活動の担い手がこれまでのアラブ系イスラーム教徒ではなく、ヨーロッパに居住するイスラーム教徒の若者が担っているという現状から考えて、過激集団「イスラム国」の存在は国際的な問題となりました。そしてこの集団の崩壊は、重要にして緊急の世界共通課題となりました。

現在、イスラーム世界と一般に呼ばれる地域には、想像を超えて多くのイ

「シャハーダ」の意味

この言葉は「信仰の告白」といわれ、イスラーム教の基本の言葉です。

その意味は「アッラー以外に神はなし、ムハンマドは神の使徒なり」で、この言葉を信じるものが、イスラーム教徒になります。

スラーム過激集団が存在していることが判明しています。と同時に時・場所を変えて新しい集団、組織が容易に誕生することもわかりました。また各自は大量の武器弾薬を容易に調達し、行動のための情報が行き交い、加えて豊かな活動資金の存在も否定できないこともわかりました。そして紛争の絶えない場所、シリア、リビア、イラク、イエーメンそしてアフガニスタン、パキスタン等の紛争地は、彼らにとって軍事訓練センターとして十分な場所と機会を与えているという現状も認識されています。さらに訓練生は、戦場という緊張した状況の中で過激化して闘争心を向上させ、来世で受けるアッラーの恵みに感謝することを喜びとし、偏狭的なイスラーム感の中で不成立な聖戦に身を捧げることを正しいこととする考えのもと、行動しています。

また、彼らの訓練センターとなる戦場を管理している者達にとっても、彼らを受け入れることによって得られる戦力と資金は魅力的で、自活を助ける財源ともなっていることから、彼らの存在と参加を歓迎します。こうして幼い子供が誘拐され訓練センターに預けられ、やがては立派な聖戦の戦士となり、聖戦の宣言のもとに行動することになります。これら戦場としての訓練センターとテロ集団、過激集団は、彼ら独特のネットワークで結ばれ、複雑にして国際的なシステムのもとに構成されているため、一カ所の戦場封鎖はあまり意味をなしません。このため、この問題に対応する側はその調査守備範囲を全世界的に拡大し、網の目のような情報の共有が必要となります。こうして今世界はこのネットワークで結ばれた防衛システムのもとにありますが、それはこれまでの戦争の概念を変えた「新たな戦争の時代」の幕が開いたともいえましょう。

これら複雑な過激的イスラーム集団の行動を知るためには、まずイスラーム教そのものを知らなければなりません。その結果、イスラーム過激派を理解できるでしょう。

さてイスラーム教を理解する上で大切な視点は、イスラーム世界は日本人と全く異なった世界観を持ち、彼らはその中に生きているという事実です。イスラームとアラブは異なり、神（アッラー）と信徒が直接結ばれている世界、アッラーと信徒の世界が分離されていない世界です。さらに主権在神であり、主権在民ではないという世界です。それゆえいかなる人間でも信徒をコントロールすることができないという世界。組織もなく、階級もなく、アッラーの奴隷としての平等が保障されている世界等々、イスラーム世界を知るにつれて日本と異なる世界がそこに存在していることを知ることになるでしょう。

このように単一民族・文化の中で育まれた日本的性格と、多民族・多文化という日本人と異なる共存の中で育まれた中東の持つ性格の相違が、イスラーム教を難解なものにしている元凶の一つであるといえます。したがって、イスラーム教を理解するためには、この日本的性格をあえて意識的に認識しなければならないでしょう。

大学の講義およびさまざまな講演において私が常に出合うのは、イスラーム教に関する疑問は未知なる宗教ゆえの難解性から生じるよりも、それ以前の問題、日本人であるからこそ陥る混乱によってもたらされたもののようです。それゆえ、この日本的見識をあらためて認識すれば、疑問に対する答えをおのずから見出すことができるかもしれません。

本書はイスラーム教に関する字句の説明に満ちた内容、すなわちありきたりの辞書的内容ではなく、日本との比較において、あるいはアラブとの比較において、この宗教を理解しようと試みたものです。そこで日本人の思考様式を前提とし、イスラーム教とアラブ的世界との比較を舞台として、イスラーム教を実践的に理解できることに本書の目的をおきました。

もちろん、八年におよぶエジプトの首都カイロにあるアズハル大学（イスラーム教・スンニー派マーリキ学派の最高学府）での留学時に体験したイスラーム教世界での生活を思い出しながら、イスラーム教の説明を展開することにしたわけです。

重ねてお願いしますが、この書を読まれる前に、イスラーム教に対する既存の日本的見識、特にこれまでのイスラーム教に関する知識を、一時的にもパンドラの箱の中にしまって欲しいと思います。また日本的規範に沿わないからといって、否定しないでほしいと思います。

本書は専門書にあらず

この本は専門書といわれるような代物ではなく、あくまでも〝イスラーム

アル・クラーンの表紙　アル・クラーンは預言者ムハンマドの死後、二度にわたって編集され、今日の姿となったイスラーム教の聖典です。必ずきれいに装われています

教への誘《いざな》い〟というような軽い内容としました。それはあたかも、シェラザードがシャハルヤール王に千夜にわたり語り明かしたかの物語、有名な「千夜一夜物語」のように、寝ながら読むような軽いものとするよう心がけました。しかし、だからといって千夜にわたって読むようなものではなく、数夜で読み切れる程度の内容とするよう心がけました。もちろん、できるだけ寝かさないよう努力いたしました。

断っておきますが、私自身はイスラーム教の学者ではありません。確かに西暦九七〇年に創設され千年以上の校歴を有するアズハル大学で、約八年間にわたりイスラーム教に関する勉学はしました。しかし、それは中東政治情勢の分析に必要不可欠なアラブ人の行動様式、思考様式を考えるためのものであり、イスラーム教に関する見識が、中東の政治情勢の分析に必要不可欠なものであると、学生時代に判断したからです。

なぜ、アラブ人の行動様式を知るために、イスラーム教を学ぶことが必要なのでしょうか。それは、彼らが、イスラーム教すなわち「アッラーの律法」が降りたとき、それを容易に理解できたという点に注目したからです。七世紀の無学無筆のアラブ人が、イスラーム教に関する知識がなかったにもかかわらず、ごくすなおに理解できたという歴史的事実に注目したわけです。すなわち、アラブ人の潜在意識とイスラーム教との間に、共通の思考性が存在していると判断したからです。

説明を変えれば、彼らは新しい知識としてイスラーム教を勉強し、その結果イスラーム教徒になったのではなく、感覚的に受け入れる潜在意識を持ちあわせていたから、イスラーム教徒となったと推理したのです。

そもそも私の専門は、中東政治情勢の分析です。特にエネルギー源の一つである石油をめぐる政治トラブルを、戦略的視点にもとづいて探るのが私の仕事です。日本を混乱の中に陥れたかの湾岸戦争のとき、日本では専門家による数多くの分析が活発に行われましたが、そこにアラブ臭さが感じられませんでした。それゆえその分析には限界が感じられました。

ロシア情勢、アフリカ情勢等の情勢分析はいうにおよばず、米国情勢の分析においても、そこに登場する民族の臭いがなければならないというのが私の持論です。すなわち、そこに人間性なるものが加味されなければ、的確な情勢分析はできないと考えています。なぜならば、情勢とは人間が演出するものであり、演じるものですから、人間的特性が表現されなければ情勢の未来予測はおろか現状分析もできない、というのが私の持論なのです。

新聞記事のように表面的に流れるニュースを貼り合わせたような分析では、的確な情勢分析、未来予測はできないでしょう。したがって私のイスラーム教に関する知識は、情勢分析に必要な材料としての知識であり、それゆえ、純粋な宗教学的というよりも、文化人類学的でもあり、社会学的でもあり、政治学的でもあり、もちろん宗教学的でもあり、戦略的でもあるわけです。

よって当然のことながら、宗教学者の書くような本の内容とは異なるもので、その意味でより実践的であるといえるでしょう。

イスラーム教の理解は日常語で十分

しかし考えてみれば、現実的に解釈することこそ、イスラーム教を考える上で、きわめて適切な環境を提供しているといえます。なぜならば、イスラーム教はイスラーム教徒の生活行動のすべてを拘束する全体的宗教であり、聖なるものと俗なるものを区別しない世界だからです。

この意味は、イスラーム教の解説にむずかしい宗教用語は必要でないということを暗示しているといえましょう。政治・経済・文化等およそ宗教学と直接関係のない言葉で、俗にいえば普通に使用している日常語で説明できるということです。現にイスラーム教がアッラーにより啓示されたとき、アラビア半島の紅海側の地域で使用していた当時の生活用語が、その後のイスラーム教の単語となりました。それが時とともに宗教用語として独立独歩し、専門用語化し、学者世界のイスラーム教になった段階から難解なものになったのです。このことは、専門用語化した言葉のもとの意味を探れば、イスラーム教の理解は容易であるということを暗示しているといえるでしょう。

このため、本書ではまずこのイスラーム教黎明《れいめい》期に戻り、イスラーム教をその出発点から素直に考えることを試みようと思うのです。それはまた、今の世界で注目されているイスラーム教運動——イスラーム教徒がイスラーム回帰運動として認識しているこの運動を理解するための近道でもあると考え

モスクの中庭

られるからです。加えて、イスラーム教を受け入れたアラブ人の思考についても、何らかの示唆が得られるのではないかと思うからです。

彼らはなぜイスラーム教を理解できたのか、なぜ受け入れられたのか、という単純な疑問に対する答えのうちにこそ、イスラーム教理解とアラブ人理解の近道があると考えられるからです。

イスラーム教理解のために

だが、イスラーム教を学ぶにあたり、日本人なるがゆえにあえて認識しなければならない心得がいくつかあります。これを認識しないで、イスラーム教の理解を試みることはエネルギーの無駄な消費となるばかりか、イスラーム教を永遠に理解できずに終わる恐れがあります。

「預言者」は「予言者」ではない

日本人には、アラブ民族やユダヤ民族の持つ預言および預言者なるものに関する感覚がありません。理屈では理解しても潜在意識のなかに、預言者なるものを本能的に感じることがないのです。また啓示というものにも馴染《なじ》みがありません。古来より日本には「御神託」「お告げ」なるものがありますが、「啓示」はそれとは少々異なるようです。

このことを具体的に証明しているのが「預言者」と「予言者」という言葉の使い方です。辞書によると、「預言」という言葉は「啓示宗教で、神の霊感に打たれたと自覚する者が神託として述べる言説」という意味であり、

アル・クラーン開端の章（アル・ファーテハ）
アル・クラーンのすべてがこの開端の章に含まれているといわれています
（意味は次頁参照）

「神から預かった言葉」と理解でき、このことから「預言者」を「神からの言葉を預かった人」と訳すことができます。

　これに対して「予言」は、「前もって言いおいた言葉、約束の言葉、また、前もって先を見越して言う言葉」という意味で、その本人自身の能力、感によってもたらされた言葉であり、「予言者」はそのような能力を持つ者を指すようです。このように、この二つの言葉の意味は根本的に異なるのです。

　だが、日本では一般に「予言者」と「預言者」の区別はつけないようで、その使い方はきわめてあいまいです。この根本的に異なる言葉を、同じ言葉として記している辞書もあるぐらいですから、同じ意味を持つ単語として日本で使用することは間違いではありません。本来ならば、この言葉の意味が持つ重要性に配慮しなければならない日本人キリスト教徒でさえも、この言葉を使用するさいに、非キリスト教徒と同様区別せず使用しているようです。どうやら、これは日本人的感覚といってよいでしょう。

　このように、この二つの言葉を混同して使用していても、我々は何ら違和感を持ちません。これでは「預言者」なるものを基本的に理解できないといえましょう。だからこそ、あえてこのことを意識しなければならないのです。もしこの認識を持てなければ、イスラーム教の理解は非常にむずかしくなりましょう。

「開端の章」の日本語訳
1　慈悲あまねく慈悲深きアッラーの御名において。
2　万有の主、アッラーにこそ凡《すべ》ての称讃あれ、
3　慈悲あまねく慈悲深き御方、
4　最後の審《さば》きの日の主宰者に。
5　わたしたちはあなたにのみ崇《あが》め仕え、あなたにのみ御助けを請い願う。
6　わたしたちを正しい道に導きたまえ、
7　あなたが御恵みを下された人々の道に、あなたの怒りを受けし者、また踏み迷える人々の道ではなく。

混乱をもたらしたヨーロッパからの知識

加えて、日本人は明治このかた、西欧から学んだ学問を至上のものと信じて疑いませんから〝イスラーム教はアラブ人ムハンマドの手によりユダヤ教、キリスト教から作られた〟というヨーロッパ・キリスト教学者のイスラーム教認識を素直に信じています。最近ではこのような判断はごく少なくなりましたが、かつてのヨーロッパの学者達は、ムハンマドは預言者ではなく旧約・新約聖書から、彼が自分でイスラーム教を作ったのだと解釈していました。

彼らのイスラーム教に対する見解は度を越してひどいものであったようです。それは十字軍時代を経て培われたものばかりではなく、それ以前の時代においても、またその後においても、ヨーロッパ世界よりはるかにすぐれた文明世界であり、強国であったイスラーム世界に対する脅威から生まれたものかもしれません。

彼らはイスラーム教と言わず、あえて「マホメット教」と呼称し、キリストと同じ「預言者」ではないという学説を崩すことはありませんでした。今でもキリスト教信者の学者のなかにイスラーム教を「マホメット教」と呼び、イスラーム教徒をマホメット教徒と呼ぶ者がいるのはその名残です。

明治時代に入り、日本は東洋の知恵を捨て西洋至上主義者となりました。西洋的論理が正義であるかのような世界観が生まれ、ヨーロッパ学者の見解を踏襲することが正しい知識であるとの認識が定着しました。もちろんこの背後には明治時代このかた、日本の知識人に大きな影響を与えたキリスト教の存在も考えなくてはならないでしょう。

このようにして、日本におけるイスラーム教に関する認識、それはごくヨーロッパ的色彩の濃いものでしたが、それが定着しました。加えて、日本には預言なるものに対する認識がないことから、「ムハンマドは預言者ではない」というヨーロッパの見解は、師の教えとして疑問のないものとして受け入れたのです。

だが、イスラーム教徒やアラブ民族の持つ認識は「アッラーがムハンマドを預言者に選び、預言を与え、それがイスラーム教である」と考えています。この思考のギャップが、イスラーム教理解の大きな障壁となっているのです。

日本人がヨーロッパから得たイスラーム教に関する知識、たとえば「右手にコーラン、左手に剣」という知識。改宗しない者は殺され、死か、改宗かの選択を強いられるという知識。四人妻制度は好色の制度であるとする認識。ジハード（聖戦）はイスラーム教による世界支配を目的としているという知識等々。これらはあきらかに反イスラーム教徒によって作られた知識なのです。

このような既存の見解から生まれるイスラーム教の理解は、本質からはずれ、日本人的イスラーム教理解を作り上げたといえましょう。それはもはや正しいイスラーム教理解とはいいがたいものです。

一二世紀のイスラーム教徒の世界地図　メッカが中心になっている。日本は描かれていません（ムアニス『イスラーム歴史地図』より）

単純な疑問からの出発

イスラーム教は人間が創造したものではなく、アッラーから与えられたものです。この律法は人間の手によるものではなく、創造主の手によるものであり、犯すことのできないものです。これがアラブ・イスラーム教徒の基本的な見識です。

したがって〝なぜアラブの民はイスラーム教を受け入れたのか〟〝なぜイスラーム教を理解できたのか〟という疑問が生まれて当然でしょう。だが、日本でこのような疑問には、ついぞお目にかかったことはありません。それは、イスラーム教がアラブ人ムハンマドの創造によるものであるとの認識を潜在的に持っているからでしょう。

イスラーム教は、アッラーから降ろされたものであり、預言者ムハンマドは単なる人間、アッラーより選ばれたふつうの人間以外の何者でもありません。彼は神ではなく、ただ単なる受領者すなわち使徒でしかないのです。イスラーム教はアラブから生まれたものではなく、アッラーがアラブに降ろしたものです。それゆえ、アラブとイスラーム教は似て非なるものであるということになります。

〝アラブとイスラーム教〟、この似て非なるものの関係を明らかにすること、それがイスラーム教理解の第一の鍵なのです。

だが、アラブ人がイスラーム教を受け入れたとき、イスラーム教の律法、アッラーの絶対的命令、至上の命令を比較的容易に理解することができました。また、その教義を理解することにもさほどの違和感を感じなかったという事実は、それを受け入れたアラブ人の思考様式、行動様式がアッラーの命令を理解する能力を持っていたことを物語っています。逆説的にいえば、アラブ人がそのような思考性を持っていたから、アッラーが彼らをイスラーム教の受領者に選んだといえるでしょう。

　イスラーム教はアラブではありません。イスラーム教はアラブ人によって作られたものでもなく、ましてやペルシャ人によって作られたものでもないのです。ムスリムの支配者、アッラーによって授けられた律法、宗教です。イスラーム教の聖典アル・クラーンにも記されているように、イスラーム教はアラブに対して降ろされたアッラーの律法なのです。

　アラブのイスラーム教徒は、アラブなるものを破壊、是正するために降ろされたアッラーの律法であると理解しています。イスラーム教にとって最大のターゲットは、アラブ的論理であると認識しています。それは現在も変わりません。彼らはイスラーム以前のアラブ世界を「ジャーヒリーヤ時代」すなわち「無明《むみょう》の時代」と呼称し、イスラーム教はこの世界を破壊し、新たな秩序を与えるために降ろされたのだと解釈しているのです。

　アラブ人がアラブなるものを破壊するために、イスラーム教を受け入れたという論法は日本人を驚かせるに十分なものでしょう。ちなみに、現在、世界の注目を集めている「イスラーム過激運動」も、現在の世界を「ジャーヒリーヤなる時代」であると認識し、そこに運動の起点を置いているのです。

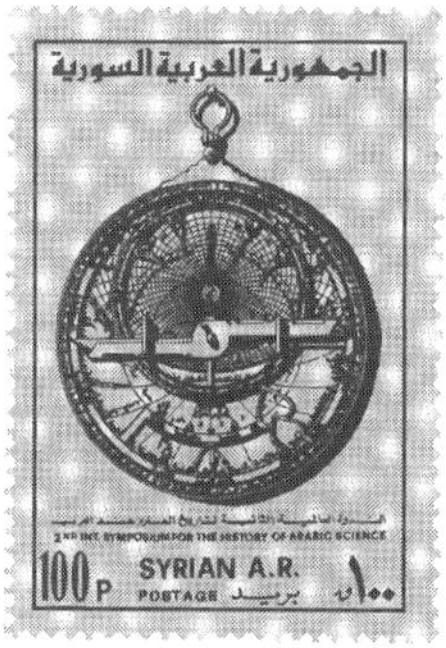

測天儀の絵を用いたシリアの現行の切手
アラブ人が使用していた測天儀は、当時の世界で最も優れたものと高い評価を受け、多くの傑出した天文学者が生まれました

イスラーム教徒としての視点から見る

イスラーム教に限らず、ほかの宗教を知るに臨んで大切なことは、イスラーム教徒がイスラーム教をどう判断しているかということであって、異教徒がイスラーム教をどう判断しているかということではありません。これはイスラーム教を見る場合、イスラーム教徒の立場に立って、イスラーム教を判断することが大切であるということです。

ところが、日本では同じ風土的基盤の上に、さまざまな宗教が垣根のない共存状態にありますから、イスラーム教徒でなくても、イスラーム教を学んだ人の知識をもって理解を進めるのが普通です。しかし、このようなアプローチでは、イスラーム教を正しく理解することはできないでしょう。それを一つの例で説明しましょう。

イスラーム教では、イスラーム教の聖典「アル・クラーン」は、アラビア語で書かれたもの以外は、正式な「アル・クラーン」ではないとしています。他の言葉で書かれた「アル・クラーン」は、あくまでもサブ的なものであるということです。

宗教法人・日本ムスリム協会では、アル・クラーンの日本語訳を刊行しましたが、これを訳すにあたり、サウジアラビアのイスラーム教学者と十数年以上の歳月をかけて字句の検討をしました。それでもこの日本語訳「アル・クラーン」は、あくまでもサブ的なものとして取り扱われているのです。

このことは、イスラーム教徒の多いインドネシア、マレーシア等でも同様で、インドネシア語で書かれた「アル・クラーン」は正式なものとされていません。そこで、多くのイスラーム教徒がアラビア語の修得のため、アラブへの留学を試みることになるのです。

この実例を見てもわかる通り、異文化への理解はその文化を思考の源泉としている人間の見識をもって理解することが大切なのです。特に宗教の理解には、その宗教に帰依《きえ》している者の判断が正論であり、異教徒の価値判断は正論とはならないのです。この認識を持つことが正しい理解のために必要なことと思われます。特にユダヤ教、キリスト教、イスラーム教、またその流れを汲む宗教の場合には、このような性格はきわめて厳格に維持されていると考えられます。

中東世界は、これら三つの宗教が互いに干渉せず、干渉もされずという共存する社会形態を有しています。彼らは三者三様であり、布教もせず、干渉もせずの原則を守ることによって平和的共存が維持できると考えているのです。

イスラーム教を既存の宗教学理論をもちいて科学的に分析する学問の世界においては、イスラーム教に関する何らかの判断を下す際に、このような配慮をすることは必要ではないかもしれません。しかし、イスラーム教を宗教として考える場合、異教徒による判断を基にした見解は、宗教そのものの理解を曲げてしまうように思えます。したがって、イスラーム教徒がイスラーム教をどう見ているか、どう臨んでいるかということを常に頭に入れて、イ

水くみの絵（銅版画）　アラブの町では飲料水の入ったこのような素焼きの壺が置かれ、道行く人が無料で利用しています。それは今でも変わりません

スラーム教およびその世界のことを考えることが、この異文化世界を理解するに重要な鍵《かぎ》となりましょう。

宗教の日本的共存スタイルを再認識

日本人は単一民族、島国民族という世界でもまれな環境のなかで生活を営み、歴史を積み重ねてきました。それはガラパゴス諸島にいる動植物と似ています。まして や、農耕民族として類まれな集団性を有し、〝出る杭《くい》は打たれる〟のたとえ通り、集団からはずれた個人的行動を否定する〝みんなで渡れば怖くない〟方式が日本人の世界です。

この日本人的性格が、中東におけるイスラーム教世界を理解する上で大きな壁を形成しています。いやイスラーム教に限らず、大陸的世界、多民族、多文化が共存する世界での宗教を理解する上で、無意識的な障害となっていると思われるのです。

衆知の通り、日本人が宗教に対峙《たいじ》する姿勢にはきわめて独特なものがあります。それは平気で他宗教へ介入し、自らの基準に照らし合わせて善悪の判断を下し、日本との格差の激しいものには、その格差を埋めるまであらゆる干渉・攻撃を行うことです。

異宗教を一つの世界であるとする発想はなく、すべてが日本という一つの風土的環境という基盤の上に置かれるのが当たり前、当然であるという認識を潜在的に持っているのです。それゆえ、土足で異宗教へ侵入してもなんら違和感を覚えません。キリスト教徒でもないのに、教会で結婚式を挙げるこ

ウズベキスタン・ブハラのカラーン・モスクとミナレット

とになんら不都合を感じないばかりか、仏教徒であるのか、神道であるのか、キリスト教徒であるのかまったく判然としません。むしろ、すべてに通じている人間こそ好ましいのです。

一二月二五日にクリスマスを祝い、その興奮が冷めやらないうちに除夜の鐘の音を聞き仏教徒として一年を振り返り、その鐘の音の消え去らないうちに着物を着替えて氏子として神社へ初詣をし、来たるべきバレンタイン・デイを期待するということに、まったく疑問を持たないのが日本人です。だが、これはキリスト教徒にとって、侵略以外のなにものでもないといえるでしょう。少なくとも、日本人以外のキリスト教徒にとって改宗もせず、結婚式のときだけ教会を利用するような者たちは、侵略者のそれであると理解するでしょう。しかし、このような抗議が日本人キリスト教徒から出たというニュースはあまり聞きません。そこに日本的キリスト教徒の特徴があるといえるでしょう。

これは日本人の宗教観が、一つの世界観を形成していないことを証明しているものである、といえるのではないでしょうか。だが、中東世界をはじめとして多民族共存の世界では、宗教が一つの独立した世界を形成し、互いに干渉せず干渉もされずという、日本から見れば特異な共存システムを持っているのです。

このためイスラーム世界を見る場合、そのもの自体が世界であるとする視点を意識的に持つことが必要であり、それを意識的に抱かなければ、この世界、特に本書の舞台となる中東世界の中におけるイスラーム教を理解することはむずかしくなります。

このように独特な日本人的性格が、イスラーム世界の理解をよりむずかしくしているといえましょう。それゆえ意識的に日本的潜在意識を押さえ、できるだけ客観的に、日本人的世界に引きずり込まないで、あるがままに見ることを常に心がけることが大切であります。

日本的宗教感覚を捨てること

我々が宗教を考えるとき、汚れなきモノの世界として、宗教を特別な世界として考えることが、習性になっていることをあえて認識しなければなりません。中東世界と異なるヨーロッパ世界で拡大したキリスト教は、「カエサルのモノはカエサルに、神のモノは神に」と説き、「聖なるモノと俗なるモノ」を明確に区別したといわれています。俗なる世界で犯した犯罪は、聖なる教会の懺悔《ざんげ》で浄化されるとし、無罪となったときもあったようです。日本人の宗教観もこれに近く、神社・仏閣・教会などの宗教施設は、禁断の場として犯すべからざる清いところであるとする認識を持っています。その意味でキリスト教は理解しやすい宗教であったのでしょう。

このような日本人的感覚が、イスラーム教を見る場合、濃厚に表現されるのがモスクに関する日本人の見方です。イスラーム世界を伝えるテレビの映像もしくは書物を見ていると、必ずといって良いほどモスクを「寺院」と訳し、あたかも日本の寺院仏閣を説明するときと同じような雰囲気をもって説明していています。これこそ正にイスラーム教の根本を理解していない証明であるといえます。

モスクはイスラーム教徒の単なる礼拝所にしかすぎません。日本では通称モスク（正式には集団礼拝に使われるジャーミヤと、単なる礼拝所であるマスジットに機能的に分類される）と呼ばれている場所を、寺院・イスラーム寺院として、あたかも日本の神社仏閣と同等に神聖な場所として扱いますが、これはたいへんな間違いです。

元来、仏教の僧侶、神社の神官、キリスト教の牧師・神父に相当する者を持たないイスラーム教には、礼拝所を「聖なる場所」として認識する考えはありません。少なくともアラブのイスラーム教徒には希薄な考えであるといえましょう。

この場所は異教徒から、また暑さや寒さから身を守り、安心して礼拝することができる場所としての礼拝所、すなわちマスジットであるにすぎません。ですから、マスジットを聖なる場所であるとして認識すると、聖俗の区別のないイスラーム教の認識を誤ることになります。この建造物は単に礼拝時における暑い日差しを避けるための、またイスラーム教徒が邪魔されない時間・空間を確保するための建造物です。それはメッカの大礼拝所にしても同様です。しかし、だからといって、土足で入ったり、汚したり、礼拝の邪魔をすることは禁物です。昼寝したり、読書をしたり、談笑をすることはかまわないのですが。

中世カイロの町の風景（銅版画）

このように日本流の認識でイスラーム教と接したならば、イスラーム教のもっとも重要な特徴を完全に理解することができなくなります。だが、この日本的潜在意識は、イスラーム教を相当理解している専門家でも、知らず知らずのうちに顔を出すものなのです。この例を見てもわかる通り、既存の日本的宗教観によって、イスラーム教が無意識に定義づけられていることを知ることが、本当のイスラーム教理解のために必要なことであるといえるでしょう。

以上述べたように、イスラーム教を理解するためには、我々日本人がいま持っている既存のイスラーム教観を意識的に目の前に並べ出し、それの再認識をする必要があります。日本という基盤の上で活動している宗教を理解するときには、日本的認識を意識することは大切でありましょう。しかし日本に基盤を置かないイスラーム教を理解するとき、日本的基盤・風土の上で考えず、アラビア的基盤・風土・歴史の上で理解しようとすることが理解のために重要な鍵であるといえましょう。

この書で説明するイスラーム教は、あくまでもアラビア世界、特にエジプトでのイスラーム教であり、インドネシア、パキスタン等のイスラーム教理解には不向きかもしれません。ましてや、ボスニア・ヘルツェゴビナのイスラーム教理解には、異なった知識が必要でしょう。しかし、これら異なるイスラーム教の基本には、アラブ・イスラームがその基本にあり、それが異文化と接して変化し、多様な世界を形成しているのが、今日のイスラーム教世界なのです。

本書の内容構成

本書は、次のように五つの章によって構成されています。
1、ファジルの章――アラブ人の思考と行動様式
2、ズフルの章――イスラーム教の降誕と預言者時代
3、アスリの章――多様化し拡散するイスラーム世界
4、マグリブの章――雑学イスラーム教案内
5、アシャーアの章――今日の中東世界とイスラーム教

この章名は、イスラーム教徒が行う一日五回の礼拝の時間を示す名から取りました。日本人には馴染《なじ》みのない礼拝の名前をあえて用いたのは、少しでもイスラーム教に馴染んでもらいたいと同時に、イスラーム世界へ旅をしたとき、有意義な旅をしてもらいたいと願うからです。なお、本章の題名「アッサラーム・アライコム」とは「あなた方に平安があらんことを」という意味です。

さて、第1章に相当する「ファジル」というアラビア語名は、一日五回に定められた礼拝の最初の、礼拝の時刻を示す言葉です。イスラーム教徒の一日の生活はこの礼拝によって始まり、最後の礼拝「アシャーア」で終わります。

中世カイロの街路（銅版画）　寄木細工の出窓（マシラベーヤ）が美しい

ファジルの章

「ファジル」の意味は「黎明《れいめい》」を示します。太陽がまだ地平線から顔を出さず、テントの中で黒い糸がようやく識別できるぐらいの明るさから、太陽が地平線から顔を見せる直前までの間、その間「ファジル」といいます。

この「ファジル」の章は、皆様を沙漠の世界に招待するところから始まります。イスラーム教の預言者ムハンマドは都会の住民であったため、またアル・クラーンの内容が豊かな商業的センスに満ちあふれていたため、イスラーム教は都市、商人、定着アラブの宗教であるといわれています。

しかし都市は都市でも、沙漠的環境のなかに置かれた都市であり、また沙漠世界と密接な関係にあった都市で、そこに住み商業に従事していた住民たちは、沙漠の遊牧の民から定着の民に変化した人々でした。現に預言者ムハンマドが父からの遺産として受け継いだのは、沙漠での生活者を象徴する数頭の羊だけでしたが、彼自身も幼少のころは羊飼いとして沙漠での生活を送っていたのです。

イスラーム教降誕に際し、彼らがこれを容易に理解できたのは、彼らの潜在思考にこの宗教を理解する能力があったからと考えられます。ですから、彼らの潜在意識を生みだした沙漠という風土を考えることにより、イスラーム教の根幹が理解できると思います。

ズフルの章

第2章に相当する「ズフル」の意味は、太陽が天頂に達したときの時刻を示します。真夏におけるこの時刻の礼拝は苦し

トルコ・イスタンブールのブルーモスク

い。そのため日陰の場所が選ばれますが、篤志家が提供した礼拝所があるところは幸いです。これが俗にいわれる礼拝所、マスジット（モスク）です。この礼拝の時間帯は比較的長く、その後、中東世界では午睡《ごすい》（昼寝）となるのが普通です。礼拝の時間はほぼ次の礼拝の時を表す「アスリ」の直前までセットされており、俗に「昼の礼拝」といわれます。

この章で述べることは、預言者ムハンマドとイスラーム教の降誕に関してです。なぜアッラーは彼を預言者に選んだのでしょうか。預言者とは何か。イスラームとは、アッラーとは等々。きわめて基本的なイスラーム教の説明を試みたいと思います。すなわち黎明期のイスラーム教を通して、イスラーム教の基本的な知識を得るように努めます。

加えてこの章では、預言者の時代、完全なまでのイスラーム教による統治の世界を描写したいと思います。それが現在、世界の注目を集めているイスラーム運動を理解する上で重要な解答の鍵を与えるからです。今日、イスラーム教の過激な運動を展開している集団が目指しているイスラームの世界は、この預言者時代を現代的にアレンジして再現することを目的としているのではないかと思われるからです。

このように預言者時代のイスラーム世界を見ることは、今日のイスラーム世界を見ることにつながります。

アスリの章

第3章に相当する「アスリ」の意味は、太陽が地平線に近づき太陽の色が白色から黄色に変化するころの時刻から、日没直前までの時刻を示します。

　夏、地面は完全に焼けており野外での礼拝はきわめて厳しいですが、暑い一日の終わりは近く、人間が午睡を終え活動を開始するマグリブの時を待つひとときです。

　この章では、イスラーム教の歴史とその結果としてのこの世界の多様性について語ろうと思います。アラブ民族に降ろされたイスラーム教が、平和をもたらす宗教としてイスラーム教徒に認識されるに及び、安定した生活環境が到来しました。その結果、人口増加現象を生みだし、居住地域の拡大を余儀なくされます。かくして彼らはこれまで移住して来た民族のように、豊かな三日月地帯へと移動を開始することになります。それはさまざまな文化との出合いを意味し、イスラーム教は大きく変化せざるをえなくなり、その結果多様化することとなります。その姿を具体的に示しているのが、イスラーム法の多様化です。

　イスラーム世界は、永遠の命を持っていると思われていた預言者が死んで、法解釈をする者がいなくなりました。そこで、イスラーム法解釈をどのようにするかが問題となります。ましてや当時、イスラーム教はアラビア民族ばかりではなく、さまざまな思考性を持った民族に広がりつつある時でもあり、預言者が死去したことは、イスラーム世界の崩壊を予告するものでした。かくして知恵が出され、預言者に代わりイスラーム法解釈が試みられたのです。このためイスラーム法の適用にさまざまな解釈が出され、あたかも興福寺の阿修羅像のような変化したさまざまな顔を持つようになります。

その変化は、当然のことながら、アラブ的イスラーム教を信奉するイスラーム教徒の反発を招き、イスラーム教は華やかな文化のなかで、激しいイスラーム運動を経験することになります。すなわちイスラーム教と、イスラーム教の闘いが開始されるのです。今日みられるイスラーム運動の芽生えといえるでしょう。

このような歴史を見ることによって、イスラーム教がいかに多様化し、さまざまな形にその姿を変えているかがわかります。ここで読者は「イスラーム教は一つである」とよくいわれる言葉に疑問を持つことになるでしょう。そうして、イスラーム教理解に必要な律法が多様化していくさまを知り、この世界が、論理的な法解釈論で運営されていることも知ると同時に、モザイク化された世界であることも知ることになるでしょう。

その結果、イスラーム教は一つであるとする言葉が、きわめてあいまいな表現であることがわかると思います。また法により統治された世界でもあり、さまざまな民族との共存形態が日本と異なることに気がつくでしょう。そしてこの世界の人々が、日本のような属地民族ではなく、属宗民族であることも知ることになるでしょう。

マグリブの章

第4章に相当する「マグリブ」の意味は、太陽が地平線に没した時刻です。この時刻は一日のなかでもっとも美しい時でもあります。地平線に姿を消した太陽の光は、日没前以上に美しく空間

ナイル川の夕陽

を染めあげます。夏のアラブ世界では、生きとし生けるものが息を吹き返す時であり、ジャスミンの香りが心地良い夜の到来を告げる時刻でもあります。イスラーム暦は陰暦なので、この時が午前〇時となります。

この章では、イスラーム教とイスラーム教徒との関係をもとに、イスラーム教がどのような宗教であるのかをあらためて説明しようと思います。これまでのイスラーム教に関する知識をまとめると同時に、イスラーム教徒と断食・礼拝・信仰・巡礼、その他の通過儀礼等々との関わりについて説明したいと思います。ごく身近なイスラーム的生活である断食月の生活や、礼拝の仕方、喜捨《きしゃ》に対するイスラーム教徒の姿勢、イスラーム教徒と礼拝所の関係等々を、筆者のカイロでの生活を通して説明するつもりです。

この章で取り上げる話題は、イスラーム教全般に関するごく初歩的な紹介ですが、イスラーム教とはいかなるものかを理解していただけるものと思います。イスラーム教はごくやさしい宗教であり、決して難解な宗教ではないということを理解することができるでしょう。皆様はイスラーム世界が、ある特徴的な構造になっていることをここで知ることになり、日本とこの世界の根本的な違いを認識することになるでしょう。

アシャーアの章

第5章に相当する「アシャーア」は、「マグリブ」から後の時刻、すなわち床に入るまでの時刻を表します。一日の最後の礼拝の時刻です。

この章では、現在のイスラーム教をとりまく問題を中心として説明しま

夕暮れのモスク（パキスタン）

す。イスラーム教はアラブ世界からアフリカ、中央アジア、東欧世界、西アジア、東南アジアへと伝播《でんぱ》、拡散し、イスラーム世界はさまざまな顔を持ちます。しかし中世末から近世にかけてイスラーム世界、特にアラブのイスラーム世界は荒廃します。それとは反対に、世界の中心はヨーロッパ世界に移り近代を迎えるわけです。

そして中東世界では今日みられるような国々が出現し、この世界は新しい時代へと推移し、イスラーム教もまた大きな試練を受けることになりました。

そのなかで、もっともイスラーム教に影響を与えたのが、国家という新たな意識の誕生でした。宗教的意識から国家意識へ。イスラーム教徒の意識は、いやおうもなく国家意識への移行を強要されることになりました。一般にいわれる政教分離です。これが近代中東世界の特色ですが、それを「苦悩するイスラーム教」という言葉でもって、今日のイスラーム教を表現することとなります。近代におけるイスラーム教は、この国家なる意識の前で、その進路を模索することになりますが、生まれながら国家意識を有している日本人にとって、この問題は理解しがたいことでしょう。

だが、思い出していただきたい。アメリカの学校には常に国旗が教室におかれ、国家意識を育てていることを。中東世界も同様で、部族意識、宗教意識、国家意識と、アラブ人の意識の変遷はそのつど大きな問題をひきおこし、それが歴史のエネルギーをかもしだしてきたのです。現代イスラーム世界を悩ましている国家意識。それと対立するイスラーム教。この関係が、現在のイスラーム世界に大きな影響を与えていることは、毎日の新聞をみれば理解できましょう。

この章では、このような現代の問題を説明することになります。アラブ世界で見られるイスラーム運動、俗に「イスラーム原理運動」と適切でない言葉で呼ばれるイスラーム運動についてや、とりわけ「イスラム国」や「アル・カーイダ」のような過激運動についての説明をここでは展開することになりましょう。

〝それでは魔法の絨緞《じゅうたん》に乗ってムハンマド渥美《あつみ》が、皆様方をイスラーム教の世界にお連れいたしましょう。

まずは、七世紀初頭のアラビア半島へ旅していただきます。そこで沙漠、部族意識について考えてみましょう。

アラビアの沙漠の世界は多くのものを教えてくれます。日本人にとって未知への旅です。

そこでアラブ人の思考性、行動様式に関して考えるのです。そしてイスラーム教を考えましょう。

それでは出発しましょう。〟

〔注〕本書の中で使用する「アル・クラーン」の文句の引用は、宗教法人「日本ムスリム協会」刊行の「聖クルアーン」を使用します。
またイスラーム教の礼拝・聖戦・巡礼・断食その他、信仰に関する項目に関しては「イスラミックセンター・ジャパン」刊行のイスラーム入門シリーズを参照しました。それがイスラーム教徒の見解であるからです。

1
アラブ人の思考と行動様式

ファジルの章

風土が生みだしたアラビア民族の思考性

アッラーがアラブ人を選んだ

ムハンマドがユダヤ教、キリスト教からイスラーム教を創作した、という前提の下にイスラーム教を見ている人には、アッラーがアラブ人を選んだという考えは決して生まれないでしょう。しかしアラブのイスラーム教徒は、自分たちはアッラーに選ばれた人間であると堅く信じています。日本人が自然の中に精霊を感じるのと同じように、彼らは神からの預言を信じています。そこに選民思想というアラブ・イスラーム教徒特有の性格が生まれました。

ただ、これは何もアラブのイスラーム教徒に限って見られることではありません。ユダヤ教徒であるユダヤ人も、またユダヤ人を預言者としたキリスト教徒にしても、アラブのイスラーム教徒と同じような選民意識を持っているのです。

強力な選民思想

私が初めてアラブ・イスラーム教徒と話をしたとき、彼らが私に語った言葉ほど興味深いものはありませんでした。

彼らは異口同音に「なぜイスラームはアラビア語で降りたのか。なぜ日本語で降りなかったのか。世界にさまざまな言葉があるにもかかわらず、アッラーはアラビア語を選ばれた。よって我々は選ばれた民なのである」と誇らしげに語り、その意識が立派な思想として彼らのあいだに定着していること

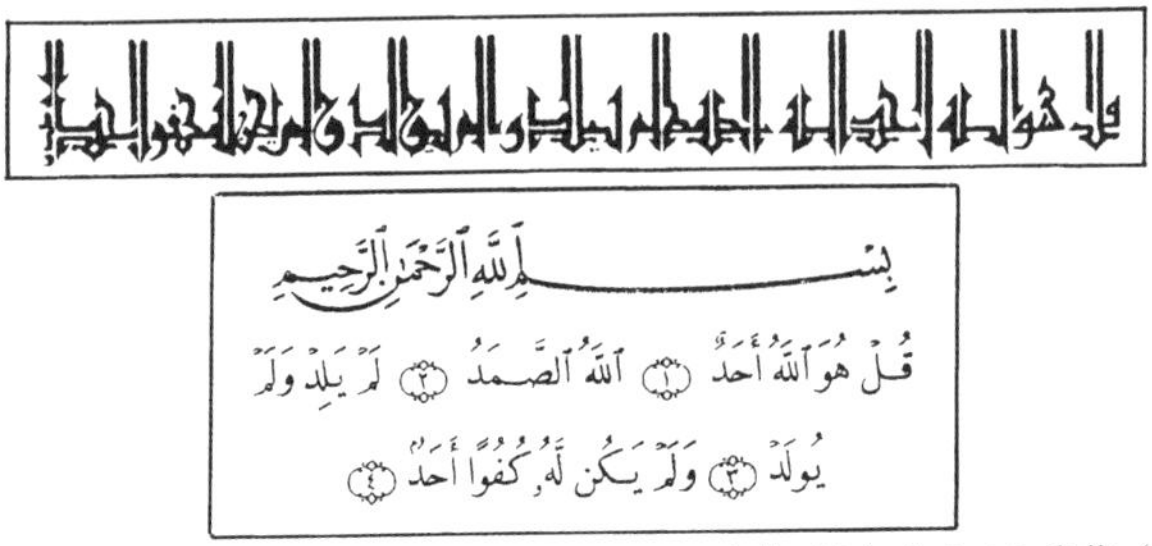

アル・クラーン112章「純正の章」クゥーフィ書体（上）とナスヒ書体（下）
（意味は次頁参照）（吉田佐源二『アラビア文字の美』より）

を実感したものでした。

疑問の発生

そこで、当然のことながら疑問が生まれます。なぜアッラーは、日本人ではなくアラブ人を啓示の受領者に選んだのでしょうか。アラビア語を選択の言葉としたのでしょうか。また、アラブ人はイスラーム教を容易に理解できるのに、なぜ日本人には理解できないのでしょうか。この単純にして素朴な疑問です。これは永遠の謎であるかもしれません。しかしこの疑問への接近とその解答を求める努力は、イスラーム教理解の手助けになるのではないかと、私はこれまでの見聞から感じています。

このようにイスラーム教理解の鍵《かぎ》を、今まで通り人間の方からのアプローチに求めるのではなく、逆の方向、すなわちアッラーの方から求めることにより、難解といわれるイスラーム教理解が、容易になるのではないかと考え、ここでそれを試みることは無駄なことではないと思います。

なぜアッラーはアラブ人を選んだのか

なぜアッラーはアラブ人を、アラビア語を律法の媒介者・媒介語に選んだのでしょうか。この単純な疑問のなかに、イスラーム教の基本の基本を理解する第一の鍵が隠されているように思います。律法の宗教であるユダヤ教、キリスト教、イスラーム教は、創造主が人間に与えた命令である律法という法により成立している宗教です。その媒介としてアラブ人、アラビア語が選ばれたと思うのですが、その理由はどこにあるのでしょうか。

「純正の章」の日本語訳

慈悲あまねく慈悲深きアッラーの御名において。

1 言え、「かれはアッラー、唯一なる御方であられる。
2 アッラーは、自存され、
3 御産みなさらないし、御産れになられたのではない。
4 かれに比べ得る、何ものもない。」

鍵はアラビア語、アラブ人にあり

結論的にいえば日本人・日本語ではアッラーの意図するところを完璧《かんぺき》に表現することができませんでした。だからアッラーは日本人を選ばなかった。そのように考えられないでしょうか。アラブ人の持つ思考性が、アッラーの命令・律法を本能的に理解できる能力を有していたため、アッラーの意図するところを受けとめることができたということです。

またアラビア語の持つ独特な音色とその文化が、アッラーの神秘性と特色を感じさせ、表現させる道具としてもっとも適切なものであったことが、イスラーム教の受領者としてアラブ人を選んだ理由ではなかったかと、私は考えています。

だからこそ、アル・クラーンはアラビア語でなくてはならないという彼らの主張も正しいものとして考えられるのです。

平和と秩序を求める人々

しかし、いくら素晴らしい預言でもそれを必要とする環境がなければなりません。人間の創造を越えた絶対的命令、律法を必要としていたという、社会的環境があったことをあわせて考慮しなければならないでしょう。

なぜならば、いくら人間を越えた創造主からの天啓であるとしても、アラブ人は必要のないものを受け入れる民族とは思われないからです。アラブ人は非常に現実的な考えをする民族で、目に見えた形で利益が表現されなければ、そのものに関心を払わない民族です。偉大なるアッラーのいかなる恵み

アラビア語の音《おん》

アラビア語は二九文字の表音文字で成り立ち、その使用する音は単調な日本語の発音と異なり、実にさまざまな音を出します。たとえば「ハ」の発音でも日本語と同じ「は音」、英語と同じ「は音」、ドイツ語と同じ「は音」と三つもあります。「ア音」にしても同じで日本語に近い「あ音」と喉の奥から出す「あ音」があります。また日本語にはない音もいくつかあります。俗にアラビア語の発音ができれば、世界の言葉が発音できるといわれています。

アラビア語の文字表記

母音はア、イ、ウと三つしかありません。日本語の音と比べると短母音で、日本名をアラビア語で表記する場合、アラビア語の長母音を用いて表さないと詰まった名前として発音されます。母音は消滅したり、促音化したり実にさまざまに変化し音を変えますが、文字として表記されません。表記されるのは子音だけですので、文章を見て意味がわからないと、音を出すことができず、朗読できません。

であろうとも必要のないものなら、彼らは関心を払わないでしょう。

アッラーがイスラーム教をアラブ人に降ろしたときのアラブ世界は、正に新たな秩序、法を求めていた時であり、古来の因習を破壊する革命的な律法を求めていた時であったのです。当時のアラブ人世界には平和と秩序を求める人々がいたということも重要なことなのです。

受領者としての条件

アッラーの言葉を的確に表現できる文化をもち、またそれを必要とする環境を備えていることが受領の条件でしたが、それだけではありません。そこに欠かすことのできない受領者が必要です。後に預言者と呼ばれるようになる人物がいなければ、アッラーの言葉を授かることができません。それは二つの条件を備えた人物でした。

まず第一の条件は、人々に人間の想像

ا	ب	ت	ث	ج	ح
アリフ	バー	ター	サー	ジーム	ハー
خ	د	ذ	ر	ز	س
ハー	ダール	ザール	ラー	ズァーイ	スィーン
ش	ص	ض	ط	ظ	ع
シーン	スァード	ドァード	ター	ゾァ	アイン
غ	ف	ق	ك	ل	م
ガイン	ファー	クァーフ	カァーフ	ラーム	ミーム
ن	ه	و	ي	ء	
ヌーン	ハー	ワー	ヤー	ハムザ	

٠	١	٢	٣	٤
0	1	2	3	4
٥	٦	٧	٨	٩
5	6	7	8	9

アラビア語のアルファベット（上）と数字（下）

を越えた創造主の啓示であるということを信じてもらうためには、これまで嘘《うそ》をついたことのない正直者であると、自他ともに認める人物がいなければなりません。正直者でなければ、アッラーからの啓示が、人間の手によるものではないことを信じてもらうのが難しいからです。

後で述べますが、アラブ人は非常に現実的な民族であり、この種の疑いは日本人以上に深く、強い猜疑心《さいぎしん》を持っています。それゆえアッラーの言葉を伝える使者として、誰もが認める正直者が絶対的条件でした。

第二の条件は、面白いことに無学無筆でなければならないということでした。まったく読み書きができないというのではなく、高度なアラビア語の使い手であってはならないということでした。

アッラーの啓示は、アル・クラーンという名で呼ばれるイスラーム教の聖書に編集されていますが、そのアラビア語は人知を越えた文章で構成されています。それはきわめて美しいアラビア語で書かれたもので、その文章は人をして酔わせる旋律を聞かせます。人間がとうていできるものではないのですが、もし受領者がアラビア語の達人であったなら、アル・クラーンは人間の手によるものであると疑われるでしょう。

当時のアラビアには、正直者として絶対的な信頼を得ていた人がいました。すなわち、後に「アッラーの使徒」と呼ばれるムハンマドという人でした。しかも彼は文を書くのに長《た》けてはいませんでした。

母音は三つ、意味がわかって初めて音が出る

日本的にいえば文字はア行を表記しているだけであり、それがア、イ、ウのどの音を出すのかわからないのです。三つの母音から一つを選択するのは、文章の中で単語がどのような役割を課せられるかによって決められます。すなわち文章の内容を理解して初めて朗読できるということになります。

たとえばここにQ・T・Lという三つの子音が書かれています。これにaの母音をつけて読むと「QaTaLa―カタラ」と初めて音を発し「彼は殺した」という意味になります。今度は同じ三子音にそれぞれ異なる母音をつけて「QuTiLa―クテラ」と読むと「彼は殺された」というまったく異なる意味になります。しかしこの意味の違う言葉は同じ「Q・T・L」という三つの子音だけで書かれるのです。

アラビア語はなぞ解きに似ている

アラビア語の文章は一文の終わりを示すピリオドを普通つけないので、どこで文章が終わっているのか見ただけ

しかし、これだけでは不十分です。もう一つ大切なことがあります。それはアラブ人は「神の啓示」「神の律法」なる意味を知っていたかということです。たしかに彼らは

整っていた啓示への理解

ユダヤ人の話すヘブライ語とアラビア語の性格を比較すると理解できるでしょう。そ「啓示の民」として名高いセム語族の流れをくむものです。それはユダヤ人の伝統的な民族的文化意識が潜在的なものよりも意識化されていたのならば、啓示の理解は十分なものだったでしょう。

それに加えて、イスラーム以前のアラビア半島では、南方のイエーメンからメソポタミアにかけて設けられた隊商路に、多くのキリスト教宣教師が活動していたようです。アラブ人がその宣教師に接しキリスト教を知っていたことは当然考えられます。またイエーメンはユダヤ教徒の影響が強く、ヘジャーズ地方にもユダヤ人の集落がありました。

このようなことからアラブ人はユダヤ人、キリスト教を通して啓示宗教、一神教がどのようなものであるかを意識的にも潜在的にも知っていたと思います。特にイスラーム教と深い関係を持つヤスリブ、現在のアル・マディーナ（メディナ。サウジアラビア王国）はユダヤ人の町といっても言い過ぎではない一神教徒の町でした。ましてや彼らアラブ人は、これら啓示の民と同じ根から発した民族です。啓示の理解は本能的になしえたのでしょう。

かくして、すべての条件がアラブ人世界にはそろっていたのです。啓示を降ろす方も、啓示を受ける方も、そして社会環境もです。そしてなによりも

ではわかりません。これを明らかにし、音をつけるのが文法ということになりますが、前の単語と後ろの単語が関係あるのか、それともまったく関係のない二つの文章を構成している単語なのかを見極めることが必要になります。その鍵を与えてくれるのが文法で、それはクロスワード・パズルを解くのに似ています。

辞書を使えれば初級卒業

アラビア語の単語は、動詞の三人称男性形単数過去を原型として、そこからさまざまな単語が派生します。その単語は三子音で構成され、それがさまざまな形に変化するわけです。単語の意味を知るために辞書を使いますが、意味を知りたい単語の原型を求め、それから辞書を引き、引いた原型の枠内を調べ、求める単語の意味を知ることになるのです。このため辞書を使用するには、単語をみてその単語の原型をすぐ知る知識が必要となります。このためには文法の学習と経験が必要です。

大切なことは、適切な受領者がいたことです。

なぜアラブ人はイスラーム教を理解できたのか

アッラーは、七世紀のムハンマド、アラビアの民人《たみびと》を律法の受領者として選びました。そこで、なぜ彼はアッラーからの啓示を理解できたか、という疑問が当然のことながら生まれます。多くの日本人からイスラーム教は不可解であるとの声が聞こえるなかで、なぜアラブ人はイスラーム教を容易に理解できたのでしょうか。

もっとも、この疑問に対する日本的な答えは用意されているようです。「イスラーム教はアラブ人ムハンマドが作った宗教であるから、彼らが理解できて当たり前である」という答えは、日本人として、また非イスラーム教徒として抱く当然な解答のようです。

だがイスラーム教徒は、「イスラーム教は人間が創造したものではなく、アッラーの啓示によるものである」と信じています。もっともイスラーム教は、アッラーの啓示である、ということを信じて疑わない人、それがイスラーム教徒ですから、そういう答えが出るのは当たり前ですが。しかし彼らはイスラーム教に限らず、ユダヤ教もキリスト教も同じように啓示によるものであり、モーゼやキリストもムハンマドと同じ預言者であると信じて疑いません。そこが日本人と異なるところです。

アラビア語は音楽です

アラビア語は、世界一難解な言葉といわれますが、それは異文化民族にはわからない特徴があるからです。その不可解な要素は音で、アラビア語文章でもっとも重要なのは、音に出したときのリズムとハーモニー、メロディーであるといわれています。美しい旋律を持つ文章が美しい文章であるといわれ、韻を踏んだ文章も作られます。

アラブ世界ではアラビア語の達人、すなわち詩人がもっとも尊敬されます。イスラーム教の聖典「アル・クラーン」は優れたアラビア語の文章であると、非イスラーム教徒達も認めていますが、それはこのような理由からです。

知識がなくともイスラーム教を理解できたアラブ人

このように創造主の存在、預言、預言者に関する理解において、彼らは日本人と大いに異なります。事実を調べるまでもなく、アラブ人はアッラーの啓示を理解できました。それは預言者ムハンマドが解説してくれたからというばかりではなく、本能的に理解できる素養を持っていたということです。

この場合、理解できたというのは、個々の律法解釈が理解できたというのではなく、イスラーム教の根底なるものを理解できたということです。それは彼らにとって、イスラーム教の本質的理解はきわめて容易なものであったということであり、彼らの思考性とアッラーとの間に異文化的違和感がなかったということです。

そこで彼らの思考性、行動性を探求することによって、アッラーの意図するところのイスラーム教を、説明なしに理解できるのではないかと考えるのです。

思考と行動様式の源泉──風土と歴史

人間の思考性、行動様式は風土と歴史的経験によって構成されていると、多くの人が指摘しています。この意味からアラブ人の思考様式は、その居住していた風土によって作られ、生きる過程の経験によって、すなわち歴史によってその行動様式が育まれたと判断されます。

そこで、アラブ人を取り巻いていた風土とその歴史、特にイスラーム教以

二つあるアラビア語

現在のアラブ世界で使用されているアラビア語は、正則アラビア語と方言の二つです。前者は文語体ともいわれますが「アル・クラーン」のアラビア語を基本としてまとめられた言葉で、文書ばかりかそれ自体話し言葉として使用します。会議や演説・講義などの正式な場所でこの言葉が使われますが、アラビア語の知識のない人にはたとえアラブ人でも理解できません。この言葉自体に方言はなく、アラブ世界もしくはイスラーム世界においては一つの言葉です。この言葉は非常に格調高く、聞く者を酔わせます。

もう一つの方言は実際の日常生活において使われるもので、書き言葉はなく話し言葉だけです。アラブ世界の各地にはさまざまな方言が存在し、話す言葉によりその人がどこの出身であるかが簡単にわかります。方言は非常に細分化されていますので、その国のどの地方からきた人であるかまでわかるわけです。

問題は異なった方言を使用する者同士がときにはまったく理解できず、意

前の歴史を知ることによって、アラブ人の考え方、行動パターンを知ることができるでしょう。我々はそこからイスラーム教理解に必要な知恵を得ることができます。

これは日本人の思考性を考えるときも同様です。島国であることからもたらされる歴史観。この孤島を彩る明確な四季と比較的温和な自然環境が、日本人に適度な刺激を与え、英知を育み、努力の成果による喜びを与えたものと思います。

日本人を見るのと同じように、アラブ人の思考様式を知るために、アラビアの風土を代表する環境としての沙漠を考え、アラビア民族の歴史を見、そこから彼らの思考性、行動性を探ることとは無駄なことではないでしょう。

アラブ人の思考の源泉──沙漠

さて、アラブ人の風土といえば、それは間違いなく沙漠という自然環境でしょう。預言者ムハンマドは、メッカという都市に居住するアラブ人であったから、イスラームと沙漠との関係は少ないと考える人もいますが、思考は先祖からの血により受け継がれるものであり、その人間が都会に住もうと、山に住もうとその根本は変化するものではないと思われます。

預言者モーゼに見る風土

これはアブラハム、モーゼ、キリストらの先人預言者たちも同様で、彼らは都市生活者でしたが、沙漠的環境のなかで思考を作り上げた先祖からの血を濃厚に持っていました。それは預言者モーゼの生涯がこのことを明確に証明しています。

思の疎通にも苦労することがあります。たとえばエジプト方言ではモロッコの方言は理解できません。

アラブ世界で生活する場合、この方言の修得は重要です。なぜならば正則アラビア語は非常に難しく、また格調の高い言葉ですから、日常生活に不向きであり、また教育を受けていない相手には通じないことがあるからです。そこで方言修得が必要となります。その意味で正則アラビア語は日本の標準語とは違います。

アニミズム信仰のシンボルであった、エジプト王族の一人として育てられたモーゼが、歳《とし》とともに芽生えるアブラハムの血。やがてそれが十戒の受領者として回帰する様子は、旧約聖書の白眉《はくび》「出《しゅつ》エジプト記」に感動的に書かれていますが、それはまさに先祖の血がもたらすもの以外のなにものでもなかったといえるでしょう。

彼はエジプトの王子からユダヤ人に返り、有名な十戒をシナイ山で受領し、預言者となりますが、その十戒こそ沙漠的風土の中で育った人間にのみ理解でき感受できる啓示でした。それまで彼は、エジプトのナイル河岸で農耕民族として育ち、偶像崇拝の王族の一人でした。その彼が、偶像を否定する信仰の預言者となったのは、血以外のなにものでもなかったといえるでしょう。これが風土といわれるものです。

モーゼが都市生活者であっても、まったく異なった環境のなかに育ったとしても、その心の奥底に流れていた潜在的思考性は、先祖から受け継いだ沙漠的思考性によって構築されていました。たとえ異なった環境のなかで生まれ、育っても、その意識が消滅しなかったことは、風土の持つ影響力の深さを示しているといえましょう。

異質なアラブ人と日本人

沙漠的生活を経験した先祖を持つアラブ人の場合も同様で、都市生活者であろうが、沙漠生活者であろうが、その思考性を構築している要素は、沙漠からもたらされたものの、すなわち沙漠的風土により構築されているものと考えられます。

不毛にして死の世界―沙漠　遠くにラクダの隊列が行く。エジプトにて

日本人の場合は、森林・海・山に臨み、住み、春夏秋冬の変化に富んだ季節のなかにあって、これらの諸要因の調和のなかでその性格を育み、それに絶海の孤島ともいえる島国で育った民族としての経験を加えて、今の日本人の性格の根底が形成されているといえましょう。日本人の行動は、非大陸的であり、単一民族的であり、自然崇拝的であり、その性質はイスラーム教徒、キリスト教徒、ユダヤ教徒と比してもきわめて異質です。

この結果、日本人イスラーム教徒、キリスト教徒らの抱く宗教意識は、風土・歴史的経験により作られた潜在的意識によって日本的にならざるをえません。この意識されることのない無意識なる意識が、イスラーム教を不可解なものにしているといえるでしょう。このことを異文化を知るときあえて認識しなければならないと思います。

沙漠的環境で育まれたアッラーと人間の関係

アッラーと人間との関係。このイスラーム教の基本ともいえる関係をアッラーが示したとき、アラブ人はそれをいとも簡単に理解しました。アッラーとイスラーム教徒の関係は「主人と奴隷」の関係に尽きます。アッラーは絶対的命令者であり、イスラーム教徒はすべてアッラーの奴隷です。このアッラーとの一体的関係がイスラーム教の基本ですが、それはユダヤ教、キリスト教においても原則的には同じです。

このアッラーと人間の基本的な隷属関係は、預言者がこと細かく教えなくても、また力により強制しなくとも、ごく自然の形でアラブ人に理解できた

十戒

エジプトを脱出したモーゼは、シナイ半島の南端にあるシナイ山に登りヤハウエ（ヘブライ語でいう神のこと。アラビア語でいうアッラーと同じ）から十の戒律を受けました。十戒は石版に書かれヤハウェからモーゼに渡されたといわれます。

この十戒がユダヤ教の根本的契約の律法とされ、ユダヤ教の教会シナゴーグの入口の上に石版に彫られて掲げられています。このことに関する記述は旧約聖書「出エジプト記」第二〇章三―一七に記されています。それによると十戒とは、

○あなたはわたしのほかに、なにものをも神としてはならない
○あなたは自分のために、刻んだ像を造ってはならない
○あなたは、あなたの神、主の名を、みだりに唱えてはならない
○安息日を覚えて、これを聖とせよ
○あなたの父母を敬え
○あなたは殺してはならない
○あなたは姦淫してはならない
○あなたは盗んではならない

のは、まず第一に沙漠という風土的環境であったといえましょう。

「出エジプト記」に見る律法の民

このことを我々に示しているのが、さきほどの「出《しゅつ》エジプト記」です。旧約聖書の「出エジプト記」によると、預言者モーゼに導かれエジプトを脱出したイスラエルの民は、シナイ山に登った預言者モーゼが、四〇日も下山しないため不安に駆られ、再びエジプトの神を作り、崇《あが》めはじめ、律法のない世界に舞い戻ったと書いてあります。

これは、ユダヤ民族が本来持っていた律法の世界を理解する能力を完全に失ったことを示し、イスラエルの民が河川文化の民、自然崇拝の民に完全に変革したことを示すものでありました。ユダヤ人が啓示とは無関係なエジプト人化したことを示すものです。

聖書は、シナイ山から下山した預言者モーゼが、これを見て怒り、律法を理解できない者を殺し、残った民を四〇年間沙漠に追いやったと書いています。その後に、民人は「約束の地」に行くことを許されたわけです。

沙漠に一神教思想の源泉あり

この話のなかに、沙漠がいかにこの宗教の理解に必要な環境を提供しているかを暗示しているといえましょう。沙漠へ四〇年間も追いやったということは、この当時のことを考えると、三世代にわたって沙漠で生活したということになります。沙漠のなかで子供が生まれ、その子供が成人し子供を生む。彼らはこのように三代にわたる生活を過ごし舞い戻ってきたのです。

○ あなたは隣人について偽証してはならない
○ あなたは隣人の家をむさぼってはならない。隣人の妻、しもべ、はしため、牛、ろば、またすべ隣人のものをむさぼってはならない
という戒律の内容です。

律法と法律

両者の違いは、前者は戒律であり後者は戒《いまし》めを含まない法だけのもの。戒律とは法と戒めが一緒になったもので「〜してはならない」もしくは「〜しなくてはならない」という文章で表現されるものです。

イスラーム教やユダヤ教は「律法の宗教」と呼ばれますが、それはこの宗教が個人の生活全般を支配する法そのものであり、それに基づいた生活をおくるための実例を示しているのが聖典で、そこには法が説かれ、加えて戒めが書かれているのです。

この物語から、モーゼは農耕文化に染まったユダヤ教徒を再生するために、生き残った民人を沙漠に追いやり、沙漠のなかで世代交代をさせることにより、イスラエルの民を特徴づけている沙漠的風土を再度根づかせようとした、ということが感じられます。すなわち、この物語は沙漠の中で世代交代させることにより育まれる沙漠的風土が、一神教理解に必要不可欠なものであることを暗示しているといえましょう。

イスラエルの民が風土としての沙漠的環境を完全に身につけたとき、ヤハウエは、民人の子孫がたとえ定着民となったとしても、ヤハウエの律法を理解し、それを伝えることが容易となり、踏みはずすことがないと判断したのではないでしょうか。だからこそ、約束の地に行き、定着することを許したのです。

イスラエルの民が完全に自然崇拝、アニミズムの世界の人間になったことを知った預言者モーゼは、三千人の人間を殺し、それによって悪い血を断ち、再生可能な人のみに対して沙漠で生活することを命じた点に注目する必要があります。

日本人の思考には、このような沙漠的環境から育まれたものがないため、ユダヤ教、キリスト教、イスラーム教の完全な理解と帰依《きえ》は、原則的に難しいのではないかと思われます。少なくともセム族的解釈と信仰を理解するには限界があり、日本人的解釈が成立することによって初めて定着するものと考えられます。

ヘジャーズ地方

アラビア半島の西方に位置し、紅海に面した地帯で北はタブークを越えてシリアに通じ、南は有名なメッカの町を越えて高原の町タイフに至る地域で、高地のナジュドと海岸低地（ティハーマと呼ばれる）の中間に位置し、あたかも障壁のような印象を与える地域をヘジャーズ地方といいます。アラビア語ヘジャーズとは障壁という言葉から生まれたものです。

この地域はサウジアラビア半島最大の商業地域で、もっとも繁栄した隊商路として知られていましたが、同時にイスラーム教降誕時および創成期における主たる舞台としても有名です。またオカーズ、バドル、ウフド等のイスラーム史上有名な地域もここにあります。

そしてなによりもイスラーム教降誕の地であり、巡礼の地でもある「メッカ」の町があり、預言者の遺体が眠る「アル・マディーナ」の町もあります。また標高一八〇〇メートルの高地にあって避暑地として名高いタイーフの町があります。

日本人と沙漠

一神教と無縁な世界――日本

日本人が、イスラーム教ばかりか「アラブ」なるものを理解できない理由の一つに、日本には沙漠的環境がないからだといわれています。また、大陸世界と異なって日本は島国であることから、遊牧民族はおろか牧畜民族との接触も経験したことがないことにも原因の一つがあるようです。

しかし日本と同じように、アラブと異なる風土に住んでいるヨーロッパ人や、パキスタン、インド、マレーシア、インドネシアなどのアジア諸民族がイスラーム教を彼ら流に解釈理解し、信仰しています。これらの世界は、決してその全土がアラビアのように沙漠的風土とは言いがたい環境にもかかわらず、イスラーム教徒としてアッラーとの契約を守っています。なぜ彼らは日本人と異なりイスラーム教を理解できたのでしょう。

その理由は、沙漠的環境と隣接していること、民族交流の激しい大陸的環境のなかで育てられた性格によるものと考えられましょう。しかし日本人は、沙漠とはまったく無縁であり、民族的交流とも無縁な世界で生きてきました。そういう世界とは完全に無縁な世界なのです。その意味で日本人は「珍種」なのかもしれません。

このような環境から、アラビア半島がその後歴史から置き去りにされても、この地域一帯は常にイスラーム教徒にとって重要な巡礼の地として、もっとも繁栄しました。現在も王国のなかで商業地域、避暑地として栄えており、イスラーム教と関係の深い地域として世界的に有名です。

日本人を作った日本の自然

沙漠世界とは反対に、日本は世界のなかでもまれにみるほど明確な四季を有する国です。アジア・モンスーン地帯を襲う想像を越える災害や、それを克服する気力も失わせるような天災にも無縁な国です。日本人が経験する自然災害は、人間の努力と知恵で十分に克服することのできるものです。

そればかりか、日本人は災害と四季の変化に対応する努力と知恵により、多くの富を得ることができることを実感してきました。今日、世界は日本人の勤勉と英知を称賛しますが、このような日本人の性格は、日本の自然すなわち風土が作り上げたものといえましょう。

日本の風土は、人間にとって決して悪い環境ではありませんでした。むしろ、日本の自然環境は「自然の恵みと適度な恐れ」を日本人に与えるものでした。と同時に、日本における自然の脅威は、人間の英知と努力により克服できる程度でしたから、自然との調和をはかる思考性と自然を克服する技術を手にすることができたのです。それが自然崇拝信仰と人間への信仰を生み出し、高度な技術民族としての日本人を生みだしたのでしょう。

だからこそ、人間を中心とする日本的な世界観が生まれました。それは創造主が中心となる沙漠的民族の思考性とは大いに異なるものです。神の律法による統治体制を中心とする世界と、人間の力による統治形態を中心とする日本。それがアラブ民族と日本民族のきわめて異なる点です。

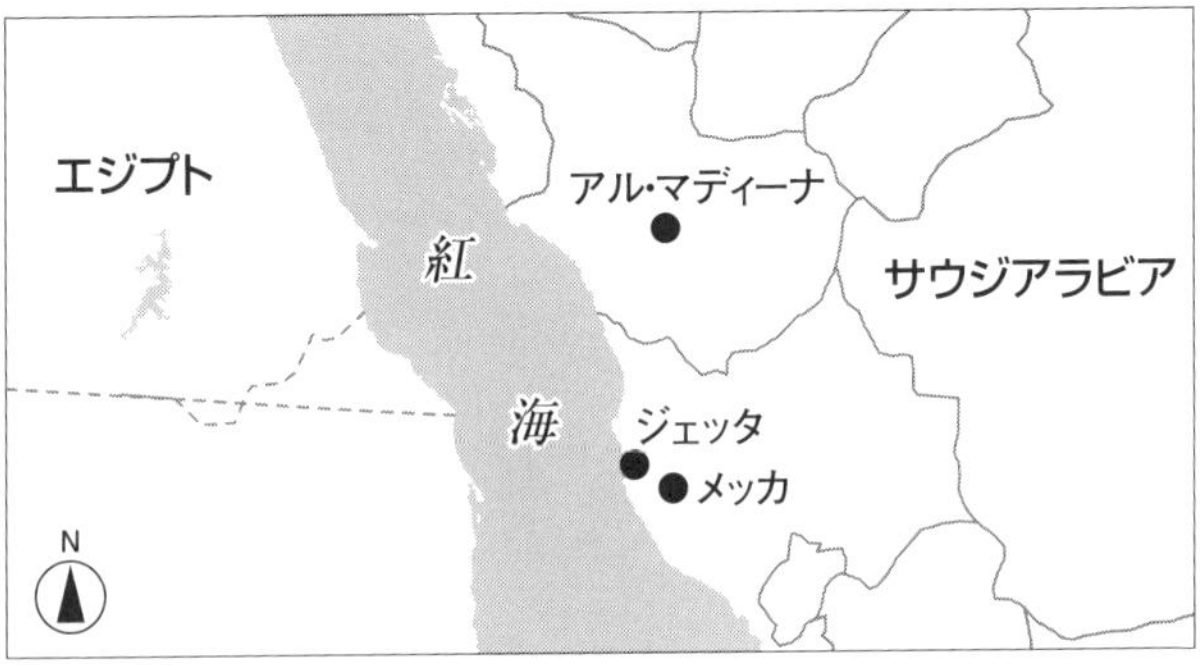

ヘジャーズ地方の地図

人間中心の世界―日本

人間の英知と努力により、あらゆる苦難から逃れることのできる風土的環境であったからこそ、日本は人間を中心として動く社会となりました。神社のご神体が実在した人物であることが、このことを良く示しています。それは神道ばかりか、仏教においても同様で、ややもするとお釈迦《しゃか》様や菩薩《ぼさつ》より、空海《くうかい》や親鸞《しんらん》などの高僧のほうが信仰の対象となっていることも興味深いものです。イスラーム教も日本に定着すれば、アッラーより預言者ムハンマドが信仰の対象となるかもしれません。日本という国は、人間を中心とした社会組織がパワーをもたらす世界であり、創造主の律法が中心となってできる世界ではないといえましょう。

このような民族性に加えて島国という地理的環境は、異民族の侵略から身を守る天然の要塞を形成した反面、他民族・異文化との接触を希薄なものにしたようです。その結果、沙漠的思考性と完全に無縁なきわめて特異な行動様式を持つ人間が生まれたのでしょう。

日本人は大陸世界の民とは異なり、沙漠の民との接触のない環境のなかで、民族としての思考性、行動性を熟成してきました。それゆえ国際化といわれる今、その対応にまごつくのは当然なのです。

理解できなくて当たり前、日本とアラビア

さて、この日本人にとって最も未知なる世界、未知なる民族、未知なる宗教、それが沙漠であり、アラブであり、イスラーム教なのです。だから理

メッカ

この町は非常に古くプトレマイオス時代（二世紀前半）の地図にも記されています。この町が栄えたのは豊かな水があるということが第一の理由にあげられましょう。そのためメッカには多くの人が集まり商業地として栄え、それと同時に宗教的環境を持つ町ともなり、その存在は不動のものとして二千年以上の歴史を持っています。

この町が最も栄えたのはイエーメン地方で栄えていたヒムヤル王国が衰亡し、それにともない商人の活動も衰退したことから、メッカを経由したヘレニズム世界へのルートが脚光を浴び、必然的にメッカ商人の活躍の時代が到来し、繁栄の時代を迎えたのです。しかしその繁栄が腐敗を呼び、イスラーム教の登場を招くことになります。

解できなくて当たり前であり、不思議なことではないのです。

アラブの民と日本の民はあまりにも違いすぎます。沙漠の民と森林の民、牧畜の民と農耕の民、遊牧の民と定着の民、商業の民と生産の民。まことにアラビアと日本は正反対の位置関係にあるともいえましょう。

このため、イスラーム教及びアラブ世界を理解しようとするときには、あえて日本人ということを意識しなければなりません。すなわちイスラーム世界を見ると同時に、日本も意識しなければならないということになります。

日本人の沙漠観

日本人が沙漠という言葉を用いるとき、それは「月の沙漠」にみられるロマンチズムと、「苛酷な世界――沙漠」という言葉で形容される世界でしょうか。「苛酷な世界――沙漠」という表現は間違ってはいないでしょう。しかし、月の沙漠の歌にみられる日本人の沙漠観は、沙漠に関してまったく無知であることを示しています。

日中の沙漠を旅行するときには、「金《きん》の鞍《くら》や銀の鞍」では熱くてラクダを操ることがむずかしいばかりか、お尻が焼けて旅行どころではないでしょう。日中五〇度以上にもなる沙漠を旅するラクダの鞍は、皮製でなければならず、金属性のものは危険でさえあります。

夜半の旅においても、このような鞍は不向きです。特に冬の沙漠は0度以下まで冷え、金の鞍では体に良いことはありません。この歌の一例をみても、日本人の持っている沙漠観はあくまでも空想的、物語的、ロマンチズムに満ちあふれたものであることがわかります。

アル・マディーナ

正式には「マディーナ・トル・ムナワッラ」（光華なる町）、「アル・マディーナ・トル・ナビー」（預言者の町）、ふつう「アル・マディーナ」もしくは単に「マディーナ」「メディナ」と呼ばれます。マディーナの意味は「町」、定冠詞「アル」をつけて限定し「The City」と訳します。

イスラーム教以前、この町はヤスリブと呼ばれユダヤ人の居住する商業の町でした。預言者ムハンマドがメッカを追われヤスリブに移住し、そこにイスラーム運動の本拠地を設けたのが六二二年七月一六日、この日をイスラーム暦元年としますが、そのときからこのヤスリブは「預言者の町、マディーナ・トル・ナビー」と呼ばれ、簡単に「アル・マディーナ」といわれるようになりました。

現在この町はメッカに次ぐ第二の聖都として、巡礼の地となっています。特にシーア派にとっては、スンニー派以上に重要な聖都となっているようです。

また「苛酷な世界」という認識においても、アラブ人と日本人の認識は大きく違います。日本人は自然と共存し、そのなかに信仰を見いだしてきました。その意味で日本人と自然とは深い関係にあるといえましょう。この思考方法がアラブ人と沙漠の関係を考えるとき無意識に展開されるのです。

日本人のほとんどは、沙漠はアラブ人にとって生活の場であると考え、アラブ人はすべて沙漠生活者であり、沙漠こそ彼らの居住空間であると無意識のうちに考えているようです。そのためイスラーム教への認識が沙漠の苛酷性と重なり、「苛酷な宗教」という枕詞《まくらことば》が印象的に付けられることになるのです。しかし、これからお話しするイスラーム教は沙漠、すなわち自然を相手とした宗教ではありません。イスラーム教は人間を相手とした宗教なのです。ここが面白いですね。元来、人のいない沙漠と深い関係にあると思われているイスラーム教が、実は自然から生まれた宗教でないということが。

「沙漠」と「砂漠」

日本人は真の意味での沙漠観を持っていません。このことのもっとも簡単な証明は、日本人が使用する「さばく」という漢字にあります。最近の日本人の大部分は「沙漠」という字を使用せず「砂漠」という字を使用します。すなわち、日本人は「砂漠」と「沙漠」という字を区別せず無神経に使っていますが、これこそ沙漠なる世界について深い関心を持っていない何よりの証《あかし》であるといえましょう。

水が少ないと書く「沙漠」という字は、風土として沙漠を考えるとき、最も適切な言葉です。「さばく」は「沙漠」でなければ意味をなさないので

預言者の町「アル・マディーナ」（銅版画）

す。「水が少ない世界」という意味は、生命の維持が難しいということであり、そのなかで生きていくための手段が生まれ、それがアラブ人の行動様式を形成する源泉となっているからです。水が少ない世界のなかでいかに生きて行くか。生命の維持がきわめて限られた世界のなかでいかに生きて行くか。そこにアラブ人なるものを特徴づける思考性や行動様式がもたらされたのです。

小さな石の世界を意味する「砂漠」の示すところは、形態的な「さばく観」であり、風土的視点から「さばく」を考えるには不適当でしょう、「砂漠」の字からは何らの示唆《しさ》も生まれず、風土としての意味をなさないのです。水と関係のない「砂漠」という字では、イスラーム教を理解することができません。

このように日本人は「苛酷」という言葉で沙漠を表現しながら、「沙漠」の字を使用しないところに、沙漠といかに無縁であるかを示しています。

湾岸戦争に見る日本人らしい誤解

この日本人の沙漠観がいかんなく発揮されたのが湾岸戦争のときでした。イラク軍の戦車が、アラビア半島、すなわちサウジアラビア王国に攻め入ると大騒ぎしたのでした。もしこのとき、八月のアラビア半島がどのような暑さかを考えれば、つまり沙漠を理解していれば、情勢の推移を的確に判断できたと思われます。五〇度以上になるアラビア沙漠に、鉄の固まりのような戦車が進入できるかどうか。アラブ世界を知っていれば、考えなくてもその答えが出ます。だが、日本ではそれがわからず、まったく無駄なエネルギーを浪費したのです。

　当時、私はこのことを説明しましたが、多くの人はまったく理解できませんでした。多国籍軍が攻撃を一月に延ばしたのも、そのためでした。常識を越えた高温の世界では、航空機も長い滑走路を使用しなければ離着陸ができません。中東世界で、昼間よりも夜間に空港が忙しくなるのは、このような理由によるのです。このことからも、日本人は沙漠についての知識がまったくないことがわかるでしょう。

私の見た沙漠世界

　沙漠を考えるに先立って、沙漠世界の実際をご披露《ひろう》しましょう。沙漠は暑く広大です。空間なるものが形を見せるならば、それは沙漠です。しかし、それは同時に死を予告する灼熱《しゃくねつ》の空間でもあります。

　近年、中東世界と日本との関係が深くなるにつれて日本人のなかにも、本当の沙漠を目《ま》の当たりにしたり、都市に居住しながら窓越しに沙漠を見た人もいるでしょう。実際に沙漠のなかで生活を経験した人もいると思います。しかし、いずれも日本という世界を引きずり、沙漠世界を眺めたにすぎません。沙漠の民のように生活した人は数少ないでしょう。私自身も沙漠のベドウィンのような生活をしたことはありません。

　私が経験したリビア沙漠の生活は一ヵ月ぐらいの天幕生活であり、シリア沙漠での七日間であり、モロッコでの赤い沙漠への旅行でした。そこには十

沙漠

　日本人がまったく知らない世界の一つが沙漠です。いま日本では「沙漠」という文字は使わず「砂漠」という漢字を多く使います。「沙漠」と「砂漠」とでは意味が異なり、「沙漠」という漢字は日本人の考えの中にないものであると、和辻哲郎は有名な『風土』の中で述べています。そして「Desert」という言葉を「沙漠」と訳すのは適当ではないが、言葉がないためこの漢字を当てざるをえないと述べています。たしかに「沙漠」は単なる「砂原」とは質・スケールとも異なります。

　現代の漢和辞典によると「沙」は「水の中の小さい石」と説明され、「砂」は「岩石を小さくしたもの」と訳されています。「沙漠」という漢字は、沙漠世界に住んだことのない中国人が、ゴビ沙漠の「水のように流れる砂」を見てつけた名前であるといわれています。そうなるとこれもまた「沙漠」に居住していた人間がつけた名前ではないようです。英語のDesertには「人を見捨てる」という意味がありますが、人間とは関係のない世界とい

分な水と食料がありましたから、本格的な沙漠生活とはいえません。

しかしそれでも酷暑の日中、その反対の寒い夜、死を感じる昼間、生き返る夕刻、何よりも美しい日没後の一刻と、恐怖を感じる日の出のとき、乾き切った喉《のど》とそれを潤す甘い紅茶、単調な生活と気の張る生活。水のない沙漠と水のありあまるオアシス。温度差が五〇度以上もある八月の日中と、一二月の沙漠の夜。一日の温度差が二〇度以上も開く世界。このように、一見何もない沙漠が、最も鮮明に正反対の世界を演出してくれたことだけを覚えています。またあくまでも直線的世界、遠くまで見渡せる俯瞰的《ふかんてき》世界、すべてが視野におさまる世界。それが沙漠というものでした。

水と食料に心配のない恵まれた沙漠の生活だけでは、沙漠を語ることができませんが、沙漠での生活は、一つの空間のなかに夜と昼、酷暑と酷寒、天と地という正反対の世界が演出されるなかでの営みであったことだけは印象に残りました。また沙漠はすべてを視界におさめることのできる世界、目的地に向けて直線的に線の引ける世界であり、俯瞰的な世界であることをも重ねて教えてくれたことを覚えています。

イスラーム教は沙漠の民に降りた宗教ではない

「沙漠は苛酷である」と頭で理解していても、体で理解していないことからくるこのような誤解は、日本人の沙漠観を再認識することにより解決できる問題かもしれません。しかし、これがイスラーム教理解にまで及び、イスラーム教は沙漠で生まれた宗教であるから、すなわち苛酷なる世界

えるでしょう。その意味で「沙」は「水が少ない」と訳されましょう。

沙漠での服装

沙漠に入るとき、服装で気をつけなければならないことは肌を出さないようにすることです。夏の日中には五〇度近くになりますが、夜は一〇度近くまで下がり、冬は零下を大幅に越えます。夏は涼しく、冬は暖かくするためには、外気温と体温を遮断することです。そこで厚手の長袖の服が酷暑の世界に最も適合した服装となります。

で生まれた宗教、その世界で生き抜くためのイスラーム教は、当然のことながら苛酷にして厳しい宗教であるとする認識にまで拡大すると始末におえなくなります。

なぜならば、イスラーム教は苛酷な沙漠に居住する遊牧アラブ人に降りたのではなく、町に居住する定着アラブ人に降りたのです。イスラーム教が最大の敵としたのは、ユダヤ教徒でもなければキリスト教徒でもなく、沙漠のアラブ人であったことがそれをなによりも証明しています。

イスラーム教は沙漠的価値観に挑戦する形で降りたのであって、他宗教との対立を目指したのではありません。後で述べますが、沙漠的風土を持つ定着アラブ人に降りたイスラーム教は、沙漠の住民を敵とした宗教です。アッラーが最大の敵としたのが、この苛酷ゆえに生まれたアラブ人の性格、行動様式であったのです。しかし、自然環境のなかに神を見る日本人にとって、イスラーム教は沙漠から生まれたと発想することは自然であり、その結果、イスラーム教と苛酷が結ばれたのでしょうが、それは間違いです。

沙漠が与えた思考と行動様式

沙漠の砂と日本人の土がもたらす世界観

沙漠の景観・気候、そしてそのなかでの生き方からアラブ人の性格が形成されたのですが、沙漠が与えたもう一つの風土的要因は「砂粒」です。砂こそ沙漠を代表する景観を形成しているといえましょう。

中世カイロのラクダ商人の集い（銅版画）

日本人的性格の一つが「土」により形成されたように、アラブ人の性格の一つは「砂」から形成されました。

日本の「土」と沙漠の「砂」を比較してみましょう。沙漠の「砂」は固まることがなく一つ一つが独立し、どのような状態になろうとも砂粒の形態を崩すことはありません。それが集合するのは容器に入れられるとか、人間の手に握られるときだけです。しかし手の力が少しでも弱まると再びもとの砂粒に戻ります。

土の場合は、水田の土のように、一度固められるとその形状が崩れることがありません。土は見た目の形状が変化しますが、砂は形状を変化させないのです。人間の性格にたとえれば、一切の妥協を許さず、また集団化しようとしない、きわめて強い個性の持ち主であるということです。いつまで煮ても崩れない豆のように。お汁粉でいえば御前《ごぜん》汁粉のようにならず、田舎汁粉のような性格、それが砂の性格でしょう。

砂粒がもたらす非連続的世界観

このような砂粒の性格を別の角度から考えると、それぞれの砂粒がつながりのない関係にあるといえます。真珠の首飾りのようにつながらず、真珠がそのままあるという状態、すなわち一つ一つが連鎖的でなくあくまでも非連鎖的関係、それが沙漠的景観の一つであるといえましょう。

この沙漠世界に居住するアラブ人は、沙漠の砂のように個性的であり、部族のなかにあっても、自分の存在を明示し、常に集団化されない性格を持っ

沙漠と水

水のない沙漠で水を確保することは至難なことです。すべての井戸は所有者が決まっており、許可を得て水をもらわなければなりません。もし許可を得ずして水を手にした場合、それは死を意味し、それなりの報復を受けます。

近年、沙漠を旅行する人が増えましたが、その折りには布か革製の水筒を携帯すると水は熱くなりません。金属の水筒を表に出して携帯すると、中の水はお湯となります。

沙漠の脅威

沙漠の住民が最も恐れたのは自然の驚異ではなく、同じ沙漠の民でした。特にオアシスに居住する定着アラブ人にとって、沙漠のアラブ人は脅威そのものでした。そのため旅行する前に、災難を逃れるため安全を祈願する偶像が祭られ、イスラーム教以前には多神教的な世界も存在したのです。しかし、それは魔除け程度のものだったでしょう。

ています。すなわち彼らの思考を特徴づけるもの、それは非連続的世界観ともいうべきものです。

稲穂の国の住民、日本人の性格が田んぼの土に似て容易にその姿を変えるのに比して、沙漠の住民は砂のようにその姿を変えないのです。彼らは原子核のように常に「個」の形態を崩すことがないのです。原子核どうしが常に連係しないと同様、彼らの発想にはつながり、連帯というものがありません。今の言葉でいえば「デジタルな世界」といえましょう。それに反して日本は「アナログの世界」といえるかもしれません。

この非連続的世界観が、「生まれたものから生まれない」というイスラーム教独特の世界観を理解する素地をもたらしました。

この世は因果律的に動くのではなく、世の中のことすべてが、アッラーのそのつどの命令により動くというイスラーム的世界観が、沙漠の民に理解しやすかったのは、この沙漠的風土の所産であったといえるかもしれません。それゆえ、この世が因果律的に動くという発想をする日本人にとって、イスラーム教の理解がむずかしいのは当たり前であり、反対にアラブ人がそれを容易に理解できたのもうなずけましょう。

両極的にして直線的景観を見せる沙漠

沙漠の世界には中間色がなく、北極と南極が地球の両端にあるように、一つの面の両端に相反するものが同じ時限で存在するという世界です。それが直線的な位置関係にあり、かつ俯瞰的です。それが沙漠というものを特徴づけて

ヘジャーズ地方のアラブ人＝ベドウィン（銅版画）

いると感じたことを覚えています。

沙漠という世界を風土として考えるとき、重要なことは、素直に沙漠を目で見ることです。広大無辺な沙漠に立ち一日を過ごすと、そこに沙漠世界の実相が見えてきます。沙漠に立った者は、やがて目に入るもの以外のことを考える必要性のない世界、見たままの世界であることがわかるでしょう。直線的世界にして、かつ両極的世界、それが沙漠世界の特徴であるということがわかります。

それはあたかも地球の両極にある北極と南極のように、同じ舞台に、同じ次元で対峙《たいじ》しているのです。しかし両者が正反対の位置にあるため、正反対の関係にあるように思えますが、両者の表現は異なっても、同じ基盤上にあるところに特徴があるといえるでしょう。その意味でもこの世界は、典型的な一元論的世界なのです。

アラビア語にも見られる両極性の具体例

この同一基盤上の両極的思考性なるものを、ものの見事に表現しているのが、アラビア語です。アラビア語はセム語の一つで、ヘブライ語と同じ性格を持つ言葉です。

この言葉の特徴は、母音は表現されず子音が表記され、アルファベットはすべて子音で書かれ、ふつう母音は表現されません。これに適切な母音を付加するのがアラビア語文法の役目です。訳が完全にできて初めて発音ができ、文章を朗読できるということになります。

アラビア半島

アラビア半島は世界最大の半島です。アラビア語では半島は「ジャジーラ」と呼ばれますが、それは島を意味する言葉です。アラビア半島はアメリカ合衆国の三分の一の二六六万平方キロの広さがありますから、半島とはいえないほどです。そしてこの半島は灼熱の人間が住める世界ではないと歴史から外されることが多く、そのため未知な部分を多く持つことで知られています。

北部に北ナフード沙漠、南部には有名なルブゥ・ル・ハーリ（虚《うつ》ろなる四分の一）と呼ばれ沙漠の民も恐れる世界があり、この両者の中間に小ナフードと呼ばれる地帯があります。この小ナフードとルブゥ・ル・ハーリを南北に結ぶ赤色の土（アル・ダフナー）と呼ばれる地帯は、雨が降ると比較的草が生えベドウィン達を喜ばせている所です。そのような場所はごく少ないのですが、雨が降ると地表が草花で覆われるという現象が不毛な沙漠にも時には見られるのです。

さてアラビア語に見る沙漠的風土、すなわち「同一基盤上の両極性」の思考性なるものは、このアラビア語の単語の派生過程できわめて具体的に見ることができます。

アラビア語の単語は、語源から派生するのですが、その語源は原則的に三人称単数男性過去の形を取り、そこから名詞も形容詞も分詞も基本的に派生します。しかしこのような言葉は他にもあり、この段階ではそれほど特徴的ではないでしょう。

アラビア語が沙漠的思考性を濃厚に持っているといえるのは、原則的に、派生された単語から派生する単語はないという点です。

たとえば〝彼は書いた〟という動詞から〝本〟という単数名詞が派生します。ふつうの言葉では、複数名詞はこの単数名詞から生まれるのが自然です。しかしアラビア語は単数名詞から複数が派生するのではなく、語源である動詞から直接派生するのです。このことを図式すると次のようになります。

書いた（原形動詞）
→ 一冊の本（派生された単数名詞）≠数冊の本
→ 数冊の本（派生された複数名詞）

ここで明らかなことは、語源と派生語は「同一基盤上の両極的関係」にあり、それゆえ派生語から派生する言葉はなく、たとえ複数形でも単数名詞から派生するのではなく、語源から直接派生するということです。

すなわち〝生むものと生まれるもの〟という関係がそこにはあり、〝生まれたものから生まれない〟という関係が明確に存在しているということで

オアシス

沙漠にはオアシスと呼ばれる緑の地帯があります。小さな泉と小規模な緑のある土地で、数えるほどですが沙漠に点在しています。それ以外には規模の小さい井戸が散在します。これらの水場はすべて所有者がおり、その人の許可なくして水を手にすることは死を意味します。有名なカーバ神殿のあるメッカの町も「ザムザムの池」という水場があり、そのためこの町は古くからアラビア半島では有名でした。この水の支配者が預言者の出たクライシュ族です。

中世、モロッコのマラケシュにはこのような水売りがいた（銅版画）

す。まさに同一基盤上における両極的思考性・世界観の世界、すなわち沙漠的風土の世界です。

目線で見る日本人、俯瞰的に見るアラブ人

日本人に地図を描かせると、目標とする看板、店の名、道路名などを記入し、その描写はたいへん丁寧《ていねい》です。ときにはあまりにも丁寧すぎて目的地に達しないという喜劇もおきます。しかしアラブ人に地図を描かせると出発点と目的地しか描かず、その二点を直線で結ぶという描き方をします。もっともすべてのアラブ人がそうであるとは限りませんが、どういうわけか私の経験ではこのような人が多かったのです。こうした経験は何もアラブ世界に限ったことではなく、往々にしてヨーロッパ人にも見られます。

日本の空港や地下鉄の案内表示は、目的地にたどりつかないとの国際的な評価を受けていますが、ヨーロッパの空港での案内表示は、たとえ言葉ができなくても目的地に容易に到達できるようになっています。そこには出発点から到達点まで、一切余分なものを視野から省いた方式がとられていることがわかるでしょう。すなわち、目的地に必ず着けるように配慮してあるのです。これは目的を達成することに第一の目標がおかれているからです。

ところが、日本の案内標識はさまざまなものに囲まれ、まずそれがどこにあるかを探すのに苦労します。ようやく見つけてその指示に従い歩を進めると、必ずといってよいほど途中で道を見失うのです。ときには最後まで道標が記されていないときがあります。その理由は管轄が異なる地域であるとい

ワディ

ワディとは「涸《か》れた谷」を意味する言葉で、沙漠地帯を縦横に走り、時には沙漠の道路としての役割を果たします。沙漠のワディにはそれぞれ名前が付けられているといわれ、古来よりアラブ人はこの谷道を隊商路として使用していたことが知られています。

幸福なアラビア

「幸福なアラビア」という言葉は、かつてイエーメン国のハダラマウト地方周辺を呼ぶ名前として使用されていたといわれています。別名「アラビアの不死鳥」ともいわれるほど裕福であったこの地帯は、高い山脈があるため雨量が多く、その雨が山腹や谷間を潤し、半島唯一の豊かな穀倉地帯を形成しました。また香辛料の栽培、インド、東アフリカ等との交易地として高い地の利を持つので、このような名前が冠せられたのでしょう。

うことから起きる現象のようです。

このように、日本人は目先の世界に関心を持ち、直線的・俯瞰《ふかん》的視野でものを見るという習性がありません。それは森林民族の特徴であろうかと思われます。しかし目をさえぎるものがない世界に住む沙漠の民は、目先のことを考える必要もなく、常に空間的であり全体を俯瞰的視野で見るようになるのです。

日本人はイスラーム教を全体的に見ず、その戒律を重視する傾向にありますが、アラブのイスラーム教徒の視点が常に全体的・俯瞰的であるのも、このような風土的背景が形成しているように思います。

人間臭さを生む酷暑・酷寒と乾燥

沙漠世界を特徴づけているものは、砂粒・両極性・俯瞰性にくわえて、当然のことながら酷暑と酷寒があります。沙漠の気温は、人間の思考性を破壊するほど苛酷なものです。それは生と死が隣り合わせの世界であり、常に死神のささやきが聞こえる世界です。しかし、日本の自然のように、沙漠が人間を襲うということはありません。脅威は常に人間側のミスにより生まれるのです。そこが日本の自然と異なるところです。

自然災害という現象はこの世界ではごく少ないものです。火山があるわけではないし、水害が襲うわけでもない。暑さは決まっており、寒さも決まっています。夏の昼間に戦車で沙漠を散歩したり、金の鞍や銀の鞍をつけたラクダで散歩しなければ問題はないのです。暑いからといって半袖・半ズボン

ナツメヤシが一面に広がるオアシス

で沙漠に入らなければ、また防寒服が必要であることを理解していれば問題はありません。

すなわち、沙漠に適応した姿で行動すれば、沙漠での生活は日本人が考えているほど苛酷ではないのです。当然のことながら、アラブ人にとって沙漠の生活は日本人の考えているほど苛酷な世界ではなく、むしろ人間世界から外れて、人間社会の持つ病気にかからず、清潔なところでさえあります。だが、沙漠を知らない人が沙漠へ入ることは危険であることはいうまでもありません。それは沙漠で生き抜く方法を知らないからです。

酷暑と乾燥を利したアラブ人の戦法

古来アラブ人は、敵と遭遇した場合、沙漠へ敵をさそい渇《かわ》きで自滅させる戦法を得意としました。それはこの沙漠の機能を熟知していたからであり、それが効果的な戦術でした。今日、中東世界を旅行すると至る所に古城が見られますが、そのほとんどは十字軍時代（一一世紀～一三世紀後半）のものです。興味深いのはその城の大部分が、沙漠と緑地の境目に建てられており、これは沙漠を意識したアラブの戦法をもとに建設されたことの証明です。

戦いに敗れると城を捨て、沙漠に逃げる。相手が逃走するアラブ軍を視界につかまえる距離を保ちながら、沙漠の奥へ奥へと逃げる。その結果、重い金属の甲冑《かっちゅう》を着た十字軍は、知らず知らずのうちに沙漠に深入りし、気がついたときには、緑の地帯に帰れないほどになっていることを後悔することになる。やがて、身が凍えるような夜を迎え、灼熱の昼間には身体の水分がす

ナツメヤシ

ナツメヤシはデイツと呼ばれ、アラビアの世界で生きる者にとって最も恵みある果実です。その栄養価はたいへん高く、少量のナツメヤシの実で一日の命を維持できるといわれています。完全に乾燥しても直接食べられることから、沙漠を旅するときに適した食糧です。

デイツの味は日本の柿に似ていますが、特に少し干して柔らかくしたものは干し柿に似ています。ジュースにしても飲み、特に断食月の最初の食事前に胃を和らげる飲み物として歓迎されています。デイツの産地で名高いのはイラクですが、サウジアラビア王国のメッカで売っているデイツにはアーモンドが入ってなかなかおいしいものです。ふつうの商品は日本の店でも比較的容易に手に入るようです。

ラクダ

沙漠の船と呼ばれるラクダはアラビア世界を代表する家畜です。アラビア語で「ジャマル」といいますが、アラビアのラクダはひとこぶラクダで、ア

べて失われ死を迎えることになります。かくして、アラブ軍は戦わずして敵に勝つことになります。

湾岸戦争のとき、八月のサウジアラビアへイラク軍が侵入しなかったのは、彼らがアラブ人であったからです。酷暑のサウジアラビアへの侵攻は自滅を意味することを彼らは熟知していたからです。当時のイラクの戦車隊には制空権がなかったばかりか、サウジアラビア王国では沙漠戦を得意とする警備隊が待ち受けていました。アラビア半島に侵入すれば水の補給路は断たれ、イラク軍は降伏するか、渇きで死を迎えることになったでしょう。

沙漠で生き抜く方法

水を補給することができず、食料も補給することができない世界。それが沙漠という世界です。水や食料の不足は死につながります。そこでは耐えること、辛抱することが生存の一つの方法となるほど厳しい世界です。このため生き残る方法として、他の部族を襲うこと、食料・水を得るために人を襲うこと、それしか生きる道がないのです。これが沙漠での基本的生活パターンでした。耐えること、襲うこと、そして交渉すること。沙漠で生き抜くためには、そのどれ一つとして欠かすことができない能力です。もしこの一つでも欠けた場合、それは死を意味します。まさに、日本人の持つロマンチックな「月の沙漠」とは無縁な世界といえるでしょう。

沙漠はたしかに苛酷です。しかしその苛酷という意味は、酷暑による苛酷だけではなく、人間によって生まれる苛酷性ともいえます。沙漠で水と食料

ジアのふたこぶラクダと異なります。沙漠の民ベドウィンにとってラクダは単なる家畜、交通手段ではなく生活のすべてに影響を与える動物です。毛は天幕・絨毯《じゅうたん》、糞は燃料、皮は革製品、肉は食料となります。またラクダは財産の象徴として結納金ともなり、さまざまな物の代価ともなります。それはまさにエスキモーにおけるアザラシ、セイウチなどと同じようなものといえましょう。

ラクダの中には戦闘用の白くて体の大きなものがいます。これはふつうのラクダより高価で、気が荒いのでそれを乗りこなすのはたいへんといわれます。しかし非常に立派な体格をしており、堂々として威厳に満ちています。サウジアラビア王国に王室警備隊という特殊部隊がありますが、この部隊は深紅のアラビア服をユニフォームとして着用し、この白いラクダに騎乗し戦場を走ります。その配色は、紺碧の空と無限の空間にたいへんよく映え、より一層白いラクダの勇姿を浮き出させます。

を失ったとき、生命を維持するためには、人間を襲い生命の糧を得る以外に方法がありません。あるいは不利な条件の下で交渉するしかなく、そのいずれも成功しない場合には、耐えるか死を迎えるしかありません。沙漠の苛酷さは自然環境により直接もたらされるのではなく、人間によってもたらされるのです。この沙漠観は、日本人の認識とおおいに異なるところでしょう。

人間臭い世界──沙漠

このように沙漠の苛酷性は沙漠そのものがかもし出すものではなく、そこに住む人間達によって演出されるわけです。そしてそこから逃れるためには部族の連帯性を強化させるか、もしくは交渉能力に長《た》けた指導者を持たなければ生きてはいけません。これらに長けていることが、沙漠での生活の条件となります。なぜならば、沙漠には食料となるものがなく、食料は人間のところにあるからです。

日本人が広大無辺な世界、人口の希薄なる世界、それが沙漠世界であると思っているのに反して、現実はきわめて濃厚な人間関係の世界なのです。沙漠で生き抜くためには、人間を相手とする戦術に巧みでなくてはなりません。

人っ子一人いない世界、日本人が人間とは無縁な世界と思っていた沙漠が、もっとも厳しい濃厚な人間関係に彩られた世界であったとは、想像だにできないことでしょう。

サダム・フセインの行動は沙漠的常識

一九九〇年、イラクのフセイン大統領（当時）が、クウェートに侵攻したことにより湾岸戦争が勃発しましたが、その行動は、この沙漠的環境に育まれた

沙漠の船──アラブ人の友人ラクダ

アラブ人の潜在的性格に基づいていたのでした。

イランとの戦争に国費を使い果たしたイラクが石油の再投資を行い、石油産出量の拡大をはかる必要に迫られていました。しかし、石油設備を拡大する資金が欠乏し、フセイン政権は存亡の危機に立たされていたのです。このような環境を改善するためには、先祖からの教えに従えば、それはクウェートを襲うことでした。それゆえイラクの行動は、アラブ世界ではごく容易に理解できたのです。

沙漠は強い忍従性と巧妙な交渉能力を育む

沙漠で生きるためには強い忍耐力と激しい闘争精神、そして巧みな商人的交渉能力を持ち合わせていることが重要です。つまり、政治的才能が必要であるということであり、その才能なき者は沙漠で生存することは難しいといえるでしょう。また沙漠では一人では生きられず、効果的な戦闘能力を生みだす団結力、部族の連帯意識を備えた人間集団が最小単位となります。「血の団結」という言葉で代表されるこの意識は、沙漠で生きるための必要条件であるといえるでしょう。

沙漠のなかにあって生存の糧《かて》を失い、生きるために他部族を襲う必要が生まれたとき、彼らは襲うべき相手を求めます。しかし不幸にして食料を持つ部族に遭遇しない場合には、彼らは苛酷な沙漠のなかでじっとチャンスの到来を待たなければなりません。

そのときに必要なのは、残された僅かばかりの食料で辛抱づよく待つ忍耐

アラビア馬
アラビアの名を冠したものの中で、一般にもっとも有名なものはアラビア馬でしょう。アラビアに馬が導入されたのは西暦紀元前二〇〇〇年頃といわれています。馬の効用はその速度にありました。中国の孫子の兵法にも「風のように迅速にすすみ」とあるように、沙漠での略奪、そして逃避は速度がものをいいます。そこでラクダより速い馬が尊重され、その飼育に多くの知恵が生まれ、後にこれがスペインを通じてヨーロッパに伝わりました。
特に血統に重きをおく沙漠の人間は、馬の育成にも影響を与え血統を重視する飼育方法が定着しました。現在も純血種のアラビア馬を持つことは男の名誉とされ、贈り物としては最高のものとされております。

力だけです。また襲うべき相手に遭遇した場合でも、戦いに対する闘争能力・連帯性がなければ勝つことができません。それがなければ死滅するだけです。このように沙漠で生きるためには強い忍従性と連帯性、そして闘争心を備えることが重要となります。

アラビアのローレンスに見る沙漠人の美学

沙漠で生活するアラビア人にとって、沙漠の人間が身につけている数多くある才能の中で最も魅了するものの一つが、苦難に耐える忍耐力を備えているか、自らの危機を顧みないで仲間を助けることができる感性を持っているか否かという点にあります。ハリウッド映画『アラビアのロレンス』は、イギリス陸軍情報部に所属しアラビア世界の専門家であり中東近代史に欠くことのできない人物を主題とした映画です。その中でこのアラビア的美学ともいうべき情景が演じられています。

トルコはアカバ湾に臨む場所に、紅海を行き来する英国の船舶を攻撃するために戦略基地を設営していました。ローレンスはそこを攻撃するために部族の一団を率い、アカバ湾に向けて沙漠を南下します。そのとき「太陽の鉄床」という筆舌に尽くしがたい灼熱の場所を通り抜けるために夜進軍をする場面があります。一行は夜の旅を終えて無事その場を抜け出すことに成功しますが、一人の隊員がラクダの上で眠ってしまい鞍から落ちてしまいました。そのためその隊員は沙漠を徒歩で越えることが残された唯一の活路となります。やがて朝を迎え、灼熱の太陽が頭上に輝き、彼は沙漠に倒れて死を

現在のアカバ。夕暮れ時

迎えるだけとなるのです。

沙漠を横断したローレンスは、うしろに続くラクダの一頭に人が乗っていないのを見ると、直ちに単騎引き返すことを決意、反対を押し切って再び灼熱の太陽のもと、死の鉄床へと取って返します。そして、死の一歩手前だったその隊員を助け出すという、沙漠で生きる遊牧民でもできない行動を行うのです。この出来事以降、アラビア遊牧民のアカバ攻撃部隊はそれまであったローレンスと彼らとの違和感を解消し、一心同体となります。ローレンスはこの時点から「アラビアのローレンス」となり伝説の人となったのです。

アラビア人は、ローレンスの行動を目の当たりにし、決して味方ともいえない英国の将校であるローレンスに自分たちの命を託すまでの信頼感を抱いたのです。彼らを動かしたのは、沙漠を越えるというアラビア人にも耐えられないような困難に打ち勝つ忍耐力と、自分の命をかけた気高いまでの仲間意識への熱い信頼感でした。これが沙漠の美学ともいえるものです。

自然崇拝とは無縁な不毛の世界――沙漠

沙漠それ自体は、それほど恐ろしい世界ではありません。だから、沙漠世界の住民は自然への恐怖心を日本人ほど持ってはいません。その結果、恐れがもたらす自然への崇拝が生まれませんでした。

また、生命を維持する水も食料も得ることができない世界、すなわち自然な恵みがないことから、自然に対する感謝の気持ちも生まれません。

自然の恐怖と恩恵が得られない沙漠世界では、自然崇拝は当然のことなが

イスラーム教と動物

イスラーム教と動物の関係は次の通りアル・クラーンの第一六章（蜜蜂の章）に書かれています。

「またかれは、家畜をあなたがた（人間のため）に創られた。あなたがたは、それらにより暖衣や種々の便益を得たり、またそれらを食用とする」（五節）

「夕方にそれらを（家に）駆り戻す時、また朝に（牧地へ）駆りたてる時、あなたがたはそれらに優美さを感じる」（六節）

「またあなたがたが自ら苦労しなければ達し難い国に、それらはあなたがたの重荷を運ぶ。本当にあなたがたの主は、親切で慈悲深い方であられる」（七節）

「また（かれは）馬とラバとロバ（を創られた）。これらはあなたがたの乗用と飾りのためである。またかれはあなたがたの知らない、（外の）色々な物を創られた」（八節）

ら生まれないでしょう。すなわちアニミズムの世界とは程遠い世界なのです。その意味でも、自然崇拝信仰を持ったナイル河畔《かはん》の住民、ティグリス・ユーフラテス河畔の住民とはおおいに異なる世界といえましょう。

イスラーム教に見る沙漠的思考性

イスラーム教に見る両極的思考性

沙漠は酷暑と酷寒、夜と昼、オアシスと沙漠、すなわち生と死、後で述べますが遊牧と定着、そうして天と地。このように沙漠世界の一つの特徴は、正に両極的思考にあります。と同時に、この関係は同じ基盤上にあるところに特徴があります。

さて、イスラーム教には基本的にこのような両極的思考性があるのでしょうか。もしイスラーム教のなかにも、このような思考性があれば、アラブ人にとってイスラーム教は、ごく理解しやすい律法であったといえるでしょう。

この両極的発想を最もよく表しているイスラーム教の教えは、イスラーム教の基本中の基本、アッラーと教徒の関係において見られます。

イスラーム教では、アッラーと教徒の関係を、主人と奴隷の関係に置き換えます。アラブ人のイスラーム教徒が好んでつける名前の〝アブド〟は「奴隷」を意味する言葉で、〝アブド・ル・ラー〟は「アッラーの奴隷」の意味です。この〝アッラーと奴隷〟の関係こそ、イスラーム教徒として最も理想的な関係であり、そのようになることをアッラーは命じているのです。

沙漠とラクダ　沙漠においては単なる家畜、交通手段ではなく生活のすべてに影響を与える動物

イスラーム教は、アッラーと教徒の関係が相寄ることがなく、しかし直接的に結びつく関係であるとしています。いかなる者もアッラーに接近することはできないと、アラビアの基本的なイスラーム法解釈論は説明しています。それは北極と南極が接近することがないように、昼と夜が接近することがないように、天と地が交わることがないように、アッラーと教徒は接近することはないとしています。しかも相反するものではなく、「同一基盤上の両極的関係」「俯瞰的に同じ視野に入る関係」にあると教えます。

イスラーム教にはキリスト教の神父や牧師に相当する人がおりません。また、礼拝する場所は設けられていても、キリスト教のような教会はありません。アッラーと教徒が直接つながることが、アッラーの命令、すなわちイスラーム教の世界なのです。

アッラーが、このアッラーと教徒の関係を示したとき、アラブ人はごく当たり前に理解できたようです。それはまさに沙漠的世界のもたらした思考性を、アラブ人がもっていたことの証明になるでしょう。命令者と被命令者の関係、主人と奴隷の関係、加えてその中間に何者も介入しないという直線的関係こそ、沙漠の思考性に沿ったものだったのです。

アラブ人のイスラーム教徒は、日本人には理解しにくいアッラーと教徒の関係、神父・牧師・僧侶がその中間にいない同一基盤上の直接的な関係という宗教体制を、きわめて簡単に理解できたのでしょう。それは説明不要なことであり、ごくスムーズに理解できた命令・律法であったものと思えます。

イスラーム教では、預言者ですらふつうの人間であるとしています。アル・クラーンの第二五章「識別章」の第二〇節で「これまで遣《つか》わした使徒達は、一人として食べ物を食べない者はなく、町を歩き回らない者はなかった」とアッラーは述べ、預言者はふつうの人間であるとしているのです。このアル・クラーンの言葉でもわかるように、イスラーム教はアッラーと教徒が直接結ばれる世界であり、たとえ預言者でもただの人間でしかないのです。

現実的思考で解釈するアラブ・イスラーム教徒

沙漠という風土はアラブ人に、目に入るもの以外を考える必要性がないことを与えたといえます。さえぎるものがないという空間的特徴は一元の世界という風土的環境をもたらし、現実的思考をこの世界の住民に与えました。

森林世界と異なり、視野を隔てるものがない世界で、目に入るもの以外のことを考える思考性は生まれず、具体的・現実的思考性を持つ人間になります。このような性格を見事に表現したのが、アラブ人イスラーム教徒の、イスラーム教へのアプローチでした。

イスラーム教にはスンニー派と、シーア・アリー、すなわち俗にシーア派と呼ばれる二大潮流があります。前者はアラブ人の思考性で解釈したイスラーム教解釈論。後者はアーリア人的センスによって解釈されたイスラーム世界です。両者はこれが同じイスラーム教かと疑問が生まれるほど異なったものです。

وَمَآ أَرْسَلْنَا قَبْلَكَ مِنَ ٱلْمُرْسَلِينَ
إِلَّآ إِنَّهُمْ لَيَأْكُلُونَ ٱلطَّعَامَ وَيَمْشُونَ فِى ٱلْأَسْوَاقِ ۗ وَجَعَلْنَا
بَعْضَكُمْ لِبَعْضٍ فِتْنَةً أَتَصْبِرُونَ ۗ وَكَانَ رَبُّكَ بَصِيرًا ٢٠

アル・クラーン第25章「識別の章」第20節（意味は上の本文を参照）

アラブ人はイスラーム教を解釈するに臨んで、アル・クラーンに述べられていることをそのまま読んだ通りに解釈しました。この結果、アラブ人イスラーム教徒はふつうの人間が律法解釈者となりました。

日本人ならば、アッラーの律法を解釈するには選ばれた、もしくは特殊な立場にいる人だけができると考えるでしょうが、現実的な思考性をもつアラブ人イスラーム教徒は、アル・クラーンに書いてあることをそのまま解釈することに、何ら疑問を感じなかったのです。

だが、シーア派イスラーム教徒は、律法解釈において預言者と同じセンスを持つ必要があると考え、イスラーム世界を管理する者は、預言者の血を引くものでなければならないと考えました。つまり、イスラーム教の解釈において、特殊能力を必要とすると解釈したのです。

アラブ人は、アル・クラーンの言葉をその通りに解釈するだけで十分であるとし、それがむずかしい場合には、預言者の伝承を使用することにより解決しました。

すなわち、現実に預言者がどのような判決をくだしたのかという過去の事実を参照したのです。イラン人は目に見えない神秘性を認識しましたが、アラブ人は神秘性なるものにまったく関心がなく、あくまで目に入るもの以外のものはないという、風土的特徴にもとづく法解釈論を展開したのでした。まさにスンニー派こそ、アラブ人の持つ現実的思考によるものであり、これこそ沙漠の風土が与えたセンスであったといえるでしょう。

セム族およびセム語

この名称の由来は、ノアの箱舟で有名なノアの子供セムの子孫といわれる人種および言葉の総称といわれています。紀元前三千年頃にその存在を中東世界に見せ、二千年にはメソポタミヤ、シリアに現れいくつかの王朝をたてました。その中で有名なのがバビロン王朝で、特にハムラビ法典で名高いハムラビ王は有名です。

紀元前一一世紀頃、セム族の子孫アラム族はシリアへ、ヘブライ族はパレスチナに入り、後にユダヤ民族、アラブ民族として中東に登場することになります。

彼らの話していた言葉はセム語と呼ばれ、東方セム語と西方セム語にわかれ、前者は楔形文字を、後者は子音だけを表示する表音文字を用いました。今日のアラビア語やヘブライ語は、この後者の語群に入ります。

この本で展開するのは、このアラブ人イスラーム教徒のイスラーム解釈学を中心といたします。それが基本的だからです。

沙漠という世界はさえぎるものがない世界、見通しのよい世界です。A点からB点まで行くときには地図は無用です。ときには磁石すら不要です。

イスラーム教に見る直線的思考──現世と来世

ただその方向に向けて歩けばよい。西の方に行くときは太陽の沈む方に歩けばよい。やがて到着するのです。

古代から中世にかけて、この沙漠世界には燈火台が点在していました。燈火台は辺境からの警告を中央に伝えるもので、アラビアの場合、ときには何百キロも離れて設けられました。しかし燈火はその何百キロの距離を越えて届いたといわれています。この燈火台が置かれていた地点が、いまレーダー基地として使用されているのを見ると、沙漠世界がいかにさえぎるもののない世界であるかがわかるでしょう。

このような世界で育った民族は、当然のことながら直線的思考性を持つようになると考えられます。出発点から到達点までが一本の線上にあり、二点はダイレクトに結ばれるという環境が直線的発想、思考性を彼らにもたらしたと考えられるでしょう。

このような発想を持つ民族に対して、イスラーム教はこの世、すなわち現世と、あの世、すなわち来世が直線的に位置づけられ、現世から来世への境目で最後の審判が行われる、と説きました。日本人のように、あの世とこの

アラビア民族の才能

アラビア民族のもつ交渉能力の巧みさはきわめて高いものです。アラブ人の交渉を語る言葉に「交渉において、あるときは糸を緩め、あるときは糸を張ることが重要である」とし「決して糸を切ってはならない、また必要以上にたるましてもならない」と教えています。それが交渉の極意だとあります。

中東を代表するパレスチナ問題をみてもわかるように、その能力は日本人をはるかにしのいでいます。一九六七年戦争で失ったシナイ半島を、一九七三年の戦争で負けたにもかかわらず取り戻しえたのは、その卓越した交渉能力によるものでした。

世が並行してあるのではなく、現世が消滅したのち、来世が始まると教えたのです。死者は最後の審判で審査されるまで葬られているにすぎないと説きました。

アル・クラーンの第六章（家畜章）の三二節で「現世の生活は、遊びや戯《たわむ》れに過ぎない。だが主を畏《おそ》れるものには、来世の住まいこそ最も優れている。あなたがたは悟らないのか」と来世と現世を説明しています。

日本では、あの世とこの世が並行して存在し、死後はこちら側の岸（此《し》岸《がん》）から彼《か》の岸（彼岸）の世界に入ると考えます。この彼の岸にて生活している霊が、年一回こちらの世界に一時帰宅すると考え、お盆には迎え火を焚き、霊を迎えるという風習によって、それが表現されております。この世とあの世が並行してあるという考えは、直線的思考性を育む沙漠的風土からは生まれません。日本のような深い森林、視界をさえぎる山があるという風土の中で育った民族は、見えない世界の存在を自然と感知するのです。

だが、視野をさえぎるもののない沙漠世界の風土性を持つ民族は、イスラーム教の現世と来世が並行せず直線的にあるという、アッラーの教えをごく簡単に理解できたのでした。このイスラーム教の来世と現世の教えを、見えない世界、裏の世界を感知する日本人が素直に理解するのはむずかしいことです。しかし、アラブ人にとってその理解が容易であったのは、彼らの思考性が直線的であり、目に入るもの以外考える必要性のない世界に育ったからでしょう。

アッラーが彼らを選んだのは、イスラームの世界観を理解するに際して、多くの説明を必要としないセンスを彼らが持ち合わせていたからでした。このアラブ民族なら説明を要しない現世と来世の教えは、イスラーム教がアラブ以外の民族に導入されるにつれて複雑な説明が付加され、そのためイスラーム教はより複雑になり難解となりました。

イスラーム教に見る非連続的思考—断続的歴史観

砂粒という沙漠を構成している土壌は、この民族に非連続的世界観を与えました。それは因果律の否定という形で表現される思考です。原因と結果がばらばらに位置づけられているという考え方です。

この思考的特徴が、イスラーム教のなかで最も簡単に表現されている言葉があります。それはアラビア世界でイスラーム教徒が日常多用する有名な「イン・シャ・アッラー」という言葉です。このアラビア語の意味は「もしアッラーがそれを認めたならば」という意味で、ふだんよく使われる言葉です。

たとえば「明日午後三時に会いましょう」というときに、「じゃ明日、三時に。イン・シャ・アッラー」というように使用されます。その意味は、この世の中のことすべては、アッラーの命令によって動かされており、そのもの自体のエネルギーによって動くのではない。それゆえ約束が実行されるのはアッラーの御心《みこころ》によるというものです。

日本人ならば、「三時に会うこと」は自分の努力によって実現することで

「マー・シャ・アッラー」

イスラーム教徒が日常使う「イン・シャ・アッラー」と同じような言葉に「マー・シャ・アッラー」がありま す。この語は「アッラーの認めたこと」という意味で、街角で偶然友人と出会ったときのように、日本的にいえば運命的な出来事が起きたとき使われる言葉です。この言葉の後には必ずアッラーに対する感謝の心「アル・ハムドゥリラー」(これこそアッラーのおかげだ)を続けます。

すから、責任は自分にあると考えるでしょう。すなわち「会う」という結果は、本人の意志によってもたらされたことであり、それが実現できないということは本人の責任が問われ信頼が失われることを意味することになる、と考えます。「会う」と約束した時点で、「会う」ことは本人の意志により確実に実現できると判断されるから、約束が成立すると考えるのは、我々日本人のふつうの考えです。

しかし、非連続的思考とアッラーの律法を受け入れたアラブ・イスラーム教徒には、約束したことと、それが実現することの間には何らの連鎖性もないと考えるのです。実現するのは天命によるものであり、約束した本人の責任ではないと考えるのです。ここでは、原因と結果の間には、何ら直接的な関係がないと考えます。

イスラーム教は、この世のことはすべてアッラーの命令により動くと説き、それゆえ「会う」という約束と、それが実行されることの間に連鎖的関係はないと説いています。人間には独自のエネルギーが存在せず、アッラーがすべてのエネルギーを所有し、人間の行動は、そのつどアッラーのもたらすエネルギーによって動かされるという考えです。だから、約束の時間に会えなくとも、その人間が悪いのではなくて、アッラーがエネルギーをくれなかったため会えなかったということになります。

日本人ならば、約束を破った相手に対して嫌味の一つもいうところでしょうが、アラブ人イスラーム教徒は、会えなかったことはアッラーの御心であるから、その人間を恨むことはなく、むしろそれとは反対に、アッラーを恨むなといって約束した人が相手を慰めるのです。

日本人にはとうてい理解できない、このようなイスラーム教の教えを、彼らは容易に理解できたという背景には、彼らが非連続的思考性を持つ民族であることに由来します。しかし、約束と実行の間には何らの関係がないという発想は、日本人にはまったく理解できない考え方でしょう。

イスラーム教の教えの基本である、アッラーと人間の関係を理解するためには、この思考性が必要不可欠な要素であるということです。両極的発想と非連続的発想を潜在的に持っていたからこそ、アッラーはアラブ人をイスラーム教の受領者に選んだのです。

この思考性がアッラーとイスラーム教徒の関係を本能的に理解できるセンスを生み出したと考えられます。このような思考性を持たない日本人にとって「イン・シャ・アッラー」の意味を本能的に理解することはできません。約束が破られた場合、約束を破った相手を慰めるという芸当はとうていできないでしょう。

それぞれが決して一つにならない独立した砂の粒よりなる環境は、人間の行動が映画のフィルムのように、一コマ一コマに切られ、そのつどアッラーの命令により動かされると理解する思考性を与えました。一番目のコマから二番目のコマへ動くことにより、映像は動きをもって映画となりますが、一コマ目から二コマ目に移行するのは、アッラーがそのつど命令を与えることにより動画となるのであって、そのもの自体のエネルギーにより動くのではないというイスラーム教の教えは、この民族にとっては容易に理解できることであったのです。

断続的思考を根底に持つアラビア民族に降ろされたイスラーム教は、アッラーと教徒の関係を説明するのにそれほどの手間はかからなかったでしょう。

イスラーム教におけるアッラーと教徒との関係は明らかです。アッラーは絶対的命令者であり、教徒はそれに奴隷のごとく従うだけです。アッラーはこのようにして教徒のすべてを支配し、すべての行動を規制し、その環境までも動かします。日本ならば神として扱われるかもしれない預言者ムハンマドにしても例外ではなく、一人の信徒でしかありません。

それゆえ、アラブ人と異なる日本人が、イスラーム教の理解に苦しむのは当たり前のことであり、この宗教がアラブ人から異民族へ伝播《でんぱ》するにつれて、その解釈におおいに悩み、さまざまな手法を持たざるをえなくなりました。その結果、イスラーム教にはさまざまな解釈論が生まれ、イスラーム教は広大な裾野を持つ宗教となり、アラブ民族の世界から多民族世界へと、それ自体が一つの世界を形成することとなりました。

イスラーム教に見る俯瞰的思考性

ほとんどの日本人がイスラーム教について、一日五回の礼拝とか、断食とか、禁酒などという戒律を守ることが最も大切なことであると思っているようです。よいイスラーム教徒はこの戒律をきちんと守る者であり、戒律を守らないのは

日本人とアラブ人の思考の違い

この種の思考性に関して比較すると日本人の思考はアナログ的であり、アラブ人の思考性はデジタル的であるといえるかもしれません。一般の日本人ならわかる因果応報という因果律も、アラブ世界で使用するのは難しいかもしれません。

さまざまな現象は因果とは関係なく、そのつど生まれては消えていくという考えから、「皿を割った人間に落ち度はなく、皿は割れる運命にあった」というアラビア独特の論理が生まれるのです。だからアッラーが人と人を会わせるのであって、その人の努力によって人に会えるのではないという考え方が、しごくあたりまえのこととしてまかり通るのです。

悪いイスラーム教徒であるというような見方をしているようです。

また、イスラーム教のために殉死することも、教徒として正しい行いであると考えています。たしかに、あるイスラーム教宗派には殉教を特徴とするものもありますが、アラブのイスラーム教はこのことについて比較的淡泊です。特に古典的解釈をする律法学者は「あらゆることがアッラーのお心にもとづくものである」という考えを持っていますから、礼拝も断食もそのときのアッラーの命じるままということになります。

彼らは、イスラーム教にとって最も重要なことは、イスラーム体制を守ることであり、個々の戒律を厳守することではないと説きます。イスラーム体制を守るということは、アッラーの命じることを履行できる環境を守るということです。目先の事柄にとらわれず、俯瞰的にイスラーム教を見ることが大切であると説明します。

我々にとって理解できない点がありますが、アラブ人はこれを聞いたとき容易に理解できたのは、地図もいらない、磁石もいらないという俯瞰的世界で生きてきた賜物《たまもの》でしょう。彼らにとっては目先のことより大きな世界の確立の方が理解しやすかったのかもしれません。

2
イスラーム教の降誕と預言者時代

ズフルの章

アラビア民族の登場

イスラーム教降誕に欠くことのできないアラブ人。そのアラブ人とはどのような民族なのでしょうか。まずそれを考えてみましょう。

現代のアラビア

現在、アラブ世界といえば北アフリカ、中東世界をふくむ広大な地域で、アラブ連盟に所属する国家二一ヵ国、一自治政府を示します。これら国民の大部分はアラビア語を話し、それにより自分達の思考を表現しています。アラビア人、もしくはアラブ人とは、このアラビア語により自分の考え、感情を表現している人間のことをいいます。

アラビア語を母国語としている人、アラビア語で考える人、これらをアラビア人と呼ぶのであり、その意味でアラビア人もしくはアラブ人なる言葉は、人種名というよりも文化名であるといえるでしょう。

アラブの名が歴史の主役として登場するようになったのは、七世紀以降のイスラーム教の拡散にともなってですが、近代になってこの名は、アラブ・ナショナリズムと呼ばれる民族運動という姿で、世界的に知られるようになりました。

なお、アラビア語はイスラーム教により、「中東」と呼ばれる世界の最強言語として定着しましたが、この言葉を使用するのは、なにもイスラーム教徒ばかりではありません。中東に住んでいるキリスト教徒もこの言葉を使用

現代のアラブ人

預言者時代におけるアラブ人とは異なります。イスラーム教がアラビア半島全体に行きわたり半島に平和が訪れた後、アラブ人は非アラブ人の居住する三日月地帯に進出します。征服者アラブ人はアラビア語を公用語とし、イスラーム教徒を無税としたことから、非アラブ人はイスラーム教徒に改宗、またアラビア語を修得し、アラビア語をもって生活するようになりました。

こうして新生アラブ人すなわち現在のアラブ人が誕生したのです。その思考はさまざまで地域により異なり、言葉も方言と公用語のアラビア語という二本立ての世界になりました。

しています。

そもそもアラブ人とは誰のことか

イスラーム教が降りた時点での「アラビア」「アラブ」という言葉は、今日使われる意味とは大きく異なっていたようです。イスラーム降誕以前、アラブ人と呼ばれていたのは、アラビア半島に居住していた人々に冠せられていた一般的名称であり、その人達が使用していた言葉だからアラビア語と呼ばれたようです。

アラビア半島周辺の人は、アラビア語を話す人を総称してアラブ人・アラビア人と呼びました。「アラブ」という名前は、他の世界の人々が、半島に住み同じ性質の言語を使用している集団を呼称するのに使用したのであって、みずからを名乗ったものではないようです。ちょうど日本のことをジャパンというのに似ています。

この民族がなぜアラビア民族といわれるのか、はっきりしたことはわかりませんが、アラビアに伝わる伝説では、イエーメン人の祖すなわちアラビア人の祖であるカハターン、その息子ヤーリブの子孫達ということで、「ヤーリブ」という名から「アラブ」という名で呼ぶようになったともいわれています。

アラブ人にとってアラブとは

ところでアラビア民族にはその始祖の名をとってカハターン系、アドナーン系と呼ばれる二つの大きな流れがあります。この「アラブ」という言葉は、彼らの世界で沙

黒海
カスピ海
アンカラ
トルコ
ティグリス川
テヘラン
カブール
アフガニスタン
シリア
イラク
レバノン
ベイルート
ダマスカス
イスラエル
バグダード
ザグロス山脈
イラン
アンマン
カイロ
ヨルダン
クウェート
クウェート
エルサレム
ユーフラテス川
カタール
マナーマ
バーレーン
エジプト
ドーハ
アブダビ
リヤード
マスカット
ナイル川
アラブ首長国連邦
サウジアラビア
オマーン
ルブ・アル・ハーリー砂漠
紅海
サナア
インド洋
ハルツーム
イエメン
スーダン

大西洋
地中海
アルジェ
チュニス
ラバト
チュニジア
アトラス山脈
トリポリ
モロッコ
アルジェリア
エル・アイウン
リビア
西サハラ
サハラ砂漠
リビア砂漠
中東のイスラーム教国

漠に住む人、すなわち沙漠の遊牧民ベドウィンを指し、都市に居住する人が沙漠に居住する人達を呼んだ名でもあるようです。アラビア語の辞書にも「アラブ＝ベドウィン」とも訳され、アラブとベドウィンは同義語として扱われています。現在使われているアラブ語は、定着アラビア人の使用した言葉であり、遊牧民の使用した言葉ではありませんから、この指摘は興味があります。

先にアラビア半島の都市に居住していたアドナーン系の人間が、後に遊牧の民となったカハターン系の人間を指して、「アラブ」と呼んだのです。すなわち遊牧民ベドウィンを指して「ヤーリブの子供達」と呼んだのが、その語源となったといえるのかもしれません。少なくとも定住者達がアラブという言葉を使用したときは、沙漠の遊牧民ベドウィンを指す言葉であったようです。もちろん今のアラブ世界ではこのようなことはありません。

アラブ人の二大潮流

一般にアラブ人は二つの民族的潮流を持つと見られています。その発祥の地から「南*アラブ族」と「北*アラブ族」に分けられます。セムの子孫のカハターンが南アラブ族の祖で「カハターン族」、そのカハターンの子孫アドナーンから分かれたのが、北アラブ族の祖で「アドナーン族」と呼ばれています。

この北アラブ族すなわちアドナーン族は、定着民としての生活パターンをいち早くとったことから「定着アラブ」とも呼ばれ、アラビア語で「ハダラ（定着）」といいます。一方、後に沙漠での生活に入ったカハターン族は、遊

カハターン族の系譜

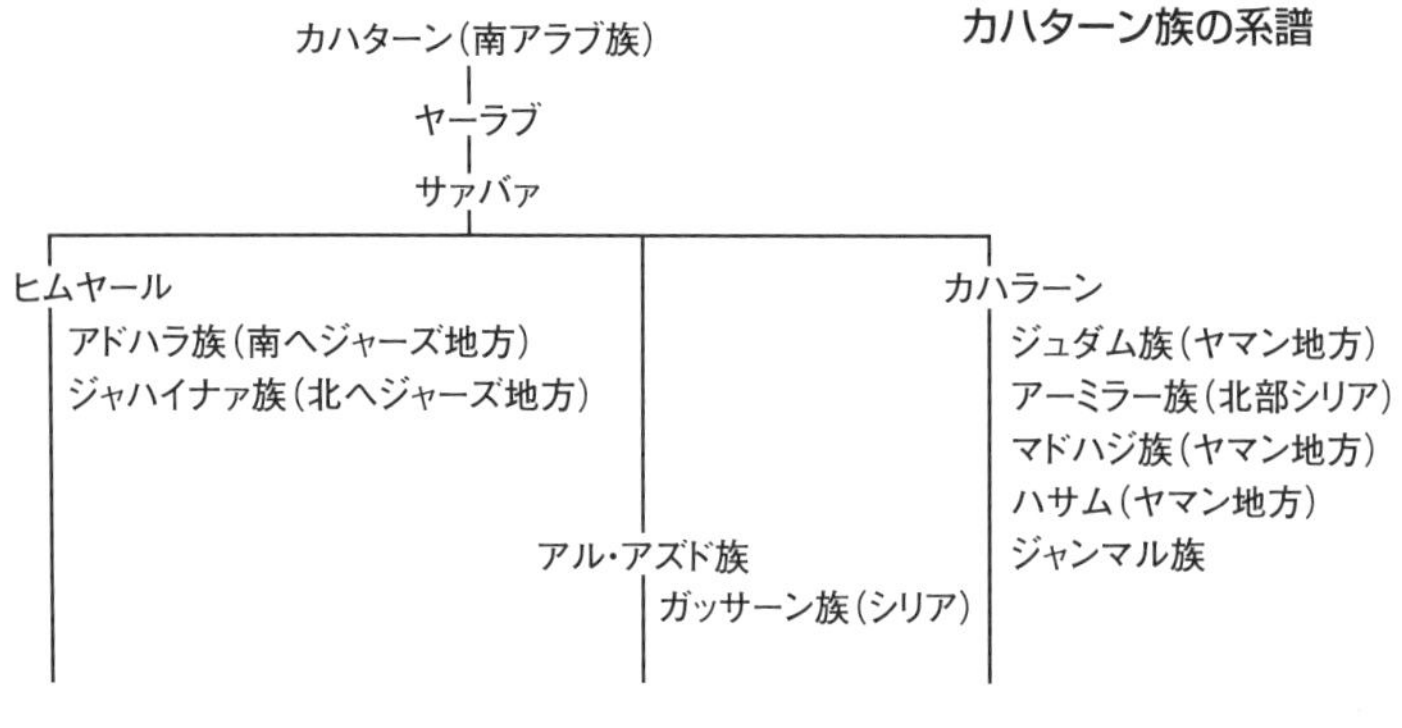

牧の生活を余儀なくされたため「バドゥ（沙漠・遊牧）」と呼ばれました。

古来、アラブ人は自分の血統に高い関心を持ちます。それがさまざまある名誉のなかで最も重要な名誉として彼らは感じています。これは現在でも変わりません。彼らにとって「バドゥ」の出なのか、「ハダラ」の出なのかは重要な問題なのです。ちなみに「ハダラ」という言葉は「文明、ハダーラ」の語源でもあります。「文明は定着により生まれる」という意味です。「バドゥ」は「野蛮」とも訳され、イスラーム教最大のターゲットとなり、アル・クラーンのなかでも「アラブ」という名で不信心者の代表のように述べられております。

アラブ人はどこからきたか

アラブ人の先祖は誰か。アラブ人はどこから来たのか。これはまだ正確に明らかになっていません。しかし、彼らの使用している言語の特徴がユダヤ民族の話すヘブライ語と同じ性質であることから、両者はその出発においてごく近い民族であったことはまちがいないようです。

すなわち、ユダヤ人とアラブ人の持つ宗教的センスを見ると、その共通性は言語だけに留まらないことが理解できましょう。したがって、この両民族は「沙漠的風土」という環境の近くでその産声《うぶごえ》をあげたのかもしれません。

歴史に登場したアラビア民族

歴史記述では、メソポタミアのアッカド帝国の創設者サルゴン大王の甥《おい》で後継者となったナラム・シンが、今はどこにあったか確かでないマガンというアラブ人の町を

北アラブ族と南アラブ族

現在のアラブ世界で南アラブ族が遊牧で、北アラブ族が定着であるという判断は不適当です。遊牧民のなかにも北アラブ族はおり、定着民のなかにも南アラブ族がいるからです。長い歴史のなかで定着・遊牧の生活が抗争により変革しています。定着を追われて遊牧になった部族、定着部族を追い出して定着した遊牧部族。その両部族攻防の歴史こそ、イスラーム教登場以前のアラビア半島の歴史で、その日々のことをアラビア語で「アイヤーム・ル・アラブ」と、後のイスラーム教時代に呼称したのでした。

この結果、北アラブ族と南アラブ族との間に対立・抗争の関係を作り上げました。現在でもこの古典的な対立パターンは生きていて、アラブの政局を判断するとき重要な要因となり、それがアラブ諸国間の深刻な問題を引き起こしています。

征服したという記録があり、紀元前九世紀のアッシリア王であったサルマナッサル三世の建立したオベリスク（記念碑）に、アラブの名が記されているといわれます。

紀元前三千年から紀元前八百年までの間は、約二千年以上も経っておりますが、この間にはアラブ人に関する記録はありません。しかしこれ以降、旧約聖書列王紀上第一〇章に語られるソロモンとシバの女王の会見記などに見られるように、アラブ人の記録はしばしば現れますが、アラブ人が歴史の主役になったという事実はありません。彼らが歴史の主役になるのは七世紀になってからのことです。

アラブ人の歴史伝説は伝える

アラブ人の歴史は、ノアの息子セムの子孫ヨクタン（カハターン）がイエーメン人《びと》となり、それがアラブ人の祖であるとしています。イエーメンの初代の王はカハターン、その子がアラブの原名となったヤーリブであると。このときのイエーメン住民がカハターン人、もしくはヤーリブ人と呼称されていたらしいと、アラブの歴史家は考えているようです。

旧約聖書に出てくる「エデンの園」は、イエーメンの「アデン」であったとアラビアの伝承が伝えているほど、イエーメンは豊かな土地でありました。そこの周辺に居を構えたカハターンの子孫は繁栄し、それがアラブ人の源泉であるとするのがアラビアの伝統的な考えのようです。

イエーメンが歴史に登場してきたのは、ミナ王国が最初であるといわれ、

アドナーン族の系譜

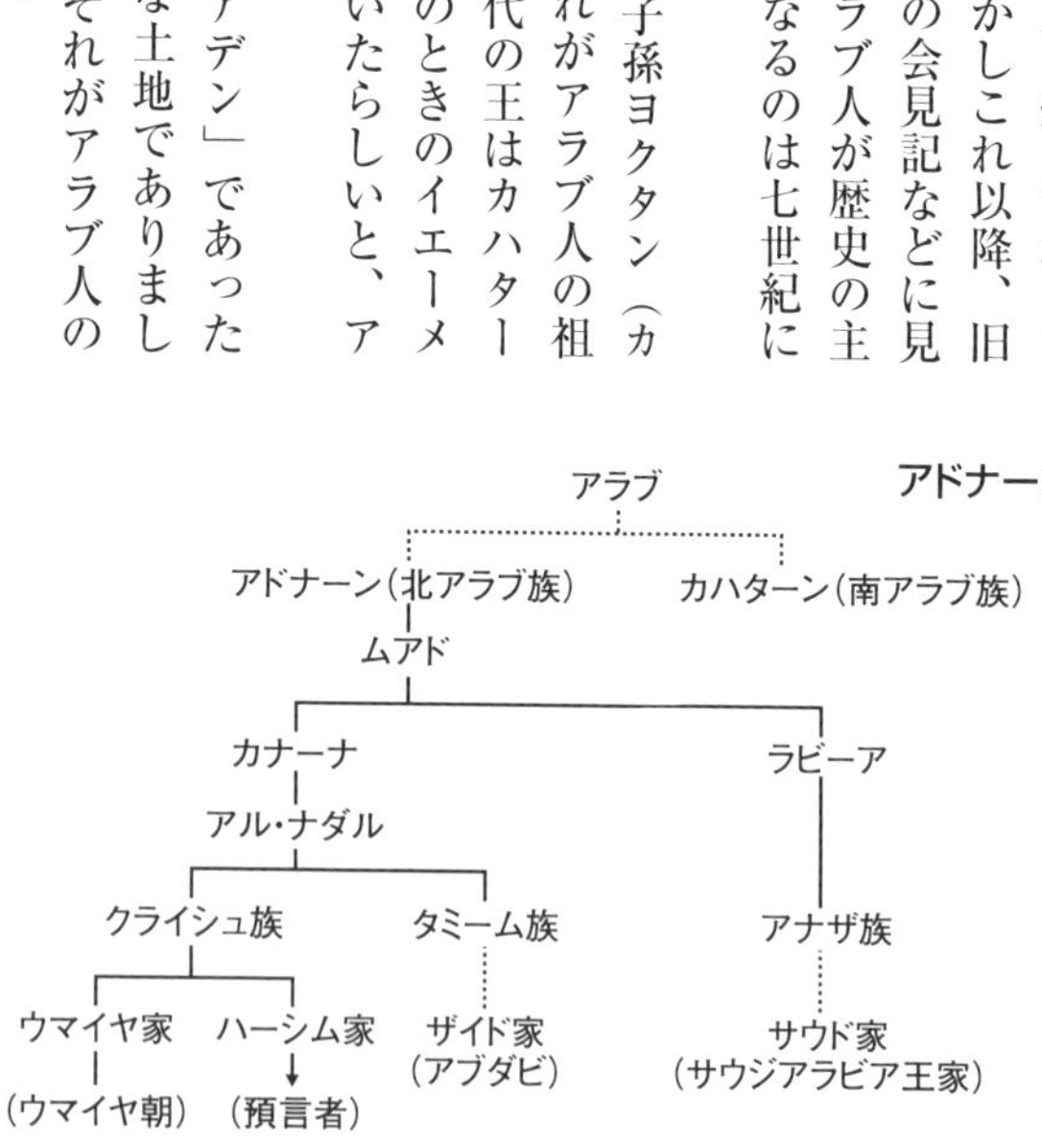

その王国は紀元前一四〇〇年から八五〇年の歴史を持ったようです。その後ハダラマウト王国（BC一〇二〇～六五）、サバ王国（BC八五〇～一一五）、カタバン王国（BC八六五～五四〇）、ヒムヤル王国（BC一一五～AD五二二）などの諸国がイエーメンの地をにぎわしましたが、それ以前のことは確かではありません。

この繁栄は人口を増加させ、その数はかの地の居住能力を越えました。日本なら土地を開墾し居住面積の拡大を考えるでしょうが、沙漠世界に隣接するこの地域では土地を拡大することは不可能です。その結果、部族の中心から外れた者たちを皮切りに、沙漠での遊牧生活に移行していきました。それぞれが家族・氏族を単位として、断続的に沙漠世界への遊牧を開始したとみられます。

この脱出組はアドナーンの一族を中心としたことから、後にアドナーン族と呼ばれることになりますが、彼らはやがて沙漠の北地域にあるオアシスを中心として都市国家を建設し、繁栄しました。このことからイエーメンに残った集団を「南アラブ族」もしくは「カハターン族」と呼び、北アラビアに生活圏を形成した集団を「北アラブ族」もしくは「アドナーン族」と呼ぶようになったと、アラブの歴史家は述べています。

のちに、南アラブ族の居住地域が部族抗争と、マーリブ*のダムの崩壊などにより、そこに住むことができなくなり、沙漠への遊牧の生活を余儀なくされました。このとき、北アラブ族は定着民としての生活環境を確保していた

マーリブのダム

今のイエーメン国のマーリブに、遺跡としてその姿をとどめている実在したダムで、幾度か決壊しそのつど住民はこの地から移住しています。最後の崩壊は西暦五四〇年から五七〇年の間であったといわれています。アル・クラーンの第三四章（サバアの章）第一六節に「だがかれらはアッラーから背き去った。それでわれは、かれらに洪水を送り、かの二つの園を、柳とわずかばかりのハマナツメの苦い実を結ぶ園に変えた」と、ダムの決壊について記されています。

現在遺跡として残るダムの規模は長さが四キロ、高さ一〇メートルと大きいものです。古代においてもその長さは五五〇メートルもあり、いくつかの水門で水のコントロールが行われその灌漑面積は一六〇〇ヘクタールにも及んだといわれています。このダムの決壊により南アラブ族はアラビア半島への遊牧の生活もしくは移住を余儀なくされました。そこから北アラブ族と南アラブ族の対立の歴史が始まり、イスラーム教をいざなうことになりました。

ため、南アラブ族の大部分は遊牧生活に入らざるを得なくなりました。このため南アラブ族が「バドゥ*」、北アラブ族は「ハダラ*」と呼ばれるようになり、この両者の関係は犬猿《けんえん》の仲となり対立の世界を生み出しました。これがのちにイスラーム教生誕に大きな影響を与えることになるのです。

アラブ人の歴史についての第二の説は、その発祥の点において異なります。メソポタミア地域周辺に居住していたアラビア語を話す集団の一部がイエーメンに移住し、他の一部が北部アラビアに移住し、そこに都市国家を建設したという説です。イエーメンに移住した集団は南アラブ族と呼ばれ、その後、居住していた地域のダム崩壊と気候不順、内部抗争激化などにより、沙漠での遊牧生活を余儀なくされ、定着していた北アラブ族との間に、厳しい対立の関係が生まれたというものです。

対立する二つの部族

このようにアラブ人誕生の真相はまったく不明です。のちにアラビア語を話す民人《たみびと》としてアラビア民族と呼ばれる集団が、どのような経過から南北の二つに分かれたのかということは明らかではないのです。しかしこの両者の関係がイスラーム以前も、またその後もアラビア史の根底に流れて、その特徴をかもし出してきたことは事実です。南アラブ族と北アラブ族という二つの部族こそ、アラビア民族の思考の一つを形成している両極的性格から理解しやすいでしょう。

この南アラブ族と北アラブ族は、苛酷な対立の歴史を積み重ねていくのですが、それは沙漠という世界のなかで生き抜くためには必要不可欠なことで

「ハダラ」と「バドゥ」

「ハダラ」とはアラビア語で「定着」を意味し、「バドゥ」はその反対に「遊牧」を意味します。アラブ人はこの二つのうちの一つに属しますが、ふつう「ハダラ」という言葉を好みます。「ハダラ」はアラビア語「ハダーラ」（文明）と深い関係にある言葉だからでしょう。

日本人はよく「高貴なるベドウィン」という言葉を美辞として使用するようですが、この言葉の使用には注意を要します。「都会のアラブ」すなわち「定着アラブ」はそう呼ばれることを極度に嫌います。ちなみにイスラーム教を受けたアラブ人は「定着アラブ」で「遊牧アラブ」ではありません。またイスラーム教がもっとも敵視した相手こそ、この「遊牧アラブ」だったのです。アル・クラーンに出てくる「アラブ」とはこのことを指しています。しかし、この両者の区分は明確に分かれているわけではありません。

ありました。沙漠で生き抜くためには三つの方法しかありません。それは生存の糧《かて》を持っている人間を襲うこと。他の一つは耐えることです。そして争いを避けるための交渉能力を持つことです。それが生きるために必要な条件であり、その能力のないものは死以外にありません。

沙漠での遊牧を主たる糧とした南アラブ族にとって、定着民であり裕福な北アラブ族を襲うことは生活の一部であったでしょう。このため両者の関係は、常に対立的関係にありました。この生活環境は恵みのない自然のなかから生まれた生存のための原則なのです。沙漠は苛酷であるという言葉は、人間によりもたらされた環境を指し、自然からもたらされた環境を指すものではありません。

闘争のアラビア

沙漠で生きていくための必要不可欠な能力

預言者が生まれた六世紀後半のアラビア半島は、この両アラブの激しい抗争の時代でありました。そこでは、一族を守るため略奪を可能とする闘争心と団結心、そしてすべてが叶えられないときの忍耐力と辛抱する力が、部族の崩壊を防ぐ唯一の手段でありました。

裕福で脆弱《ぜいじゃく》な部族は要求される財を支払って一族を守るか、交渉能力をもって一族を守るか、二者択一の方法しかなかったのです。そして、そのパワーを生み出すのが部族・一族の団結、連帯意識の確立・維持でありました。

遊牧民

遊牧民とは目的もなく放浪しているのではなく、沙漠を一定の方式にもとづいて移動し、沙漠の生活者として最も合理的な生活スタイルを身につけている集団です。羊やラクダを飼育し、ときには略奪や狩猟をもって生活を設計し、農業や商業・手工業を否定し、ときにはそれを侮辱して生きている人々です。

彼らは沙漠こそ最も清潔な世界であるとし、その反対に定着世界を最も汚れた世界であるとして定着化を拒みます。沙漠こそ彼らの文化的環境を維持する世界なのです。

「忍耐力、闘争心そして交渉能力」、この三つが沙漠で生きていくために必要不可欠なアラブ人の能力ですが、それらを可能とするのは連帯意識でした。このうちの一つでも欠けると、その部族は沙漠で生きていくことができないのです。この連帯意識を潜在的に形成する要素が血の純潔です。不純な血が混じることは、死を意味することになるのです。

埋められた女児達

この世界がいかに闘争の世界であったかを示す次のような話があります。イスラーム教以前のアラビア世界では、女児が生まれると砂に埋めて殺すという話が伝わっています。女児は部族社会を維持する大切な存在であるのにもかかわらず、当時のアラビア世界では女児は忌《い》み嫌われました。女性は男の子を生んで、初めて女性として尊敬を受けたのです。

その理由は、女児が生まれると他部族との闘争の過程で略奪され、部族の名誉が汚されること。また貧しいため家族が餓死する危機に直面した場合、名誉を汚されるかもしれない女児が口封じのため殺されたのでした。

この言い伝えを聞いて、この時代の部族抗争の凄《すご》さを知ることができるでしょう。生まれてきた女児をあえて殺さなければならないほど、この世界で生きることは大変なことでした。

アラビア的部族社会

アラビア民族の社会は血族集団社会であり、部族により構成されている世界です。それは現代においてもそれほど変わらない特徴です。アラブ人は何代も前の先祖の名を覚えてい

アラブ人の名前

たとえば、サウジアラビア王国のファハド国王（在一九八二～二〇〇五）は「ファハド・イブン・アブドゥルアジーズ・アル・サウド」と一般に呼ばれていますが、それを訳すと「サウド家のアブドゥルアジーズの息子のファハド」となります。正式になりますと「サウド家」は家名ですからこの上に氏族名がつき、その上に部族名がつくということになります。

るのがふつうですが、有名な部族になると、アダムとイブをその始祖とする家系図を所有しています。

アラブ人の名前*は長いので有名ですが、それは自分の名前、父の名前、家の名前と三つの名前を書くからです。たとえば「ムハンマド・イブン・ユーセフ・アル・シャーフィ」という名前は、アル・シャーフィ家のユーセフの息子のムハンマドということになります。家と親の名前が明記されるわけです。しかしこれは正式の名前ではありません。正式の名前は、できるだけ多くの先祖の名前を自分の名前の後ろに付けるのが正しいのです。

これにより、いかに由緒ある家の子供であるかが証明され、それがアラブ人社会で尊敬されるのです。そればかりではありません。由緒ある名家の場合、多くの血縁者がいてその一人でも害を受けた場合、加害者に対する復讐は一族あげての重要な出来事となり、名家出身者の身辺は守られているのです。

彼らの社会はこのような部族・血族意識により構成されています。その部族は強い連帯意識で互いに結ばれ、一つの世界を形成しています。その構成員一人に対する攻撃は、部族全体に対する攻撃と見なされ、もし誰かが殺されれば、一族の一人がかならず復讐に立ち上がるほど血の意識は強いものです。アラビア半島は、このような部族によってモザイク状に支配され、そのため常に争いごとの絶えない世界でした。

部族社会

部族はアラビア社会の基礎であるといえましょう。家→氏族→部族というようにその構成はきわめて明確であり、部族は一つの世界であるといえます。この団結は強く、また強くなければならず、弱ければ他部族からの挑戦に敗れることになります。血には血をもってあがなうという掟が、組織を強化し団結力を維持するのに役立っているといわれています。

このような部族を率いる人は族長と呼ばれ、親から長男へという世襲ではなく、一族のなかで最も族長にふさわしい人物が選ばれます。それは彼らの経験から生まれた生き残るための知恵でもあります。その族長を座長とする部族会議が設けられ、部族の最高決議機関としての役割をはたします。

沙漠で生まれたアラビア的民主主義

この会議は完全な民主制で責任・利益・義務が公平に行き渡るように討議され、決議は全員一致を原則としています。よくアラブ人は、民主主義はアラブで生まれたといいますが、それはこの部族会議からきているようです。同時に沙漠の砂のような独立的な個性によるものでしょう。このような習慣が定着したのには理由があります。それは意見の分裂が連帯意識の分裂を生み、ひいてはそれが部族の崩壊をもたらすからでした。もちろん富の公平な分配も連帯意識を維持するに重要なことです。このようなセンスはイスラーム教徒となったとき、イスラーム教の展開した富の分配論を理解するのにおおいに役立ちました。

この公平な決議という考えは、アラブ人の性格の一つともいえるもので、現代のアラブ世界の国会で多数決で決まった場合、反対した者はその結果を無視します。彼らにいわせれば、それは決議されたのではないということになるようです。それは全員一致しか認めないという性格からきているといえましょう。このように多数決は彼らの性格に合わない制度のようです。

この性格は、アラブ人がイスラーム教徒になってからも強く表れました。

それはある問題に対してイスラーム法解釈を下すとき、数人の法学者が集まり意見を交わし、全員一致の結論が出るまで、法解釈の決定を下さないという制度として見ることができます。

イスラーム以前のアラビア世界

アイヤーム・ル・アラブ

アラブ人の歴史に「アイヤーム・ル・アラブ」*と呼ばれる時代があります。日本語に訳すと「アラブの日々」となりますが、その名のとおりアラブすなわち「バドゥ抗争の日々」という意味です。これはアラブ人同士が定着と遊牧との抗争に明け暮れた時代を指していう言葉です。

定着民と遊牧民との闘争ばかりか、遊牧民同士の抗争、また滅ぼされた遊牧民の残党が野盗となり部族を襲うのもこの時代の特徴でした。

しかしこの言葉は、後の世に生まれた言葉であり、定着部族により作られた言葉ですから、沙漠の民の抗争の時代という意味を持ち、深くアラブ、すなわち沙漠の遊牧民に対する憎悪の念が込められているようにも思われます。

部族的秩序と英雄の時代

イスラーム教降誕以前のアラブ人は、まだ世界史に登場しません。今のアラビア半島に居住し生活していた名もない民族でした。半島の周辺世界に住む人々は彼らをアラブ人と呼んでいましたが、それはこの半島内で定着生活を営んでいた人が、遊牧の民をバドゥもしくはアラブ、アラビア人と呼んでいたのを転用したよ

アイヤーム・ル・アラブ

アル・クラーンで使われているアラブという意味をもとに付けられた時代の呼称で、イスラーム教以前のアラビア半島を指します。日本語に訳すと「アラブの時代」ともなりますが、イスラーム教的立場から「無明の時代」(ジャーヒリーヤ)と訳され、無秩序であったとされる時代です。

それは沙漠という環境のなかで、生きるための部族間紛争に明け暮れた時代であり、同時に英雄の時代でもあり、それをたたえる詩の世界でもありました。後にアラビア文学の世界では、この時代の詩を至上の宝のように扱うほど素晴らしい詩が生まれました。

うです。

定着生活者は通商交易を営み、沙漠に住むバドゥすなわちアラブから見ると、その生活は安定し豊かでした。それに反して沙漠に住むバドゥは、時には死と隣り合わせの生活を余儀なくされるほど、厳しい環境のなかで生きていました。バドゥすなわちアラブ人がそのようななかで生き抜くためには、裕福な定着民を襲い、糧《かて》をえる以外に道はなかったのです。また両者の異なった生活環境が感情的な対立を深め、闘争はより激しさを増すという日々の連続でした。部族の名誉を守るために血が流され、復讐のために血が流されるという生活が、ごくふつうに見られました。

このような環境のなかで生き抜くためには、部族内の結束と勇者の存在が尊ばれ、部族の団結心は最高の美徳として、また勇者も最高の賛美をもって讃えられました。この時代には、部族の連帯意識を讃える詩と勇者を讃える詩が最高の美学としてもてはやされ、数多くの美しい詩が残されております。

訪れた繁栄の時代

西暦四世紀中頃から半島の周辺世界は、ビザンチン帝国とペルシャ帝国の激しい対立の時代に入りました。このため東から西への交易路は使えなくなり、そのルートは南方へ移動することになりました。この結果、それまで関心の低かったアラビア半島がにわかに注目を集め、いくつかの交易ルートがこの半島に設けられることになりました。その一つが定着民の町メッカを通るルートです。

半島のルートは沙漠世界を通ることになりますから、その仕事はそこの住

族長会議（マジリス）

アラブ人が生み出した直接的にして完全なる民主的決議制度と評価されているものが、族長会議です。アラビア語で「マジリス」といいますが、この言葉は「座る」（ジャラサ）から派生したものです。砂の上もしくは天幕のなかなどで座って行われたから生まれたのでしょう。

沙漠という世界は大規模な集団を組織することができません。生活する規模が小さいからです。それゆえ数家族がその構成単位となり、国家的指導者というほどの指導者は必要としません。もっとも重要なことはこの集団が分裂をせず、一団となって事に当たる体制を維持することです。

そのため意見の分裂は許されず、会議を開催し意見の完全な調和をはかる必要があるのです。一人の指導者の意見だけで動くことは、農耕民族でないアラビア民族にとって性格的にもできないことでしょうが、完全な納得が必要なほど沙漠での生活は厳しいということでしょう。

民の手に託されました。沙漠を通れるのは彼らしかいないから、それは当然のことでしょう。もちろん沙漠のバドゥは信用がなくこの仕事には向きません。定着民がその仕事の任にあたり東から西へ、西から東へと交易は活発に展開され、未曽有《みぞう》の繁栄を遂げることとなったのです。特にメッカおよび当時ヤスリブと呼ばれ、のちに「アル・マディーナ」（メディナ）と呼ばれる町はその中心でした。

堕落をもたらした繁栄

このようにして始まったメッカの繁栄は、そこに住む人々の生活環境を当然のことながら変えました。それは、それまでこの世界を特徴づけていた道徳観も変えさせるほど激しいものであったようです。富がすべての力となり、それまであった連帯意識、団結心、相互扶助などの精神は忘れ去られ、快楽の日々が続く世界となったのです。

すべてのことが金で解決する時代となれば、当然のことながら名誉も、恨みも金で解決する方法が正義となり、道徳の荒廃はそれまで大切に守られてきた血統までも崩壊させるほどになったのです。

メッカの繁栄は、苛酷な環境のなかにあって、それまで部族を守ってきた秩序や道徳を経済的価値観におきかえました。金がすべての秩序を崩壊させたのです。だが、いつの時代でもそうであるように、節度なき経済繁栄より生まれる腐敗はなかなか正せないものです。とくに部族意識、連帯意識が心のよりどころであった彼らにとって、これは重大な問題であるはずでした。

しかし、民族崩壊の危険性が生まれているのにもかかわらず、このような事態を深刻に受けとめることは否定されていったのです。

メッカの支配者――クライシュ部族

メッカの繁栄を最も甘受した部族は、五世紀末頃からこの町の支配者となったクライシュ部族*といわれる人々でした。この部族がどのようにしてメッカの支配者になったかは、本当のところわかっていません。

しかし、イスラーム教降誕に深い関係を持つこの部族のことは、イスラーム教降誕以降の歴史では明らかです。そしてこの一族がイスラーム世界の指導者として、一四世紀中頃までその歴史を重ねることになるのです。現在この一族の末裔《まつえい》は数多くおりますが、そのなかでも特に有名な人が、現ヨルダン王国の国王一族です。ヨルダン・ハーシミット王国というのがこの国の正式な国名ですが、クライシュ部族の一氏族、ハーシム家の末裔です。このハーシム家こそ預言者ムハンマドの生まれた家なのです。

ジャーヒリーヤ時代

イスラーム教降誕以前のこの世界の様子を、のちのイスラーム教徒は「ジャーヒリーヤ時代」と呼びます。「ジャーヒリーヤ」という意味は、アラビア語「ジャハラ」(無知である)という言葉から派生した言葉で「無明《むみょう》なる時代」と訳されます。

イスラーム教徒が、イスラーム教以前の世界を称するこの言葉をあえて用いたのは、イスラーム教以前の世界が無法な世界、秩序なき世界であり、道徳のない世界であると評したからにほかなりません。

クライシュ部族
イスラーム教を語るとき欠かすことのできない部族です。アル・クラーンの一〇六章は短い章ですが、その章名は「クライシュ部族」という名がつけられています。クライシュ部族はカーバ神殿の管理をつかさどる部族であるばかりか商業利権をも支配し、またメッカというオアシスの水の支配者でもありました。

イスラーム教時代になり預言者のハーシム家、四大カリフ時代、ウマイヤ時代を作ったウマイヤ家、そして一二五八年に崩壊したアッバース朝のアッバース家などがこのクライシュ部族に属する一族で、イスラーム教生誕からアッバース朝崩壊までのイスラーム教世界をコーディネイトしていた部族です。

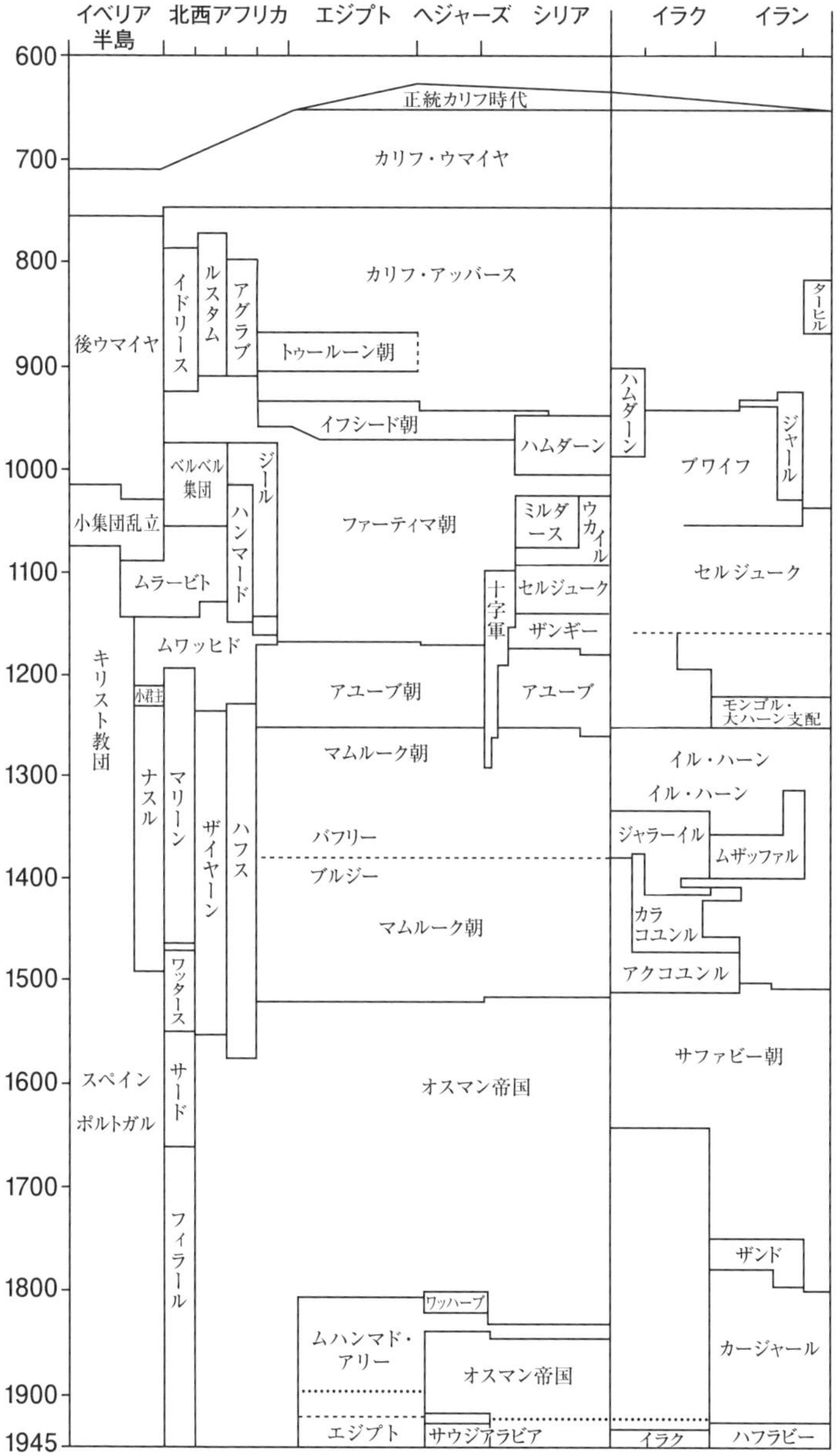
イベリア半島
北西アフリカ
エジプト
ヘジャーズ
シリア
イラク
イラン
600
700
800
900
1000
1100
1200
1300
1400
1500
1600
1700
1800
1900
1945
正統カリフ時代
カリフ・ウマイヤ
カリフ・アッバース
後ウマイヤ
イドリース
ルスタム
アグラブ
トゥールーン朝
ターヒル
ハムダーン
イフシード朝
ハムダーン
ジャール
ブワイフ
ベルベル集団
ジール
ハンマード
ファーティマ朝
ミルダース
ウカイル
小集団乱立
ムラービト
十字軍
セルジューク
セルジューク
ザンギー
ムワッヒド
キリスト教団
小君主
アユーブ朝
アユーブ
モンゴル・大ハーン支配
マムルーク朝
イル・ハーン
イル・ハーン
ナスル
マリーン
ザイヤーン
ハフス
バフリー
ブルジー
ジャラーイル
ムザッファル
カラコユンル
マムルーク朝
アクコユンル
ワッタース
サード
スペイン
ポルトガル
オスマン帝国
サファビー朝
フィラール
ザンド
ワッハーブ
ムハンマド・アリー
オスマン帝国
カージャール
エジプト
サウジアラビア
イラク
ハフラビー

そして彼らは、イスラーム教はこの「無明なる時代」を開くために降ろされたのであり、イスラーム教最大のターゲットはアラブであると認識しているのです。イスラーム教では無秩序な世界に、イスラーム教により秩序を与える、世界を再構築しようとはかったのです。イスラーム教徒は無明なる世界、無秩序なる世界にイスラーム教をもって臨むときに、よく「イスラーム教による開扉《かいへい》」という言葉を使います。この表現もジャーヒリーヤという言葉と深い関係があるといえるでしょう。

今、この言葉は再び脚光を浴びています。それはイスラーム過激運動家達が、現代イスラーム世界を評してこの言葉をよく使うからです。「現代は無明の時代である」「現代はジャーヒリーヤ時代である」と。よって「イスラーム教による再開扉が必要なのだ」と彼らは合言葉のように唱えます。これもまた「ジャーヒリーヤ」と「イスラーム教」の関係を考えると理解できるでしょう。

腐敗は崩壊をまねき滅亡をもたらす

都市での部族意識、連帯意識が、経済的繁栄とそれによりもたらされた腐敗に影をひそめはじめたときでも、沙漠のバドゥと定着民との戦いはやむことがありませんでした。

しかし、メッカの商人がくりだす隊商は、襲われてもその利益は増え続けたのです。彼らの襲撃を商人的交渉術と財力でかわす一方、危険な仕事は請負人にまかせました。それ以上にメッカそのものが大市場として栄えたのです。

ただ、連帯意識の衰退はメッカの部族の結束を弱体化させ、経済的関係が結束の束《たば》ねとしてすりかわりました。経済が部族的連帯意識の滅亡を告げ、豊かな者はより豊かに、貧しき者はより貧しくという、これまでこの世界にはなかった経済格差を生み出したのです。人間の価値も経済力によりはかられるようになりました。

かくして、セム族の持つ独特の感覚、民族崩壊の危機が察せられる世となりました。モーゼの見たイスラエルの民人《たみびと》のように、キリストの見たユダヤの民人のように、アラブ人もまたその危機を感じるときを迎えたのです。

セム族的危機意識の芽生え

アラブ人はユダヤ人同様、セム族の一員であるといわれています。このセム族の特徴は民族存亡の危機を感じたとき、新たなる秩序を求めるところにあります。ファラオの治下のエジプトにいた、イスラエルの民のエジプト人化を救うために行われた出エジプトと、その後の預言者モーゼによる十戒の受領。ローマ帝国により蹂躙《じゅうりん》され民族の秩序が崩壊し、その民族崩壊の危機が意識されたとき求めた救世主の再来。そして現れたキリスト。というように、この民族の特徴は崩壊の危機が感じられたとき、かならずや新たな秩序を求めるのを常とするのです。

六世紀から七世紀にかけてのアラビア世界、特にメッカの町を中心とする集団には、繁栄がもたらした秩序の堕落現象があらわれ、それが心ある人の

預言者ムハンマドの系譜

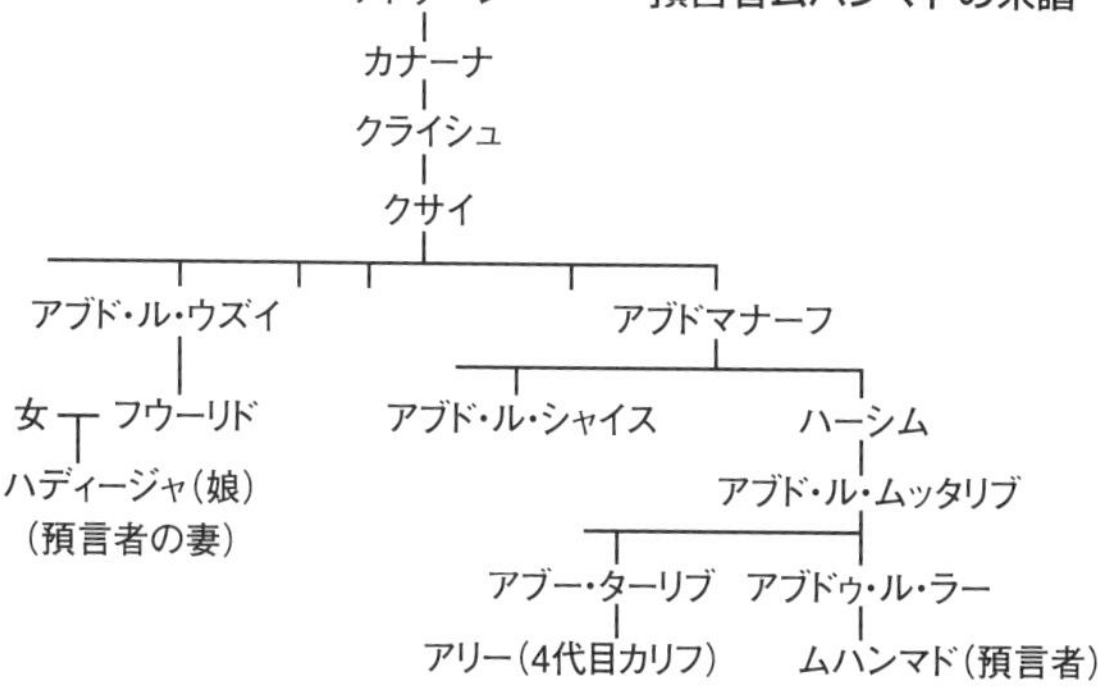

危機意識を作り上げていったものと思われます。特にそれまで部族を支えていた連帯意識の崩壊は、メッカの支配者クライシュ部族のなかに、それを憂《うれ》う人を生み出したと考えられます。

ムハンマドとイスラーム教の誕生

クライシュの子――ムハンマドの家系

イスラーム教に欠かすことのできない人物、のちに預言者と呼ばれるムハンマドは、このような時代を背景にして生まれたのです。ムハンマドはメッカの支配者にして、アラビアの部族のなかでも名高い、クライシュ部族の一氏族であるハーシム家の一員として生を授かりました。

ムハンマドの祖父が、このハーシム家の家長でアブド・ル・ムッタリブという人でした。彼は子沢山《こだくさん》でありムハンマドの父、アブドゥ・ル・ラーはその長男でした。すなわち、ムハンマドはハーシム家の直系の孫として生まれたのです。

彼の正式の名は「ムハンマド・ブン・アブドゥ・ル・ラー・ブン・アブド・ル・ムッタリブ・ブン・ハーシム・アル・クライシュ」という長いものです。これを日本語に訳すと「クライシュ部族のハーシムの息子であるアブド・ル・ムッタリブ、その息子であるアブドゥ・ル・ラー、その息子ムハンマド」ということになります。

彼の母親はやはりクライシュ部族の出で「ワハブの娘、アーミナ」という

アラブ的指導者

日本の歴史に登場してくるような指導者とは異なります。ふつうアラビア語で「シェイフ」（長老）などと呼ばれますが、それは「まとめ役」といったほうが適切でしょう。集団のなかで最も人望があり、公正であり、人の話を聞き、交渉能力に長けているという人物が選ばれます。自分の意見をもって独善的に引っ張っていくという人物ではなく、いかなることがあろうとも集団の分裂をもたらさず、意見の調整を図ることのできる人物がリーダーであり、「シェイフ」と呼ばれるのです。彼の重要な仕事は族長会議をつかさどるところにありますが、義務と権利が平等に配分されるように図らなければなりません。その能力を持つ者が族長として選ばれるのです。

人でした。ちなみに「ムハンマド」という名前の意味は、アラビア語「ハミダ」（称賛する）という意味の言葉から派生し「称賛される者」という意味です。

貧しき名門の子――ムハンマドの誕生

ムハンマドの父は、メッカとシャーム地方*との間で商いを営む商人でした。おそらく父と同じ仕事をしていたのでしょう。ある日、ムハンマドの父はシャーム地方の港町ガザへ旅し、商売を終えた帰り道に、現在アル・マディーナまたはメディナと呼ばれ、当時まだヤスリブと呼ばれていた町に住む伯父《おじ》達に会うため訪問します。が、そこで病気になり伯父の家で亡くなるのです。

このとき、ムハンマドはまだ母親のお腹の中にいたので、彼は父親の顔を知らずに生まれることになります。伝記によると、父親が妻と生まれてくる子供のために残したものは、五頭のラクダと数頭の羊であったようです。彼はハーシム家の家長でしたが、おそらく財産は無かったでしょう。

父親の死から六ヵ月後の西暦五七〇年八月二〇日月曜日早朝、ムハンマドはメッカで生まれました。名門クライシュ族の一員として生まれたにもかかわらず、父親の残した遺産から考えてムハンマドの幼年期は決して豊かな環境ではなかったように思いますが、祖父であり家長であるアブド・ル・ムッタリブが親子の生活の面倒を見たようです。

シャーム地方
現在のシリア、ヨルダン、パレスチナ一帯を指す地名でした。この時代メッカ商人の重要な市場がこの地であり、この地とメッカが商業権の範囲であったのでしょう。

孤児となるムハンマド

六歳のある日、母親アーミナは「オンム・アイマン（アイマンの母親）」と呼ばれていた召使いをつれ、ヤスリブの町にある父親の墓をムハンマドに見せるためと、親戚を訪ねるための旅に出ます。数日ヤスリブに滞在した後、一行はメッカへの帰路につきますが、その途中、母アーミナは病に倒れ、死亡してしまいます。

かくして、ムハンマドは六歳で孤児になり、名門の子として生まれたとはいえ、継ぐ財産もない貧しい孤児としての生活を余儀なくされます。その後、彼の面倒を見たのはハーシム家の指導者であり、八〇歳に手が届く祖父アブド・ル・ムッタリブでした。しかしこの祖父もムハンマドが八歳のとき亡くなります。

その後ムハンマドは亡父の弟であり、ハーシム家の家長となった叔父アブー・ターリブの下で生活することになり、羊の放牧の仕事を習い一二歳までそのような生活を送ったようです。その後、叔父は彼にシャーム地方との商売を覚えさせます。そして彼はしだいに優秀な商人となっていきます。

有能な商人――ムハンマド

この有能な商人としてのムハンマドを高く評価したのが、二人の夫と死別し二男一女の母であるハディージャ・ビント・フウーリドという裕福な商人でした。彼女は知的な女性であったばかりか、亡父の残した商売を立派に運営し、今でいえばキャリア・ウーマンともいえる女性であったようです。

この商売のベテランである彼女が、ムハンマドにシャーム地方での商売を

連帯意識（アサビーヤ）

アラビア民族にかぎらず、大陸世界で生き抜くためには団結することが重要です。それが唯一生き残る手段であるといえましょう。特に人間が脅威であり、人間が恵みである沙漠世界は、言葉を換えていえば人間世界そのものですから、より団結することが身を守るための手段となります。それゆえその団結力の強さが部族の強さを表し、その最も確実なのは、血による団結でしょう。それを連帯意識といい、アラビア語で「アサビーヤ」といいます。

イスラーム教はこの血による連帯意識の破壊を命じ、超部族意識としてのイスラーム教徒の意識を新たにもたらし、部族間の争い、人間同士の争いが起きないような環境を作り上げようとしたもので、その意味で革命であったといえます。

託したのです。ベテランの彼女から見て、ムハンマドが商人としての素質、信頼できる人格を兼ね備えていると判断したものと思います。その結果は彼女の予想した通り、たいへん満足のいくものでした。彼女はその報酬として四頭のラクダをムハンマドに与えたといいます。これでムハンマドの商人としての評判は確定したものと思われます。

知的にして豪商の寡婦《かふ》ハディージャとの結婚

ハディージャは、シャーム地方への旅に彼女の下男であるマイサラを同行させます。彼女は旅から帰ったマイサラから、ムハンマドの行動のすべてを聞き、その公正にして誠実な人柄にたいへん感激し、友人であるナフィーサという人を介して結婚を申込みます。無学無筆であったムハンマドは、才能豊かな彼女に魅力を感じたことは十分に考えられ、彼女の申し出を拒否する理由はなかったといわれています。時に彼女は四〇歳、ムハンマド二五歳のことでした。

ムハンマドとハディージャは二五年間の結婚生活を送りますが、その間七人の子供をもうけます。男の子三人はすべて若死にしますが、四人の女の子は早死にはしませんでしたが、そのうち三人はムハンマドより先に死んでしまいました。だが、ファーティマという娘だけは、ムハンマドの死後も生存しました。のちに彼女の子孫達は、イランのイスラーム史と深い関係を持ちます。

アラブのイスラーム世界では、このハディージャを最高の女性として誉めたたえます。それはムハンマドを襲う苦悩との闘いを、夫とともに生き抜いたばかりか、最初のイスラーム教徒として、アッラーの命に完全に服した選ばれた教徒であったことからきているようです。彼女はムハンマドが五〇歳のときに世を去りましたから、六五歳で生涯を終えたことになります。

ムハンマドという人

このようにムハンマドという人は、名門の出とはいえ貧乏な孤児として祖父・叔父の庇護《ひご》の下に育てられました。名門の子であるからか、または孤児だったからか、その判断は難しいのですが、ムハンマドの幼年期・青年期は厳しいものでした。その環境を変えたのが、妻となったハディージャの出現でした。

この知的で英邁《えいまい》にして経験豊富な女性ハディージャが、無筆にして財産のないムハンマドのどこに関心を持ったのでしょうか。ムハンマドが名門の出であったからでしょうか。それならば下男マイサラからムハンマドのことを聞く必要はないでしょう。彼女は、誠実さと高貴な人柄で当時のメッカで評判の男を、実際の生活を通して調べたのです。いかにも現実的思考性をもつアラブ人の特徴が出ています。

この当時メッカでは、ムハンマドのことを「アル・アミーン」と呼んでいました。「アミーン」というアラビア語は「正直」とか「信頼のおける」とかいう意味ですが、アラビアでは人名に多く使われる言葉です。この「アミーン」に定冠詞「アル」をつけてこの名前を限定し「アル・アミーン」となり「これぞ最も信頼できる者」という意味になります。

マラケシュの市場（銅版画）

アラブ人は、名詞に定冠詞を付けるのが好きなようです。有名な「アラビアのローレンス」でも「エル・オーレンス」と呼び「ローレンスという者はこの者である」という意味の限定をすることを好みます。

ムハンマドの青年期は腐敗と連帯意識の欠如、そして個人主義の台頭という時代、すなわちアイヤーム・アラブの時代でしたから、このような評判を得る若者は少なかったと思われます。特に彼らが「アル・アミーン」と呼んだところをみると、ムハンマドは最高の信頼を得ていた人物ということとなります。

アラブ人であるハディージャが、この噂《うわさ》が事実かどうかを確かめる行動に出たのは当然のことでした。マイサラを彼につけてその噂が本当かどうか確かめ、その結果は合格でした。このことからもムハンマドという人は、若くして多くの人望を集めた人物であり、その信頼性はきわめて高く、正直者として絶大な評価を受けていたと思われます。また、優秀な商人であったとのことですから、その交渉能力も優れていたのでしょう。

危機感を深めるムハンマド

こうしてムハンマドは、同じクライシュ族の寡婦《かふ》ハディージャと結婚し幸せな生活を営みます。しかし生活が落ち着いてくると、当時のアラビア社会の環境が我慢ならないものとして、彼を悩ませることになります。

父親を知らずに生まれ、幼くして孤児となり、親戚に育てられたムハンマドは、アラビア世界を築いていた伝統的な道徳を誇りに思っていたと考えられます。しかし経済的繁栄は個人主義を生み出し、アラビア世界を構成していた基本的な意識、部族・血族としての連帯意識を崩壊させていきました。

　連帯意識の崩壊は部族世界の崩壊を意味します。それは民族崩壊の前奏曲として高らかに響き渡り、心ある者ムハンマドの危機意識をおおいに刺激したと思われます。かつてのモーゼのように、またキリストのようにです。

苦悩するムハンマド

　定着アラブ世界に蔓延《まんえん》する個人主義と経済的腐敗は、沙漠に住む遊牧アラブの脅威を防ぐ能力を失わせたばかりか、財力による人間の格差を生み、道徳の荒廃を生み出しましたが、ムハンマドの悩みはそればかりではありませんでした。アラブ世界の持つ伝統的な忌《い》まわしい習慣、特に沙漠で生きるために人を襲うことが正しいというアラブ的習慣、血統を重んじそれから生まれる差別と、終わることのない闘争の世界。女の子、婦人に対する非人間的習慣。そしてメッカの住民それぞれが偶像*を崇拝し、それに服従する姿を深く懸念するようになります。

　なぜならばメッカの住民、すなわちクライシュ部族が一つの偶像を拝むのではなく、それぞれが偶像を拝しそれに従うようになれば、部族は連帯性を失い解体に連なるからです。すなわち部族存亡の危機です。こうして一介の商人ムハンマドは、大きな問題を抱え込むことになるのです。

　そしてその考えは、自分の属するクライシュ部族崩壊の危機感を越えて、アラビア世界崩壊の危機感となり、彼の心の中に大きく広がり始めます。

イスラーム教と偶像

　イスラーム教の特徴といえば「偶像否定」という言葉が返ってくるくらいイスラーム教と偶像の関係は有名です。「神は人の手で作られるものではない」という教えにもとづいているのですが、イスラーム教以前のメッカでは部族ごとに偶像崇拝が行われていたようです。これら偶像のなかには外来のものもあったようですが、それぞれが独自に祈りの対象を持っていたようです。イスラーム教がこのような偶像崇拝を完全に禁止したのは、人と神との関係を明確に切り離したからであると思います。

　イスラーム教に反対したメッカ商人と偶像の関係を切り離し、メッカの社会基盤を破壊することが目的でもあったのかもしれません。いずれにしても、人間の手で作られる像は神ではないという考えは、イスラーム教の大きな特徴となったのです。

ヒーラーの洞窟にこもる

彼の住む世界に崩壊の危機が近づいていることを感じ悩み始めたムハンマドは、メッカ郊外のヌール山頂にある「ヒーラーの洞窟《どうくつ》」と呼ばれる洞穴《ほらあな》にこもり考え込むようになります。

時には一夜を明かすばかりか、何日も何日もこの洞窟で考え込む日々が続いたといわれています。彼の悩みは「なぜ石に仕えたり、人の手で作られた人形に仕えたりするのか」「この世界の所有者、創造主は誰か」などのきわめて根源的な問題であったようです。

ムハンマドがいつから社会環境について悩み始めたのかはわかりませんが、もちろんその悩みは現実の問題から発生していることは間違いありません。

イスラーム降誕

ラマダーン月の下弦《かげん》の月（三日月《みかづき》の日。二六日から二七日頃か）が沙漠とヌール山に半月刀に似た影を投げかけたとき、四〇歳になったムハンマドは、いつものように「ヒーラーの洞窟」にこもり瞑想《めいそう》に入ります。

そこに天使ジブリールが神のメッセージを持ってやってきます。天使ジブリールは、彼のそばに来て「イク・ラァ（読め）」と彼に命令します。ムハンマドは「私は読めません」と答えます。すると、天使ジブリールは再び「イク・ラァ」と命令します。ムハンマドは再び「私は読めません」と答えます。すると、天使ジブリールは以下の章句を唱え始めます。

ヒーラー洞窟のあるヌール山

① 読め！　創造される御方《おんかた》、あなたの主《しゅ》の御名《みな》において。
② 一凝血《いちぎょうけつ》から、人間は創《つく》られた。
③ 読め！　あなたの主は、最高の尊貴であられ、
④ 筆によって（書くことを）教えられた御方。
⑤ 人間に未知なることを教えられた御方である。

〔アル・クラーン・第九六章・凝血章〕

これを聞いたムハンマドは、聞いたように唱えます。時に西暦六一〇年のことでした。イスラーム教では、この夜のことを「ライラ・トル・カドル」*（布告の夜）と呼び、断食月の重要な日と認識しています。アラビア語「カドル」は「布告する」という意味です。

イスラーム礼拝堂の丸屋根の上にある三日月の形はこの夜のことを表しており、またイスラーム教色の強い国では国旗のデザインにも使われています。

アッラーの郵便配達人ムハンマドの誕生

こうしてムハンマドは預言者となります。アラビア語で「ナビー」といいますが、イスラーム世界では「ナビー」といえばこのムハンマドのことを指します。正式には定冠詞限定で「アル・ナビー」です。日本語でいえば「これこそ預言者」「預言者中の預言者」という意味になりましょう。

しかし、預言者ムハンマドには別の呼称があります。それは「ラスーゥル・ラー」という名前で、その意味は「創造主の使徒」すなわち「神の郵便配達人」という意味です。

اقْرَأْ بِاسْمِ رَبِّكَ الَّذِي خَلَقَ ﴿١﴾ خَلَقَ الْإِنسَانَ
مِنْ عَلَقٍ ﴿٢﴾ اقْرَأْ وَرَبُّكَ الْأَكْرَمُ ﴿٣﴾ الَّذِي عَلَّمَ
بِالْقَلَمِ ﴿٤﴾ عَلَّمَ الْإِنسَانَ مَا لَمْ يَعْلَمْ ﴿٥﴾ كَلَّا إِنَّ

アル・クラーン第96章「アル・アルク」凝血章
（意味は上段の本文にある）

この言葉は、非常に重要な意味を持ち、イスラーム教徒とは「ムハンマド・ラスーゥル・ラー」という言葉を信じる者をいいます。すなわち「ムハンマドは創造主の郵便配達人である」ということを信じる人が、イスラーム教徒であるということになります。

石油で有名なサウジアラビア王国の国旗（２７５頁の図参照）にはこの文句と「アッラー以外に神はなし」という言葉が書かれていますが、それはこの国がイスラーム教徒の国であることを内外に宣言しているのです。

ムハンマドは単なる人間で単なる使徒

イスラーム教では、預言者ムハンマドはあくまでも人間であり、アッラーの代理人でもなければその子でもないとしています。日本人ならば「ムハンマド信仰」などが生まれ、彼自身がご神体となり、多くの人がそれを拝むことになるでしょう。

しかしアラブ人は、あくまでも人間としてムハンマドを見ており、アッラーとの距離を明確に設定しております。ただ預言者ムハンマドの場合は「アッラーから選ばれた人」としての尊敬を受けているだけで、預言者ムハンマドの名が出ると小さな声で「彼《か》の者に平安があらんことを」とつぶやくだけです。

イスラーム教徒の行事でも、預言者ムハンマドの誕生日には甘いお菓子を食べるぐらいで、日本のようなお祭り騒ぎはしません。

天と地という両極的風土のなかで生きているアラブ人にとって、ムハンマ

ライラ・トル・カドルと三日月の国旗

イスラーム教国の旗には三日月がよく描かれています。三日月は下弦の月で満月から新月にいたる時で陰暦の二二日から二三日頃に当たるようです。

預言者ムハンマドにヒーラーの洞窟で最初のアル・クラーンが降りたのが、ラマダン月（断食月）のこの日でした。そのためこの夜を「みいつの夜」といい、断食月において一番重要な日とされています。アラビア語でこの夜のことを「ライラ・トル・カドル」といいますが、「カドル」とは偉力・神命・運命を表す言葉です。

アル・クラーン第九七章「みいつの章」［アル・カドル］

慈悲あまねく慈愛深きアッラーの御名において。

1　本当にわれは、みいつの夜に、この（アル・クラーン）を降ろした。
2　みいつの夜が何であるかを、あなたに理解させるものは何か。
3　みいつの夜は、千月よりも優る。
4　（その夜）天使たちと聖霊は、主の許しのもとに、凡《すべ》ての神命を齎《もたら》して下る。

ドを人間とアッラーの中間に置くという発想が生まれなかったとしても不思議ではないでしょう。

なぜ、人はそれをアッラーの言葉であると信じたのか

ヒーラーの洞窟で、天使ジブリールからアル・クラーンの一節となる最初のアッラーの言葉を復唱したときから、ムハンマドは預言者・使徒・郵便配達人となりました。しかしムハンマド以外の人が、彼が預言者になったこと、彼がアッラーの言葉を受けたことをどうして信じたのでしょうか。

ムハンマドは善人であり、何よりも嘘《うそ》をつかない正直者でした。その意味では彼が嘘を言っているとは思わなかったでしょうが、アッラーの言葉を預かったともなれば、評判の正直者であってもすぐには信じられないのは当然です。

だが、預言者の夫人となったハディージャを皮切りに、預言者ムハンマドの言葉を信じる者が現れます。現実的なアラブ人がどうして預言者ムハンマドを信用したのでしょうか。アラブ人はそれでなくとも疑い深い人達なのです。それは彼が無学無筆であったから、という皮肉な結果によるものでした。

ムハンマドの朗唱するアッラーからの言葉は、最高の文体により構成され、アラビア語の達人でも作ることが不可能であると言われるほどの美文だったのです。特にアラビア語の特徴である音の配列、そのハーモニーは人知を越えたものでした。これは無学にして無筆であったムハンマドにできるこ

5　暁の明けるまで、（それは）平安である。

イスラーム教の礼拝所の屋根の上に、この月を模した避雷針のようなものが立っているのは、この最初の啓示を記念しているものです。

トルコの国旗

とではありません。

現実的思考性を持つアラブ人が納得するほどの事実が、そこにあったのです。しかし考えてみれば不思議なことで、もしムハンマドがアラビア語の達人であったなら、アル・クラーンがアッラーの言葉であることを信じてもらえなかったかもしれません。彼が無筆であったから信用されたのでした。

至上の音楽─アル・クラーン

ヒーラーの洞窟で天使ジブリールが「イク・ラァ」と命じたのは「黙読せよ」というのではなく、「声に出して唱えよ」という意味の命令でした。文盲のムハンマドは正直に「私は読めません」と言って拒否しますが、そのあと、天使ジブリールの声に復唱します。

おそらくムハンマドは、天使ジブリールの声よりも、アッラーが天使ジブリールに託した言葉の持つ音の凄《すご》さに感動したものと思います。その音に人を越えたものの存在を感じたのではないかと思います。声に出して、初めてこの文章の持つ素晴らしさが感じられ、そこにアッラーの存在を感じる。そのような文章が集まったのがイスラーム教の聖典「アル・クラーン」でした。そ

「アル・クラーン」とは「これこそ誦《うた》うべきもの」という意味のアラビア語で、「声を出して朗唱する」ことを意味しています。朗唱することにより、この文章を構成しているアラビア語が、人間の想像を越えた美しい旋律を響かせ、その意味は理解できなくとも、その音楽的美しさが多くの人にアッラーの存在を認識させ、その言葉、すなわちアル・クラーンの神聖性を定着せ

「敵が来襲した」という逸話

メッカの人々は、預言者がイスラーム教を説いても、ムハンマドが預言者となったことをあまり信用しなかったようです。そこで預言者は、メッカを見下ろす丘の上に立ち「敵が攻めてきた」と叫びました。その声を聞いて人々は驚いて預言者のもとに駆けつけたそうです。そこで預言者は集まった人々に対して「敵が来たという私の言葉を信じるのに、なぜ私の伝えるアッラーの言葉を信じないのか」と言い、人々の心を正したといわれています。

しめたのです。

原イスラーム教世界の誕生

イスラームへの誘いのはじまり

その後、アッラーはジブリールを通してムハンマドに啓示を与え続け、ムハンマドはまぎれもなくアッラーの使徒として、ジャーヒリーヤなる世界を破壊すべく活動を開始します。アッラーが、彼にイスラームへの誘《いざな》いの活動を公開して行うように啓示したのは、最初のアル・クラーン降誕から三年後のことであったといわれています。

ムハンマドは、メッカ近郊にあるサファの丘にゆき、そこでメッカの市民にイスラームへの道を説き始めたのでした。それは六一三年のことであったといわれています。さまざまな信仰の対象を持っていたメッカの人々に偶像崇拝の愚かさを諭《さと》し、アッラーの唯一性を説き、それに帰依《きえ》することを勧めたのです。現世での行為が、最後の審判の日にアッラーにより裁かれることの恐ろしさを幾度も説明し、現世での行為を改めることを説きました。それはジャーヒリーヤ時代への挑戦であり、まさに革命そのものでした。

最初の入信者

ムハンマドの言葉を最初に信じたのは、妻のハディージャでした。嘘をつく夫でないと信じていても、自分の夫が預言者になったとは、にわかには信じられなかったようです。彼女は半信半疑ながら、親類のなかにいた「ハニーフ」と呼ばれるメッカのような偶像信仰

天使ジブリール

「ガブリエル」という名で知られています。最初のアル・クラーンの啓示を預言者に届けた者がこの天使ジブリールであるとされています。アル・クラーン第二章「雌牛の章」の第九七節で「言ってやるがいい（ムハンマドよ）。ジブリールに敵対するのは、誰であるのか。本当にかれこそは、アッラーの御許しにより、先にあるものを確証し、また信者への導き、吉報として、あなたの心に（主の啓示を）下す者である」と、ジブリールがアッラーの忠実な天使であることが述べられています。

に反対し一神教を信じる禁欲主義者のところに駆けつけ、夫の経験を話しました。すると彼は「ムハンマドは間違いなく預言者になった」と言ったと伝えられています。

夫を信頼している妻ハディージャが最初のイスラーム教徒になったことは、当然でしょう。その後を追って年下の従兄弟《いとこ》であり、のちに預言者の娘と結婚し、イランのイスラーム教「アリー派」の始祖となる「アリー・アブーターリブ・アドブドルムッタリブ・ビン・ハーシム」、ムハンマドが自由にしてやった奴隷のザイド、そして通り名「アブー・バクル」で知られていた「アブドッラー・ビン・アビークハーハ」が入信しました。

アブー・バクルは預言者ムハンマドと同様、北アラブ族アドナーンのクライシュ族のタミーム家の出身の裕福な家の人物で、最初のカリフとなりました。預言者ムハンマドはこの三人を最初の帰依者として布教、革命の道を歩みだしたのです。

ジャーヒリーヤへの挑戦

富の公平な分配、貧者・寡婦の救済、商業独占化の禁止、道徳の確立、部族間紛争の終焉《しゅうえん》、忌まわしい因習の廃止等々、彼の説くところは旧体制の崩壊を促し、新秩序の確立にありました。

その結果、メッカに住みその商業利権を独占し、事実上の支配者でもあったムハンマドと同族のクライシュ族達の激しい反発にあい、彼自身いくたびも生命の危険にさらされることになります。クライシュ部族は、彼らの権力

最初の男子入信者は誰か

妻ハディージャの次に入信したのは誰か、最初の男子帰依者は誰かということは、初期イスラーム教史の一つの話題となっています。一般的には上記したようにムハンマドの従兄弟のアリーであったとなっていますが、当時アリーは一〇歳前後の子供であり、男子として最初の帰依者になったとは考えられないという意見があります。

ハディージャの次に教徒となったのは、ムハンマド家の奴隷で、アラブの血をひくザイド・イブン・ハーリサ（後に預言者の養子となる）ではなかったかとされています。当時彼は三〇歳前後の大人であり、なおかつ預言者夫婦がわが子のようにかわいがった人物ということから、最初の男子の帰依者と見られています。その後に続いたのがハディージャ亡き後、預言者ムハンマドが愛した妻アイーシャの父にして、初代カリフとなったアブー・バクルであったといわれています。

の基盤である部族意識とその利権が奪われ、指導的立場が失われるのを恐れたのでしょう。それゆえ、抵抗はすさまじいものでした。

だがムハンマドは、クライシュ部族の信仰の場、権力の象徴の場でもあったカーバ*神殿に乗り込み、そこでイスラーム教徒にとって最も重要な言葉である「アッラーのほかに神はなし、ムハンマドはアッラーの使者である」と宣言します。カーバ神殿におけるこの行為は、当時の世界に対する公然たる挑戦を宣するものでした。

硬軟政策をもって臨んだクライシュ部族

クライシュ部族の人達は、これまで続けてきたムハンマドとイスラーム教徒に対する圧力が、それほど効果がなかったことを知ると、今度はムハンマドを懐柔しようと試みます。

しかし、ムハンマドは「たとえ彼らが、私の右手に太陽を、左手に月を乗せてくれたとしても、私は私の使命を断念するつもりはない」という言葉をもって、彼らの懐柔工作をはねつけたといいます。迫害と懐柔、買取と脅迫という工作がことごとく失敗したことを悟ったクライシュ部族は、本格的な迫害をイスラーム教徒に加えこれを粉砕する方針に転じます。

クライシュ部族の有力者が入信

ムハンマドと同族のクライシュ部族による、イスラーム教徒に対する迫害は、ますますエスカレートし残酷なものになりましたが、イスラーム教に入信する者は、迫害にも負けず日を追って増え続けました。そのなかでもハムザとウマル（クラ

カーバ神殿

イスラーム教以前からメッカにある神殿で、その名は「四角形」に由来します。黒い石がその呪物の対象として置かれ聖域が周りをかこみ犠牲が捧げられ、年々巡礼が行われました。この黒い石は隕石ともいわれています。

イスラーム教の伝承では「カーバはアダムにより天上の原型にもとづいて建てられ、大洪水の後、イブラーヒームとイスマーイールにより再建され、そのとき、天使ジブリールから黒石を与えられたとなっています。その後、カーバはイブラーヒームの子供達の手から離れたため、偶像崇拝の場として誤って使われるようになりました。やがて、カーバ神殿はイブラーヒームの子孫であるクライシュ族に管理されますが、偶像崇拝の場としてのカーバには変化はなく、イスラーム教によりようやく本来の姿を取り戻した」と言い伝えられています。

イシュ部族のアディーユ家）というクライシュ部族の有力者がイスラーム教徒になり、ムハンマドの陣営に加わったことが大きな出来事として語られています。

特にウマルは、のちに預言者の後継者として第二代カリフとなったほどの人物ですが、彼はイスラーム教徒に対する最も激しい迫害者でもありました。その彼がイスラーム教徒になったのですから、クライシュ部族の動揺は激しいものであったと思います。

この二人の入信を契機として、クライシュ部族は分裂の様相を呈し始めます。当時クライシュ部族の有力氏族は三つありました。ウマイヤ家、アッバース家、そして預言者ムハンマドのハーシム家です。クライシュ部族の人々は迫害もそれほど効果はないと知ると、ハーシム家に対してムハンマドを引き渡すよう求めます。

しかし、ハーシム家は彼の引き渡しを拒否し、シャーブ・アル・ターリブの丘といわれるハーシム家の土地で三年間にわたる逃亡生活を余儀なくされたといいます。このようにクライシュ部族はハーシム家を村八分にして、孤立させます。

この孤立した生活のなかで、ハーシム家の指導者であり、預言者ムハンマドの叔父《おじ》であり、保護者でもあったアブー・ターリブが死に、そして最愛の妻であり、「イスラームの母」と呼ばれ、全イスラーム教徒から敬愛された妻ハディージャも亡くなります。

メッカのカーバ神殿全景　中央の黒く四角い建物が神殿

エルサレムへの夜の旅
「アル・イスラーゥ」

この悲痛な孤立した環境のなかで、預言者ムハンマドは不思議な体験をします。それはエルサレムへ行きアブラハム、モーゼ、イエス等のすべての預言者に会い、彼らの前に立ち礼拝の指導を行うという経験をします。

アル・クラーンの第七章にはこのときのことが詳しく述べられていますが、この章は旧約のユダヤ教、新約のキリスト教、そして最後の啓示であるイスラーム教との関係を説明しています。

アラビア語「イスラーゥ」は動詞「サラ」の第四型で「夜の旅」という意味です。物語はこうして始まります。

西暦六二一年ラジャブ月（七月）二七日の夜、いつものように寝ていた預言者ムハンマドの枕元に、天使ジブリールがやってきて彼を天馬（アラビア語でブラークという）に乗せ、天空を飛び、エルサレム（アラビア語では「アル・コドス」もしくは「ベイト・ル・ムカッダス」といい、聖なる都・家という意味）への「夜の旅（イスラーゥ）」に連れ出しました。

ムハンマド、アッラーに会う
「アル・ミアラージュ」

ムハンマドを乗せた天馬は、夜の空を一挙に飛びパレスチナのエルサレムに到着します。そこから梯子《はしご》を登るように天使ジブリールに導かれて天上に上がります。この梯子に相当するアラビア語はミアラージュといい、この昇天を「アル・ミアラージュ」といいます。

さて天界は七層より成り、その上にアッラーがおりました。預言者ムハン

エルサレムへの夜の旅

アル・クラーン第一七章の第一節に、この旅のことが次のように記されています。「かれに栄光あれ。そのしもべを、（メッカの）聖なるマスジドから、われが周囲を祝福した至遠の（エルサレムの）マスジドに、夜間、旅をさせた。わが種々の印をかれ（ムハンマド）に示すためである。本当にかれこそは全聴にして全視であられる」

この章は「夜の旅章」と名づけられ、一一一節で構成されている章の最初に啓示されているため、このような章名がつけられていますが、「夜の旅」に直接かかわる節はこの第一節だけです。詳しい話は伝承に述べられていますが、この話を預言者ムハンマドが信徒に話し聞かせたとき、信徒は何の疑いもなく信じたといいます。イスラーム教は奇蹟話の少ない宗教ですが、その中で唯一の奇蹟といわれているのが、この「夜の旅」と「昇天」の話です。

マドは第一天でアダムに会い、第二天でヤーヒアとイーサ（キリスト）に、第三天でユーセフ（ヨセフ）、第四天でイスハーク（イサク）に、第五天でハールーン（アロン）に、第六天でムーサ（モーゼ）に、第七天でイブラーヒーム（アブラハム）という八人の預言者達に会ったといわれます。それから先は預言者ムハンマドが一人で昇天し、荘厳な主の王座に達して親しくお言葉を賜わりました。

　預言者は再び天馬に乗り、天使にともなわれてその夜のうちに自分の寝室に帰ってきます。翌朝この話を教友達に話して聞かせますが、イスラーム教唯一といってよいこの奇跡に近い話に誰一人として疑いを持つものはいなかったといいます。この記念すべき日はイスラーム教の数少ないお祭りになっています。

アッラーがムハンマドに語ったこと

　預言者ムハンマドがアッラーから直接授けられた預言とはなんであったのでしょうか。それはアル・クラーン第一七章「夜の旅章」（アル・イスラーゥ）に述べられています。それによると両親と子供の正しい関係、人に対する親切、異常な事態に対処する勇気、責任の自覚、礼拝しアル・クラーンを唱えることにより得られるアッラーに対する心などが述べられています。また一日五回の礼拝制度もこのとき決まったといわれています。

　このようなことに加えてこの章では、アッラーの恐ろしさを説き、ノーハ、ムーサ等に与えた啓示が人により踏みにじられたために、アル・クラー

ムハンマドが会った八人の預言者

　預言者の伝承によると「昇天」で、ムハンマドが会った預言者は次の八人です。

○　アダム＝聖書で最初の人類として伝えられるアダムとイブのアダム。

○　ヤーヒヤ＝バプテスマ（洗礼者）のヨハネ。サロメの要求によりヘロデ王に首を切られた物語は有名。

○　イーサ＝ユダヤの子として生まれキリスト教の預言者となったイエス・キリスト。

○　ユーセフ＝ヨセフ。イスラエルの民の祖ヤーコブの一二人の息子の一一人目。アル・クラーン第一二章は「ユーセフの章」と名づけられ、アル・クラーンの中で唯一物語として終始している章です。全体が一一一節より成っているユーセフの話は、ムハンマドが迫害の頂点にいたとき啓示されたものでした。旧約聖書の創世記にも彼に関する話がたくさん記されています。

○　イスハーク＝アブラハムの子として旧約聖書ではイサクとして登場する預言者です。

○　ハールーン＝旧約聖書ではアロン

ンを降ろしたことを説明しています。アル・クラーンを忘れたときは、アッラーがこの世を破壊する旨が述べられているのです。これによりイスラーム教はユダヤ教、キリスト教に続いて最後に降ろされた啓示であるということになります。
　イスラーム教ではユダヤ教徒、キリスト教徒は邪教の徒ではないとして結婚の相手として認めています。しかしイスラーム教に改宗するのが好ましいとしていますが、これはおそらくイスラーム教の置かれた位置から解釈されたものでしょう。

イスラーム教の聖地となったエルサレム

　このように奇跡の夜の出来事は、イスラーム教徒の疑いをまったく引き起こすことなく信じられ、預言者ムハンマドへの信頼は一段と高まりました。彼らはイスラーム教が最新にして最後の預言であることを信じたのです。そしてまた、エルサレムがイスラーム教の聖地となったことを心に刻み込んだのです。
　今、パレスチナ問題が世界の注目を集めていますが、そのなかでも解決が至難といわれている問題がエルサレム問題です。この問題はこのとき、六二二年七月二七日から始まったといえるでしょう。すなわちそれは奇跡から始まり、セム族の宗教の中でのイスラーム教と、預言者ムハンマドの位置づけをアッラーが示した記念すべき場所なのです。だからこそ譲れないのです。

という名で登場する人物で、出エジプトで名高い預言者モーゼの兄。
○　ムーサ＝出エジプトの指導者で十戒の受領者である預言者モーゼ。
○　イブラーヒーム＝ユダヤの民の祖アブラハム。すべてはこの人から始まる。
　預言者ムハンマドは、この八人の預言者の礼拝の導師として、アッラーの下で礼拝したと伝えられています。これらの名前はムハンマドの名前とともに多くのイスラーム教徒が好んでつける名前となっています。

ユダヤ教・キリスト教との関係
　イスラーム教はユダヤ教やキリスト教と同根の律法であると教えています。日本人ならユダヤ教からキリスト教が生まれ、キリスト教からイスラーム教が生まれたと連鎖的に考えるでしょうが、デジタルな思考をするアラブ人は、アッラーがその都度これら律法を新たに降誕させたと考えます。
　すなわちイスラーム教はユダヤ教・キリスト教の後継律法として新たにもたらされたもので、ユダヤ教やキリス

本拠地の移転

アッラーに直接会った後の預言者ムハンマドの活動は、一段と激しくなりました。それは当然のことながら、メッカの反発を増幅させせました。その結果、メッカで活動することがたいへん難しくなり、教団存続の危機が高まりました。そこで彼らは当時ヤスリブと呼ばれていた町、現在のアル・マディーナ（メディナ）への移住を決意します。メッカからヤスリブまでは四〇〇キロ離れていました。

当時、預言者ムハンマドが移住する前から、ヤスリブの秩序確立を求めていたヤスリブの一部の人々は、ムハンマドの説くイスラーム教に関心を示し、よくメッカに巡礼にきていました。ヤスリブに住む二つのアラブ部族の闘争に悩んでいた彼らは、イスラーム教徒によって、血縁社会が信仰の社会に変化することにより、闘争はなくなると説くムハンマドの話に期待したのです。彼らはムハンマドにヤスリブに移動することを勧めました。ムハンマドはそれに応じヤスリブへの移住を決意します。

この移住のことをアラビア語で「アル・ヒジュラ」といいますが、それはアラビア語の動詞「ハジャラ」（移住する）から派生した普通名詞です。これに定冠詞をつけ限定し「特別の移住」すなわち預言者ムハンマドの移住劇を意味します。

移住「ヒジュラ」への旅

六二二年七月一六日、ムハンマドはまず信徒の一部をヤスリブに移住させ、それから二ヵ月後の九月にムハンマドがメッカを離れます。メッカのクライシュ部族の攻撃は

ト教がそれ自身発展、改革されて生まれたものではないと判断するのです。それゆえユダヤ教徒・キリスト教徒もできればイスラーム教徒になるのが順法であると考えています。

エルサレムにあるユダヤ教の聖地「嘆きの壁」とその後方に立つイスラーム教の聖地「岩のドーム」

激しく、預言者の一行は何度も命を狙われたため、大きく迂回《うかい》し二二日もかかる苦難の旅の後、ヤスリブ、すなわち後のマディーナに到着しました。

この移住の旅で、預言者ムハンマドの一行は、イスラーム教徒ではないある部族に救われます。もしこの部族がムハンマドを保護しなければ、イスラーム教はどうなっていたかわかりません。啓示はまだこれからヤスリブでもあるのですから、イスラーム教は不完全になり歴史に記録されることはなかったかもしれません。すなわち、イスラーム教はその期間は短かったとはいえ、異教徒により守られたのです。

湾岸戦争を正当化した移住への旅

あとで述べますが、イスラーム教は教徒の日常生活全般を法で規制する宗教です。このため教徒の行動には、イスラーム法の裏づけが必要です。その法解釈は聖典アル・クラーンと、預言者ムハンマドの言行の記録が法源となります。「イスラーム教が異教徒により守られた」という預言者ムハンマドの経験は、イスラーム法として立派に認められました。

この法が我々の目の前に現れたのは、かの湾岸戦争のときでした。イラク軍の侵攻を恐れたサウジアラビア王国とアメリカは、多国籍軍をサウジアラビア王国に布陣させましたが、このときイスラーム教の聖地メッカ、アル・マディーナのあるアラビア半島に異教徒の軍を入れることは、イスラーム教にとって正しいことであるかどうかということが問題となりました。

ワッハーブ派の宗教学者が一昼夜通して議論し、その結果採用されたのが

ヒジュラ（移住）

アラビア語の動詞ハジャラ（脱出する）から派生した単語ですが、メッカのイスラーム教徒に向けられた迫害は徐々に激しさを増し、クライシュ部族以外の教徒に対する迫害はきわめて深刻になりました。そこで預言者ムハンマドは弱い階級出身の教徒達をアビシニア（現エチオピア国）に移住させます。これを最初の移住といいます。

その後、メッカの迫害はクライシュ族信者にもおよび、預言者周辺にもその迫害の手がのびるに及んで、メッカでの活動を展開することは困難な状況となりました。メッカの指導者階級が恐れたのは、自分たちの地盤を崩壊させる脅威をイスラーム教集団に感じ、宗教的というよりも、イスラーム教集団の持つ力が経済的・社会的基盤の改革という目的を持っている点にあったのでしょう。それゆえ妥協の余地はなくメッカからの追放、すなわち移住を余儀なくさせる環境が作られたものと思われます。

「ヤスリブ」現在名「アル・マディーナ」がその移住先に選ばれたのは、

この預言者の経験でした。西暦六二二年の法解釈が、一三六八年後の一九九〇年によみがえったのです。日本で法隆寺が建立されたのが六一八年ですから、飛鳥時代の法律が現代まで生きていることになります。まさにイスラーム教には歴史の経過はないといえるでしょう。

ヤスリブでの生活

「移住者」のことをアラビア語で「ムハージル」といいます。アラビア語「ハジャラ」は「移住する」という動詞ですが、それから派生した言葉で「移住者」となり、複数形は「ムハジールーン」といい、預言者ムハンマドの移住を特に「アル・ムハジールーン」といいます。

一方、ヤスリブで預言者ムハンマドの一行を迎えてくれた人々を「アル・アンサール」といいます。アラビア語動詞「ナサラ」は「助ける」という意味で、それから派生した名詞で「援助者」という意味です。この両単語に定冠詞「アル」がついているところに注意してください。

この言葉はその後イスラーム世界で多用されますが、定冠詞を持つのは預言者ムハンマドの一行を助けた人々に限ります。

こうして預言者ムハンマドの一行アル・ムハジールーンは、アル・アンサールの支援を受けてヤスリブに到着します。預言者ムハンマドは、この町で対立していた二つのアラブ部族に新秩序としてのイスラーム教を定着させその秩序を回復し、同時にこの町の支配者であったユダヤ教徒とのトラブルに遭いますが、最初は妥協政策がとられ、イスラーム教徒の数が増えた段階で

ヤスリブからの誘いがあったからであるといわれています。預言者は最初の移住者約七〇名を先に送りだします。預言者の移住が遅れたのはメッカの迫害をかわすためでしたが、マディーナに到着するまでの旅もまた危険なものでした。後に預言者の後継者となり、また愛妻アイーシャの父でもある教友アブー・バクルとともにメッカを離れた預言者がマディーナに到着したのは六二二年九月二四日のことでした。到着地点は町の外れにあるクバーの居留地というところでした。その後預言者は本格的な居住地を見つけますが、それは預言者の曽祖母が属していた氏族の土地でした。この土地へは彼のラクダが誘ったといわれています。

このマディーナ移住を「ヒジュラ」といい、マディーナへの最初の移住が行われた日、すなわち西暦六二二年七月一六日をイスラーム暦元年とするヒジュラ暦が誕生しました。

イスラーム教独自の政策がとられていきます。イスラームの礼拝はメッカにあるカーバ神殿の方向に向かって行われていましたが、ヤスリブの実力者ユダヤ教徒との対立を避けるため、エルサレムの方に向かって礼拝が行われたこともありました。

しかし、イスラーム教徒の団結がユダヤ教徒のそれに勝るようになると、メッカの方向に向かって行われるなど、妥協と独自性を巧みに使い分ける政策がとられました。こうしてユダヤ民族の町であったヤスリブは、日が経つにつれてイスラーム教徒の町へと変身します。この町ではイスラーム教最初の礼拝所が作られ、最初の礼拝の呼びかけ「アザーン」が天空に響きました。

最初の「アザーン」が響き渡った

「アザーン」とは、礼拝の時を知らせるイスラーム教独特の方法です。鐘や笛などで礼拝の時刻を知らせるキリスト教や仏教と異なり、イスラーム教では肉声で礼拝の時刻を知らせます。時刻を知らせるためには声が遠くに届くことが必要であり、そのため高いところに登らなければなりません。イスラームの礼拝所には「マナーラ」、すなわちミナレットと呼ばれる塔が付属していますが、ここから肉声で時刻を知らせるのです。そのため、町が大きくなればミナレットの数も多くなり、かつてエジプトのカイロは「千のミナレットの見える町」といわれるほどでした。

ミナレットに登り礼拝を知らせる人を「ムアッジン」といいます。「アザーン」も「ムアッジン」という言葉も「アジナ」(聞く)という意味のアラ

ダマスカスのウマイヤド・モスクのミナレット

ビア語から派生しております。イスラーム教最初のムアッジンは、アビシニア出身のビラールという人でした。

ヒジュラ暦の始まり

メッカから逃れた預言者ムハンマドの一行は、この町でイスラーム最初の共同体を建設します。完全なイスラーム世界をこの町に作りますが、啓示も数多く降りました。このようにイスラームの本格的な歴史は、この移住「アル・ヒジュラ」をもって始まります。後世の人達はこの日を記念して、六二二年七月一六日をイスラーム暦（ヒジュラ暦）の第一日とする暦を制定しました。すなわち預言者ムハンマドの一行がひそかにメッカを離れた日をイスラーム暦元年としたのです。

（暦については２５１頁参照）

この暦は完全な大陰暦で閏年《うるう》はなく、一月《ひとつき》は二九日もしくは三〇日で、太陽暦の一年より一一日短く三二年と六ヵ月で一巡します。一日は日没に始まり、日没に終わります。現在イスラーム世界ではこの暦を西暦とともに使用します。サウジアラビア王国では、一日の時刻までも併用するので、約束の時間をどの時刻で行うか決めないと、たいへんなことになります。

イスラーム革命の成立

ユダヤ教徒が圧倒的に勢力を持っていたヤスリブの町では、アラブ部族はマイノリティー（少数民族）でした。しかも二つの部族が伝統的な秩序のなかで対立をくり返していたため、そのパワーは弱体でした。そのことを案じた有志が新秩序の構築をはかるため、預言者ムハンマド達を誘ったのでした。その目的は部族主義の

マディーナという町

マディーナはメッカの北方二五〇マイル（約四〇〇キロ）のところにあり、ユダヤ人とアラビア人が混然とした文化を持つ町でした。この町は四〇平方キロの広大なオアシスの町でナツメヤシ、穀物等の農業が盛んなところでしたが氏族間抗争が激しく、ときには激しい大殺戮が行われたこともありました。理由は生きるための争いで、農耕世界であるとはいえ、その根底にあるアラブ遊牧的倫理が常に頭を持ち上げるために起きる悲劇でした。

預言者が呼ばれたマディーナという町が、預言者を必要としたのは、このような騒乱状態を静める適任者と判断したからといわれています。すなわち預言者ムハンマドは調停者として迎え入れられたので、イスラーム教の預言者として迎え入れられたのではなかったのです。そのために新たな苦労が始まります。

破壊でした。アラブ部族対立の根を断つためには、全く新しい価値観を必要としたのです。

ヤスリブのアラブ部族は規模も小さく、またメッカからの移住者と、ヤスリブのアル・アンサールの人々の団結心が強かったため、イスラーム化運動は非常にうまく運びました。古い価値観の破壊と新しい価値観の樹立は革命そのものであり、イスラーム化運動はイスラーム革命の到来でした。

部族意識からイスラーム意識の定着

ヤスリブ時代は、西暦六三〇年のメッカ征服まで八年間続きますが、この間の経験はイスラーム共同体の建設にきわめて効果的な時期でした。すべてのイスラーム教徒が同じ法の下で生活を営み、かつてのような貧富の差はなくなり、恩恵は公平に分配され、悪しき因習は葬り去り、部族の一員であるという自覚よりも、イスラーム教徒であるという意識の方が強く感じられるようになっていきました。

この時期にアッラーが降ろした啓示は、人間行為のあらゆる面に関するものでした。結婚と家庭生活、道徳と作法、商取引に関する道徳、平和と戦争、罪と罰など、日常生活をおくる上で必要にして重要な法が啓示されました。この結果、ヤスリブという狭い世界ではありましたが、イスラーム教が理想とする世界が出現したのです。その内部は平和になりました。一切の争いごとは消え、豊かになればすべての人が豊かになり、貧しくなればすべての人が貧しくなる世界が出現したのです。イスラーム法による秩序が確立さ

マディーナ憲章

このマディーナ時代の歴史を語るとき忘れてはならない協定です。この協定には、マディーナの中で部族意識を越えた新たな連帯意識のもとで結成されるべき共同体のことが規定されています。

預言者はマディーナ在住のアラビア系氏族、およびそれに属するユダヤ系氏族、メッカからのイスラーム教徒などの人々による共同扶助体制を建設することを目的とした条件を作り上げ、締結しました。そのルールは完全にイスラーム教にもとづくものとはなっていませんが、それまであった一氏族による伝統的な支配ではなく、法によって管理される社会の出現を図ったものでした。

これによりメッカからの移住者（ムハジールーン）とマディーナの支援者（アンサール）の共同世界が生まれたのでした。ただ注意していただきたいのは、マディーナの住民全部がアンサールではなかったということです。

れ、イスラーム法統治による世界が出現したのです。
すなわち、それまであった部族主義が崩壊し、イスラーム教徒としての意識が先行、超部族意識としてのイスラーム意識が定着、確立したのでした。

新たな連帯意識の登場

イスラーム教は、単なる信仰ではなく、個人的な儀式でもありません。個人と共同体のための生活の道であり、人生のすべてがその規範と慣習とで規制されている世界です。このためすべてのイスラーム教徒にとって、同じような生活環境を維持することが重要となります。こうした環境を作るため、誰もが同じ生活スタイルを持つように、一日の礼拝、断食、巡礼などの行動がすべて同じ日、同じ時刻、同じ方向に向かって行われる、絶対的な団体行動がイスラーム教の特徴となります。

同じ道徳規範の下で生活し、上下の差はなく、また貧富の差もない平等の世界、加えてその日常生活が同じようなスケジュールで規定されている世界、このような世界で生活すれば、一つの価値観で統一された人間集団が生まれるのは当然でしょう。ましてや外にはメッカからの迫害という外敵があり、また近くにはユダヤ教徒という集団がいるのです。その団結は強くならざるをえないと言えるでしょう。

もちろん内部の公平性と安らぎ、使命感と責任感のために新たな啓示が降ろされ、それに基づき裁断する預言者ムハンマドの公平にして豊かな判断も、この統一された世界の出現に欠かすことのできないものでした。かくして彼らのなかに新たなイスラーム教徒としての連帯意識が成立したのでした。イスラーム革命は成ったのです。

原イスラーム教国の出現

　このように、預言者ムハンマドの啓示解釈を中心とするイスラーム教統治の世界は、アッラーが約束したような世界、争いごとのない、生活に危惧《きぐ》することもない、人をうらやむこともない、平穏《へいおん》な世界がこの地上に出現したのです。これもすべてアッラーの命じたままの生活をした結果でした。

　この新連帯意識の効果は、移住二年後の六二四年のバドル*の戦い、六二五年のウフド*の戦いというイスラーム教史上有名なメッカ軍との戦いに勝利を収めることにより実証されました。連帯意識の確立こそ、アラブ人の安全保障に対する基本でしたから、イスラーム教徒としての連帯意識は、ほころびかけてきた部族主義に代わる、新たな連帯意識の効果があることが実証されたのでした。その意味でこの二つの戦いは意義深いものでした。

　また、メッカ勢力を打ち負かしたことにより、イスラーム集団には大きな経済的利権と、それにともなう利益がもたらされました。現実的思考性の強いアラビア民族にすれば、このイスラーム教はきわめて有意義な秩序であると理解したでしょう。

　しかもその説くところは、彼らにとって難しいものではなく、しかも使われる言葉も日常使われる言葉であり、すべての疑問に答える預言者ムハンマドが存在していたから、イスラーム教に対する信頼は高まり、ここに原イス

バドルの戦い

　西暦六二四年三月、預言者ムハンマドは新たに作られたマディーナのイスラーム集団三〇五名を率いて、シリアから帰郷の途にあるメッカの大商隊を襲います。目的は大商隊の持つ富を略奪すること、捕虜を獲得し身代金を取ることにありました。もちろん大義名分はメッカの経済能力を低下させ、メッカの反イスラーム集団を弱体化させるというものでした。

　この襲撃に対してメッカのクライシュ部族は九五〇名にのぼる大部隊を送り応戦しました。両軍が対立した場所がマディーナ西南で紅海沿岸の「バドル」という場所であったので、この戦いは「バドルの戦い」と呼ばれ、イスラーム教史に残る事件として記憶されることとなりました。

　その理由は、この戦いで預言者が勝利を収めたこと、多くの富を獲得したことなどから、マディーナにおける預言者の指導力が公的に認められたばかりか、三倍の相手に勝利を収めたことが、現実的な沙漠の民にイスラーム教の信頼性を抱かせる効果をもたらした

ラーム世界といえるものが出現したのです。すなわち、アッラーが約束した世界が現実に成立したのです。これが後にイスラーム運動の源泉を作り上げていきます。

イスラーム的平和郷（ダール・サラーム）の出現

アッラーの律法が騒乱と堕落の世界に平和をもたらしました。「イスラーム」という言葉は「従うべきもの」という意味を持つ言葉でした。従うことにより平和がもたらされ、それが現実に実証されたのです。しかし、ヤスリブでのイスラーム教以外の世界では、相変わらず闘争と腐敗がくり返されていました。部族主義と貧富の差は改まることなく、まさに「ジャーヒリーヤの時代」でした。

奴隷のごとく盲目的に従うことにより得られた平和。このような世界を表現する言葉として、「サラーム」という言葉が「平和」と訳されるようになりました。イスラーム教徒同士が互いに交わす挨拶の言葉「サラーム・アライコム」はこのようにして生まれました。すなわち、それは「あなたがたの上にイスラーム的平和があらんことを」という意味です。

ここで注意したいのは、イスラーム教徒のいう「平和」とは「イスラーム的秩序の世界内における平和」であって、日本流の平和ではないということです。少なくともアラブ・イスラームの認識はそのようなものです。こうして「ダール・サラーム（平和郷）」が生まれました。しかし、その外の世界はそれとは反対に「戦争の世界」でした。こうして正反対の世界が七世紀のはそれとは反対に「戦争の世界」でした。こうして正反対の世界が七世紀ののでした。

ウフドの戦い

西暦六二五年三月二三日、マディーナの北方のウフドで再びメッカ軍と戦います。メッカ軍約三千に対して、イスラーム軍は約一千という規模の戦争です。今回はメッカの方からの挑戦で、一年前のバドルでの敗戦により危機感を深めたメッカのクライシュ部族が、イスラーム集団撲滅のための戦いを起こしたのです。

結果は引き分けでした。イスラーム軍は七〇名あまりの戦死者を出して撤退し、メッカ軍の死者は一三人という少なさにもかかわらず、それ以上の攻撃ができませんでした。こうして再び三倍の敵と戦い引き分けた預言者の能力は高く評価されたようです。

アラビア半島に生まれたのです。この相反する二つの世界の存在はアラブ人には理解しやすいものでした。

最高統治者アッラーの君臨する世界

新たな連帯意識と経済的繁栄をもとに強力となったイスラーム教集団は六三〇年、念願のメッカを征服します。これによりアラビア半島はイスラーム時代へと、新たな連帯意識の世界を迎えます。預言者ムハンマドは、ヤスリブにおいてすべての法の番人として、どのような些細《ささい》なことでも、アッラーの命に則して判断を下す「法治国家」としての性格を明確に示しながら「ダール・サラーム」の充実に努めました。この世界を統治する者は、預言者ムハンマドでもなければ、クライシュ部族でもありません。それは「アッラー」でした。

　このような統治形態は、二一世紀の現代まで継承されているイスラーム世界の基本です。アラブ・イスラーム世界では、いかなる時代においてもこの原則は守られました。ヨーロッパ世界のように「王権神授説」による統治制度とは根本的に異なるものです。現在イラン・イスラーム政権が世界の注目を集めていますが、この国を治めているのは、イスラーム共和党政権ではなくて「アッラー」です。それを理解しなければ、イスラーム世界を理解することはできないでしょう。

預言者ムハンマドの死

　メッカ占領後もヤスリブにいて、法の施行を休むことなく展開していた預言者ムハンマドが西暦六

ハンダクの戦い

　西暦六二七年四月、再びメッカのクライシュ部族が遊牧部族をともなってマディーナを攻撃しました。そのきっかけを作ったのは、預言者によりマディーナから追放されたユダヤ教徒のナディール族でした。この部族がメッカ軍を扇動したと伝えられています。連合軍は約一万人といわれる大部隊で、その包囲は二週間にも及びましたが、結局目的は達せずメッカ連合軍は敗退したのでした。この戦いでマディーナ軍が塹壕《ざんごう》（ハンダク）を掘り、それを戦術的に利用して包囲軍の目的を打ち砕いたことから「ハンダクの戦い」と呼ばれました。

　この敗戦によりメッカの勢力は大きく後退することになりました。と同時にマディーナのイスラーム教集団の力は一挙に飛躍し、両勢力のバランスは大きく崩れることとなったのです。

三二年六月九日の朝、愛妻アイーシャ一人に見守られて逝去します。疲労から病へ、そして逝去したといわれています。享年六二でした。イスラーム暦（ヒジュラ暦）一一年三月一二日（月曜日）でした。

預言者ムハンマドは死の前にメッカに巡礼し、そのおり信徒に向けてイスラーム教の基本原則を述べます。それはこれまでの集大成ともいえる説教で、のちにこの巡礼を「最後の巡礼」といい、預言者は別れの日が近いことを自覚していたといわれています。

当然のことながら、預言者の死は大きな衝撃でした。なぜならば、預言者の死はアッラーの新たなる啓示の停止、啓示の公平な解釈ができなくなるからです。それは「ダール・サラーム」の崩壊の恐れが到来したことを意味しました。人々は再び「ジャーヒリーヤの世界」に逆戻りするのではないかと恐れたのです。

イスラーム世界崩壊の危機

預言者の死は、イスラーム世界にとって大きなショックであったに違いありません。しばらくは混乱が続いたといわれております。問題は、新たな啓示が降りないことから、それまでに降ろされた啓示だけであらゆることに対処しなければならないことでした。また預言者のように公平な判断ができるかどうかということでした。

しかもこれまで降ろされた啓示のすべてが、文字に記録されていなかったのです。そのほとんどが暗記され、記憶されていたのです。預言者は今の政

フダイビアの盟約

三回の大きな戦いによりメッカのクライシュ部族は、預言者ムハンマドが率いるイスラーム教集団を討伐することの難しさを悟ります。一方、預言者側は優勢という環境を利用して念願のメッカ巡礼を目的とした訪問を行おうと一緒に乗り込もうとします。六二八年三月のことでした。しかしメッカのクライシュ族はこれを拒否、メッカ郊外のフダイビアというところで戦いの危機を含みながらの対立を展開します。

しかし、この対立は突然メッカ側の提案により氷解します。メッカのクライシュ族の代表がイスラーム教集団と和解交渉に臨んできたのです。それは一〇年間の停戦、巡礼の許可、自由な部族・個人同盟の認可、イスラーム教徒への迫害の停止等々でした。これによりイスラーム教集団は一部の反対があったにしろ、メッカ勢力に勝利したことは間違いありません。この協定により翌年イスラーム教集団は、念願のメッカ巡礼を行います。しかしこの盟約も即座に破られることになります。

府のような組織を作りませんでした。彼の言葉、彼の行動が政府そのものだったのです。しかもムハンマドは最後の預言者であるとアッラーが宣した人物です。

このように預言者の死は、アッラーの啓示そのものすら失われ、世界の中心が破壊されるのではないかという恐怖を信者に与えました。アラビア半島に革命を起こし、旧体制を完全に破壊したとはいえ、彼らの報復が考えられます。沙漠の世界では指導者を失うことは、己《おのれ》の命も失うことを意味します。預言者の死はそのように重大な危機の到来を意味したのです。

当然のことながら、教団はただちにその対策に追われますが、問題はこの集団の後継者を預言者が指名せず逝去したことにありました。また明確な組織も存在しなかったため状況は深刻でした。そこで、この集団の組織化と、指導者の選択から体制の建て直しが始まったのです。

アル・マディーナの誕生

預言者の住んでいたヤスリブは「アル・マディーナ」もしくは「マディーナ・トル・ナビー」と呼ばれるようになります。「マディーナ」というのは「町」という意味です。この町という意味の「マディーナ」に定冠詞「アル」を冠して単純に「アル・マディーナ」という言葉が生まれ「The City」と訳され「特別な町」を意味します。

町の名前に「これこそ町」という普通名詞を冠したのは面白いですね。だが、これこそイスラーム教の特徴なのです。日本なら「預言者の町」という

メッカ開城

フダイビアの盟約は、クライシュ部族が同盟を結んでいた部族に武器を渡し、イスラーム教集団と同盟している部族との間に流血事件を引き起こしたことから破棄されることになります。

六三〇年一月、預言者の率いるイスラーム教軍団はフダイビア盟約の破棄を宣しメッカ攻撃を決意、マディーナを発ちます。メッカ側はこの大軍団の前に戦う意欲をなくし、無血入城を許します。そればかりかメッカの有力者の何人かは、その場でイスラーム教へ入信するという全面勝利でした。

預言者はただちにカーバ神殿に進み、そこにあった三六〇体の偶像を破壊したのです。そこで預言者はアル・クラーンの第一二章（ユーセフの章）の第九二節を唱えたといわれています。それは「今日あなたがたを（取り立てて）咎めることはありません。アッラーはあなたがたを御赦しになるでしょう。かれは慈悲深き御方の中でも最も優れた慈悲深き御方であられます」という内容です。

その後ただちに神殿の屋上からメッ

意味の「マディーナ・トル・ナビー」を正式な町名にするでしょう。

カリフ時代の幕開け

預言者の代理人の選択

さてこのアル・マディーナに、教団の主だった者が集まり、預言者の死がもたらした混乱の対策に追われます。なにごとも律法で動かされていたこの集団にとって、預言者が触れなかった後継者問題を解決することは大変なことでした。その決定までの討論は激しいものでした。

それは主にアンサールの人々とムハジルーンの人々との対立から生み出された討論でしたが、結局イスラーム共同体の崩壊を阻止することに課題が置かれ、いちばん古いイスラーム教徒であり、人望が高いタイム家の「アブー・バクル」が選ばれます。タイム家は預言者と同じクライシュ族で、アブー・バクルは預言者の愛した妻アイーシャの父でした。この後継者はアラビア語で「ハリーファ」(代理人)、日本語で「カリフ」と呼ばれています。

預言者の代理人 カリフとは

「カリフ」とは「代理人」という意味ですが、アラビア語では「ハリーファ」と発音されます。正式には「ハーリーファ・ラスゥール・ラー」(アッラーの使徒の代理人)と称します。それは預言者の代理を意味し「アッラーの代理人」を意味するものではありません。

カリフは預言者ムハンマドの代理人ですが、預言者とカリフとの間には大

カ市民に対して、最初の礼拝の呼びかけ（アザーン）を行ったのでした。これはイスラーム教時代の到来を意味し、アラブの時代の終焉を宣したことを意味するものでした。

ユダヤ教徒との戦い

バドルの戦いから始まる一連の戦いの間で、きわめて特徴的な事件が起きております。それはイスラーム教集団が勢力を安定拡張する意味において重要な影響を与えていたという事件です。イスラーム教団はバドル、ウフド、ハンダクという大きな戦いの後に、必ずといってよいほど、ユダヤ教徒の部族に対する厳しい行動が展開されました。

その理由は、ユダヤ教徒部族のマディーナ憲章違反に端を発していたようですが、やがて本格的にメッカ側に内通する部族も現れるなど、いくつかのユダヤ部族との関係が悪化、遂にはイスラーム教団の手により討伐、追放の対象となるユダヤ部族が現れ両者の関係は決定的となったようです。

すなわち、この三つの戦争はメッカ

きな差があります。そこで「ハリーファ」というアラビア語の単語は、形式上女性形をとり格差を明示しています。単語「ハリーファ」という名詞は、その性格からして男性名詞ですが、女性形の姿で表現されているのはそのためであるといわれております。

　それゆえ、カリフ（ハリーファ）とはイスラーム教世界における法解釈者のまとめ役・議長・世話人といったほうが理にかなっているように思います。現に歴代のカリフ達はこの称号を使用せず、「信徒の指導者」を示す「アミール・ムアッミニーン」という言葉を用いたようです。「アミール」とは「皇太子」とか「司令官」とかの意味を持つ単語ですが、カリフがこの単語を使用したのは、最高指揮官はアッラーで自分はあくまでもその命に基づいて指揮するということを表現したものと思われます。

　あくまでもアッラーの法が支配する世界、それがイスラーム世界であり、その意味でカリフは王ではありませんし、アッラーの代理人でもないのです。ここがヨーロッパ世界の王権神授説による統治者と根本的に異なるのです。

　このときからイスラーム教世界は一九二五年まで、このカリフ制度の下で歴史を積み重ねることとなります。それはスルタン・カリフ制へと変化し、一九二二年のトルコ革命により消滅するまで続きます。現在はこのような制度がなく各国が独自にイスラーム法解釈を行っています。

勢力を押さえ込んだだけではなく、マディーナのユダヤ教徒の勢力をも押さえ込んだのです。この結果、マディーナにおいてイスラーム教団は、ユダヤ集団に気がねすることなく、イスラーム教的環境の整備を行うことができました。すなわち原イスラーム世界の完成です。

原イスラーム世界

　預言者がマディーナに移住してから、メッカ開城までの間がイスラーム教にとって最も重要な時代であったといえるでしょう。すなわち西暦六二二年七月から六三〇年のメッカ開城までの約七年半の間に、イスラーム教団はマディーナにおいてアッラーの命じた世界を形成することに成功しました。

　最初は先住民のユダヤ教徒の部族との共存から、ユダヤ教を念頭に入れたイスラーム教世界の形成が図られましたが、一部ユダヤ教徒部族のマディーナ憲章違反事件およびメッカのクライシュ部族との裏切り事件などを通してイスラーム法による統治世界の範囲を拡大させていき、移住してからメッカ

カリフの選出はアラブ式方法で

カリフの選出方法として採られたのはイスラーム教的なものではなく、古来よりアラブの部族世界で首長を選ぶ伝統的な方法でした。アラブ世界では一族の命を預ける指導者の選択は非常に慎重に行われます。単純に親から子へとはいきません。集団のなかで最も指導者にふさわしい人物が会議で決定されます。その場合全員一致が原則です。もし単純に親から子へという図式で指導者を決めると、一族が滅びるという悲劇を招く可能性があるからです。日本の場合と比べると、その住む環境の厳しさがわかります。

この選出方法は、その後のイスラーム世界に一つの判例として影響を耐えます。後継者を指名しないで死去した場合、後継者をどう選ぶか、という問題に与えられる法判定です。

最近、この問題が注目されたのは、イランのホメイニー師が逝去したときでした。ホメイニー師は後継者を指名せず逝去したため、その後継者を選ぶにあたって合議か選挙かという問題が起きました。これも預言者時代の判例にもとづき合議制がとられ、ハメネイー師が選出されました。まさにイスラームには歴史の断絶がないのです。

アラブ世界における指導者の条件

なぜアブー・バクルが選ばれたのかという問題は、アラブの指導者とはどのような人物がなるのかという研究に連なり興味あることです。最初のカリフを選出したとき、旧メッカ勢力（ムハジルーン）と、旧ヤスリブ勢力（アンサール）の

開城までの間にアッラーの定めた法によるほぼ完全な法治世界を作ることに成功したのです。

特に富の公平な分配やアッラーへ帰依する環境の整備、アッラーの前の平等性の確立は平和な世界を実現させました。その後、預言者が逝去する（六三二年六月九日）までの間に、このような環境作りはより完成の度が高められ、イスラーム教が約束した世界が現実化されました。この預言者がマディーナに居を構えた一〇年の期間を、筆者は後に現れるイスラーム教運動を考慮して「原イスラーム教時代」と名づけたい。

預言者の妻たち

記録によると預言者ムハンマドには正式な妻が一二人おりました。本当は一三人いたのですが、最後に列記されたライハーナという人は、自ら妻としての地位につくことを辞退し、ただひたすら預言者の世話をすることを強く希望したため、正式な妻とはならなかったようです。しかしイスラーム教徒は「ライハーナは預言者の妻である」

対立はたいへん厳しいものであったと伝えられています。結論がなかなか出ず、結局誰からも「ア・サディーク」（誠実な人、真の友人）と呼ばれ、信頼されていたアブー・バクルが選ばれました。

彼が選出された理由は預言者の義父であり、彼の娘で預言者の愛妻アイーシャの強い後押しによるものであったとも考えられます。また旧メッカ勢力を代表する人物であり、クライシュ族のタイム家の出であったからとも考えられます。もっとも、アラブ的に一般的な理由は、彼の性格によるものであったといわれております。

だれかれの差別なく公平に意見を聴き、その調停に巧みであること。利益を公平に分配できる能力を持っていたこと。誠実な人というあだ名が示すように公正な性格であったことです。加えて重要なことは、法に則って善悪の決断を下すことのできる能力を備えているということです。アラブ的リーダーとして要求される資質は、この公正性・柔軟性・決断力です。公正な裁判官であり、指導者であるという表現が最も適しているでしょう。

アラビア世界における重大な危機とは、外部よりもたらされるものではなく、内部からもたらされるものです。内部で起きる抗争をいかに治めるか、その能力を持つ者が指導者として選ばれるのです。

アラブ的色彩の濃い初期イスラーム教世界

預言者やその周辺で集団を支えていた人々も、預言者と同じクライシュ族でした。しかも親族で占められています。

と認識しています。預言者の妻は「イスラームの母」と呼ばれますが、ライハーナもその尊称で呼ばれております。

預言者は名実ともに「イスラームの母」であった最初の妻ハディージャの死後、これら一二人の妻との生活を持ったわけですが幾人かの再婚者もいます。ハディージャ亡き後の生活はマディーナでした。生活は同じ区画の中で営まれましたが、預言者は差別なき愛をもって一二人の妻を愛したと記録されております。もちろん一二人と同時に結婚したわけではなく、イスラーム教律法に定められた法は守られ、生活そのものもアッラーの命じた生活ルールを具現したものであったといわれています。預言者の最期はアイーシャのところでした。

一三人の妻の名前は以下の通りです。

○ハディージャ・ビント・ファイリド
○サウダ・ビント・ザムア
○アーイシャ・ビント・アブーバクル（初代カリフ、アブー・バクルの娘）
○ハフサ・ビント・ホザイマ（二代

初めてのカリフとなったアブー・バクルもまた、クライシュ族の出で預言者の義父でした。二代目のウマル・イブン・ハッタ―ブも、預言者の義父でクライシュ族でした。三代目ウスマーンは預言者の娘婿《むこ》であり、四代目アリーも娘婿で、もちろん両者ともクライシュ族でした。そればかりではありません。これ以降のカリフ達も、預言者と同じクライシュ族でした。

　このように、モンゴル軍の侵入によりアッバース朝が滅亡するまで、この世界はまさにクライシュ部族の世界でした。現在このクライシュ部族の出身者で知られているのは、ヨルダン王家とモロッコ王家です。特にヨルダン王家は預言者と同じハーシム家です。

正統カリフ時代――拡張と分裂へ

正統カリフ時代とは

　預言者が亡くなり、後継者としての代理人の時代をカリフの時代といいますが、そのなかでも最初の四人のカリフの時代は特に「正統カリフ時代」と呼びます。それは最初の四人のカリフだけが、教徒達による選挙や合意によって選ばれた人々だからです。

　それに比べて四大カリフ以降のウマイヤ朝、アッバース朝のカリフ達は世襲によるもので、教徒達の選挙や合意によるものではありませんでした。それは厳密な意味での公平性に欠けるものです。イスラーム教はアッラーのもとにおける完全平等を約束する律法です。それゆえ教徒の長《おさ》は教徒の合意によるものでなくてはなりません。

目カリフ、ウマル・イブン・ハッターブの娘）
○ザイナブ・ビント・ホザイマ（ヒラール家出身）
○ウンムサラマ・ビント・アブーウマイヤ・イブン・アルムギーラ（マブスーム一族）
○ザイナブ・ビント・ジャハシ
○ジュワイーヤ・ビント・アルハーリス
○サフィーヤ・ビント・ホヤイ（ユダヤ人）
○ウンムハビーバ（アブースフヤーンの娘）
○マーリア（エジプト人でキリスト教コプト派教徒）
○マイムーナ・ビント・アルハーリス
○ライハーナ（クライザ部族）

預言者の子供たち

　預言者の子供たちはすべて最初の妻ハディージャを母とするものですが、男子の数が二人という説と三人という説がありはっきりしません。なぜならば、これら子供たちはイスラーム教降この意味で公平に選ばれた最初の四人のカリフ達の時代を正統カリフ時代と呼び、ウマイヤ朝、アッバース朝と区別しています。もっとも正統カリフ時代のイスラーム世界は狭く、教徒全員の合意を得ることは比較的簡単なことであったでしょう。しかしウマイヤ朝、アッバース朝時代になるとイスラーム世界は広大になり、教徒全員の合意を得ることは、現実的に不可能なことであったでしょう。それでは正統カリフの四人を紹介しましょう。

第一代カリフ――アブー・バクル

アブー・バクル（六三二～六三四）の仕事は、預言者の死で動揺を見せ、元の部族世界に戻ろうとする教徒を落ち着かせること。預言者時代から対立していた旧メッカ勢力（メッカからの移住者＝ムハージルーン）と、移住者を支援したヤスリブの人達（ヤスリブの支援者＝アンサール）との関係改善を図ること。アブー・バクルのカリフ就任を認めず、イスラーム集団から離反した者たちに対する処置を講じること。そして預言者の言動を真似ることでした。

このため、預言者の行動を踏襲し二年間その任にありましたが、後継者を指名して死にました。この結果、イスラーム世界では後継者の決定において、アラブの伝統的な合議制に加えて、指名制による方法も合法化されることになったのです。

第二代カリフ――ウマル

二代目カリフには、預言者の妻ハフサの父であり、アディー家のウマル・イブン・ハッターブ（六三四～六四四）がその地位につきました。彼は一〇年間、イスラーム集団を

誕前に生まれた子供たちで、なおかつ男子は幼くして亡くなっているため記録に残されていないのかもしれません。ハディージャ以外の妻達に子供があったという説もありますが、明確ではありません。

○アルカースィム（男子死亡）
○アブドゥラー（男子死亡）
○ザイナブ（アブールアース・イブン・アッラビーウの妻となる）
○ルカイヤ（三代カリフ、ウスマーン・イブン・アッファーンとなるも死亡）
○ウンムクルスーム（三代カリフにして義兄のウスマーン・イブン・アッファーンと結婚）
○ファーティマ（四代カリフ、アリーと結婚）

預言者の孫

四代カリフ・アリーと結婚した四女ファーティマだけが子供をなしました。娘二人と息子二人ですが、娘二人は結婚し子供をなしたと伝えられています。男子の二人はシーア派で有名なハッサンとフセインで、殉教者として

束ねると同時に、アラビア半島域外に軍を進め、征服の範囲を拡大していきました。彼は奴隷に殺されますが、この間、イスラーム教徒の支配圏は拡大します。

ウマルの活動の中心は大シリアに移り、異文化・異民族との接触により生ずるさまざまな問題の解決に奔走します。そして彼の判断は、征服された多くの人々から信頼と称賛をおくられたと伝えられています。

この時代は、いよいよイスラーム教集団が本格的にその世界を拡大化させる時代でした。シャーム地方と呼ばれた現代のシリア、レバノン、パレスチナ地方を、ビザンチン帝国から獲得したのもウマルによるものでした。またペルシャ軍に勝利し、ティグリス川以西をイスラーム勢力下に治めたのも彼の時代でした。そして六四二年ササーン朝ペルシャ帝国は滅亡します。またエジプトもイスラーム教の軍門に下ります。まさに破竹の勢いで征服は野火のごとく広がりました。

第三代カリフ―ウスマーン

第三代カリフは合議で選ばれました。預言者の娘二人と結婚したウスマーン・イブン・アッファーン（六四四～六五六）が信者の長に納まりますが、彼はのちに拡大したイスラーム世界を指揮するウマイヤ家の出でした。彼は一二年間その地位にあって八二歳のとき暗殺されます。

ウマイヤ家は、クライシュ部族のなかでも有力な家で、イスラーム教初期の頃、預言者に激しく反抗した家です。しかし彼はこのような家の出身であ

その話はシーア派の代表的な伝承として後世に伝えられています。

預言者の血はファーティマが生んだ孫娘二人を通して後世に伝えられたといわれていますが、どの家に流れたかはっきりしません。おそらくアリーの血を後世に伝えたくないというウマイヤ家を恐れて極秘にされたのかもしれません。しかし現在のイラン・シーア派の人々は「預言者の血」は自分たちに流れたと信じております。特にそのように意識している人は黒いターバン、黒い衣装を着用し、それを示しているといわれています。

分裂と繁栄、暗殺と謀略の時代の幕開け

預言者以降のイスラーム世界は分裂と混乱、暗殺と謀略というアラビアン・ナイトさながらの世界を見せながら発展します。分裂は預言者の死の直後から始まり、その後の四大カリフの時代、それに続くイスラーム教時代にも、イスラーム世界が拡大すればするほど、分裂に分裂を重ね複雑な歴史を描きました。

るにもかかわらず、初期の頃より預言者に従った古い教友の一人でした。その性格は寛大で、人情深い人物であったと伝えられています。ただお金の管理に関しては放漫であったようです。

このため、多くのウマイヤ家の人々がこの世界の中心に入り、それが他の氏族とのトラブルの種となったといわれています。特に勢力の拡大にともなって入ってきた膨大な富が上層部の一部、すなわちウマイヤ家によって占められるとの不満がウスマーンに向けられました。ましてや富の公平な分配はアッラーの命令でもありましたから、不満は正当性をもち、やがて反乱となりアル・マディーナにいたウスマーンを騎士団が取り囲み暗殺しました。

このような好々爺《こうこうや》的な雰囲気を持つカリフでしたが、彼は初代カリフ、アブー・バクルのとき、編纂された「アル・クラーン」の写本が不完全であるとし、新たなに編纂するための委員会を設置、再度調査のうえ最終的な「アル・クラーンの写本」を完成させました。この写本は四冊作られたといわれています。そして六五〇年に編纂されたこの「アル・クラーン」がアル・クラーンの基本となりました。

第四代カリフ
―アリー

のちに正統カリフ時代とか、単に四大カリフ時代と呼ばれる時代の最後を飾るのは、アリー・イブン・アブ・ターリブ（六五六～六六二）です。彼は預言者の従弟《いとこ》であり、預言者の娘ファーティマの婿《むこ》で、ムハンマドが預言者となったときからの古い教友でした。彼が四代目のカリフに選ばれたのは、反ウマイヤ勢力の支持を

このような現象を引き起こしたのは、イスラーム法解釈上の問題からの分裂だけではなく、富の公平な分配にもその原因があったことは言うまでもありません。預言者がいたアラビア半島は部族世界の色合いを濃く残す世界で、まだ完全なイスラーム教徒の世界ではありませんでした。預言者の統治能力はきわめて優れ、預言者「ムハンマド」というより、族長的魅力と能力を持つアラブ的政治家として人は惹かれていたからです。

彼らが預言者を信頼し教団の建設に協力したのは信仰ばかりではなく、預言者の持っていた政治能力、特に秀でた富の公平な分配能力にあったといわれています。預言者ムハンマドの下では豊かにして安心な生活ができるという現実的な保障があったことが初期イスラーム世界を一つにさせていたのでしょう。しかしそれ以降、預言者ムハンマドのような政治家の登場は二、三人の例を除いてはなく、それが波瀾に満ちた歴史をもたらしたものと考えられます。

受けていたことと、性格がアラビア人好みの寛大でのんき気者、そして勇敢な戦士であったからであるといわれています。彼を支持したのは三代カリフ・ウスマーンに憎悪の炎を燃やした反乱騎士軍でした。

預言者と同じハーシム家の出で、しかも娘婿のアリーが選ばれたことは、クライシュ族の中でも強力な勢力を持つウマイヤ家との対立が、その選出の背後にあったと考えられましょう。ましてや彼を支持したのは反乱騎士団でしたから、ウマイヤ家に対する感情が表現されたものと考えられましょう。

このようなウマイヤ家とハーシム家との対立という構図を考えると、この段階ではまだ超部族的意識として期待された、イスラーム教徒としての意識が完全に定着していないことがよくわかります。

事態を複雑にした預言者の寡婦アイーシャの存在

当然のことながら、ウマイヤ家のアリーに対する姿勢は硬化しました。くわえて暗殺犯人の捜査に彼らは不満を高めました。このような対立にくわえて預言者の寡婦《かふ》で「信者の母」といわれたアイーシャの彼に対する感情は険悪なものでした。そして彼女自身も野心がありました。この両者の対立は「ラクダの戦い」と呼ばれる内乱にまで発展したほどでしたが、アイーシャは敗れそれ以降おもてに出ることはありませんでした。

だが、このような彼女のアリーに対する姿勢はウマイヤ家を勇気づけ、イスラーム世界は内乱へと進行していったのです。アイーシャは、アリーとウマイヤ家の対立を激化させ、イスラーム集団を分裂の危機に追い込んだ人物の一人であったかもしれません。

さて、カリフ・アリーの仕事は、この内乱を納めることにありましたが、アリーへの批判は復讐に燃えるウマイヤ家によって激しく展開されました。特に暗殺されたウスマーンによってシリアの総督に任命されていたウマイヤ家の家長ムアーウィヤがその急先鋒《きゅうせんぽう》でした。アリーにはカリフとしての資格がないとしてその地位を去るべきであると宣言し、カリフ・アリーとの軍事対立をあえて望みます。

ユーフラテス河の上流にあるスイッフィーンで六五七年二月八日、両軍は戦いを開始します。戦いはアリー軍優勢のまま進み、アリー側の勝利かと思われていたとき、ウマイヤ側は休戦、停戦会議を開催し両者の調停をはかるべきであると提案してきたのです。

アリーは最初この提案をウマイヤ家の謀略であるとして拒否しますが、内部から会議開催に賛同する者もあらわれるなど、情勢は会議開催の方向に動き調停会議に臨まざるを得なくなります。

イスラーム教最初の分派ハワーリジュ派の誕生

この調停会議開催にアリーが賛同したことにより、アリーに同調していた一部の者たちがアリーに不満を持ち、アリーの陣営から去りました。これがイスラーム教最初の分派となる「ハワーリジュ派」（単数形はハーリジュー、離脱派と訳される）と呼ばれる集団となります。そもそもこの集団は三代カリフ・ウスマーンに反抗、その暗殺に関係したといわれる集団でした。彼らはウマイヤ家に抗する形でカリフに選出されたアリーを支持し、その陣営に参画していたのです。

そのような彼らでしたから、アリーがウマイヤ家からの調停を提案されそれを受けたとき、アリーもまた彼らの敵となったのです。結局アリーはこの分離した集団によって六六一年のラマダンの月の一七日の早朝、三人の手により毒を塗った剣でクーファの礼拝所で暗殺されることになります。このハワーリジュ派と呼ばれる集団の主張はきわめて複雑で、その主張も猫の目のように変化したといわれています。

この暗殺リストにはアリーばかりか、ムアーウィヤもそのターゲットとして挙げられていたといいます。しかし成功したのはアリーだけでした。現在このハワーリジュ派と呼ばれている集団は南アラビア、アフリカ東海岸沖の島ザンジバルなどに居住しています。もちろんスンニー派はこれを認めていません。

ハワーリジュ派の誕生を見ると、その分裂の理由がかならずしもイスラーム教に対する解釈が異なったために分裂したとはいえないようです。その理由はきわめて現実的で、アラブ独特の過去に対する怨みや、名誉に対す

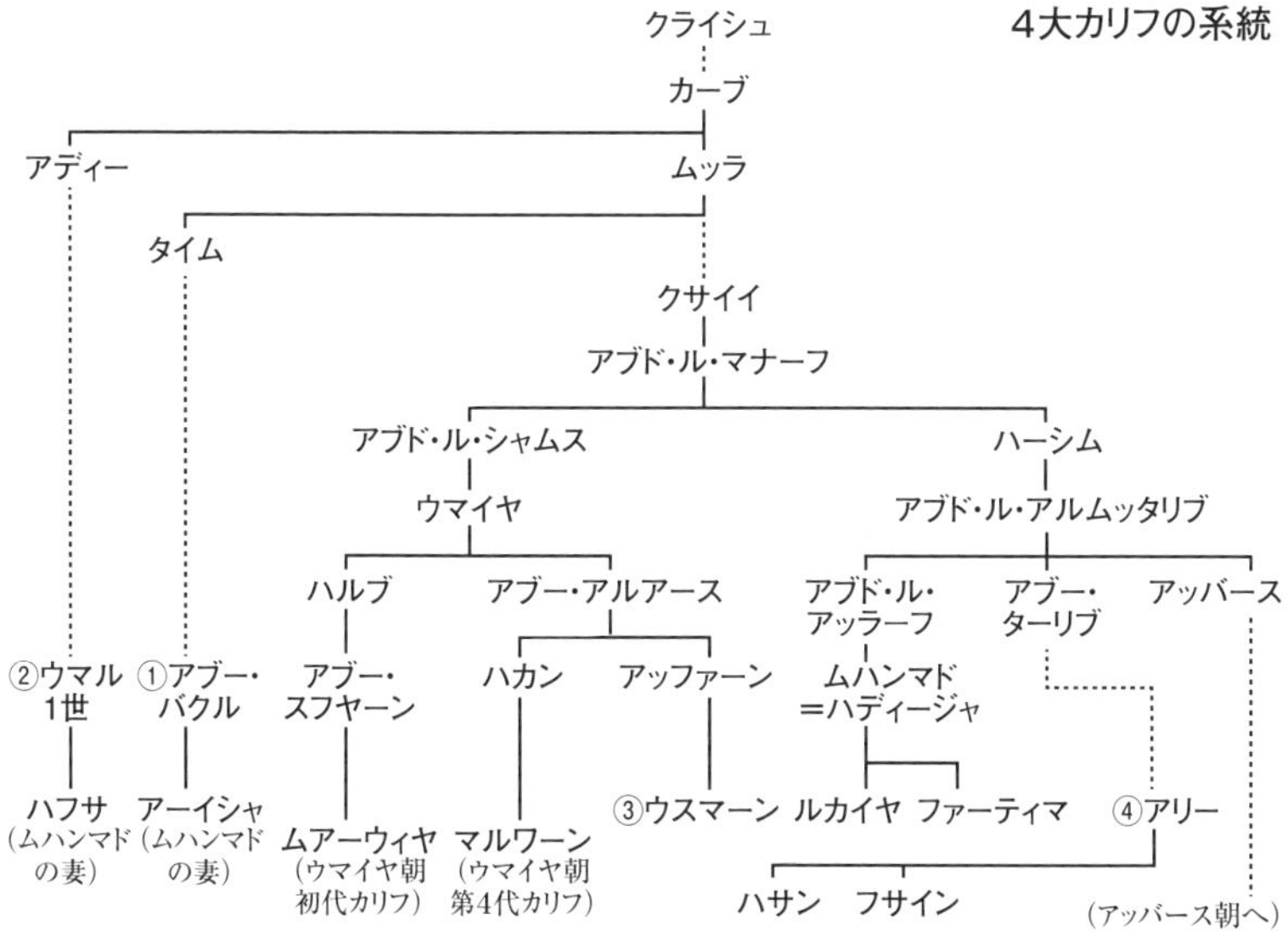

4大カリフの系統

る侮辱などその性質は部族抗争的であり、経済的理由による利害関係の対立などが原因のようです。もちろん、宗教的側面をもっていることは当然ですが、それも多くはカリフの資格やその選出の問題に理由があるようにみえます。

アラビア語世界への逆走

六五六年の第三代カリフ・ウスマーンの暗殺事件から、カリフ・アリーの暗殺が行われた六六一年の内乱時代までを、学者達は第一次内乱時代と呼んでいます。この時代のことを表現すれば、アブー・バクル時代までかろうじて持ちこたえていたイスラーム教的秩序の世界が、ウスマーン時代に入りアラブ的秩序に戻り始め、それがアリーの時代で完全にアラブ的部族社会に逆走したということでしょう。

イスラーム教は、伝統的なアラブ的部族倫理に挑戦し、それを打破して超部族的意識を植えつけるために受け入れられた律法でした。部族意識を打破し、イスラーム律法の下で相互扶助をモットーとして集団世界を形成し、その内部に一切の争いのない平和な世界を形成することを目的とした宗教です。

だが、預言者時代の平和が集団を膨張させ、中東の歴史の特徴である豊かな三日月地帯への進出を余儀なくさせました。それは多くの富をもたらし、預言者のいないイスラーム世界を刺激し、利益配分をめぐる争いはクライシュ族内部の争いの枠を越えて部族抗争を引きずりだし、イスラーム世界全体を再び部族世界の時代に引き戻したということでしょう。ジャーヒリーヤ時

エルサレムのオリーブの丘

代とまではいかないまでも、その抗争の様子はまさに往年のアラビア世界を彷彿《ほうふつ》させるものでした。イスラーム教世界をこのようなアラブ的世界に逆流させた原因は、第三・四代カリフの優柔不断な性格にあったようです。

特にウマイヤ家の台頭を許した第三代ウスマーンの性格がもたらした環境は、その後の歴史に大きな影響を与えました。また第四代アリーのあまりにも寛大にして、おおらかな性格がもたらした不協和音。それが厳格にして、柔軟性を持っていたアブー・バクル、そしてウマルのときと異なった状況をもたらし、イスラーム教世界は不安定化していったのです。

誕生した抗争の二大勢力

しかし、以前の抗争と異なるところは、イスラーム教下の世界が二つの勢力に分かれたことです。カリフ・アリーと、ウマイヤ家を中心とする集団です。言葉を換えればアリー党派とムアーウィヤ党派にです。これを表現する言葉が「シーア・アリー」であり、「シーア・ムアーウィヤ」という言葉です。「シーア」とは「党」を意味する言葉で、よくいう「シーア派*」をそのまま訳すと「党々」「派々」となり、せいぜいよく訳しても「党派」となりましょう。

しかし「シーア派」という言葉は、今では固有名詞として使用されています。その理由は、アリー逝去後のアリー派は、カリフの資格は預言者の血を引いた者でなければならないと主張し、ウマイヤ家と戦火を交えましたが、アリーの息子フセインが戦死し、その血が絶えるに及んでその主張は非現実的となりました。また、ウマイヤ家の勝利により、イスラーム世界にはムア

アラブ世界のシーア派

イスラーム教を語るときシーア派とスンニー派という宗派の名前が必ずでてきます。特にイランでホメイニー師によるイスラーム運動が起きたときからシーア派の名前は一般日本人に広く知られるようになり、シーア派はイラン人のイスラーム教、スンニー派はアラブ人のイスラーム教として認識されているようです。シーア派は正式には「シーア・アリー」といい「アリー派」という意味で、第四代カリフであった「アリーの党」という意味です。

たしかにシーア派はイランのイスラーム教としての印象が強い宗派ですが、アラブ人世界の中にもシーア派はいます。現代ではレバノンのヒズボラ（アッラーの党）、イラクのシーア派などという名前が新聞に掲載されるようにその存在は知られています。しかしかつてはアラブ人シーア派の勢力は強く、その代表的な名前は九〇九年にチュニジアで起き、後にエジプトにアル・カーヘラ（現カイロ）という名の首都を持つファーティマ朝を築き上げたのもアラブ人シーア派です。ちなみ

ーウィヤをカリフとする考えが一般的となりました。その支持者が拡大し、それがごく当たり前になったため「シーア・ムアーウィヤ」の名前を使用しなくても不便ではなくなったのでしょう。この派はイスラーム教法解釈論の立場から「スンニー派」と呼ばれることになります。

それに反してシーア・アリーは、マイノリティ（少数民族）になったため、その名前が残ったものと思われます。アリーを支持する者達は、あくまでもアリーの子孫をカリフとする集団として存在しましたが、その数は少なく、そのため一つの派として名前が残ったのでしょう。そしてその後より進んでアリーの名を冠しなくとも「シーア」だけで通用するようになったものと思われます。

この時点でイスラーム教世界にはアリー派とスンニー派、そしてハワーリジュ派と三つの派が生まれ、のちにそれぞれの法解釈論が整備されることになるのです。しかしそれは、元来一つであるべきイスラーム共同体（ウンマ・トル・イスラミーヤ）の分裂を意味しました。そしてこれ以降、イスラーム教世界の拡大化にともなって、ウンマはますます拡大、細分化していくのです。

に「ファーティマ」という名前は預言者の娘で四代目のカリフ・アリーと結婚した「ファーティマ」の名前です。

シーア派の誕生はウマイヤ朝の創設時代にともなって生まれたといわれていますが、ペルシャ人（現イラン人）がその最初の創設者か、それともアラブ人であったかという問題はさておき、後世アラブ人のシーア派の大多数はスンニー派に変更したようです。

現在のアラブ世界におけるシーア派は、それほど多くはありませんが、エジプトのカイロにあるマスジット・イマーム・フセイン（フセイン礼拝堂）には多くの人が集い、礼拝が行われております。またシリアのアサド大統領は、アラウィ派と呼ばれるシーア派の一派ですし、レバノン南部にはシーア派の集団が多数居住しており、イスラエルとの武装闘争を展開しております。レバノンには「ドゥルーズ派」なるシーア派もおり政治に大きな影響を与えています。レバノン政治を見る場合、シーア派の知識は必要不可欠なものとなっています。（シーア派諸派は１９４頁の脚注を参照）

3
多様化し拡散するイスラーム世界

アスリの章

歴史への登場

沙漠の世界で部族間抗争に明け暮れ、厳しい環境のなかで生活していたアラビア民族は、アッラーの命じるままに預言者ムハンマドの下でイスラーム教世界を作り上げていきました。それはアッラーが約束したごとく、紛争のない、飢えることもない、安心した、平和な世界でした。彼らはそれまで想像すらできなかった平和な世界を手にしたのです。

沙漠からの脱出

その結果、当然のことですが人口が増加し、生活レベルは拡張しました。基本的に沙漠は人の住むことのできない世界です。かろうじて住めるのは、オアシスと呼ばれるごく限られたスペースだけです。人口増加は当然のことながら他のオアシスへの侵略を促しますが、預言者が死去したころのアラビア半島のほとんどは、イスラーム教世界に組み込まれていました。

イスラーム教世界を守るのがイスラーム教徒の大切な仕事ですから、新たな居住できる場所を探さなければなりません。もはやそれを沙漠に求めることはできなかったのです。

土地を開拓するという感覚のないアラブ人

このような問題が日本に起きたらどうなるでしょう。日本人ならばただちに居住地域の拡張に乗り出すでしょう。沙漠の緑地化、それはごく普通に考えつき、行動に移されます。しかし、非農耕民族であるアラブ人には、そのような感覚はありませんでした。

かつて、第一次石油ショックが日本を襲ったとき、日本の優れた農業技術を提供しようと申し出た国会議員がいましたが、アラビアからの返答は「日本人農民がやってくれるのなら」というものでした。日本人は「人間すべてが物を作る感覚を持っている」と考えているようですが、世界にはそうでない人間もいるのです。

いよいよ中東の檜舞台へ

自らオアシスを拡大する意思のない民族に残された道は二つしかありません。一つは、部族意識を強く持たざるをえない遊牧民に再び戻り、オアシス争奪戦をむし返すことです。しかしイスラーム教の目的は、部族意識すなわち部族的連帯意識からの脱却を目的とし、そのような闘争の世界からの脱出を目的としたものですから、それはできません。

残された道は、新たなる土地への移住です。膨れ上がった人口を抱えての移住先は、これまでの民族が行っていたように、それは三日月地帯への移住しかありませんでした。こうして中東の檜《ひのき》舞台へアラビア民族が移住を開始します。

実は三日月地帯への進出の下準備は、預言者の生存中に行われていました。それは布教のためと言われていますが、明らかにイスラーム教集団、ウンマ・トル・イスラミーヤ、すなわちイスラーム共同体の維持に必要な財源を得るためのものでもありました。

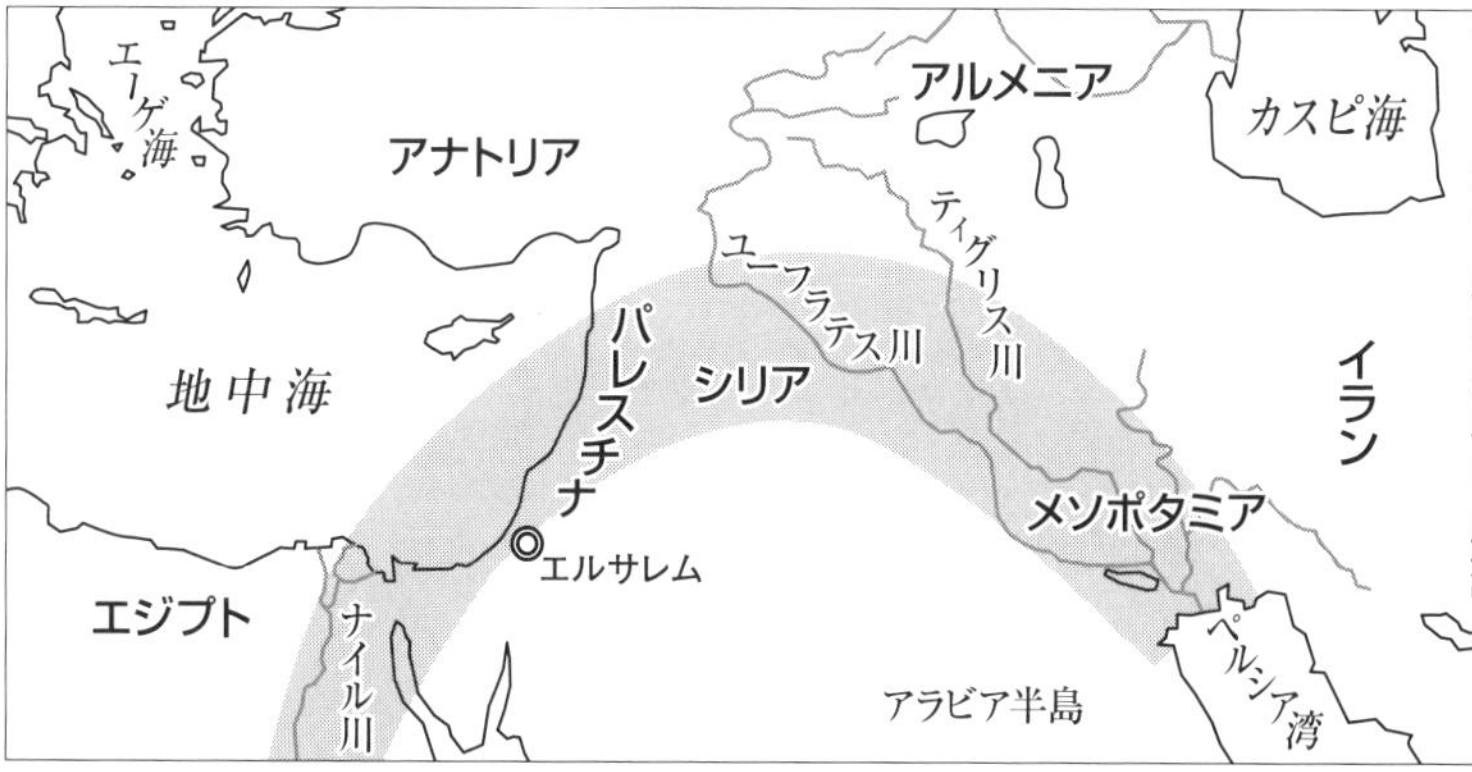

アミをかけた部分が三日月地帯

アラビア半島を支配下におさめ、通商利権を確保し、異教徒から税金を取るなどの財源獲得が目的でした。しかしそれは同時に、三日月地帯への橋頭《きょうとう》堡《ほ》の確保にもなったのです。

アラビア半島の支配と支配体制のシステム

預言者は六三〇年一月一一日メッカを解放し、ただちにジャーズ地方をイスラーム教化した後、へ猛将アムルをオマーンに送りました。当時オマーンはペルシャの支配下にあって自治を認められていたアズド族が支配していました。アズド族は現在のオマーン国の支配階級の部族です。アムルは彼らをイスラーム教に勧誘し、成功します。その結果、シンドバッドで名高い伝説の港町でアラブ最大の商業港スハールを手に入れ、東方への門を確保したのでした。その後、アズド族はアラビア半島からペルシャ勢力を追い出し、半島の解放に尽力します。

また、預言者は婿《むこ》のアリーをペルシャ支配下にあったイエーメンに派遣し、イスラーム教化します。当時のイエーメンは、キリスト教徒とユダヤ教徒の対立が激しい状況下にありましたが、イスラーム教への改宗に成功します。こうしてイスラーム共同体はアデン、モカなどの港町を手に入れ、アフリカへの交易ルートを確保するのです。

アラビア半島をイスラーム教化した預言者の目は、次に北方に向けられます。西暦六三〇年一〇月、預言者は最大のイスラーム教軍団をアラビア半島北部タブークのオアシスに派遣しますが、一度も戦争することなしに、各部

イスラーム教と布教

日本人のイスラーム観は、ヨーロッパのキリスト教徒のイスラーム観による影響を受けていた時代がありました。そのイスラーム観を代表する言葉が「右手にコーラン、左手に剣」であり、イスラーム教を「マホメット教」という言葉で呼ぶことです。現在もまだこのようなイスラーム観を持っている日本人はいますが、これらの言葉はヨーロッパ・キリスト教徒の伝統的なイスラーム観として定着していたのです。

「左手に剣」という言葉は「イスラーム教徒は布教を力により強制的に行った」ということを意味し「強制布教」を強調したものですが、アラブ人の三日月地帯への進出は布教という目的よりも経済的な目的、すなわち非イスラーム教徒からの税の徴収（人頭税・土地税）という目的の方に重点が置かれていたように見られます。それを現実に証明するのが「ジンミー」という制度でしょう。

また布教の問題は現在の中東世界においても行われておりませんし、イス

族と協定を結び、この地の利権を手に入れます。こうして預言者は、アラビア半島全般をイスラーム共同体の支配下におさめたのです。

イスラーム教集団がアラビア半島の北部を支配すべく行動したとき、のちに重要になる一つの協定が結ばれました。それはアカバ湾岸のマクナとアイラに居住していたユダヤ教徒とキリスト教徒の各部族に、イスラーム共同体が接触したときのことでした。この部族に対して、預言者はイスラーム教への改宗を呼びかけずに共存の道を提案し、それにもとづく共存協定を結びました。

これがのちにイスラーム教による支配体制の基礎の一つとなる、イスラーム教徒と非イスラーム教徒との関係を位置づける制度となりました。

庇護民（ジンミー）の誕生

それは税金を納めることにより安全が保障され、各自の財産の保持と信仰の自由も保障されるという内容の協定で、イスラーム教徒にならなくても自治が認められたのです。このような住民は「保護を受ける者」という意味のアラビア語「ジンミー」と呼ばれます。

改宗を強要しないというのがイスラーム教の特徴の一つで、時には偶像崇拝の信仰を持つ者達にも適用されました。この制度により、イスラーム教世界のなかでも異教徒の生活が立派に維持され、イスラーム教とは異なる世界をイスラーム教世界のなかに構築することを成功させるものでした。これは制度化していませんが、知恵としてイスラーム教世界のなかで現在も生き続

ラーム教を国教とする国における異教徒の国民は、義務を税により免除される制度を持っている国もあります。

布教よりも税収を、それを証明したマワーリ制度

三日月地帯を征服したアラブ人は、イスラーム教を広めるよりも被征服者達から税を徴収する方に関心を持ったようです。「ジンミー制度」はその意味で有益なシステムであったといえるでしょう。しかし多額の税金を納めなければならない者の中には、イスラーム教に改宗する者も現れました。なぜならば、イスラーム教徒には納税の義務がなかったからです。もちろん純粋な気持ちからイスラーム教に改宗した被征服者達もいました。このような非アラブ人の新イスラーム教徒を「マワーリ」と呼びます。

「マワーリ」はアラブ人ではありませんが、純粋なイスラーム教徒ですから、納税の義務は課せられないはずでしたが、現実には税金が課せられました。これは後にイスラーム社会を揺るがす大問題となります。どう考えても

けています。

ちなみに、この強制による改宗はアッラーにより禁止されているもので、アル・クラーンには「宗教に強制があってはならない。正に正しい道は迷誤から明らかに分別されている。それで邪神を退けてアッラーを信仰する者は、決して壊れることのない堅固な取っ手を握ったものである」（第二章「雌牛の章」二五六節）と書かれています。

「ラー・イクラーハ・フィルディィーニィ（宗教に強制があってはならない）」というアラビア語の文句は、よく使われる言葉となっています。

この庇護民制度は、預言者が直接命じたものでした。そのため、イスラーム法では基本的律法として認識されています。同時に異教徒に対するイスラーム教の立場も、これによりさらに具体的、明確になりました。布教において強制することが禁じられていることが実際に行動に移されたのです。

これは預言者がアッラーの言葉に従うところから生まれたものですが、ジンミー制度の誕生によりイスラーム教は寛大な宗教であるという印象を与えました。これがこれから始まる三日月地帯進出への強力な武器となったことはいうまでもありません。

二大帝国への挑戦

預言者が亡くなったとき、アラビア半島はイスラーム共同体の支配する世界となっていました。それは三日月地帯への進出の準備が出来上がったことを示すものでした。四大カリフの時代になり、イスラーム共同体はアラビア半島からの拡散を開始します。そ

アラブ・イスラーム教徒の考えは順法ではありませんでした。これを見ても布教より税収を求めたことがわかるでしょう。

アラブ・イスラームにより滅亡した二大帝国

(1) ペルシャ帝国

紀元前六一二年、アッシリア帝国を滅ぼしたメディア王国のイラン高原支配が、紀元前五五〇年、インド・ヨーロッパ語系に属するペルシャ人の手に握られ、西アジアの統一国家としてペルシャ帝国が歴史に登場しますが、紀元前三三〇年アレキサンダー大王により滅ぼされます。この帝国はアケメネス朝ペルシャ帝国と呼ばれました。しかしその後ローマ帝国の分裂に乗じて、再びこの地にイラン系農耕民族によるペルシャ帝国が生まれます。これをササン朝ペルシャ帝国と呼び西暦二二六年に誕生し、イスラーム軍により六五一年滅亡します。

ゾロアスター教を国教として中央集権的支配体制を確立、国王は自らを「王の中の王」と称しました。ペルシ

れは三日月地帯の支配者にして世界の二大強国、ペルシャ帝国とビザンチン帝国への挑戦を意味しました。

一つの連帯意識のもとに固まっているとはいえ、イスラーム教軍団は田舎の軍団です。誰が見ても彼らとの文明の差は比較にならないほど貧弱でした。それが世界第一級の文明国に対して挑戦を開始したのです。

攻略の戦術──辺境のアラブ人国との協調

当時、三日月地帯はペルシャ、ビザンチン両帝国の長年にわたる闘争に疲れ果てていました。その二大帝国の間にあって国境の辺境にいて緩衝《かんしょう》地帯を形成し、なにかにつけ彼らに従属を強いられていた国がアラブ人の国でした。彼らは大国に対して大きな不満を持っていましたが、反抗し独立するほど強くはありませんでした。これが進出しようとするイスラーム共同体軍団に幸いしました。

彼らはキリスト教国ではありましたが、両大国の圧力に疲れ果て、そこから逃れたいと考えていたので、改宗しなくともよしとするイスラーム共同体に協力し、現状からの脱出を図ることに魅力を感じていました。これが両大国攻撃の足場となったのです。もちろんイスラーム共同体に刃向かうアラビア部族もおりましたが、それは結局イスラーム教軍団に一蹴されました。

生きるための征服の開始

アラビア半島に居住し、イスラーム教による連帯意識を基に団結し、繁栄を手にしたイスラーム共同体は、繁栄ゆえにアラビア半島からの脱出を図らざるをえなくなりま

ャ帝国の特徴は西洋と東洋の接点を具備した文化を花咲かせたことです。その発展はさまざまな分野に及び、華麗にして優美な文化を作り上げました。またゾロアスター教という宗教は、いわゆる宗教学なるものを作り上げ、イスラーム宗教学の成立に大きな指導力を発揮しました。まさにイスラーム教黎明期における第一の大国でした。

(2)　**ビザンチン帝国**

ローマ帝国が東西に分裂をしたのは西暦三九五年のことですが、その前の西暦三三〇年、ローマ帝国のコンスタンティヌス皇帝の時代に、首都を当時ビザンチンといわれた現在のイスタンブールに遷都しました。この時代を特にビザンチン帝国時代と呼びますが、ローマ帝国分裂後は正式に東ローマ帝国と呼ばれます。

この帝国は一二九九年に成立したオスマン・トルコ帝国により一四五三年滅ぼされるまで続きますが、六一四年から六四二年にかけて、いわゆる三日月地帯からアラブ・イスラーム教徒により追い払われます。

した。

イスラーム教が富をもたらす律法でなければ、現実主義者のアラブ人は共同体から逃げていきます。預言者亡きあとのイスラーム教世界は分裂の危険にありました。それを制止する意味からも豊穣《ほうじょう》の世界、三日月地帯の獲得は必要なことだったのでしょう。強力な連帯意識と使命感、そしてなによりも、もう戻ることができないという環境と教団を維持するための必要性が、イスラーム軍団に背水の陣を敷かせたのでしょう。

新連帯意識の勝利──三日月地帯の新支配者へ

三日月地帯の征服は、初代カリフ、アブー・バクルとオマルの時代でした。二大強国に対する戦いは同時に開始され、「抜き放った剣」と呼ばれたハーリド・イブン・アル・ワリードがペルシャのヒーラの町を、アムル・イブン・アースがビザンチンのヨルダン、パレスチナを攻撃し占領しました。ペルシャ帝国が滅亡したのは六五一年ですが、オマル時代の六四二年に実質的な支配権は確立したのでした。

一方、六三六年八月のパレスチナのヤムルーク川の戦いに勝利したことにより、イスラーム軍はビザンチン帝国を三日月地帯から追い払うことに成功します。ビザンチン帝国が滅亡するのは、一四五三年のコンスタンチノーブル陥落まで待たなければならないのですが、ヤムルーク川の戦いに勝利した時点で、イスラーム軍の大シリア征服は成功し、引き続くエジプト支配は六四二年に成功します。

この東ローマ帝国は東方キリスト教世界、ヘレニズム世界などの多様な文化を持ち、特にギリシャ哲学はイスラーム宗教学の完成に大きな影響を与えました。現在もイスラーム宗教学を専攻する学生は、ギリシャ語が必須科目となっていることを見てもそれが証明されます。ギリシャ哲学、とりわけアリストテレス論理学は東方キリスト教やイスラーム教を学ぶのに必要な学問とされています。アラブ・イスラーム教徒が三日月地帯に入ったとき、先住民がアラビア語とギリシャ語、ペルシャ語の相互翻訳を行い、アラビア語に訳されたギリシャ文化が後にヨーロッパ・ルネッサンスに大きな影響を及ぼしたといわれます。ちなみにギリシャ哲学を専攻する学生は、アラビア語の修得が必要とされています。これを見てもビザンチン文化の与えた影響は大きいといえるでしょう。

三日月地帯征服の二人の猛将

(1) **シリアの征服者**

ハーリド・イブン・ワリード

イスラーム教史の中でもっとも有名

こうして、イスラーム共同体はその総指揮所をマディーナに置き、三日月地帯の支配を完成させたのです。六三二年に預言者が死去してからたった一〇年で、この大偉業は達成されました。

征服はなぜ成功したのか

今でこそ、アラビアの偉大性に異論をはさむ者はいないでしょう。この世界を表現する「サラセン文明」という言葉は、華麗な文明として多くの人々を魅了したことは衆知のことです。しかし歴史に登場したときの彼らは、正に辺境の民族、空白の文明人であったのです。その彼らが巨大にして強力な二大文明国に挑戦し勝利したのです。その理由はどこにあるのでしょう。

イスラーム教以前と比べて、アラブ人の戦法・戦力に大きな変化があったわけでもないのに、イスラーム共同体の戦力は他の追従を許さないほど強力なものでした。ビザンチン、ペルシャ両大国の力が衰退しているとはいえ、イスラーム教以前のアラブ人では相手にされないほど強力な大国でしたから、その謎はやはりイスラーム教にあるように思います。

勝利の秘密兵器——イスラーム教による連帯意識と背水の陣

なぜならば、以前と異なる点はイスラーム教の存在だけですし、イスラーム教によってバラバラであったアラビア部族は統一され、その統一性が大きな富をもたらすことを現実的思考民族であるアラブ人が信じ、それが目的意識として強く認識されるに及んで発展・拡大し、これに加えて背水の陣という言葉で表される環境が強力なパワーを与えたのでし

な武人です。彼はメッカの指揮官職を代々受け継ぐ武家の名門として知られるマフズーム家の出身です。もちろんマフズーム家は預言者と同じクライシュ族です。預言者がメッカで活動していたころは、メッカ全体が反ムハンマドであったこと、および彼の家が防衛の指揮官の家であったことから、預言者に敵対する側にいましたが、預言者がマディーナに移動した後の六二九年に、イスラーム教徒になったといわれております。

その武勇は広くアラビア半島に知れわたり、時にはあまりの強さと厳しさゆえに味方のなかにも嫌悪する者が現れるほどの猛将だったようです。預言者亡きあとに現れた反逆者達に対しても彼の剣は容赦なく下ろされ、混乱を押える大きな役割を果たしたといわれています。しかしその勇猛ぶりが仲間、特に二代目カリフ・ウマルとの対立を生み、ビザンチン軍とヤムルーク川で戦いシリアを征服してからホムスに住み、メッカに帰ることなしに六四二年そこで没しました。彼のお墓はこのホムスにあります。

ょう。もちろん、イスラーム教軍団の異教徒に対する政策がきわめて寛大であったことも大きな力となったといえましょう。それに加えて二〇〇年に及ぶペルシャ、ビザンチン両帝国の疲弊《ひへい》も大きな味方となったでしょう。

点と線を支配せよ

一〇〇年で、ビザンチン帝国とペルシャ帝国を屈服させた新生勢力イスラーム共同体は、破竹の勢いで東西南北へ駒を進めました。しかしその征服のスタイルは、日本人の征服のスタイルと異なり、点と線の支配というべきものでした。元来、農耕民族ではないアラブ人にとって魅力あるものは、その土地からとれる税金でした。その意味で豊かな土地に魅力を持ちました。

彼らが本当に欲しがったのは、交易の場と物品が流れる道の支配でした。もちろん情報と通行料の取得も魅力に満ちたものでした。その結果、彼らの征服のパターンは、この「点」すなわち交易の中心地となる都市と、この都市とを結ぶ「線」の確保を第一の目的としました。それゆえ、征服の拡大・拡張のスピードは早く、日本のような定着世界にみる征服のパターンと異なるものでした。

交易の民、遊牧の民の征服のシステムは、点と線の確保を基本とし、そのため時には馬のスピードそのものが、征服のスピードとなったほどでした。こうしてイスラーム教世界は一気に拡大したのです。

徴税こそ大いなる目的

さて、三日月地帯最大の支配者となったアラブ人は、新たな歴史を檜舞台で演じ始めます。彼らは

٤١ ـ قطعة من نقود السلطان بيبرس

モンゴル軍の進撃を止めたエジプト・マムルーク朝のスルタン「バイバレス」の貨幣

(2) **エジプトの征服者 アムル・イブン・アース**
クライシュ族の出身でハーリド・イブン・ワリードと並び称される軍人。政治家としても、また経済人としても長《た》けていたといわれています。彼が歴史上有名なのはエジプトの征服者であるからです。二代目カリフ・ウマルの時代の六四一年、エジプトは彼の手に落ちます。エジプトは有名な穀倉地で

それまでの支配者と異なり、被征服者達に対して寛大でした。アッラーの命じたように、イスラーム教への布教は相手の自由意志に任せられました。そのかわり人頭税を納めることが義務づけられたのです。

イスラーム教では納税は重要な意味を持っています。それは「彼らが進んでジャズヤを納め、屈服するまで戦え」(第九章「悔悟の章」二九節の一部)と、アッラーはアル・クラーンで命じています。この「ジャズヤ」とは人頭税と訳されますが、非イスラーム教徒にのみ課せられる税で、貧者・子供・奴隷・婦人等が免除され、兵役に服し得る有能な男が、兵役の代わりに自ら進んで納める税であるとされていますが、時と場所で異なるようです。

新社会構造の誕生

このときのイスラーム教社会は、アラビア・イスラーム教徒を頂点とし、非アラビア・イスラーム教徒の改宗者(マワーリ)がいて、最後に非イスラーム教徒である異教徒(ジンミー)という社会が構成されつつありました。

税は一般のアラブ・イスラーム教徒には、ザカートという宗教義務のみが課せられ、収入の一〇分の一を納めましたが、これは宗教義務であり税ではありませんでした。この一〇分の一を「ウシュル」といいます。

しかし、同じイスラーム教徒でありながら、非アラビア民族のイスラーム教徒マワーリ達には地租(ハデージュ)が課せられ、異教徒であるジンミーは人頭税(ジャズヤ)に加えて地租も課せられました。その額は収入の五〇%に及んだといわれています。この税の不公正がのちにイスラーム教世界を

あり、この地の支配者はすべて歴史に名を残す英雄として記録されます。またアレキサンドリアという地中海の良港を持ち、北アフリカ一帯及びシリア、パレスチナ、そして紅海を防衛する位置にあります。

アムルがエジプトに侵入したのは四五歳という最盛期でしたが、ビザンチン軍の防衛線は難なく破られ、エジプトから一蹴されました。彼は狡猾《こうかつ》な人間であったといわれておりますが、後にウマイヤ王朝設立に一役買い、そのときの手腕は天才的な政治家であると評されました。

彼はエジプト征服後、エジプトに「アル・フスタート」という新たな軍事都市を建設します。この町はイラクのバスラ、クーファに匹敵するほど重要な都市として知られています。現在はその廃墟しかありませんが、整然とした都市の姿を見ることができます。彼はこの地にエジプト最初のイスラーム教礼拝所を建立しました。現在も残っており彼の名を冠した礼拝所として使用されています。

分裂させ、政治的・軍事的トラブルの原因を作り上げていきます。しかし非アラブ人にとってアラビア民族の支配は、それまでの支配者に比べてきわめて寛大であり、好ましいものでした。

それゆえ、税の不公正に対する不満など問題ではなかったのです。だが情勢が安定してくると、その不満はやがて爆発することになります。

偉大な文明との出合い

空白の文明地帯といわれたアラビア半島から、世界で最も進んだ文明世界であった三日月地帯の支配者になったアラブ人は、戦争には勝利しましたが、彼らとの差は明白でした。唯一の誇りは、イスラーム教徒としての誇りと、先祖からの由緒正しい血統でした。都市世界に住むための知恵・方法、異民族との関係などについては不慣れでした。またさまざまな学問に関しても豊かではありませんでした。それがペルシャの文明、ビザンチンの文明に出合ったのです。

新支配者アラブ人は、彼らの持っている知恵の導入をただちに図りますが、自分達が直接修得するのではなく、それを持つペルシャ人やビザンチンの技術者・文学者・陶芸家・哲学者・医学者、それ以外のもろもろの能力ある人間を雇い、彼らをして文明を自分達の手中に納めたのです。

日本人なら自ら習うところですが、アラビア民族は能力ある他人にやらせるのです。時には、捕虜にした敵国の総理を、征服した国の総理に任じるということもアラブ人は行いますから、文明の創造も彼らの手にやらせたとしても不思議ではないでしょう。こうしてのちに「サラセン文明」と呼ばれる

主なイスラーム教国

(1) ウマイヤ朝（六六一～七五〇年）

メッカのクライシュ族には有名な氏族が三つありました。ひとつは預言者の属するハーシム家です。次にあげられるのはこのウマイヤ家とアッバース家です。

預言者の死後、イスラーム世界を束ねたのは預言者と姻戚関係にあった四人のカリフでしたが、四代目カリフ・アリーが暗殺された後は、このウマイヤ家が世襲的にイスラーム世界を束ねることとなりました。これを「ウマイヤ朝」と呼びます。

このときの勢力は西は大西洋から東はインダス川にまで拡大し、北はカスピ海沿岸、黒海両岸に及んでいました。この広大なイスラーム教世界の中心が現在のシリアの首都ダマスカスでした。いまダマスカスを訪れると、華麗なビザンチン時代を見ることができます。ジャーミア・トル・ウマイヤ（ウマイヤ礼拝所）がそれで観光の名所となっており、その壁にビザンチン時代の華麗さを見ることができます。

ウマイヤ時代、これまでにないシス

文明の基礎が作られました。

異文化化するアラビア

しかし、いくら能力ある人間を使うからといって、アラブ人の住む環境はペルシャ的であり、ビザンチン的でした。当然のことながら、彼らの生活もそのようなものに毒されていきました。混血による世代を重ねるうちに、アラビア民族は血の中にあった沙漠的感覚を薄め、だんだんと河川文明の感覚を身につけ始めたのです。そしてよりスマートで狡猾《こうかつ》な商人として三日月地帯の支配者に育っていきました。

それはちょうど、かつてエジプト・ファラオの世界でエジプト人化し、一神教を忘れたユダヤ民族のように、異文化化していったのです。ただ彼らと異なったところは、アラビア民族は支配者であり、イスラーム教の主柱であり、アラビア語がこの世界の主たる言語になっていたことでした。

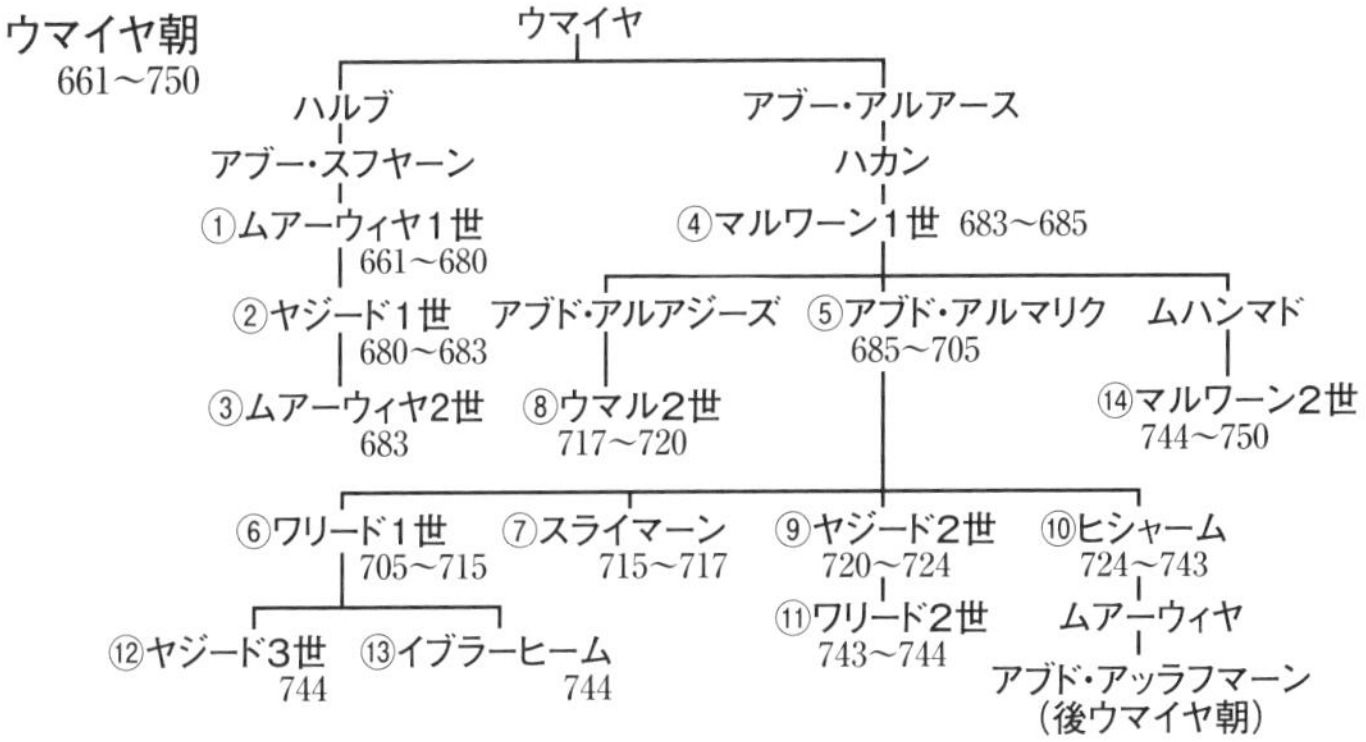

テムが取り入れられました。それは後継者の決定がそれまでの互選、任命制と異なり、世襲制となったことです。しかしいくら世襲制といっても国家の安全を維持することが優先され、兄から弟へという継承が一般的となりました。この時代はイスラーム教の時代というよりも、まだアラブ人的色彩の強い時代といえましょう。

(2) アッバース朝（七五〇～一二五八年）

ウマイヤの次はアッバース家が「信徒の長」になりました。もちろん交代にはさまざまなトラブルがともないましたが、この体制は七五〇年から一二五八年まで三七代続きました。

アッバース朝の出現にはウマイヤ朝に不満を持っていたマワーリ達が大きな影響を与えたといわれています。そのような要素をもって生まれた体制ですから、この時代はアラブ的色彩の強かったウマイヤ朝時代とは異なりたいへん国際性が豊かとなり、特にこの時代を「イスラーム帝国」と呼びます。首都は今のイラクの首都バグダード

アラビア化する先住民

このようなアラビア民族の河川文明化は、イスラーム教法の解釈に大きな影響を与えることになりますが、これと同じ現象が先住民にも現れます。それはペルシャ、ビザンチン両帝国を構成していた人々がアラビア化していったことでした。特に改宗イスラーム教徒（マワーリ）達は、イスラーム教化していくと同時にアラビア化してきました。

イスラーム教は全体的宗教ですから、否応《いやおう》なしにアラビア的色彩を生活の中にちりばめることになります。イスラーム律法の解釈をアラビア的に展開した初期の段階では、マワーリ達はそのままのイスラーム法解釈で生活していましたから、ますますアラビア的環境を身近に感じたことでしょう。

特にアラビア語が公用語となったウマイヤ朝の六九二年以降、アラビア語は三日月地帯の支配語として君臨したばかりか、西は大西洋から東はインド洋まで広大な範囲の住民達を、アラビア語を使用する民族に変えていったのです。

新たな顔―アラビア語世界の出現

かくして、拡大したイスラーム教世界は、同時にアラビア語世界として新たな顔を見せることになります。そしてイスラーム教がそうであったように、その行く先々の地域で独特の変化をしました。もちろんこれは口語体のアラビア語の話です。

アラビア語はアル・クラーンで使われている言葉ですから、その形・文

で、そこに「マディーナ・トル・サラーム」（平和の都）と名づけられた円形の新都が建設されました。

この時代で最も栄えたのは第五代のカリフ・ハールン・ラーシドのときで、このカリフは「千夜一夜物語」でも有名です。学問・芸術が発達し、今日手にできるイスラーム教に関する学問が完成したといいます。首都に「叡智の館」（ダール・ヒクマ）と呼ばれる施設が作られ、ギリシャ、ペルシャの学問とイスラーム教の接合が行われました。

しかし、広大な帝国は、やがて中央の力だけで統治することができなくなり、地方にさまざまな半独立地帯が誕生します。

そして最後は有名なジンギスカンの孫、フラグ・ハーンにより一二五八年二月に滅ぼされ、五〇〇年に及ぶ歴史を閉じました。

アッバース朝 750〜1258

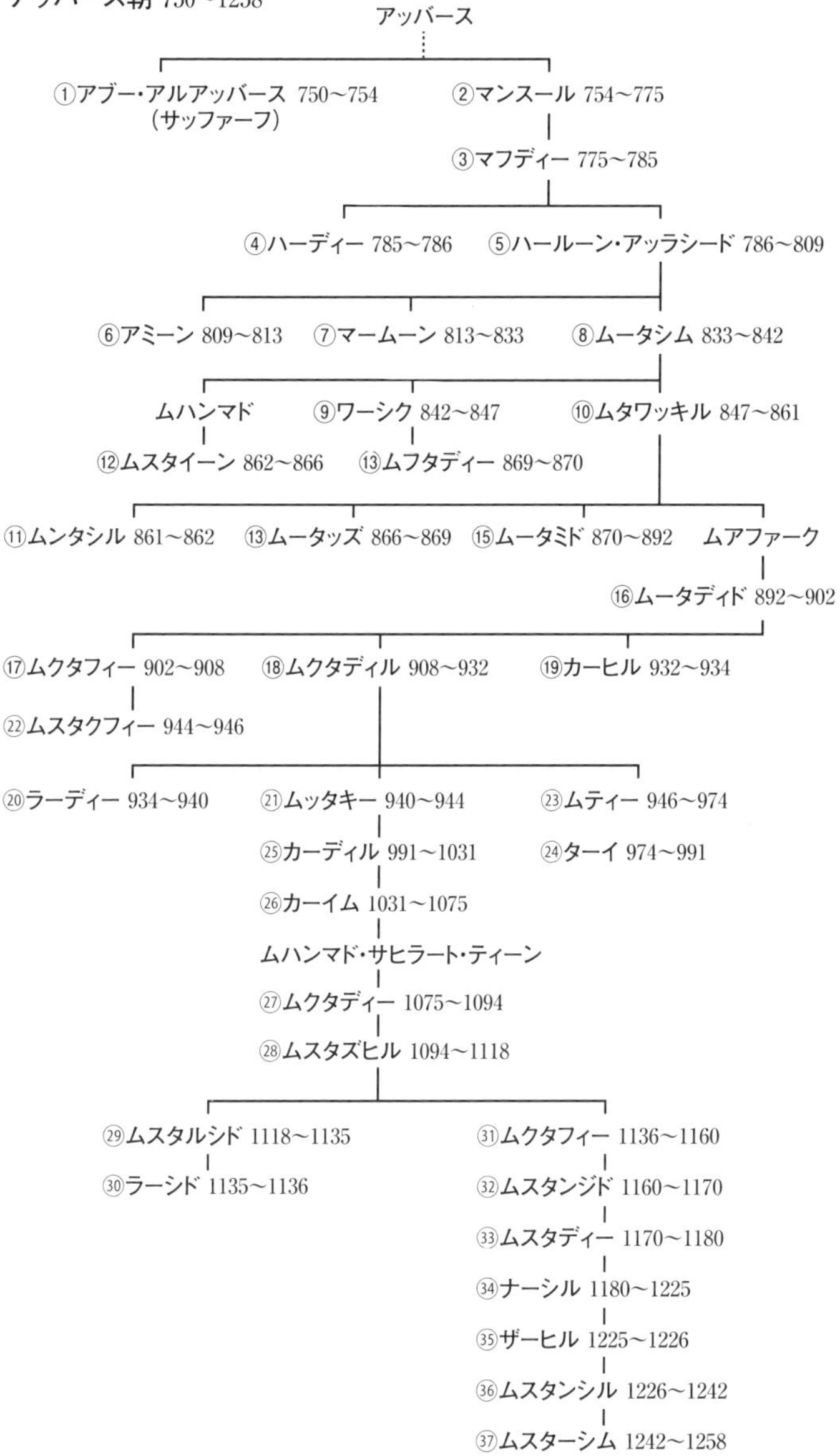

アッバース
①アブー・アルアッバース 750〜754
(サッファーフ)
②マンスール 754〜775
③マフディー 775〜785
④ハーディー 785〜786
⑤ハールーン・アッラシード 786〜809
⑥アミーン 809〜813
⑦マームーン 813〜833
⑧ムータシム 833〜842
ムハンマド
⑨ワーシク 842〜847
⑩ムタワッキル 847〜861
⑫ムスタイーン 862〜866
⑬ムフタディー 869〜870
⑪ムンタシル 861〜862
⑬ムータッズ 866〜869
⑮ムータミド 870〜892
ムアファーク
⑯ムータディド 892〜902
⑰ムクタフィー 902〜908
⑱ムクタディル 908〜932
⑲カーヒル 932〜934
㉒ムスタクフィー 944〜946
⑳ラーディー 934〜940
㉑ムッタキー 940〜944
㉓ムティー 946〜974
㉕カーディル 991〜1031
㉔ターイ 974〜991
㉖カーイム 1031〜1075
ムハンマド・サヒラート・ティーン
㉗ムクタディー 1075〜1094
㉘ムスタズヒル 1094〜1118
㉙ムスタルシド 1118〜1135
㉚ラーシド 1135〜1136
㉛ムクタフィー 1136〜1160
㉜ムスタンジド 1160〜1170
㉝ムスタディー 1170〜1180
㉞ナーシル 1180〜1225
㉟ザーヒル 1225〜1226
㊱ムスタンシル 1226〜1242
㊲ムスターシム 1242〜1258

法・発音を変えることはできません。変化はアッラーの言葉、命令の変化を意味するからです。ちなみに「アラブは一つである」という言葉は、この文語体アラビア語が不動であることからもたらされるもので、地域々々で異なる口語体アラビア語世界からは生まれない見解です。この文語体アラビア語が統一性を、口語体アラビア語がこの世界の複雑性を示しているといえるでしょう。

アラビア離れする アラビアの子孫達

アラビア語が公用語化し、アラビア語で先住民も思考し行動する頃になると、先住民の子供達は擬似アラブ人化し、アラブ人の子供達は先住民から高度で爛熟《らんじゅく》した文明を教えられ、アラビア離れを起こしました。

もはや双方とも、かつて無意識に理解していたものが理解できなくなり、それを理解するためには多くの説明を必要とするまでになりました。こうして説明の必要のなかったイスラーム教も、沙漠的風土感覚を失った新アラビアの子供達には、イスラーム教を説明するシステムが必要となり、アラブ人自身もまたイスラーム教を学ぶようになります。

新アラブ人の誕生

先住民とアラブ人の和合は、新アラブ人を作り上げました。それは血族的にも、また文化的にもミックスされたアラブ人の誕生でした。これが今日我々がアラブ人と呼ぶ言語学的なカテゴリーで特色づけられる民族の誕生でした。

シリア的アラブ人、エジプト的アラブ人、モロッコ的アラブ人など、アラ

(3) 後期ウマイヤ朝（七五六〜一〇三一年）

ウマイヤ朝が崩壊するとき、ウマイヤ家のアブドゥル・ラフマーンがスペインに逃れて起こした王朝で一六代続きました。世界最盛の町、ダマスカスから逃げてきた彼らは、スペイン人から見ればたいへんな文明人で、このため後期ウマイヤ朝はアラブ人の指導により栄えます。多くの住民はイスラーム教に改宗し、やがて彼ら自身もアラブ人化したといわれます。

このイスラーム教下におけるキリスト教徒は「モサラベ」と呼ばれましたが、「モサラベの聖歌」などの音楽にその名残を見ることができるでしょう。この王朝を象徴するものに、華麗な「アルハンブラ宮殿」があります。

モンゴルにより断ち切られたアラブ人の歴史

モンゴルの英雄の孫、フラグ・ハーンは「平和の都」を破壊しエジプトに流れ込む寸前に、当時エジプトの支配者であったマムルーク朝のバイバルスにより撃退されました。その後フラ

ブ人が単一民族ではなく、多様な性格を持つ作られた民族であることが理解できるでしょう。これらの諸集団が今日の中東世界を構成しているのです。

　こうして、イスラーム教生誕当時の沙漠的思考性を持つアラブ人と、異なるアラブ人の世界が誕生しました。

拡張、定着、そして分裂するアラブ・イスラーム世界

布教とアラビア民族

　その背景がどうあろうとも、アラビア民族とイスラーム教は歴史の檜舞台に登場し、主役として歴史を演じ始めます。その統治は税金の徴収に情熱を燃やすことはあっても、布教に関してはきわめて寛大でした。それはアッラーの命じたものですが、アラブ人自身それほど布教に熱心な性格でなかったようにも見えます。

　イスラーム教には神父・牧師・僧侶に相当する人がおりません。つまり、布教に専心する人はいないのです。そこで、一般信者がその任に当たることになりますが、アラブ人だからこそ説明なしに理解できたイスラーム教です。それをアラブ人ではない人に、どのようにして理解させることができたのでしょう。

　説明するための方法、すなわちイスラーム学はこの段階ではまだ誕生していないのです。ましてや不識字者の多い集団でした。しかもまだイスラーム教徒としての認識より、アラブ人としての認識の強い集団です。


グ・ハーンは大イルハーンと呼ばれるようにイルハーン国（フーラーグ朝）を建設し、シリア国境までのイラン・イラクの支配者となりました。その後この地は異民族、特にアジア系の民族の手により支配され、この地の歴史が積み重ねられていきます。

　アラブ人がイスラーム教をもって三日月地帯を支配したのは六六一年から一二五八年までの五九七年間でした。この地の歴史観からいえば短い征服期間であったといえるでしょう。

　しかしペルシャ、ビザンチンから継承し、イスラーム教とアラビア語により新たな文化を作り上げた彼らの文明は、この世界をアラブ的色彩の濃いイスラーム文明世界として決定づけたのでした。その後、アラブ民族が再び歴史に登場するのは、近代アラブ・ナショナリズムの勃興を待たなければなりませんでした。

それゆえ考えられることは、イスラーム教の布教はアラブ人ではなく、非アラブ人の自発的行動により行われたのではないかということです。被征服者となった二大文明の民人《たみびと》達は、これまでの経験から被征服者となれば強制改宗か、もしくは奴隷、もしくは死か、ということを覚悟したでしょう。

自発的なイスラーム教への改宗

しかし、イスラーム教の支配スタイルは寛大でした。強制改宗はなく、税金さえ納めれば生命の安全と文化の維持は保障されたのです。ましてやイスラーム教徒になれば、その税金さえ免除されるのです。

人間は戦いに敗れると、それまで信じていたものに不信感を持ち、それを否定する者が現れるのが歴史の教えです。ゾロアスター教徒がイスラーム教徒に改宗したことも、またキリスト教徒がイスラーム教徒に改宗したのも、その背景には、それまで彼らを支えていた文明の腐敗に嫌気がさした現実的な悩みがあったでしょう。

非アラブ系イスラーム教徒の誕生

このようにして、イスラーム教はさまざまな文化のなかに組み込まれ、彼らの新たなアイデンティティを形成するようになりますが、その結果、これまでアラブ人には説明しなくても理解できた教えを、説明する必要性が生まれてきました。

しかし、アラブ人にそれを求めても困難で、文明国の住民達の手に託されなければなりませんでした。そこで新たにイスラーム教徒になったペルシャ

百花繚乱のエジプト・イスラーム世界

(1) トゥールーン朝（八六八～九〇五年）

この王朝をエジプトに開いた「アハマド・イブン・トゥールーン」は、中央アジアのトルコ系アジア人で、アッバース朝時代に奴隷として献納されたマムルークの子供でした。「マムルーク」とはアラビア語で「王の所有するもの」という意味で、原則的には奴隷を表す言葉ですが、「雇われ軍人」という意味の強い言葉です。彼は八六八年、エジプトの太守となった叔父に従いフスタート（当時のエジプトの首都）に赴任し、その後、アッバース朝の混乱に乗じてエジプトの支配者となりました。

彼は国内を充実させる一方、八七七年シリアを平定、五代続くトゥールーン朝の基礎を作りました。彼の業績を忍ぶものは、エジプトのカイロに建つ「イブン・トゥールーン」礼拝所が有名です。それはこじんまりしたイラクのサマラーのミナレット（礼拝の時間を告げる塔）を彷彿《ほうふつ》させるものです。

人、ビザンチンの人々の中からイスラーム教を理解するための努力が開始されたのです。

彼らはペルシャ、ギリシャの学問を下地に、イスラーム教解釈をイスラーム学までに高めました。今日、イスラーム学を修めようとする学徒にとって、ギリシャ語とギリシャ論理学が、アラビア語とともに必修となっているのは、このような背景から生まれたものです。

イスラーム教は非アラブ人の枠を越えたときから、異質な文化のなかにその居を構え、民族を越えて理解できるシステムを持つことができるようになります。それはイスラーム教が世界宗教としての行動を開始する条件を持ったということでもありました。

新アラブ人のもとで多様化するイスラーム教世界

こうしてイスラーム教は世界宗教として拡張を続け、インダス川を越えてもその拡張は止むことはありませんでした。このイスラーム教版図《はんと》の拡大は、キリスト教徒のように宣教師によって成されたのではありません。極端にいえば、自然発生的に行われたのです。

イスラーム教は、キリスト教に比べて理解しやすかったこと。商業のためにイスラーム教世界の持つ情報ネットワークに組み込まれることが必要であったこと。すなわちイスラーム教徒になることが大きな利益をもたらしたこと。また、それぞれの国において比較的身分の低い商人階級が身を守る安全保障として、イスラーム教世界の連帯意識は効果的であったこと。こういっ

カイロにあるイブン・トゥールーン礼拝所

たことがその背景にあったと思われます。

それに加えて、イスラーム教は拡大した地域に居住する人の思考に合わせて、その解釈を微妙に変えることが許されるという特技を具備していたからでした。

真正アラビア時代のイスラーム世界の特徴は、一つの解釈の下における統一された世界です。ところが真正アラブ人の時代には、イスラーム教が拡大すればするほど多様化するという現象を見せ、やがてそれは本格的な分裂を展開するという皮肉な現象を見せることになるのです。

原イスラーム教から離脱するイスラーム世界

正統カリフ時代、カリフ・ウマイヤ時代、カリフ・アッバース時代の六二六年間に、イスラーム教は原イスラーム教から大きくその姿を変えました。分裂は預言者が死去した後ただちに始まりましたが、それはイスラーム教の分裂ではなく、どちらかというと部族意識の濃いものでした。

三日月地帯の支配者となり、新アラブ人の時代に入ると、さまざまな文化がイスラーム教の解釈を自分達に合ったものにしていきました。イスラーム教世界は拡大しましたが、それは原イスラーム教世界の拡大ではなく多様な分裂現象でした。

連帯意識を低下させたイスラーム教世界

アラビア民族は部族意識に代わる連帯意識としてイスラーム教を受け入れたのです。沙漠世界で生きるためにも、また中東という民族混在の世界のなかで

トゥールーン朝 868～905

①アハマド・ブン・トゥールーン 868～884
②フマーラワイフ 884～896
⑤シャイバーン 905
③ジャイシュ 896
④ハールーン 896～905

生きるためにも、連帯意識は必要不可欠なものでした。イスラーム教がアラビア民族を統一した段階での連帯意識はきわめて強力なものでした。三日月地帯の支配者になったときのアラビア民族がそれを証明しています。

しかし、新アラブ人世界のイスラーム教は、アル・クラーンというアッラーの言葉をもとに拡大しますが、言葉の解釈の過程でそれぞれの民族にあった解釈が誕生します。それはこの世界の分裂、すなわち連帯意識の崩壊を意味しました。

連帯意識の崩壊が招いたアラビア民族の終焉《しゅうえん》

アッバース朝になって華々しく発達し生まれたのがイスラーム学です。だがそれは、イスラーム法解釈の多様性を生み出し、さまざまなイスラーム教世界が誕生しました。その結果、連帯意識は破壊され、一〇九六年から二〇〇年近くにわたって十字軍の攻撃を受け、それを跳ね返すこともできず、侵略されることになります。

連帯意識の喪失《そうしつ》を証明する最もよい例は、アッバース王朝の分裂であり、アッバース朝自身が一二五八年にジンギスカンの孫、フラグ・ハーン率いるモンゴル軍の侵略に抗することができず、滅亡したことでしょう。モンゴル軍は一週間で数万の人を虐殺したといわれています。連帯意識の崩壊が防衛能力を喪失させ、滅亡させたのです。これ以降、イスラーム教世界はモザイク的世界へとその特徴を変えていきます。

(2) イフシード朝（九三五～九六九年）

イブン・トゥールーン朝の後、エジプトは再びアッバース朝の支配下に治まり、その後、再びアジア人の支配者を迎えます。その王朝の名はイフシード朝と呼ばれ、ムハンマド・イブン・トゥグジュが創設者です。彼はシリア、パレスチナ、メッカ、マディーナを支配します。

ムハンマドは九三九年、アッバース朝から「イフシード」（ペルシャ語で国王の意）の称号をもらいますが、それが王朝名として冠せられます。この王朝もやがて西方のチュニジアに生まれたファーティマ朝により滅亡することになります。イフシード朝を記念するようなものはあまり残っていません。

(3) ファーティマ朝（九〇九～一一七一年）

九〇九年、北アフリカの海岸・農業国チュニジアのカイロワーンにその旗をあげたファーティマ朝は、その名が示すようにシーア派を奉じるイスラーム教朝でした。指導者はイスマーイー

危機意識の誕生

アラブ人によるイスラーム教世界という特徴をまだ見せていたウマイヤ朝時代までは、アラビア民族の中にイスラーム教による連帯意識が強力に存在していました。それは、非アラブ人のイスラーム教改宗者マワーリに対して、彼らは一線を引き、自分達と同じイスラーム教徒として扱わなかったことが、それを証明しているでしょう。

のちに、これらマワーリの不満がウマイヤ朝を倒す原因の一つとなりますが、ともかくこの時代は、きわめてアラビア・イスラーム教徒という意識の強い世界でした。それがアッバース朝になり、イスラーム学の成立と解釈論の多発、そして新アラブ人の誕生などがアラビア・イスラーム教世界から普遍的なイスラーム教世界へと変化したのです。それは当然のことながら、アラビア・イスラーム教徒に危機意識を誕生させました。こうして生まれてくるのが、預言者時代のイスラーム教に戻ろうという運動です。

回帰運動の発生

イスラーム教の特色の一つは、預言者ムハンマドは最後の預言者であるとしたことです。セム族の特徴は、時代が混乱し、民族が危機的状況に陥ると新たな預言者、すなわち新しい律法が降りるという考えを持っていることです。しかし、イスラーム教ではムハンマドを最後の預言者としましたので、新たな律法の降誕は考えられません。

そこで、教徒の生活環境を預言者時代に戻すことにより、危機を脱しようと考える集団が現れます。あるいはさまざまなイスラーム法解釈を預言者時代のように一本化し、一つの法解釈の下で連帯意識の再統一化をはたすべき

ル派の長老を父に持つサイード・イブン・フセインで自らを称して「マフディー」(救世主)と唱えました。

この集団はやがて地中海一帯を支配し、フランスのジェノワを占領するほど強大な国家となりましたが、シシリー島出身の名将ジャウハルが九六六年エジプトを占領、その後シリアを独占し、九七〇年エジプトに「ミスル・ル・カーヘラ」(勝利の駐屯地)という名の町を建設しそこを本拠地としました。現在エジプトのことを「ミスル」(駐屯地)とアラビア語でいいますが、これがその由来です。また首都「カイロ」の「アル・カーヘラ」(勝利・火星)という名前もこのとき生まれたものです。

ファーティマ朝はシーア派の政権です。後にチュニジアから本拠地がここに引っ越してきますが、エジプトを開いたジャウハル将軍は九七〇年、この地にその後のイスラーム教世界に大きな影響を与える礼拝所を作ります。名づけて「ジャーミウ・トル・アズハル」。これが現在のアズハル・モスクです。加えてこの礼拝所に大学を付属

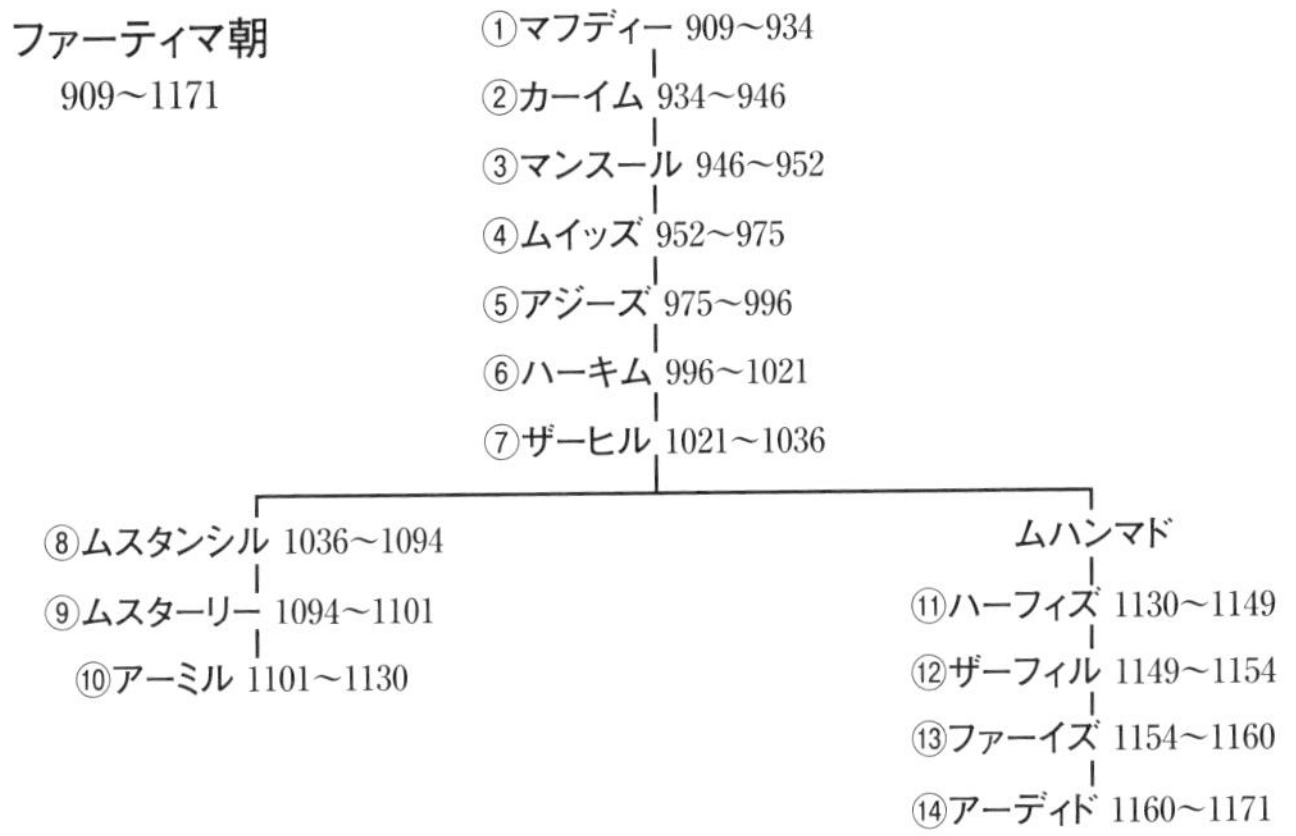

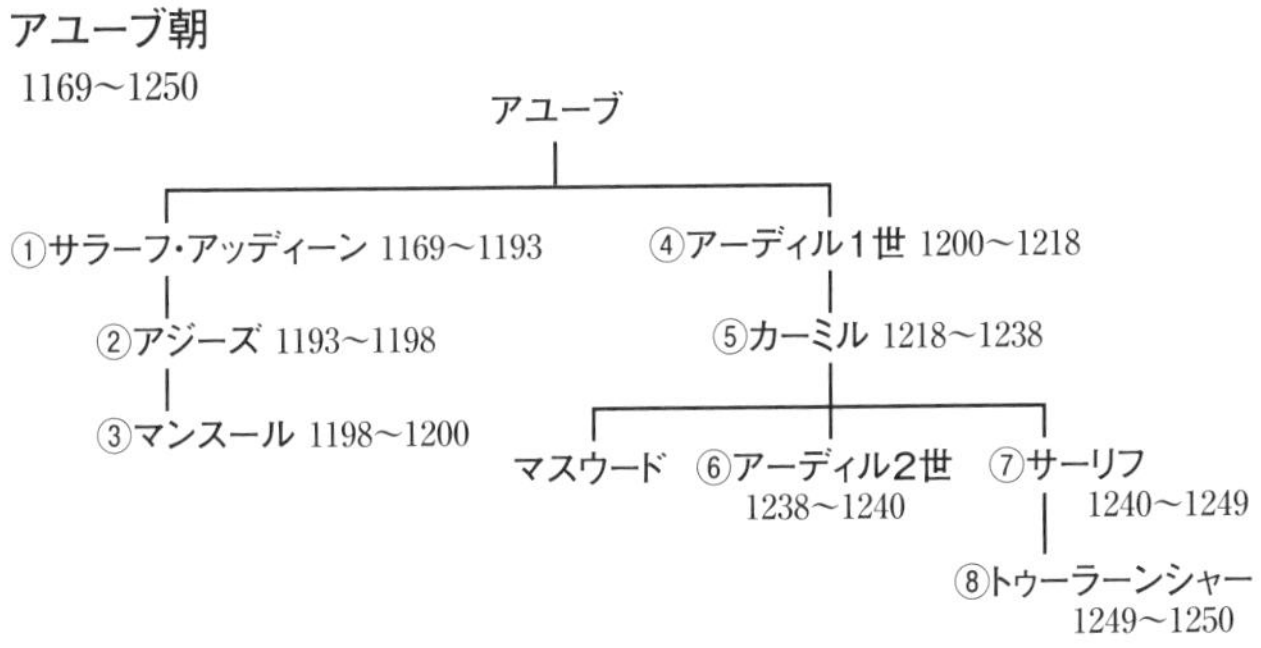

させました。この「アズハル」という言葉は預言者の娘ファーティマの敬称「ザハラ」（美しく咲き誇るもの）という言葉から来ているもので、それの男性名詞です。ファーティマ朝は後にシーア派からスンニー派に転向します。まさにシーア派を象徴する大学・礼拝所でした。スンニー派のマーリキ学派の最高学府として千年以上の歴史を積み重ねて現在なお開かれています。ファーティマ朝は一四代続き次のアユーブ朝にその座をゆずります。

(4) アユーブ朝（一一六九〜一二五〇年）

アユーブ朝の開祖は騎士道物語で有名な「サラーハッデン・アユービ」です。彼はクルド人のイスラーム教徒で、その人格の高さはイスラーム教徒の鑑といわれるほどです。特に十字軍の獅子王リチャードとの戦いは騎士道物語として高く評価され、ヨーロッパ世界で彼の名は「サラデン」で通っております。彼がファーティマ朝を倒せたのはファーティマ朝の宰相である叔父の後を継いで政治を動かし、やがてであるとする集団も現れます。

このような動きが出てきたのは、もろちん百《ひゃっ》花《か》繚乱《りょうらん》の時代といわれたアッバース朝時代に入ってからのことです。特にアハマド・イブン・ハンバルというイスラーム学者に代表されるハンバル派の人々によって華やかな運動となります。

試みられたイスラーム教正常化への道

預言者時代のイスラーム教を原イスラーム教というならば、新アラブ人時代のイスラーム教にはアラビア民族以外の思考による解釈が加わり、原イスラーム教は汚染されたというのが回帰派の考えで、原イスラーム教に付着して汚染しているものを除去することにより、それは解決するというのです。すなわち余計な解釈はすべて除去せよ、というのがその主張です。言葉を換えていえば、アル・クラーンと預言者の伝承以外、法源とするなという要求なのです。

この主張は、時世に不満を持つ一般人をも巻き込んで大きな運動となりますが、そのときの信者の長カリフは彼らの主張を加味して、イスラーム教解釈を原イスラーム教時代にできるだけ戻すという政策を取りました。しかし、完全に原イスラーム教時代に戻るということはありませんでした。この方法は現在も採られている政策です。

自分の王朝を造ったのです。

九八九年エルサレムを陥落させ、十字軍との戦いには連戦連勝の猛将でした。彼は一一九三年シリアのダマスカスで死亡しますが、そのお墓はウマイヤ・モスクの裏側にあって聖地のような存在となっています。エジプトにおける彼の遺産は通称「シタデル」と呼ばれる見事な城壁です。この王朝は九代続きました。

(5) マムルーク朝（一二五〇〜一五一七年）

アユーブ朝のあとエジプトの支配者となったのは「マムルーク」と呼ばれる雇用軍事、もしくは奴隷騎士団の交代による王朝でした。この王朝は二つに分かれていた前期をバハリー・マムルーク（一二五〇〜一三九〇、二〇代）、後期をブルジ・マムルーク（一三八二〜一五一七、二七代）といいます。「バハリ」とはアラビア語で「川」を意味し、ナイル川に駐屯していたトルコ、モンゴル系の軍人を意味します。一方「ブルジ」は「塔」を意味し、城門警備出身の軍人を意味しまし

バハリー・マムルーク朝 1250～1390

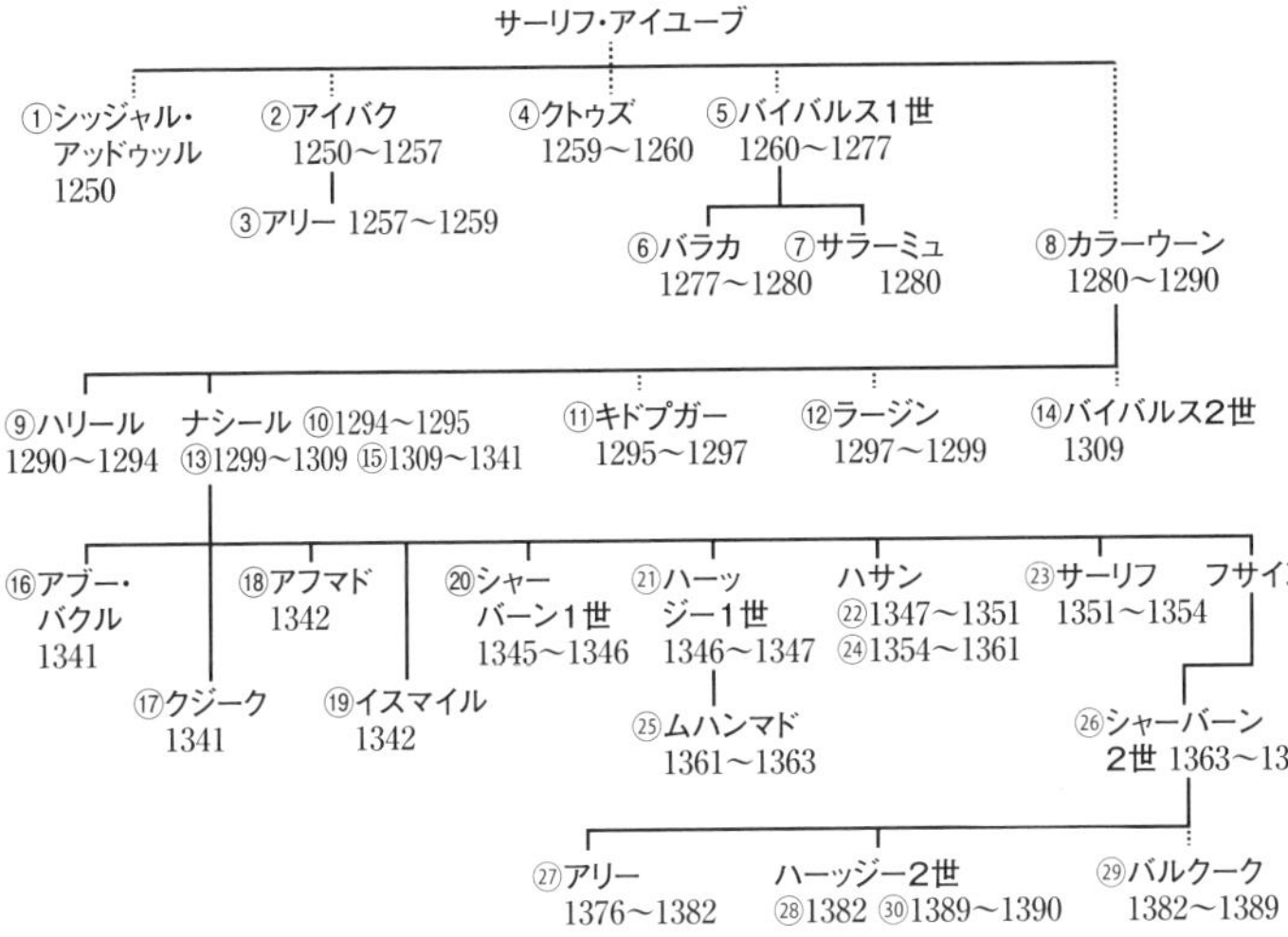
サーリフ・アイユーブ
①シッジャル・アッドゥッル 1250
②アイバク 1250～1257
③アリー 1257～1259
④クトゥズ 1259～1260
⑤バイバルス1世 1260～1277
⑥バラカ 1277～1280
⑦サラーミュ 1280
⑧カラーウーン 1280～1290
⑨ハリール 1290～1294
ナシール ⑩1294～1295 ⑬1299～1309 ⑮1309～1341
⑪キドブガー 1295～1297
⑫ラージン 1297～1299
⑭バイバルス2世 1309
⑯アブー・バクル 1341
⑰クジーク 1341
⑱アフマド 1342
⑲イスマイル 1342
⑳シャーバーン1世 1345～1346
㉑ハーッジー1世 1346～1347
ハサン ㉒1347～1351 ㉔1354～1361
㉓サーリフ 1351～1354
フサイン
㉕ムハンマド 1361～1363
㉖シャーバーン2世 1363～1376
㉗アリー 1376～1382
ハーッジー2世 ㉘1382 ㉚1389～1390
㉙バルクーク 1382～1389

ブルジ・マムルーク朝 1382～1517

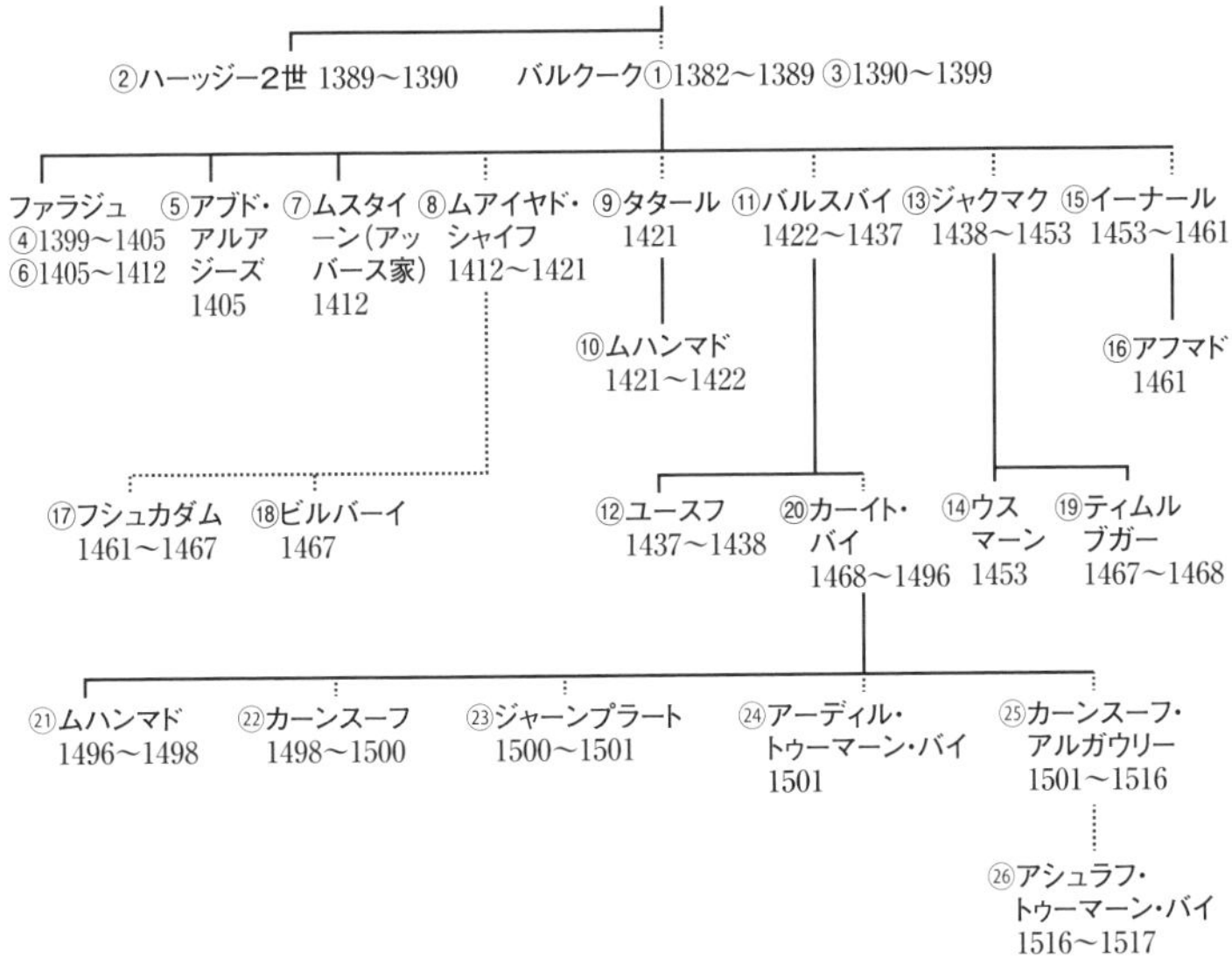
②ハーッジー2世 1389～1390
バルクーク①1382～1389 ③1390～1399
ファラジュ ④1399～1405 ⑥1405～1412
⑤アブド・アルアジーズ 1405
⑦ムスタイーン（アッバース家） 1412
⑧ムアイヤド・シャイフ 1412～1421
⑨タタール 1421
⑩ムハンマド 1421～1422
⑪バルスバイ 1422～1437
⑬ジャクマク 1438～1453
⑮イーナール 1453～1461
⑯アフマド 1461
⑰フシュカダム 1461～1467
⑱ビルバーイ 1467
⑫ユースフ 1437～1438
⑳カーイト・バイ 1468～1496
⑭ウスマーン 1453
⑲ティムルブガー 1467～1468
㉑ムハンマド 1496～1498
㉒カーンスーフ 1498～1500
㉓ジャーンプラート 1500～1501
㉔アーディル・トゥーマーン・バイ 1501
㉕カーンスーフ・アルガウリー 1501～1516
㉖アシュラフ・トゥーマーン・バイ 1516～1517

閉ざされたイジュテハードの門

そのような政策の中で最も印象深いのは「イジュテハードの門を閉める」というものです。「イジュテハード」とは、聖戦で有名なジハードと同じ語源から派生した言葉で「努力」という意味ですが、この場合は「法解釈を努力する」という意味です。すなわち「新たな法解釈を展開するための努力」を停止するという意味です。

もともと、イスラーム教ではアッラーによる直接統治をとっています。たとえ信徒の長カリフがいようとも、よほどのことがないかぎり法解釈を細かくコントロールすることはできません。アラブ人が選択したスンニー派の枠を越えなければ、その解釈は法学者に任せられていました。このためさまざまな法解釈論が世に出て百花繚乱の呈をみせ、イスラーム教世界は混乱状況となりました。それは別の目から見れば、文化の爛熟期のように見えますが、伝統的な法解釈を展開する正統派神学者達にとっては、不安な日々であったと思います。

一〇世紀になり、このような正統派神学者達が神学上の長い論争に勝利を収めると、伝統的法解釈論がイスラーム法曹界を支配し、これ以上の新たな法解釈論を禁止し、イスラーム教世界を伝統的な法解釈論に定着させることに成功しました。それ以降今日まで、このイジュテハードの門は閉ざされ、イスラーム教世界は伝統的な法解釈のなかに置かれたままです。

た。

このなかで興味深いのは、バハリ・マムルーク朝の開祖が真珠の木（シャジャラ・ドゥール）と呼ばれた女性であったこと。また五人目のバイバレスがモンゴル軍の侵入を阻止したスルタンとして、マムルークの歴史上勇名をはせています。

私が経験したイジュテハードの門

イスラーム法解釈とは、法源に使われている言葉・文章の解釈です。そこで、イジュテハードの門を閉めるということは、新たな法解釈を出さないということですから、当然アラビア語文法も、この時代で止まることを意味します。イジュテハードの門を閉めたのは一〇世紀のことですから、文法もこの時で止まったことになります。

私も、このイジュテハードの門なるものを実感したことがあります。それは留学中にある文法書が必要となり、古本屋に行きました。この文法書は高校生が使用するものですが、非常に古いもので、一〇世紀以前に書かれたものでした。

もちろん今は印刷されて売られていますが、古本の方が安いので古本屋で求めようとしたのです。だが、古本屋の親父が私に提示した価格は新本より安いのですが、古本としては少々高いものでした。そこでアラビア直伝の商いを展開し、値切りにかかりました。親父はなかなか妥協しませんでしたが、言い値の三分の二の値段で商談が成立しました。

これは私にとって決して誉められた商いではないのですが、私はその本を見て妥協せざるを得ませんでした。なんと、その本は一六世紀の手書きの文法書だったのです。今から三〇〇年前に書かれたマニスクリプトの文法書を三〇〇円で手に入れたのに、もう少し頑張れば二〇〇円で手に入れることができたかと思うと、今も悔しい思いがしますが、マニスクリプトの本をごく

イスラーム様式が美しいスペインのアルハンブラ宮殿の窓（銅版画）

当たり前に売る本屋の親父の態度に日本との違いを感じたのでした。

イスラーム教は律法なり

教徒だけを対象にする世界

イスラーム教は、アッラーの律法により成り立っている世界です。法である以上、その対象はイスラーム教徒にのみ限られております。よって、イスラーム教世界に住むキリスト教徒やユダヤ教徒はその対象とはなりません。

日本人観光客がイスラーム教世界に行ったとき、よくイスラーム教徒の真似をして彼らに受け入れてもらおうとしますが、イスラーム教徒でないものが、イスラーム教律法の世界に入ることに対して、軽蔑の念を抱かれます。

イスラーム教世界がアッバース朝時代となり、新アラブ人によるさまざまな法解釈論が生まれ、やがて正統神学派が固定化する一〇世紀までの間、この世界はあたかも銀河系宇宙のように拡大膨張し、その内部に多くの小宇宙を抱えることになりました。それは法の乱立を意味し、教徒をコントロールする全体法であるためそれは明確に表現され、イスラーム教世界は多様性を持つ世界となりましたが、それこそ法制の世界であるがゆえの現象であるといえましょう。

教徒にとって法とは何か

ちなみに、イスラーム教の法はアラビア語で「シャーリア」といいますが、これは「道」という意味です。道という意味を持つアラビア語でよく使う言葉に「タリーカ」がありますが、シャーリアは特に「水場にいたる道」という意味を持つ言葉です。その言葉をあえてイスラーム法に当てたということは、やはり意味があるといえましょう。

沙漠世界で「水場への道」は、生命の維持を確実に保障する言葉です。イスラーム法は、それを順守することにより、安定が保障される世界を約束しますから、「水場にいたる道」という言葉は、それを上手に表現したものといえるでしょう。すなわち、イスラーム法は沙漠で民を水場へ誘《いざな》い、その生命を維持することを保障するものと、教徒は考えているのです。

イスラーム教は法なり　法こそ不可欠なり

イスラーム教はユダヤ教、キリスト教と同質の性格を持つ宗教です。イスラーム教徒はそう考えています。神は最初に旧約を降ろし、次に新約を、最後にイスラーム教を降ろしたと考えています。「十戒」が法であることは明らかです。法は秩序であり、一つの世界を構成する規範です。

日本と異なる大陸世界では、さまざまな民族・文化が共存と対立の歴史を繰り返してきましたが、そのなかで団結こそ安全保障を約束するものでした。血族集団も拡大すると分裂を起こし、その能力を低下させます。連帯意識の喪失、それは時には民族の滅亡を意味しました。彼らにとって団結こそ、生存の道だったのです。この強力な団結心を養うエレメントとして、法秩序の存在が重要となります。〝汝、姦淫するなかれ〟〝汝、盗むなかれ〟という法の存在が団結、連帯意識の要《かなめ》となりました。

エルサレムにある「岩のドーム」

この民族の特徴的なことは、彼らの法の創造者を人間とはせず、人間を超越したもの、神としたことです。俗物の人間が作る法は平等とはいい難いという見解からでしょう。唯一神のもたらす法、すなわち啓示こそ大陸世界、特に沙漠という環境を背景とする世界で生き抜くためには、必要不可欠なものであったといえましょう。

法の源―アル・クラーン

ヤハウエ、エホバなどと呼ばれた創造主は、アラビア語では普通名詞「アッラー」と称しますが、これがのちに固有名詞となりイスラームの創造主アッラーとなりました。アッラーが降ろした言葉、すなわち啓示は「アル・クラーン」として集大成され、イスラーム教徒の法の第一の源となったのです。

イスラーム教徒は、アル・クラーンに示された律法を基盤とする世界を創造し、アッラーの命、律法を厳守することによって安全保障の確立を図ったわけです。それればかりか未曽有の発展を手にし、大帝国を建設し、世界史に印象的な記録を残しました。これらの成功はすべてイスラーム律法の順守を基本としてなされ、一つの法体系を柱とする法治国家としてなされたことでした。

盲目的に従う者―教徒

このようにイスラーム教は「アッラー」の律法を主柱とする全体的な法治体制の世界であり、アッラーへの絶対帰依《きえ》が当然のごとく要求され、教徒はアッラーの命ずるまま、あたかも奴隷のごとく服従することが義務づけられています。

モスクの美しい天井

「イスラーム」という言葉は「服従すべきもの」というアラビア語から生まれたものですが、正にこの単純なアラビア語の意味が示しているように、イスラーム教徒が奴隷のごとく主人アッラーに絶対的服従を誓う法体系の世界です。

東洋の宗教のように、人間の努力による解脱《げだつ》を図り欲望を捨て去るというのではなく、ただひたすらアッラーの命に従い、集団の一員としての常識を会得する宗教なのです。

法源としてのアル・クラーン

問題は、このアル・クラーンがアラビア語で記されていることにあります。このことは、言葉の解釈が必要となり、その言葉の持つ意味、適用される範囲を解釈してくれる人が必要となりました。

イスラームがアラビア語を主たる言語とする人々だけに定着していた預言者時代には、この問題はそれほど深刻ではありませんでした。預言者自身がイスラーム教徒の抱える問題に対して、アル・クラーンを解釈し、正しい解答を与えてくれたからです。預言者だけがイスラーム法を解釈し、それほどの説明をしなくても理解できるアラブ人だけが教徒であった時代、この時点では「イスラームは一つ」でした。すなわち、イスラームに関する見解は一つしかなかったのです。

第二の法源――ハディース

だが、唯一の法解釈者である預言者が死去したため、法解釈をする人がいなくなりました。これは法体制を特色とするイスラームにおいて、体制の分裂・崩壊を意味しました。現に預言者が死去したのち、アラビア半島各地にはさまざまなイスラーム集団が生まれています。

このため残された教徒達は途方に暮れ、そのため生前の預言者の行動・言質を集め、それを参考として法解釈をすることにしました。この言行録を「ハディース」といい、アル・クラーンに次ぐ第二の法源としたのです。

第三の法源―イジュマー

このように預言者が死去した後、それまでのアル・クラーンに加えてハディースも法源としました。しかし時代が異民族へ拡大し、新アラブ人の時代を迎えるに至って、この世界は複雑化し、その結果イスラームが裁かなければならない問題は、ハディースだけでは対応できなくなりました。

そこで、数人の律法学者が集まり、協議し合議することにより結論を出すことが制度化されました。この合議で出された結論が判例として認められ、それを「イジュマー」といいます。「イジュマー」というアラビア語は「ジャマア」という言葉から派生し、金曜礼拝に使われる礼拝所・大学・金曜日などの名詞も、この言葉から派生したものです。しかし、この制度は複数の律法学者が存在しなければ有効とならないことから、辺境の地では非現実的でした。

第四の法源―キヤース

そこで、一人による類推解釈が行われることになります。この場合、律法学者は、都会では専門の

シーア派諸派

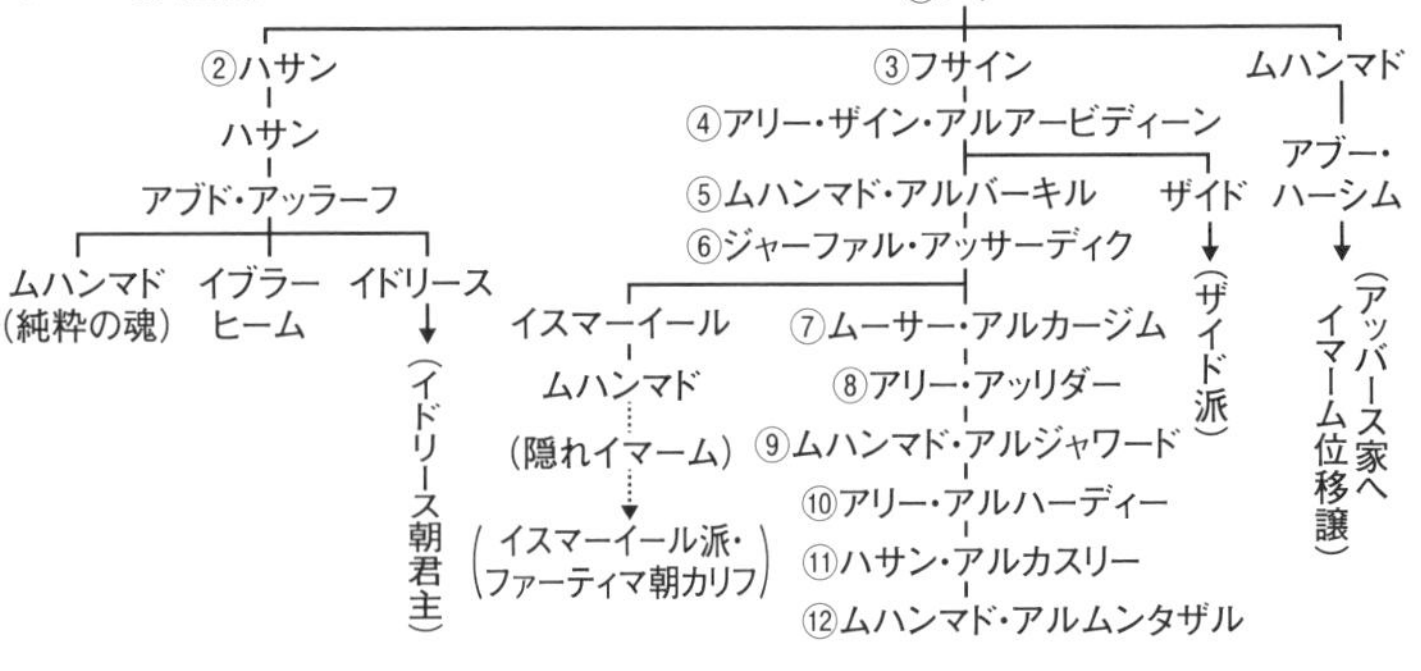

教育を受けた先生がいますが、辺境の地では集団の中で最もイスラームを知っている者であれば、誰でもよかったのです。それゆえ、時には商人であったり、あるいは遊学の途に出た学者や詩人であったりしました。ともかく一人で法判決を下さなければならなかったのです。

こうして、過去の事例から推測して判断し、判決を下すという判例を「キヤース」として法解釈の方法として採用したのです。アラビア語で類推を「キヤース」といいます。

現実的解釈を優先させた法解釈

問題はイジュマーとキヤースです。アル・クラーンは揺るぎないものであり、この範囲で判断できるものはアル・クラーンの解釈をそのまま採用しました。それでは判断できない場合はハディースを読み、判断を下しました。この段階までは何人《なんぴと》もつけ入ることのできない「原イスラーム的解釈」です。

問題は、この二つの法源から直接判断を下すことのできないケースです。特に習慣・風俗の異なる異民族内で起きる問題に関しては、預言者時代にその前例がありません。そこでイジュマーとキヤースが採用され、その結論が判例すなわち律法として、市民権を持つようになったのです。この段階でイスラーム世界は、アラブ世界を飛び越え異民族世界に完全に定着するシステムを持ったといえるでしょう。

主なシーア派諸派

シーア派は、イスラーム世界の指導者は預言者ムハンマドの血を引き、預言者が正しき後継者として認めたアリーの子孫でなければならないとする人々のことで、預言者の娘ファーティマとアリーの二人の息子達（ハッサン、フセイン）こそ、イスラーム世界の正しい指導者であるとし、四代目カリフのアリーの名を冠して「アリー派」と呼ばれます。

政治的に判断すれば、ウマイヤ朝のカリフ制に反対する運動として世に誕生したといえるでしょう。彼らの主張は、法解釈上においてアル・クラーン（聖典）とハディース（預言者の伝承）を法源として、それを解釈する人間は預言者の血を引く者でなくてはならず、その人物だけが持つ特殊な解釈能力が必要であるとします。その能力を持つ人物が預言者の血を引く人間で「イマーム」と呼ばれます。

「イマーム」なる言葉は元来スンニー派では「礼拝を指導する者」という単純な役目を表す言葉ですが、シーア派では「イスラーム教徒の指導者」とい

イスラーム教世界は一つではない

誰もが知っているように、イスラーム教には二つの派があります。一つはペルシャ人的法解釈論によるアリー派（通称シーア派）と呼ばれるものです。一方アラビア世界でのイスラーム教はスンニー派と呼ばれ、その中の四つの派によって構成されています。

アル・クラーンとハディースは、基本的法源としてすべてが採用します。問題はイジュマーとキヤースの取り扱いをめぐって分かれています。スンニー派に属するハナフィー派、マーリキ派、シャーフィ派、ハンバル派はこうして生まれ、現在世界のイスラーム教徒はこの四つの派と、シーア派のいずれかに属しています。それればかりではなく、現実にはこれらの宗派はさらに細分化され、実にさまざまな解釈が存在しています。

イスラームは律法による全体主義的宗教ですから、その細分化された宗派一つ一つが独立した世界を形成することになるので、イスラーム教世界は一つではないといえます。しかし、イスラーム教徒はよく「イスラームは一つである」と言います。それはアル・クラーンをすべての宗派が基本としているからですが、近代社会において政治的パワーを生み出すバックボーンとして、イスラームの共通性に期待したいからでしょう。

シーア派にはイラン人が多く属していますが、アラブ人もいます。シリアのアサド大統領の一族は、このシーア派の一派であるアラウィ派イスラーム教徒です。しかし、アラビア世界でのイスラーム教徒の大部分はスンニー派

う重大な意味を持ち、その意味合いは大きく異なります。

(1) **一二イマーム派**

シーア派中最大の派です。アリーから数えて一二代をイスラーム教徒の指導者（イマーム）とする派です。一二代目のムハンマド・アル・マハディーが突然に姿を隠し、やがて救世主（マハディー）となって現れ、イスラーム教世界を立て直すという考えをもち「隠れイマーム」論を唱えます。

この派に属する人はイランに多く住んでいますが、クウェート、アフガニスタン等にもおります。聖地としてメッカ、マディーナはもちろんですが、アリーの聖廟のあるナジャフ、フセインの聖廟のあるカルバラー、第七代、第九代イマーム廟のあるバグダード近郊のカーズィマイン、第八代イマーム廟のあるマシュハド、ファーティマの廟のあるコムなどが聖地として巡礼の地となっています。

に属しています。

預言者のように——スンニー派

「スンニー」とは、アラビア語「サナナ（習慣を作る）」から発した言葉で、イスラーム教以前から「習慣」という意味で使われていました。イスラーム教時代になり、これが「預言者の言動」を指す言葉として使われ、イスラーム教徒の手本として法源となり、その言動を記したのが「ハディース（伝承）」の本です。

スンニー派とは、この預言者の言動をアル・クラーンと同質と考え、それを規範とすることを法の中心においている集団をいいます。彼らは預言者の言動に記されていないことが導入された場合は、それを「ビドア（異端）」とし、否定し排斥します。

この派は当然のことながら、アル・クラーンとハディースは基本的法源として認識します。問題はイジュマーとキヤースの取り扱いをめぐってそれぞれが異なった見解を持っています。

イスラーム教は律法による宗教を特色とするものですから、その法解釈の違いは一つの独立した世界を形成することになります。そればかりではなく、現実にこれらの宗派はそれぞれがさらに細分化しているので、実にさまざまな世界が共存しているといえるでしょう。こうしてイスラーム教世界はモザイク的様相を見せ、複雑な世界を作り上げているのです。

(2) **ザイド派**

アリーの曽孫ザイド・イブン・アリーを第五代イマームであるとして分派しました。この派のイマームは、預言者の血を引く者であればアリーの子孫にこだわらず、隠れイマームは認めず、集団を統率する能力がある人物がイマームとして認められるという現実的な解釈をします。

この派は北部イエーメン国に多く、かつて北イエーメン国が存在していたとき国民の半数がこのザイド派に属していました。そのイマームはトルコ帝国に対する独立闘争を展開、一九一八年に独立を果たしています。現在イエーメンは共和国であり、イマームは政治の舞台に登場してきませんが、イエーメン北部はザイド派の世界として知られており、その存在は常にイエーメン情勢を考えるとき無視できないものとなっています。

四大法学の成立

さて、スンニー派はアル・クラーンとハディースを法源としますが、問題はその後のイジュマー、キヤースの採用に関して、またその順序に関して一致していません。ある集団はこの二つの判例を認めないものもあります。

この採用により、イスラーム世界は多様性のある世界となりましたが、真正アラブ人の強い地域では、アル・クラーンとハディースのみが法源として採用されたのは当然のことかもしれません。スンニー派はこの四法源の取り扱いをめぐって、イスラーム教法律学者がその理論を確立し、それぞれの派を誕生させていったものなのです。

こうしてアッバース朝時代の八世紀半ばから九世紀の半ばにかけて、律法権威者を祖とする法学の派が形成され誕生しました。

ハナフィー学派

イラクのクーファを中心として、アブー・ハニファ（六九九～七六七年）を祖とする学派。地域的慣行や、法学者の個人的見解に寛大なのが特徴で、法源のなかでアル・クラーンとキヤースを重視しています。この派はアッバース朝初期にアッバース家公認の学派となりますが、非アラブ人世界に多くの教徒がいるといわれています。特にトルコ人イスラーム教徒にこの派に属している教徒が多いようです。

マーリキ学派

預言者の町アル・マディーナの律法学者の家に生まれ、同地で裁判官としてその生涯を終えたマーリキ・イブン・アナスア（七〇九～七九五年）を祖とする学派で、現在はエジプトのアズハル

(3)　ドルーズ派

シーア派を語るとき、一二イマーム派と並び称される派にイスマーイール派があります。この派は今はさまざまな派に分かれ、この名だけを名乗ることはないといわれてますが、一二イマーム派から分かれ別名「七イマーム派」とも呼ばれ、西暦七六五年に生まれました。イスマーイール派は大きな影響力をもった派で、そこから生まれた分派は現在なおイスラーム教世界に重きをなしています。

その一つがこのドルーズ派で、この派は元来エジプトに出現し、イスマーイール派の流れをくむファーティマ朝の第六代カリフ・アル・ハーキム（九九六～一〇二一年）の死にその端を発しています。この派はハーキムを神格化し彼を最後のアッラーの化身と認めているのが特徴です。彼らはハーキムは死んでおらず、救世主として再来ると主張します。

元来レバノン、シリアの山岳地帯に本拠を持ち、活動範囲を拡大していきました。近代になってもドルーズの存在は重要で、特にレバノン政局におけ

大学を最大の拠点としてエジプト、アルジェリアなどに多くの教徒がいます。四大法学のうちで最もハディースを重視し、比較的伝統的な法解釈を展開し、実践的な派であるとされています。

シャーフィ学派

アブー・アブドゥラーフ・ムハンマド・イドリース・アッ・シャーフィ（七六七～八二〇年）を学祖とする派で、マーリキの弟子です。彼は、今パレスチナ問題で有名なガザの町に生まれました。シャーフィ派は四つの法源を使用する派で、キヤースを第四の法源とします。彼は三段論法にもとづきそれまで論理的に不明確であったキヤースの概念を明確にし、イスラーム法解釈学を完成させた人とされています。この派に属する教徒はバーレーン国、アラビア半島南部に多く、東南アジア、東アフリカ、中央アジアに居住しているといわれます。

ハンバル学派

最後のハンバル学派は、バグダード生まれのアファマド・イブン・ハンバル（七八〇～八五五年）を祖とする派です。彼はシャーフィに学び、イスラーム教世界は完全にアル・クラーンとハディースの世界に戻るべきであると主張します。彼はこの二つの法源以外は認めようとはせず、アッバース朝第七・八代カリフ当時のイスラーム教を支配していた集団と対立し、投獄され獄死します。

この派はきわめてシンプルで、預言者時代のイスラーム教世界を理想とする集団であり、回帰運動はここから生まれたともいわれています。現在この流れをくむ派は、サウジアラビア王国のワッハーブ派です。同国の歴史を見

るドルーズ勢力は無視できないものがあります。その中でも有名なのがジュンブラット家です。現在レバノンには約二二万人ほどの教徒がおります。

⑷ **アラウィ派**

この派が有名なのは、シリアのアサド大統領一族がこのアラウィ派に属しているからです。シリアにはこのアラウィ派、シーア派、ドルーズ派等のシーア派系のイスラーム教徒が、総人口の一六パーセントにあたる二四七万人ほどいるといわれています。この派もイスマーイール派の流れをくんでいるといわれますが、イスラーム教とキリスト教、それにシリアの土俗宗教がミックスされており、シーア派の中でもわかりにくい宗派であるとされています。

シリアの国民の七四パーセントはスンニー派のイスラーム教徒であり、シリアでは大統領の属するアラウィ派は少数派に属し、そのため政治の難しさがこの国の政治情勢を特徴づけています。

れはわかりますが、ワッハーブ派は預言者時代を彷彿《ほうふつ》させるもので同国に定着しました。その意味で純正アラビアのイスラーム教といえるでしょう。

四つの世界を示した「マディーナ・トル・サラームの門」

このほかにもスンニー派には分派がありましたが、一〇世紀の半ばに正統神学として定着したころには、この四つの派がスンニー派を代表する法解釈の柱となりました。このような世界を具体的に表すものとして、今は見ることのできない記念碑があったといいます。

それはアッバース朝時代を象徴する町、「マディーナ・トル・サラーム」と呼ばれた首都バグダードです。この町はイスラーム文化を象徴する町でしたが、ジンギスカンの孫フラグにより破壊されました。町全体は円い城で東西南北に門がありましたが、その四つの門にスンニー派を構成する四つの派の名前が冠せられたといいます。「ハーブ・ル・マーリキー」すなわち「マーリキ学派の門」というように。

礼拝所に見る小さなイスラーム教世界

アラブ・イスラーム教における礼拝所とは

ここではイスラーム教の法世界を身近に見てみましょう。それを考えるにいちばんよい場所は礼拝所です。聖俗の区別がなく、聖職者階級を持たないイスラーム教にとって、礼拝所はさほど重要な所ではありません。礼拝は決められた場所がなくてもできるのがこの宗教の特徴ですから、なければ困

(5) **イバーディー派**

イスマーイール派の分派でイブン・イバードを始祖としています。現在はオマーン国の人口の七五パーセントにあたる一五〇万人がこの宗派に属しているといわれます。そのほかに東アフリカ、南アルジェリアなどにも少数ではありますが存在しています。

この派は比較的穏健な法解釈を展開する派で、他宗教との共存においてもスムーズな形態を持っているといわれています。

るというものではありません。

しかし、イスラーム教は全体的宗教ですから、日常生活において常にイスラーム教にもとづいた判断を仰ぐ必要があります。集団が大きくなると集まる場所も必要となり、そのための場所が設営されました。その場所が礼拝のときにも使われることになった、と考えたほうが理解しやすいかもしれません。

特に金曜礼拝は集団で行わなければならず、またそれが終わった後に法学の判断を仰ぐことからも、集合する場所が必要となりました。もっともアラビアは灼熱《しゃくねつ》の世界ですから、太陽の直射から身を守る目的もあったかもしれません。なにせ金曜礼拝は真昼に行われるのですから。

このように礼拝所は礼拝の場所というよりも「集まる場所」という意味が強く、あらゆる集会に利用されます。時には砦《とりで》となり、病院となり、集会所となり、学校になり、とその使用目的はさまざまです。ただ、連帯意識の熟成を図る意味では、礼拝所は大きな役割をはたしているといえるでしょう。

会合の場所としての礼拝所は、イスラーム教世界が安定するにつれて豪華な建物として登場します。それはイスラーム教文化の粋を集めた芸術品としても高い評価を集め、時の繁栄を後世に伝える役割も担うことになります。

しかし、礼拝所の基本は礼拝であり法の解説の場です。当然のことながら、一つの礼拝所には同じ派の人間しか集まりません。ですから礼拝所を見ると、その国がどのようなイスラーム教の歴史を歩み、またどのような国情

エルサレムの岩のドーム（銅版画）

であるかがわかります。礼拝所を見ることによって、イスラーム教そのものの片鱗を見ることができるといえましょう。

礼拝所での一日

私がカイロに住んでいたとき、アズハル界隈《かいわい》にある「マスジット・ベンティ・バルクーク」と呼ばれる礼拝所で一日を過ごすことがよくありました。この礼拝所はたいへん美しい礼拝所で、マムルーク朝のスルタン・バルクークが娘の墓として建てたものですが、学校としても使われる礼拝所でした。

ここで建物を細かく調べたり、写真を撮ったり、来る人間と世間話をしたり、昼寝をしたり、時には礼拝に来た律法学者から学んだりして一日過ごしました。これは最も大きな礼拝所であるメッカの「マスジット・ル・ハラーム」でも同じで、これが礼拝所のふつうの使用方法なのです。

いろいろある礼拝所

アラビア語で礼拝所は「マスジット」といわれます。「膝を屈する場所」という意味です。アラビアのイスラーム教世界に行くと、「マスジット・なになに」という名で呼ばれる礼拝所が目につくでしょう。これは建物の場合もあれば、建物の一角に間仕切りしてある場合もあり、また単に木陰に敷物を敷いただけの場合もあります。要するに礼拝用に敷物が一枚あれば、そこが礼拝所となるのです。

また、「ジャーミウ」と呼ばれる礼拝所もあります。ジャーミウは「人の集まる場所」という意味で、生活に必要なイスラーム教の判断を仰ぐ場所という機能を持ちます。もちろん非常時になれば砦となり病院となり、宿泊所

キブラ　キブラは礼拝の方向、カーバ神殿＝メッカを示すもの。この銅版画はエルサレムにあるアクサ礼拝所のもの

ともなる場所です。ジャーミウは大きく、金曜礼拝はここで行われ、律法学者は集まった人からの質問や相談に答え、また時には時局講演も行われます。

ジャーミウに見る一法学の世界

この礼拝所は、その置かれている地域のイスラーム教が、どの法学に属しているかを明確に示します。メッカの方向（キブラ）を示す「ミフラーブ」と呼ばれる窪みを壁に設けていることは他の礼拝所と同じですが、それは壁の一面に限って作られています。また集合する空間もできるだけ大きな広間として設けられ、一面の中に収められるように設計されています。このため中央が空に向けて吹き抜けの空間をもち、前の部分だけに天井が設けられています。

要するに壁で囲まれた空間のようなもので、メッカの方につくられた壁の面にミフラーブがあるだけです。したがって、ジャーミウは一つの派だけの礼拝所であり、法律相談所であることがわかります。

大学は金曜礼拝所に付属する機関

ジャーミウは、一つの派が金曜礼拝後に律法解釈を行うための場所で、律法学者が常時いて教徒の質問に答えられるようにしておかなければなりません。しかし、イスラーム教には僧侶はいませんので、律法学者を僧侶として置くというシステムはありません。その代わりにジャーミウには、律法を学び研究する組織を置きました。

それが「ジャーミア」と呼ばれるものです。これはジャーミウの付属機関という意味で、女性形容詞の名前です。現在では「大学」と呼ばれています。律法学者になる人はこの機関で勉強し、各地を歩いて各派の律法を学んだ後、このような付属機関で律法学者（ウラマー）として、教授として、また裁判官として世に出ます。そして名声が上がると「ジャーミウ」で律法解説を行うのです。

マドラサに見る四大法学共存の世界

マスジットには「マドラサ形式のマスジット」といわれるものがあります。マドラサとは「学ぶところ」という意味で今の学校に当たりますが、かつてこの言葉は「律法を学ぶところ」という意味に使われていました。

この形式のマスジットは、ジャーミウと異なり一つの法学にこだわらず、スンニー派の四法学を共存させるところに特徴があります。マスジットの中に入ると、中に噴水を持つ中庭のような青天井の部屋に入りますが、その中庭に接する四面にはアーチを持つ仕切りのない部屋が接し、時にはその上に部屋を持つ場合もありますが、それが一つのマスジットを形成しています。すなわち四つの部屋は四つの法学を示し、それぞれそこで法学の勉強ができるようにしているのです。（次頁の図参照）

このようにマスジットが語る歴史は、四法学共存の世界が成立していることを示すもので、エジプトのマムルーク時代がその代表として挙げられています。しかし、ジャーミウでは一派の律法のみにもとづいて行われます。

金曜礼拝は連帯意識の認識

元来、イスラーム教はアッラーと教徒が直接結ばれる律法の宗教です。その中間にいかなる者の介入も許されていません。たとえ預言者の家の者であろうと、また教徒の長であるカリフであろうとも、宗教大臣であろうとも、介入することはできないのです。このためアッバース朝においては多くの法解釈論が出て、イスラーム教世界のなかには小さなイスラーム教世界が誕生しました。

それはイスラーム教の大原則がアッラーと教徒の関係にあるからです。ア

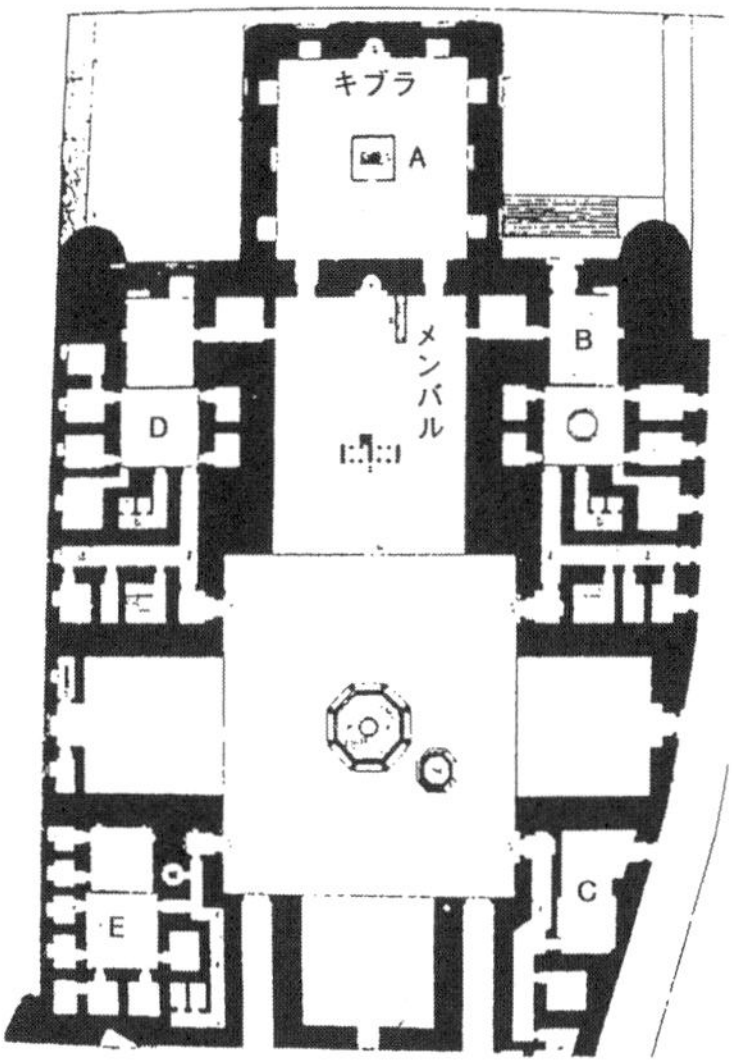

マドラサ形式のマスジット　スンニー派四大法学院が共存するスルタン・ハッサン礼拝堂・墓所　Aスルタン・ハッサンの墓　Bハナフィー学派院　Cハンバル学派院　Dシャーフィイ学派院　Eマーリキ学派院

ラビア民族がイスラーム教を受け入れた背景は、新しい連帯意識の育成でした。そのための具体的な行いが、同時刻・同方向に向けての礼拝であり、巡礼であり、断食であり、喜捨であり、そして金曜日の集団礼拝なのです。

　金曜礼拝が毎週一回行われることになり、デジタル的なイスラーム教の原則もアナログ的な連帯性を持つことができるようになったのでしょう。金曜礼拝の終わりに、教徒は隣りの人に対して「あなた方に平安があらんことを、またアッラーのご慈悲があらんことを」という挨拶を交わします。

　この場合、イスラーム教徒であれば宗派を越えて礼拝ができるので、隣りにどの法学の派の人が来るかわかりませんが、一様にこの言葉をかけ、教徒としての連帯意識を認識するのです。

4
雑学イスラーム教案内

マグリブの章

アッラーの支配する世界

ユダヤ教、キリスト教、イスラーム教は同根の宗教

中東世界には三つの宗教が共存しています。ユダヤ教、キリスト教、そしてイスラーム教です。イスラーム教の見解によれば、これら三つの宗教は一直線に結ばれ、アッラーは教徒の腐敗に合わせて旧約聖書、新約聖書、アル・クラーンと啓示し、人類を腐敗から救ったとされています。よって、これらの宗教は同根の宗教であると、イスラーム教徒は信じています。

もちろんユダヤ教徒はキリスト教、イスラーム教を、キリスト教徒はユダヤ教、イスラーム教を、イスラーム教徒が信じているように同根の宗教とは認めていません。そればかりか、時にはその存在すら認めていません。もっとも、イスラーム教より前に生まれたユダヤ教やキリスト教にとって、イスラーム教の存在などあろうはずがありません。ましてや排他的な一神教の世界、両宗教がイスラーム教を同根の宗教であるとは認め難いでしょう。

中東世界の中における宗教の共存

このように三つの宗教は、それぞれ異なる見解を持っていますが、中東世界においてこの三つの宗教集団は見事に共存しています。もちろん今の中東世界では、イスラーム教がメジャーな宗教として大きな力を持っています。共存もその枠組みのなかで行われていますが、それぞれが個性的な姿を崩すことなく、

また崩されることなく生活しています。

ところで、日本はさまざまな宗教が共存し、八百《やお》万《よろず》の神々が共存する世界として名高い国です。たかが三つぐらいの神様が共存しているぐらい何だ、と言われる読者もいると思いますが、日本と中東ではこの共存形態が根本的に異なっているのです。

宗教の共存とお汁粉談義

日本における共存は境目のない共存、一世界内における共存であるといえましょう。しかし中東では三つの世界がモザイクのように共存しており、決して一つの枠内における共存ではありません。たとえていえばそれは「田舎汁粉」と「都汁粉」のようなものであり、小豆《あずき》がその形を崩さず入っている「田舎汁粉」が中東世界での共存であり、小豆がその形をなくして液状となり、かろうじて小豆の存在を舌先で感じるような「都汁粉」が日本的共存であるといえましょう。

すなわち、個々の小豆がその存在を誇示する姿が中東世界であり、小豆の姿を認識することができないほど融合しているのが日本の共存形態です。日本

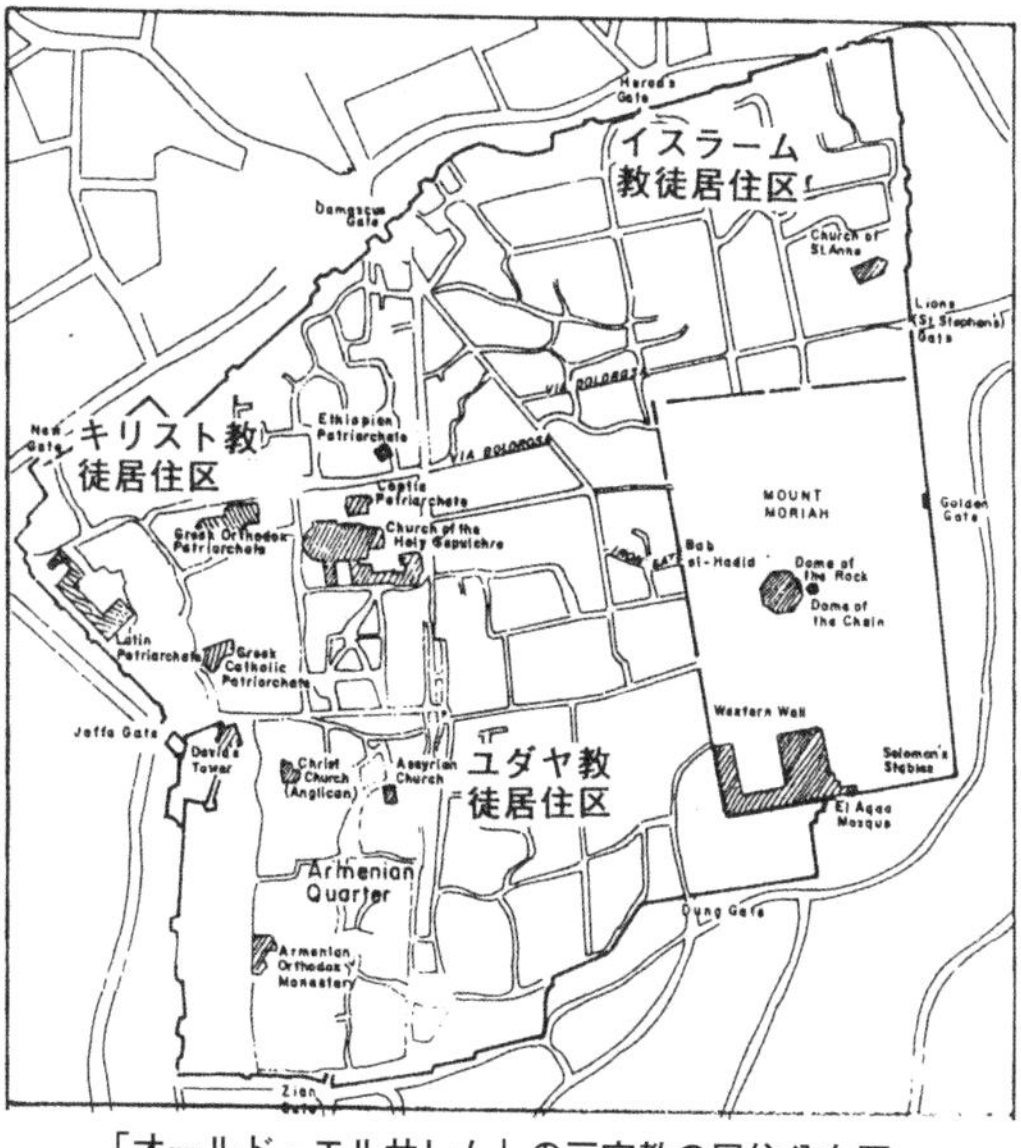

「オールド・エルサレム」の三宗教の居住分布図

は非個性的世界、集団的世界としての特徴を持ち、「みんなで渡れば怖くない」などの言葉がはやり、同じメーカーのバッグを持たなければ肩身が狭いと考えるようになるのです。

「ホリデイ」を休日と訳した働き蜂日本人

日本人はキリスト教徒でもないのに日曜日を休日としました。英語「Holy-day」を休日と訳しましたが、それは「仕事から離れた生活」を送る日であるという現象を見て訳されたのでしょう。しかしこの日は単なる休日ではありません。

キリスト教徒にとって、この日は「聖なる日」であって、神との契約を全《まっと》うする日です。すなわちキリスト教徒のみが仕事から離れ、敬虔《けいけん》な教徒として一日をおくる日です。ユダヤ教は金曜日の日没から土曜日の日没まで、イスラーム教は金曜日と、それぞれが創造主との契約を履行する日なのです。

「干渉されず、干渉せず」の世界

宗教は、近代になって国家という枠組みのなかに置かれることになりましたが、イスラーム教的憲法を持つ国は金曜日を聖なる日としました。この結果、公共の機関は金曜日は閉鎖され、公立学校も金曜日は休校となりました。

イスラーム教徒の子弟の場合には問題はありませんが、異なる聖なる日を持つユダヤ教徒、キリスト教徒の場合には、公立学校への登校は不可能となります。そこで彼らは別に学校を作ることになりました。日本人なら、国からのサービスを平等に受ける権利を主張し、国に学校の建設を要請するとこ

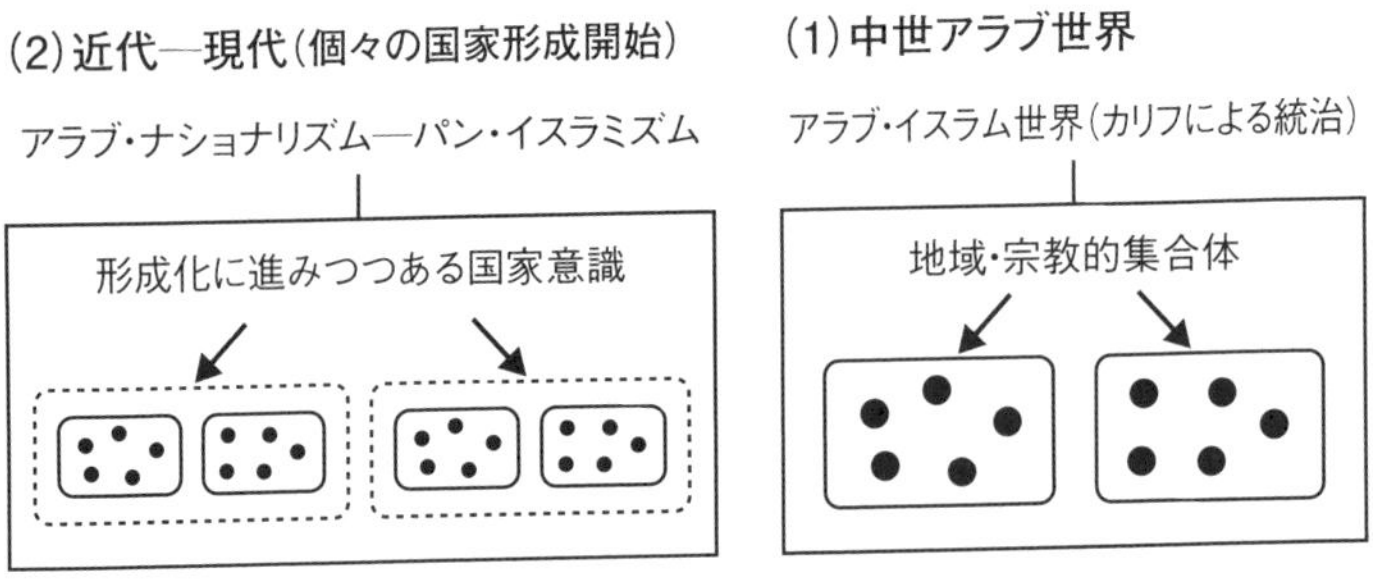

料金受取人払郵便

神田局
承認

1551

差出有効期間
平成28年8月
31日まで

郵便はがき

101-8791

511

東京都千代田区
神田神保町1丁目17番地
東京堂出版 行

※本書以外の小社の出版物を購入申込みする場合にご使用下さい。

購入申込書

〔書 名〕	部数	部
〔書 名〕	部数	部

送本は、○印を付けた方法にして下さい。

イ.下記書店へ送本して下さい。
(直接書店にお渡し下さい)

(書店・取次帖合印)

書店様へ=貴店帖合印を捺印の上ご投函下さい。

ロ.直接送本して下さい。

代金(書籍代+手数料、冊数に関係なく200円)は、お届けの際に現品と引換えにお支払い下さい。

*お急ぎのご注文には電話、FAXもご利用下さい。

電話 03-3233-3741(代)
FAX 03-3233-3746

愛読者カード

〈本書の書名〉

フリガナ お名前	年齢 歳	男 女

ご住所　（郵便番号　　　　　）

電話番号　（　　　）

メールアドレス　@

ご職業	本書をどこでご購入されましたか。
	都・道 府・県　市・区　ネット書店　書店

■お買い求めの動機をお聞かせ下さい。（複数回答可）

A 新聞・雑誌の広告で（紙・誌名　　　　　）
B 新聞・雑誌の書評で（紙・誌名　　　　　）
C 人にすすめられて　D 小社のホームページで　E インターネットで
F 書店で実物を見て　（1.テーマに関心がある　2.著者に関心がある
3.装丁にひかれた　4.タイトルにひかれた）

■本書のご感想、お読みになりたいテーマなどご自由にお書き下さい。

■ご関心のある読書分野（複数回答可）

A 日本語・ことば　B 外国語・英語　C 人名・地名　D 歴史・文学
E 民俗・宗教　F 自然・気象　趣味（G マジック　H ハーブ・アロマ
I 鉄道　J その他　　　　）　K その他（　　　　）

★ご協力ありがとうございました。ご記入いただきました個人情報は、小社の愛読者名簿への登録、出版案内等の送付・配信以外の目的には使用しません。
愛読者名簿に登録のうえ、出版物のご案内をしてよろしいでしょうか。
（□ はい　　□ いいえ）
なお、上記に記入がない場合は、「いいえ」として扱わせていただきます。

ろでしょう。

だが、大陸世界に住む人間は、日本人ほど政府を頼りにしません。彼らは日曜日に創造主との契約を守れる学校を自分たちで作ります。日本で考えられるような、政府は差別しているというような批判じみた声は上がらないのです。そこには「干渉もせず、干渉もされず」という大陸世界で歴史を重ねてきた民族の持つ知恵が見られます。

田舎汁粉の世界—中東

このように中東における共存とは、「田舎汁粉」の小豆のように、それぞれが独立した世界として共存しているのです。日本のように互いに干渉することもなく、全く別の人格として隣同士が生活をしています。日本では会っている相手が何教を信じているかわかりませんが、中東の人は少し話をするとその人がユダヤ教徒か、キリスト教徒か、イスラーム教徒かを即座に見破ることができます。慣れてくると派までわかります。イスラーム教のマーリキ学派の人間であるというように。

それほど宗教がアイデンティティを構築しているのです。それは日本人の持つ国家意識と同等な概念であり、その意味で宗教は国家そのものであると理解すると、中東における宗教を理解できるでしょう。

都汁粉的共存の国—日本

七世紀のアラビア半島に生まれたイスラーム教は世界の一神教（ユダヤ教、キリスト教、イスラーム教）の中で最も若い律法です。人間を越えるもの（神）によって啓示さ

(3)現代—未来

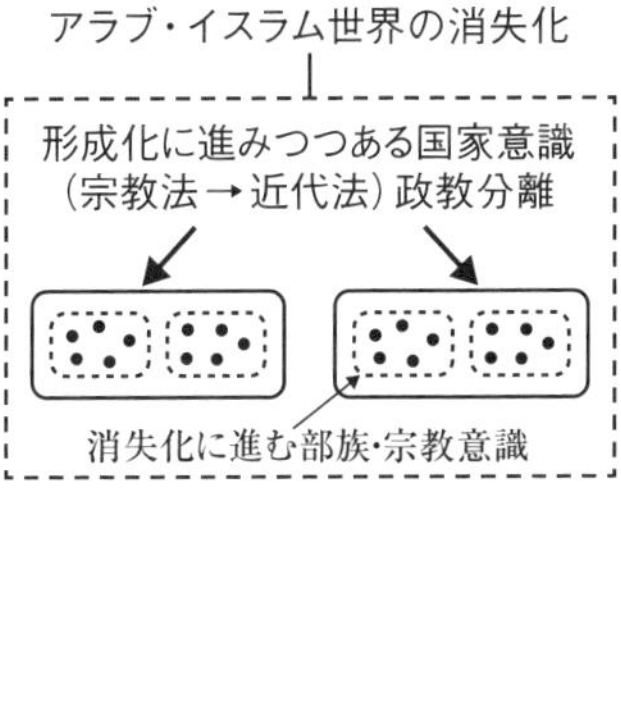

(4)将来のアラブ世界

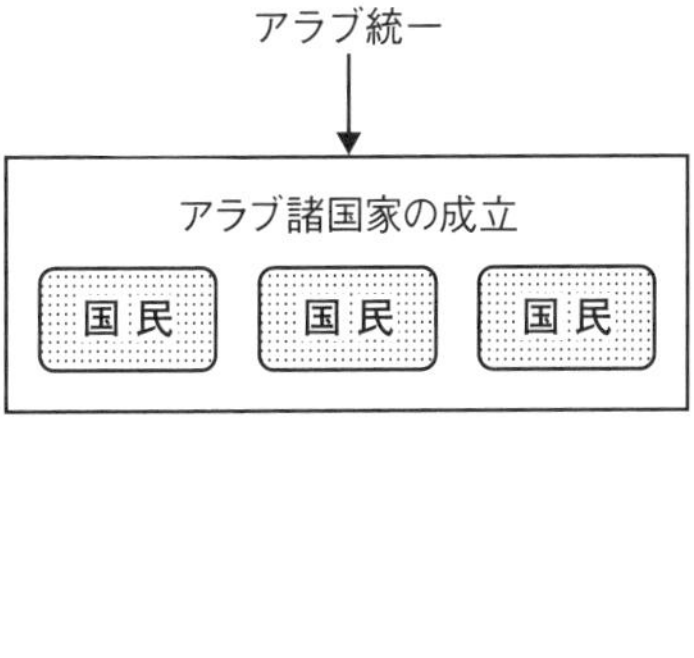

れ、預言者といわれる神より選ばれた者によって人間世界にもたらされた秩序、律法は宗教と呼ばれていますが、それは我々日本人の身近にある宗教と同質なものとは言い難いものです。

日本のキリスト教を見ても、それは中東世界のキリスト教と大いに異なり、日本のキリスト教徒の生活と中東世界のキリスト教徒は、時には全く異質なもののように見えます。

日本のキリスト教徒は、あくまでも日本人としての意識を先行させているように見えます。そのため日曜日に父兄会を行うような公立学校に子弟を登校させても、それほど違和感を感じないのです。またキリスト教徒以外の日本人も、このことをあえて意識的に感じることがありません。

日本にしか見られない宗教トラブル

日曜日の父兄会に欠席した（教会に礼拝に行かなければならないから）問題をめぐって、父兄と学校側が激しく対立する事件が起きたときも、キリスト教徒の親に対する批判は当然のことながら起きました。それと同時に「信仰の自由」に関する問題が関心を呼びました。このような事件は中東では起きないでしょう。

それはイスラーム教を基盤とする国家の公立学校に、キリスト教徒が登校することはないからであり、もしあったとしても、それはイスラーム教の律法を尊重し金曜日に休み、日曜日に登校することになります。もしなんらかの宗教的理由で日曜日に休み、その結果欠席扱いになったとしても、キリス

新聞記事を読んで

一九九九年八月一九日付の新聞に面白い記事が出ていました。三重県津市の市立小学校でイスラーム教徒の児童に対してこれまで出していた特別な給食メニューを取りやめたことに、両親が抗議を出し、それに応じて「三重県在日外国人教育研究協議会」が抗議、県教育委員会が「外国人の人権にかかわる問題。よく話し合い、再検討を」という要請を市教育委員会に出し、市はそれにもとづき両親との話し合いを始めることになったという記事です。

興味ある点は、この問題を「人権問題」として取り上げているところです。もし中東世界ならこれはあきらかに「宗教問題」となりましょう。イスラーム教を国教とする中東の学校では、すべてイスラーム教の法律で管理されます。もし異教徒が入学を希望した場合には、イスラーム教の律法の中での教育が行われ、それに反対することはできません。反対の場合には入学しないのが常識です。この事件は日本人の宗教に対する基本的な考えを示しているといえるのではないでしょうか。

ト教徒の両親は学校を訴えることはないでしょう。なせならば、キリスト教徒にとってイスラーム教を国教とする国の公立学校は異境の世界であり、介入することはタブーであるという考えを強く持っているからです。

独特な日本的信仰の自由

今よく言われる「信仰の自由」とは、「介入されず、介入もしない」という自由であり、日本人の理解している「信仰変更の自由」という意味の「信仰の自由」は中東では通じません。宗教集団は施設内では何をやっても自由ですが、それから一歩出たところは日本の法の世界であり、その行動はタブーを犯したことになります。中東的にいえばそのようになるのです。

日本人は日本という共通の土俵で相撲を取っているから話が複雑になるわけです。すなわち双方とも介入し、干渉することが不都合でないと考えているのです。「宗教が国家」という意識は日本人にはないのです。これでは中東人に対して「信仰の自由」を説明することは難しく、また彼らの言う「信仰の自由」も日本人には理解できないでしょう。

国家と宗教についての考え方の違い

日本人は「国家があって宗教がある」と考えますが、中東では「宗教があって国家がある」と考えます。中東では宗教が先行して存在し、それを包む形で国家が存在しているのです。そうして宗教間には「干渉されず、干渉せず」の大原則が成立しています。

このような世界構造のなかで、特にイスラーム教は律法的性格を明確にし

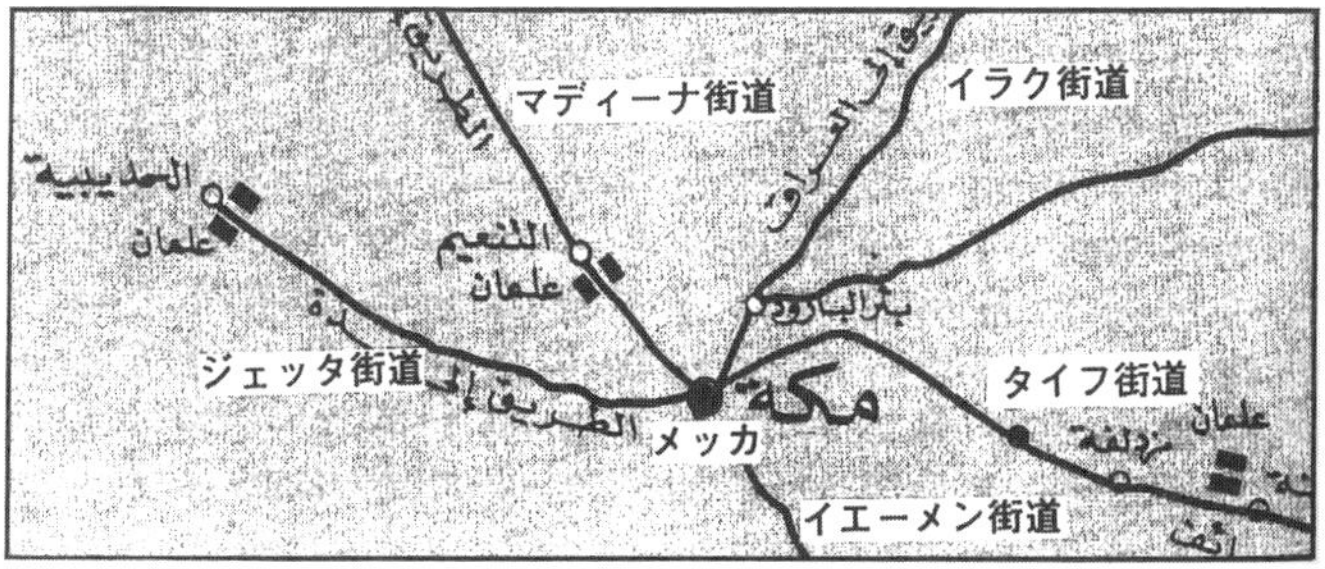

メッカへ流れ込む主要な街道

ている宗教であり、それはハムラビ法典に見られる「目には目、歯には歯」、モーゼの十戒にみられる「汝盗む勿《なか》れ」に似てきわめて明確に法を表現するという特徴を持っています。言葉を換えていえば、イスラーム教そのものが律法の固まりのようなものであるといえましょう。

一見何でもないアル・クラーンの言葉が解釈により律法化するのです。それゆえ世俗国家論との対立を余儀なくされますが、法でガードされたイスラーム世界を破ることは易しい問題ではありません。

イスラーム教世界をまもる連帯意識

イスラーム律法により統治される世界、それを維持することはいつの世でも最優先的に先行する問題であり、教徒に課せられた最高の任務であると認識されています。

それこそイスラーム教徒にとっていちばん重要なことなのです。毎日の義務もこのような意志、すなわちイスラーム教徒としての連帯意識を高め維持するために必要なことであり、その意味で六信五行の義務は重要な役目を持ちます。

一神教におけるイスラーム教の位置

イスラームはアッラーがもたらした律法の宗教です。セム族の宗教といわれるユダヤ教、キリスト教、イスラーム教の各宗教は、創造主が降ろした律法によって教徒を律する宗教です。それは宗教そのものが国家であり、世界です。

そこでイスラーム教はユダヤ教、キリスト教を同じ宗教として位置づけ、

礼拝のはじまり、アザーン

イスラーム教徒にとって礼拝は務めです。アル・クラーンでも礼拝に関して数多く書かれていますが、アル・クラーン第七三章（衣を纏う者の章）の第二〇節の一部に「礼拝の務めを守り、定めの喜捨をなし、アッラーに立派な貸付け（信仰のための散財）をしなさい。あなたがたが、自分の魂のために予《あらかじ》め行う、どんな善いことも、アッラーの御許でそれを見出そう」と礼拝の務めを命じています。この礼拝の時を告げることを「アザーン」といいますが、イスラーム世界を旅行するとまず耳に入るのはこの呼びかけの声です。

アザーンは次のような内容です。

1 アッラーは偉大なり（四度唱える）
2 アッラー以外に神はないことを証言する（二度唱える）
3 ムハンマドはアッラーの使徒であることを証言する（二度唱える）
4 礼拝のために来れ（二度唱える）
5 成功のために来れ（二度唱える）
6 アッラーは偉大なり（二度唱える）

これらの教徒との結婚は許されています。そしてユダヤ教徒もキリスト教徒も、イスラーム教徒になるべきであるとしています。だが、それは強制的に改宗させるのではなく、あくまでも神の意志に委ねられています。

地上に誕生したイスラーム教の世界

このようなイスラーム教の現実的世界は、預言者ムハンマドがアッラーの啓示にもとづいて建設した世界、それは「ウンマ・トル・イスラミーヤ」と呼ばれ「イスラーム教徒の共同体」と訳されます。この共同体は別称「ダール・サラーム（平和な世界）」とも呼ばれ、それ以外の世界を「ダール・ハルブ（戦争、混乱の世界）」と呼びます。

イスラームの世界観は、この極端な二つの世界により構成されていますが、教徒の使命と関心は「ダール・サラーム」の防衛に注がれ、「ダール・サラーム」の拡大ではありません。

この防衛のための努力が「ジハード（聖戦）」で、イスラーム教徒にとって最も重要な契約であるとされています。イスラーム法の世界を守ること、そのための連帯意識を育てること、それがウンマ共同体を維持するための重要な戦術となります。

「アル・クラーン」と呼ばれる律法の書、アッラーの啓示を集大成したこの聖典を基本とするイスラーム教は、律法による法世界を生み出しました。それは正に一つの世界であるといえましょう。アル・クラーンはこの意味で憲法もしくは憲法以上のものです。

7　アッラー以外に神はなし（一度唱える）

なお早朝の礼拝（サラート・ル・ファジル）のときは、五番目のあとに「礼拝は睡眠に勝る」という言葉を二度唱えます。

ウドウ（お清め）の作法

「ウドウ」は礼拝の前に行うお清めです。手足・頭・顔を流水で決められた方法で清めます。お清めには「グスル」というお清めもありますが、これは全身をくまなく行います。このグスルは巡礼のときなどに行われますが、金曜日の礼拝もこのお清めを行うほうがよいとされています。

水場に行き、お清めを行うにあたって礼拝の意志「ニーヤ」（礼拝の意志と回数を表明する）をアッラーに示し、「アッラーの御名によって（ビスミッラー）」という言葉を唱えます。ちなみにこの言葉はご飯を食べるときや本を開くときなど、行動のはじめによく使われます。

（ウドウの順序は次頁以降の図を参照）

小さなイスラーム教集団が、非イスラーム教の世界で生活の場を設営した場合でも、この集団はできるかぎりイスラーム教による法治国家を作り上げます。すなわち、いかなる国家のなかにあろうとも、イスラーム教集団は国家としての法体制を作ります。まさに国境のない国家であるといえます。

アッラーの僕《しもべ》としての教徒

イスラーム教では、教徒はすべてアッラーの奴隷であると規定されています。「隷」は意志を持たない人間という意味ですから、教徒の行動はすべて神の意志により決定されると教えています。教徒に意志はなく、あらゆる行動はアッラーの意志によるものであり、教徒は操《あやつ》り人形のようになるのが、正しい教徒のあり方であるとしています。

イスラームは人をアッラーの奴隷と成すことを基本に、アッラーと人とが直接的に結びつき、その間に何者も介入できないという関係を特徴としています。イスラーム教には仏教でいう僧侶、キリスト教の神父・牧師の類がいないのはこのためです。

このような伝統的な教えは、教徒が教徒の生活に関しその善悪を判断することや、戒律を守らない教徒に対して忠告をすることは禁止されています。教徒がアッラーの奴隷である以上、アッラーと人間との間にあって人間が人間を律することはできないのです。

断食の行に見られる実例

その一例を示しましょう。イスラーム教徒にとって重要な戒律である断食月において、断食の

ウドウの順序

流れる水で手首まで洗う

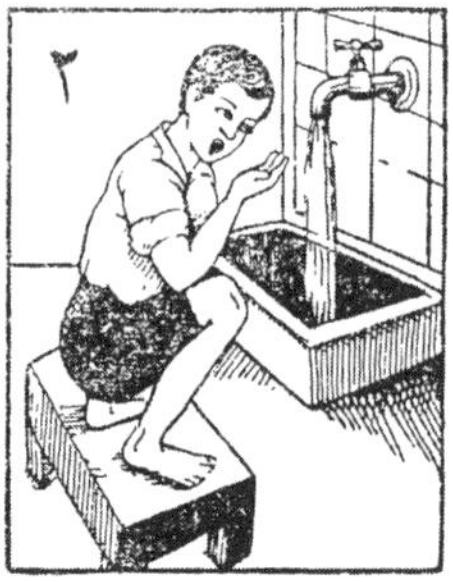

手で水を受け口を３度そそぐ

行《ぎょう》を行わない教徒がいても、それを批判したり、忠告することはできません。その教徒の行動を律しているのはアッラーだからです。

イスラーム教世界では、断食期間中に特別な挨拶が交わされます。断食期間中に友人同士が会うと「断食をしているか」と挨拶をします。断食をしている場合には「アッラーのおかげだ」と答え、ともに「アッラーは偉大である」とアッラーに感謝します。それはアッラーが断食をする気力と環境を与えてくれたことに対する感謝です。

だが、もし相手が「断食をしていない」という返事をした場合、「アッラーを恨むな」と言い、「来年はきっとアッラーが断食をさせてくれるだろう」と慰めます。そしてアッラーに感謝するとともに「もしアッラーがそれを認めてくれるなら」という意味の「イン・シャーァ・アッラー」という言葉をお互いに交わして断食月の挨拶は終わります。

これをみてもわかるように、そこには断食をしていない相手に対する非難・説得などはありません。それは人間はアッラーではないからです。もし「なぜ断食しないのか。断食しなさい」と相手に言った場合、伝統的なイスラーム教解釈の世界では「お前はアッラーか」という言葉がはねかえってきます。

礼拝所（モスク）は神社や寺院ではない

ごく世俗的な日常生活においても、イスラーム教世界はキリスト教のように聖俗の区別を行いません。それはアッラーと教徒の関係において明らか

手で水を受け鼻孔を３度洗う

顔を３度洗う

です。あらゆることがアッラーの直接的管理下に置かれるイスラーム教世界では、聖と俗の区別をつける必要性が生まれません。したがって、イスラーム教世界では聖なる場所は存在せず、俗なる場所も存在しないのです。それは反対に聖なる場所でもあり、俗なる場所でもあります。

このような特徴を生み出したのは、アッラーの律法が隅から隅まで行き渡るというその教えによるものですが、聖俗の区別が明確な世界のなかで生きている日本人にとって、この理解は非常に難しいものでしょう。

このようなイスラーム教世界の特徴を見事に表しているのが、イスラーム教の礼拝所に見られます。キリスト教や仏教・神道《しんどう》にとって教会・寺院・神社は聖なる場所として犯しがたいものをもっています。これらの建物の周りが汚くても、その内部は神聖な場所として扱われます。日本の神社・寺院をみればそれはわかるでしょう。

しかし、日本では普通モスクと呼ばれるイスラーム教の礼拝所は、正式にはマスジットもしくはジャーミアと呼ばれますが、単に礼拝する場所として扱われ、特別な場所とする認識はありません。少なくともアラブ世界ではそういう認識です。これはメッカのカーバ神殿においても同じことがいえます。

カーバ神殿は聖なる場所で俗なる場所

カーバ神殿は巡礼と礼拝の基点として重要な所です。毎日の礼拝はこの方向に向かって行われ、巡礼でも重要な役割を持っています。日本の神道でいえば、それは伊勢神宮の最も神聖な所と同じです。だらしない行動は厳に慎ま

右腕に続いて左腕を洗う

頭を１度洗う

なければならない所です。

しかし、巡礼者が感涙の涙を流しながら、カーバ神殿の周りを回るという巡礼の儀式を一心不乱に行っているとき、その巡礼者に手が届く近いところで、何人かの人間が寝転びながら話をしたり、読書にふけったり、あるいは睡眠をむさぼったりする姿を見ることになります。

これは日本でいえば、神社の奥にあって、たとえ神官であろうとも近づけない神聖な場所で、普段着の人間が雑魚寝《ざこね》しながら談笑をしているようなものです。それは日本人には想像もつかないことですが、イスラーム教世界ではこれが普通なのです。

アッラーは近くて遠い存在

これこそ聖俗一致の現実の姿であり、アッラーと教徒個人が直接結びつくというイスラーム教の根本的性格を表しています。イスラーム教では、「アッラーは頸動脈より近くにいる」といわれます。しかし触れることも見ることもできない存在であると教えています。それはこの世はすべて聖なる場であり、俗なる場であるということになりましょう。

カーバ神殿ですらこのようなことですから、市中にある礼拝所もまた同じで、礼拝時間以外のときは昼寝をする人、読書をする人などを見ることができます。

私もよくカイロ市中にある風通しのよいマスジットで本を読んだり、手紙を書いたり、人と雑談したり、昼寝をしたりしました。時には大学の授業も

耳の穴に指を入れて耳全体を２度洗う

首筋を１度洗う

教授の意向によって付属のジャーミアで開かれることもありました。教授は手枕で横になりながら講義をするのですが、その教授を円く囲んで講義を聞いたものです。

イスラーム教の目的とは何か

さて、アッラーの絶対的命令によって構成されているイスラーム教の目的とは何でしょう。よく言われるように、その目的はこの地上世界すべてをイスラーム世界にすることにあるのでしょうか。ヨーロッパの学問から知識を得た日本人は、イスラームは「右手にアル・クラーン、左手に剣」というヨーロッパ・キリスト教徒の言葉を信じ、イスラーム教はその布教を世界的に行う宗教であると信じているようですが、それがイスラーム教の目的なのでしょうか。

あるいは断食・巡礼・聖戦、そして一日五回の礼拝と喜捨《きしゃ》という有名な五つの行を行うのが、イスラーム教徒に課せられた至上の目的なのでしょうか。

その答えは初めにありき

セム族と呼ばれる民族の特徴は、民族が腐敗により内部から崩壊するとの危機感を抱いたとき、新たな律法を求めることにあったようです。「出エジプト」のモーゼ、ユダヤ崩壊時のキリスト、闘争と繁栄のなかで民族存亡の危機感を抱いたアラブでのムハンマドなど、創造主の言葉を預かる人の出現をひたすら彼らは期待しました。

それが自分たちの世界を救える方法なのだと、彼らは考えたのです。そこにこの民族独特の大きな特色があるといえましょう。こうしてイスラーム教

右足、左足というように足首まで洗う

は登場し、継承されたのでした。
彼らは自分達の民族が世界に発展するために、新たな秩序を欲したのではないのです。彼らは腐敗し崩壊する危機に立たされた自分たちを守ろうとして、新たな律法を求めたのです。それはあくまでも自衛的であり、決して征服的ではありませんでした。己《おのれ》の環境を守るための法秩序を樹立し、自分達の世界を平和的に維持したいとの思惑、それがイスラーム教の目的であるといえましょう。

閉鎖的環境による汚染からの防衛

現在の中東世界で、外国人に門を閉ざしている国がいくつかあります。それは国内のイスラーム教的環境を外国文化により汚染されたくないという思惑からとられている政策です。汚染はイスラーム教的秩序の世界を破壊し、ひいては彼らの世界を破壊することになるからです。ヨーロッパに近い中東世界が、今なお中世同様な世界を維持しているのは、このような背景があるからでしょう。

この精神はイスラーム教の有名な「聖戦」（ジハード）の規定になって表れています。聖戦の目的はあくまでも防衛的であるという規定は、イスラーム教を拡張させるためではないことを証明する教えといえましょう。

よって、ヨーロッパ・キリスト教徒学者の言うように、イスラーム教は世界征服を目的とした宗教ではなく、民族の崩壊を阻止するために生まれた宗教であるといえます。

戒律より体制を守り滅亡から逃れること

多くの人は、イスラーム教において日常の戒律を守ることが何よりも重要であると考えていますが、イスラームの基本はイスラーム教徒の命や世界をいかに守るかにあります。戒律を守ることによって命や世界が危険な状況下に置かれると判断された場合、戒律を守ることを一時的に停止するということを行います。

イスラーム教にとって重要なことは体制や世界を維持することであり、滅亡と引き替えに戒律を守ることではないのです。戒律を守ることよりも、体制を維持することが重要であるとすることを最も明確に示している見解として、次のような法解釈があります。

「ある人が沙漠で道に迷い何日も歩き、遂に食料がなくなり餓死寸前に追い込まれて沙漠に倒れ、後は死を待つだけとなったとき、たまたまそこにイスラーム教で食用を禁じられている豚が一頭、目の前に現れました。もちろんそれを捕らえて食すれば、旅人は死から逃れることができます。しかし豚肉はイスラーム教が禁じている肉です。食べれば死から脱し、イスラーム教世界に帰ることができます。そこでイスラームではそれを食べることを勧めるのです」

この法解釈は、戒律より命が大切で、死んでしまってはイスラーム体制を維持することができないという観点から解釈されたものです。もちろん身体が動けるようになったならば、ただちにイスラーム教で認められた食料のあ

礼拝について

イスラーム教徒にとって礼拝は義務ともいえる行です。礼拝はアッラーに感謝を捧げるというより、アッラーに対する従属を告白するものといえます。また自分自身に言い聞かせるという意味もあります。礼拝を行う環境が整っていないときは、環境が整ってからでも許されます。この環境とは身体的・社会的・情緒的ときわめて多岐な理由にわたります。また礼拝の前に行うウドウも、水がなければ砂でもよく、さらに礼拝は清潔な所であればどこでもかまいません。マスジット、ジャーミアなどという立派な建物ではなく、小さな敷物一枚でもマスジットとなります。なお礼拝はいかなる人も阻止できず、いかなる時でも止めることはできません。

る場所に移動しなければなりません。

イスラーム教の決定があらゆることに先行するという法解釈が正しいものではないという見解は、イラン・イラク戦争下のイランにおいても見られました。

労働法はイスラーム教に反するのか

一九八七年一二月七日のテヘラン放送は、シャルハディザデ労働・社会問題相が、労働法制定に関して「政府は私企業や工場などに水道・電気・電話・燃料・外貨・原材料・港湾・道路・桟橋・行政・銀行サービスを提供するかわりに、労働法を経営者に押しつけるのは可能か」と最高指導者のホメイニー師に尋ねました。イスラーム教では人を雇う場合においても、イスラーム法の枠組みのなかで行い、いかなる政府もこの間に立ち入ることはできないとされています。このため労働法が問題となったわけです。

この質問に対する同師の答えは「このケースでは過去においても現在においても、政府は義務としての法則として労働法を導入し実行できる」というものでした。

イラン憲法擁護評議会事務局長のサフィ師は、ホメイニー師の見解に対して一二月二三日「ホメイニー師の判断は、イスラーム教を意のまま動かすことができることを意味し、イスラーム体制の崩壊につながるのではないか」という疑問を出していますが、ホメイニー師は「この法的措置はあらゆる場合に適用できる」というものでした。

アッラーと人間の間にいかなるものの介入も許さないというイスラーム教

礼拝の単位―ラカー

原則的に礼拝は一日五回行われますが、何度行っても問題はありません。礼拝には決められた動作と文句があり、「礼拝の一連の動作」をアラビア語で「ラカー」といいます。ラカーというアラビア語は「膝を屈する」という意味の言葉から出たように、礼拝は「膝を屈する動作の連続」です。

礼拝を行う前に教徒はアッラーに「一連の動作を何回くり返すか」、すなわちラカーの回数を宣します。これを意志表明「ニーヤ」といいます。礼拝には「義務の礼拝」と「任意の礼拝」とがあります。金曜日の合同礼拝の数はふだんより多く一日通算四三回にも達します。

において、労働法による雇用者・被雇用者という関係の出現は、イスラーム教の教えに反するものであるとするのが一般的ですが、この関係を成立させないとイスラーム体制が崩壊する場合、このような解釈が成立するという例です。

必要ならモスクの破壊、巡礼の中止も許される

また一九八八年一月一日金曜日の集団礼拝で、当時のハメネイ大統領が「政府の権限もイスラーム法の枠内にある」と解釈したことに対して、ハメネイ大統領の師でありイラン・イスラーム革命の立役者ホメイニー師は「政府はアッラーに任命された機関であり、必要ならイスラーム教の枠を超えモスクでさえも閉鎖あるいは破壊する権限をも持つ。もし国とイスラーム国家の利益に反するなら、巡礼でさえ一時的に中止させることもできる。政府機関はイスラーム教に優先するものである。そうでなければ税の徴収や価格統制、徴兵などは不可能である」と述べているのです。

これもまた、イスラーム体制を維持するために、一時的に適当でないと判断されたものは、それを停止できるというもので、ホメイニー師が言うように、イスラーム教世界全体の維持が最重要目標であるということになります。

臨機応変に守られるイスラーム教の体制

豚を食べる例は、生を維持し戒律を一時的に破ることによって体制を守る例でした。ホメイニー師の法解釈は法を一時停止し、イスラーム教徒である労働者の生活と国民経済を維持することが、イスラーム教の体制を維持するため

各礼拝の回数　礼拝の回数は平日と金曜日で異なります

	平　日	金曜日
ファジル	2	2
ズフル	4	2
アスリ	4	4
マグリブ	3	3
アシャーア	4	2

に重要な問題であったということです。

また時には巡礼を停止し、モスクを破壊するのもそれがイスラーム体制維持のために必要であるならば認められるということです。

もちろんこのような見解・判断には多くの異論があります。しかしイスラーム教徒の日常生活において礼拝・断食などの行《ぎょう》に関しても多くの例外が設けられています。それがイスラーム教が寛大であるといわれるゆえんです。この寛大性が新たな教徒を今も増加させているイスラーム教の特徴といえるでしょう。

アッラーとの契約不履行は地獄への道

イスラーム教はキリスト教のように聖と俗を区別しない宗教ですから、教徒の日常生活そのものは「アッラーの律法」の下で営まれることになります。それゆえ教徒の住む環境が問題となります。イスラーム教が国教となっている国では、教徒の生活はほぼ一〇〇％「アッラーの律法」のなかで営むことができます。すなわち、アッラーとの契約を完全に履行することができますから、原則的に問題はないといえるでしょう。

しかし、政府がイスラーム教から離れ始める時代、俗に近代的国家という政教分離の時代を迎えると、国法からイスラーム法的色彩が薄められ、教徒は十分な環境のなかで生活ができなくなり、アッラーとの契約を遵守《じゅんしゅ》することが難しくなります。それは地獄への道へ導くものです。

エジプト・アラブ共和国憲法

一九七一年九月一一日制定

一九七一年九月一二日公布、施行

第一章　国　家

第一条　エジプト・アラブ共和国は、勤労者人民の連帯に基礎をおく民主的社会主義国家である。

エジプト人民は、その全体的統一の実現を求めるアラブ民族の一部である。

第二条　イスラームはこれを国教とし、アラビア語はこれを公用語とする。イスラームの聖典における諸原則は、立法上の主要な源泉である。

中東では社会主義国でもイスラーム教が国教

アッラーとの契約を履行することができないということは、来世においてアッラーの祝福を受けられないということになり、イスラーム教徒にとって重大な問題となります。これがイスラーム運動発生の起因となるわけです。

アラブ世界では、イスラーム教を国教と規定している国が多くあります*。当然のことながら、イランやサウジアラビアはイスラームを国教としている国ですが、「社会主義国家」という名を国名に入れている国でも、イスラーム教を国教としています。このような国においても、国事はすべてイスラーム法の下で決定されることはいうまでもありません。

ユダヤ教世界も律法の世界

宗教による法がすべての規範の基にある国は、何もイスラーム世界ばかりではありません。イスラエルはユダヤ教の規範を国法とする国家であり、あらゆることがユダヤ律法で決定する国です。

たとえばユダヤ教では「聖なる日」すなわちキリスト教のいう日曜日を「金曜日の日没から土曜日の日没まで」とし、「新たに生みだすこと」が禁止されています。旅行もできず、商売もできず、食事すら新たに作ることが禁じられ、前の日に作ったもの、日本でいえば残り物を食べることになります。

土曜日の朝に学ぶユダヤ教の世界

この聖なる日にホテルに泊まると、悲劇的となることはいうまでもありません。面白いのはこの日はホテルの会計も閉鎖されることです。したがって、土曜日の

金曜日の特別な礼拝

イスラーム教にとって金曜日は聖なる日です。日本流にいえば「休日」です。この日はアッラーとの契約を完全に守る日となっていますので、家族中心で行動することが原則です。金曜日はアラビア語で「ヨーム・ジョマ」といいますが、それは直訳すると「集まる日」という意味で、文字通り集団で礼拝を行う日です。昼の礼拝「サラート・ル・ズフル」は「ジャーミア（合同礼拝所）」で行われます。このときのお清め（ウドウ）は全身が好ましいといわれ、ふつうの日より念入りに行われ、そのあと清潔な着物を着、礼拝に臨みます。礼拝後は近くのコーヒー店で、家族や友達とコーヒーを飲みながらイスラーム教に関する話をするなど、アッラーへの信仰一色の日をおくります。

朝チェック・アウトするときには期待で胸が膨らむことになります。ひょっとすると、支払いは無用になるのではないかと考えるからです。

だが、ユダヤ人は歴史に名をのこす商売人です。泊まり客をただで送り出すなど考えられないでしょう。そのための隔離された小部屋が事務所の近くに用意されています。この電話ボックスに似た部屋は、隣室との間に人間の手が入る小さな窓口が開けられていて、そこに一人で入ると、ホテルの会計係が小さな窓口から請求書をつかんだ手をにゅうーと眼前に差し出してきます。客はその手に料金を渡し宿泊料の精算を済ませます。

この奇妙なやりとりの場こそ、難解な宗教の本を読むより早く、この種の宗教を理解させてくれる魔法の部屋ともいえるでしょう。こうして彼らは律法を守ろうとするのです。

イスラーム教徒はイスラーム法の中で生活する

ユダヤ民族が国の再建に高い情熱を注いだのは、ユダヤの律法を完全に守れる環境を作ることを切望したからです。そのため些細《ささい》なことでも無視することができないのです。かつて聖なる日の律法に違反して、内閣が総辞職するという事件を引き起こしたことがありますが、日本から見ればそれは理解に苦しむことでしょう。しかしそれがユダヤ・イスラエル国家なのです。

日本の宗教感覚から見れば、それは馬鹿げているほど律法的であり、排他的であるといえましょう。すべての生活を規定し、アッラーの下においてそ

礼拝のしかた

キブラに平行に立ちニーヤを行い、両手の親指を耳の後ろの位置にし、「アッラーは偉大なり」と唱えます。キブラとは「方向」という意味。

右手を上にして両手を前で重ね、右手首で左手首をつかみ「クラーン・ファーテハ」（開端の章）を唱え、続いてアル・クラーンの短い章か短い節を三節唱えます。

の法を遵守することを命とするイスラーム教。その教徒の日常生活こそ、アッラーの命じたものが具象化されたものといえます。

イスラーム教徒の生活

〔誕生と幼児期〕

子供はアッラーからの授かりもの　イスラーム教徒は、両親が教徒、もしくは父親が教徒の場合、その子供は、アッラーからの授かりものであると認識します。それは自らの命を自らの手によって終わらせること、自殺の権利を否定する根拠を与えています。

子供が生まれたときはアッラーの慈悲に感謝し、時には子供の耳に「シャハーダ（信仰の告白）」といわれる「アッラー以外に神はなし。ムハンマドはアッラーの使徒なり」という言葉を聞かせます。生まれた子供にとってこれが最初に聞く言葉となります。

命名式　子供の命名は重要なこととして扱われています。命名は出生の日から七日目に行われ、親類・友人などが家に集まり、アル・クラーンを朗唱し、父親が名前を発表します。その後、お祝いの宴が張られます。金持ちの場合には高級ホテルでの披露となることもあり、高価なプレゼントが子供に贈られます。

この命名により、生まれた子供は正式に両親の「血統の木」に名前を記さ

「アッラーは偉大なり」と唱えながら頭をたれ「偉大なるアッラーに讃えあれ」と三回唱え、そして「アッラーは彼を賛美する者の声を聞きたもう」と唱えながら直立の姿勢になります。

直立して「おおわが主、あなたこそ讃えあれ」と唱えたのち「アッラーは偉大なり」と唱えながら、

れることになり、社会的ばかりか、歴史的にもその存在が認められたことになります。もちろん名前にはイスラーム教と、そして家系を示す上で因縁の深い名前が選択されることはいうまでもありません。

面白いのはこのときから父親・母親の呼称がそれまでとは変わり、「だれだれの父」「だれだれの母」というようになります。また子供の呼称も、子供の名前で呼ぶのではなく「だれだれの息子」「だれだれの娘」という名前で呼ばれるようになります。これで血統が明確になり、子供の位置が世間的に定着することになります。

七日、一四日、二一日のお祝い

出生の日から七日目、一四日目、二一日目に子供の頭を剃《そ》り、その成長を祝うという習慣があります。この場合、頭の毛を全部剃るのではなく、一部を残します。それは災いから逃れるための風習によります。

もちろんこのときも祝宴を張り、多くの人を招待しますが、両親は外に出て町を行く貧しい人々に喜捨を行います。これにより子供は多くの人に祝福されるばかりか、アッラーとの義務をはたすことにもなります。この一連の行事は、ムハンマドの慣行から生まれたスンニー派法学に定められているといわれます。当然のことながら、この慣習を行う派と行わない派があります。

幼きムスリム

幼児期に入ると子供はアル・クラーンの一節を暗唱させられたり、礼拝の仕方などをゆっくりと学びます。言葉が少ししゃべれるようになると、アル・クラーンの全章を暗唱させる両親も現

膝を屈して座り額を地につけ（この状態を「サジダ」といいます）「至高なるわが主に讃えあれ」と三度唱えます。

そして「アッラーは偉大なり」と唱えながら正座し、再び「アッラーは偉大なり」と唱えながらサジダの状態に移ります。

れ、親は自分の子供をできるだけ真面目なイスラーム教徒として育てようと心がけます。それは同時に親のイスラーム教に対する信仰を具象化するものとなります。

イスラーム教にとって親子の関係は重要です。それはイスラーム教が重要視するイスラーム体制を維持するための連帯意識の最小単位を形成するからです。

アル・クラーンには、子供のなすべきこととして、親に対する孝行が説かれています。アル・クラーン第一七章二三節には「あなたの主は命じられる。アッラーのほかに何者をも崇拝してはならない。また両親に孝行しなさい。もし両親がまたそのどちらかが、あなたと一緒にいて老齢に達しても、彼らには〝ちぇ〟とか荒い言葉を使わず、親切な言葉で話しなさい」と説きます。

また二四節では「そして敬愛の情を込め、両親に対し謙虚に翼を低くたれて、〝主よ、幼少の頃、わたしを愛育してくれたように、二人の上にご慈悲をお授け下さい〟と言うがいい」とあります。

連帯意識の核—親子　かつて預言者の時代、一人の男が「いちばん面倒見なくてはならないのは誰でしょうか」と尋ねたとき、預言者は「それはお前の母である」と三度くり返したといわれます。そして「その次は父親、そして近親者である」と答えたと伝えられています。そイスラーム体制を形成する連帯意識の最も基礎的な関係をつくるのは、親

サジダの状態で「至高なるわが主に讃えあれ」と三度唱え、そして「アッラーは偉大なり」と唱えながら立ち上がります。これで「一ラカー」が終了します。しかし礼拝は必ず「二ラカー」以上で行われます。

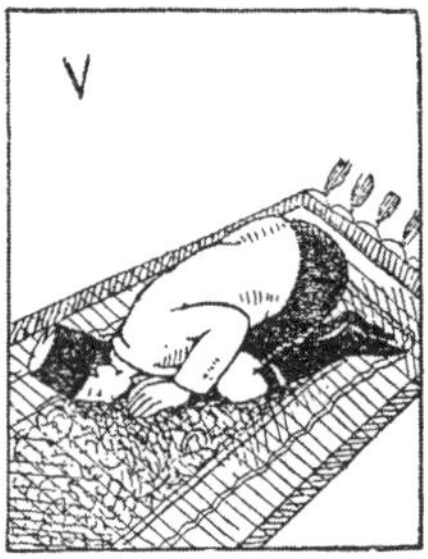

立ち上がって再び両手を前に組み「クラーン・ファーテハ」を唱え、続いてアル・クラーンの短い章か短い節を三節唱えます。

子の好ましい関係であると考えられることから、幼少時における親子の関係はたいへん情の濃いものとなります。

　子供はこうしてイスラーム教徒となり、幼児期を過ごすことになりますが、この時期を代表する儀式で日本人が高い関心を持つのが、割礼という慣習です。

〔割礼〕

イスラーム教以前からある割礼の風習

割礼《かつれい》は古代からこの世界に伝わる慣習で、イスラーム教がもたらしたものではありません。日本ではイスラーム教が割礼をもたらしたと思っている人が多いようですが、それは間違いです。

　イスラーム教のアル・クラーンには、割礼に関する記載はありません。この慣習は原則的にイスラーム教と関係なく、それ以前からの慣習として、この世界の生活を代表するものであったようです。割礼はユダヤ教徒にとっても重要な慣習であり、おそらくキリストもしていたでしょう。

　今から五千年前の古代エジプト王朝の遺跡である有名なピラミッドがあるサッカーラの遺跡の中に、「ドクトールの墓」といわれる墓があります。その墳墓の壁画にこの男子割礼の図が書かれていることから、この慣習は相当古くから宗教を越えて存在していたのでしょう。

　この割礼はセム民族の見識からすると、割礼を成すことはアブラハムの信

「アッラーは偉大なり」と唱えながら頭をたれ「偉大なるアッラーに讃えあれ」と三回唱え「アッラーは彼を賛美する者の声を聞きたもう」と唱えながら、

直立の姿勢になり「おおわが主、あなたこそ讃えあれ」と唱えたのち「アッラーは偉大なり」と唱えながら、

仰を維持することにあると考えられているようです。よって割礼こそ、ユダヤ教、イスラーム教の源泉であり、絆《きずな》であるといえるかもしれません。イスラーム教のなかで割礼を正当化する派は多いのですが、それはアブラハムの子孫という点を重視するためではないかと思われます。

割礼に関するイスラーム教的解釈はスンニー派法学より

イスラーム教と割礼は律法によるというより、預言者ムハンマドが認めた慣行として残されたものと考えられています。この問題に対するイスラーム世界の解釈は、さまざまに分かれ、統一された見解は定まっていません。

割礼は男女とも小学校を出るまでに行われ、子供から成人への衣替えという意味合いを持ち、無事終えた子供たちは近所の人や親戚から盛大なお祝いを受けます。割礼をする場所は医院・自宅・礼拝所などで定まっていないようです。割礼は時にきわめて危険な慣習であるともいわれ、近年、女の子にとって深刻な問題が提示されました。

割礼をめぐる医学的見解

一九九七年六月、エジプトのカイロ行政裁判所が少女に対する割礼は合法であると判決しましたが、それに対して裁判に敗れた保健省が、最高裁に「割礼手術禁止令」を再び上訴するという事件が起きました。

少女に対する割礼は、エジプトでも農村部で広く一般的に行われ、都市部でも少なくありません。しかし、この慣習は時には危険で、割礼禁止令を上

サジダの姿勢になり「至高なるわが主に讃えあれ」と三度唱え「アッラーは偉大なり」と唱えながら、

正座の姿になり再び「アッラーは偉大なり」と唱えながらサジダの状態に移ります。

訴した保健省はその理由として、致死的な出血・裂傷・ぼうこう炎・不感症・ショック症・うつ病・不妊症・機能障害といった危険な肉体的・精神的副作用をもたらしかねないからだ、と説明しています。そして「割礼は宗教的にも、肉体的にも、社会的にも容認できない。我々は断固反対の立場を取る」と語っています。

割礼は合法か否か

このような医学的見地からの反対論に対して、宗教的見地から賛成しているのが強固なイスラーム教徒達です。彼らは割礼は、第二のアル・クラーンといわれる預言者ムハンマドの言行録「ハディース」の中に記されており、預言者ムハンマドが認めていたことから、アッラーも認めたもので合法であるとしているのです。

そして、医学的に反対する人ばかりではなく、イスラーム法学者の中にも反対する声は大きいようです。その代表的な人がエジプトのイスラーム法解釈論・マーリキ学派の最高権威の立場にあるアル・アズハル大学のタンタウイ総長（当時）で「ハディースの割礼を認めた部分には強制力がなく、割礼はイスラーム教の教えと合致しない」と、非合法の見解を示しています。

このようにイスラーム教世界には、「割礼は合法か否か」という論争があり、いまだ決着がついていません。この問題は、預言者ムハンマドの行動が、すべてアッラーの命によったものなのか、それとも預言者としての言行ではなく、普通人ムハンマド個人としての言行もあったのではないかという問題を提起するからです。特に預言者ムハンマドは、単なる人であるとする

サジダの状態に戻り再び「至高なる我が主に讃えあれ」という言葉を三度唱えます。

ここで座ったまま「アル・タシュハディ」（信仰告白）なる短い文章を唱えます。この信仰告白は決まった言葉で「アル・クラーン」の言葉ではありません。

アラブ・イスラーム世界では、このような問題が起きるのは当然なのかもしれません。

〔イスラーム世界の教育〕

強い連帯意識を持つムスリムになるために

さて、子供は学校に入ると、普通の授業のほかにイスラーム教に関する教育を受けます。この宗教の時間は高校まで続きますが、時には大学まで継続される場合もあります。イスラーム教育はあらゆる面にわたって行われ、相当深いイスラーム教の知識を学ぶことになります。

これにより子供はイスラーム的道徳心を持ち、イスラーム的倫理観が形成され、唯一の神のみを信仰する世界観を持った人間として育てられます。こうしてイスラーム教世界にとって最も関心の高い連帯意識の熟成が図られることになるのです。

タウヒードの信仰を身につけること

宗教の勉強はふつうの勉強とは異なり、イスラーム教の定義、すなわちアッラーのみを信仰することを学びます。「アッラー以外に神はなし」というイスラーム教の基本を徹底的に身につけ、イスラーム教徒として正しく生きるにはどうすればよいか、どのような生活を送ることが正しいイスラーム教徒として義務づけられているか、ということを学ぶのです。

他宗教と比較し、イスラーム教を知識として客観的に学ぶのではなく、唯

次に右側に顔を向けて「アッサラーム・アライクム・ワ・ラフマトゥッラーヒ・ワバラカート」（あなた方に平安があらんことを、またアッラーのお慈悲があらんことを）と唱えます。

次に左側に顔を向けて同じように「あなた方に平安があらんことを、またアッラーのお慈悲があらんことを」と唱えます。これで標準的二ラカーの礼拝は終わりです。

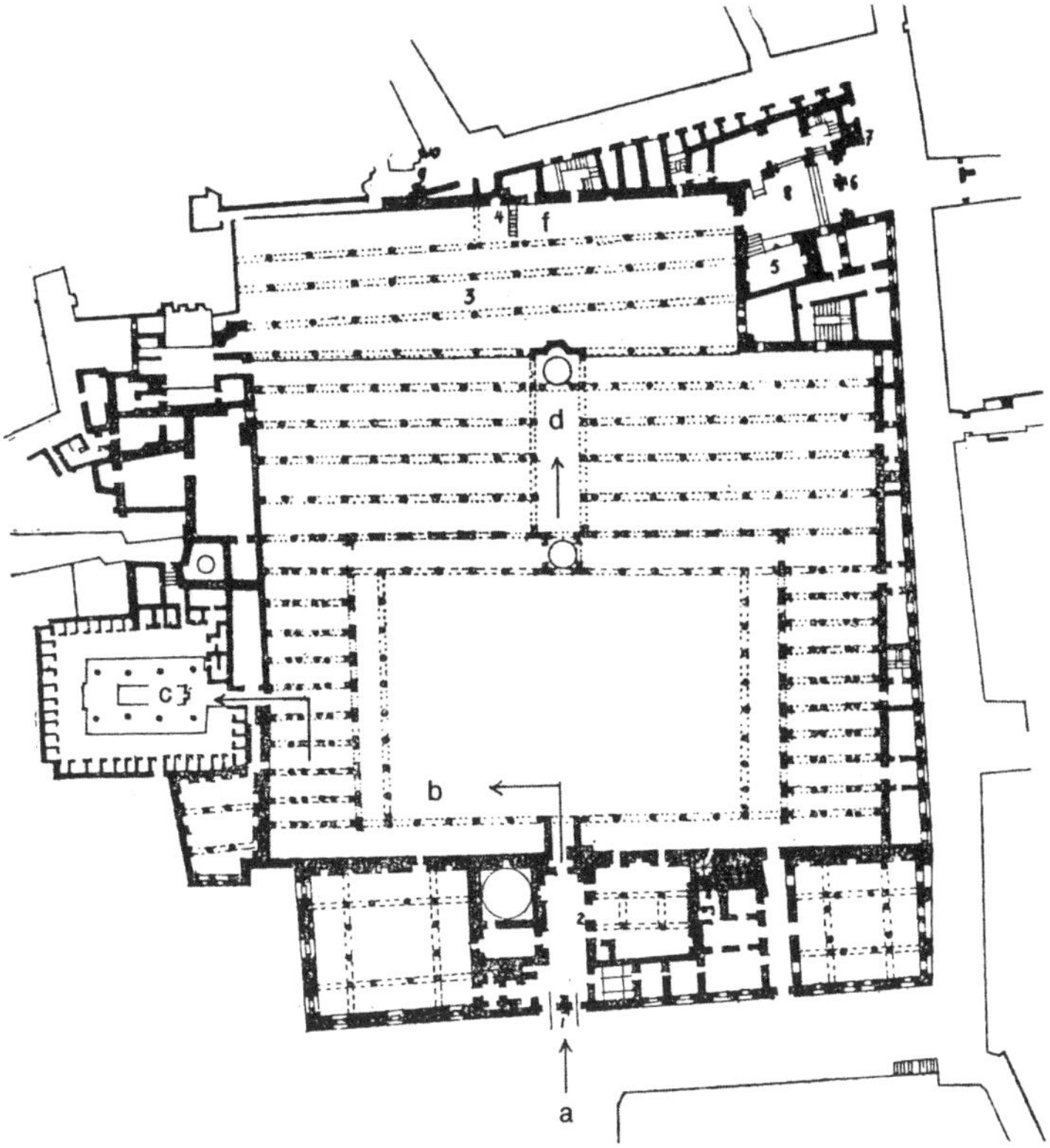

カイロにある有名なアズハル礼拝所の図面

礼拝の次第

まず礼拝をする人は(a)の入口から靴を脱いで入ります。大広間（礼拝場所）(b)に出ますがすぐ左にある部屋(c)に入ります。そこでウドゥ（お清め）を行います。終了後再び大広間（礼拝場所）に入り、任意の場所でキブラ(d)の方向に向いて礼拝を行います。ふだんはこれで終わりますが、金曜日昼の合同礼拝ではイマーム（礼拝指導者）の指導の下に礼拝（サラート）が行われ、このあとメンバル(f)にウラマーが立ち、さまざまな話を行います。たとえば教徒の生き方に関する話、政治の話、家庭の話など、その内容は多様です。また最後に教徒からの質問を受け付け、それに対して適切なイスラーム法にのっとった判断を下してくれます。

礼拝所は礼拝以外の時間は原則的に自由に使うことができます。許可はいりません。篤志家が小さな子供たちに読み書きを教えたり、話を聞かせたり、また読書の場としても利用されます。もちろん、礼拝所に入るときは礼拝の時間でなくとも、礼拝することが礼儀となっています。戦争のときは病一のアッラーのみを信仰する教徒として、ただただ正しいムスリムとして、イスラーム世界を守るための学習をするのです。

正解はアッラーが決める

私がエジプトで学んでいたとき、その試験の中に次のような問題がありました。それは「世界でいちばん美しいマスジットはどこのマスジットか」という問題でした。ちなみにこれは小学校低学年の試験です。この答えとして私は「それはインドのタージマハールである」と書きました。タージマハールの美しさは、世界に類を見ないものであることは多くの人が認めているところでしょう。

私は当然合格し、進級することになろうと安心して合格発表を待ちました。ところが試験は不合格となり進級できませんでした。この正しい答えは私の学んでいたアズハル大学に付属しているジャーミア・トル・アズハル（アズハル集団礼拝所）の名でなければならないということを後で知りました。その名前は授業において先生が指摘したものでした。「アズハル大学付属集団礼拝所（ジャーミア・トル・アズハル）」それが正式の答えであり、インドのタージマハールではなかったのです。

このアズハル集団礼拝所は、ナポレオンがエジプトに侵入したとき馬小屋に使ったといわれる場所です。たしかに由緒と風格のある礼拝所ですが、義理にも美しい建物とはいえないでしょう。まして総大理石のタージマハールとは比べようもない礼拝所です。

院に使われ、ときには砦ともなり、その利用範囲は日本のお寺・神社・教会を越えて自由です。

義務の礼拝と任意の礼拝

礼拝には決められた回数（前ページ）のほかに、任意の回数をその前後に行うことが奨励されています。たとえばファジルの礼拝のとき、正式な礼拝が始まる前に二ラカーを行うべきであるとされています。金曜日のサラート・ル・ジュマ（サラート・ル・ズフル）のときは義務は二回ですが、その前に四回のラカーを行うことが一般的です。また終わった後にも再び来て行います。これは宗派により異なりますが、礼拝は多いほうがよいとされています。なお礼拝のときの声は隣の人に聞こえないようにしなければなりません。

しかしアズハル大学の見解は、アズハル集団礼拝所こそ「世界一美しい礼拝所」なのです。これが宗教的に正しい見解というものであって、すべての判断は個人の見解で決めるのではなく、宗教がすべてを決定するのです。

暗記こそ学ぶ者の心得

このように答えが不動なものとしてあり、そこに一切の個人的見解を入れることができないという宗教の授業こそ、伝統的法解釈をもってイスラーム法を維持している宗派の特徴なのです。イスラーム教スンニー派は、伝統的法解釈を継承維持することを特徴とする宗派ですから、確実に継承することが重視されます。

アズハル大学はアズハル集団礼拝所に付属して作られた大学で、スンニー派マーリキ学派の最高学府ですから、当然のことながら伝統的法解釈論を継承します。そこで学生は先人が習ったように伝統的価値観を継承するのです。だからアズハル集団礼拝所が世界一美しいマスジットとなるわけです。

このスタイルはすべての学科に適用されますので、学生にとって期末試験のための勉強はただ暗記するだけとなります。二〇科目試験科目があれば二〇冊の本を丸暗記します。その暗記能力はすごく、最初のページから最後のページまで歌を覚えるように暗記します。

宗教を学ぶということは

このようにイスラーム世界での教育は、法解釈を忠実に伝承することに重きが置かれます。それはイスラーム教世界を分裂させないために大切なことであり、連帯意識の分裂を食い止める一つの重要な方法といえるでしょう。その意味でイスラーム教は保守的になり、閉鎖的にならざるを得ないのです。ヨーロッパ世界と目と鼻の先にある中東が、いまだ中世的であるのがその証明です。

宗教を学ぶ目的はここにあり、日本のような学び方と少々異なることがおわかりいただけるでしょう。このような極端な現象はイスラーム教の教育の場にも見られます。

比較宗教学という講座のない世界

イスラーム教世界の教育の場で気がつくことは、比較宗教学という学問がないことです。その講座を持っている大学は非常に少なく、他宗教との比較を通してイスラーム教を学ぶという方法は成り立ちません。その理由は、イスラーム教世界を守るための学問であるならば、正しいイスラーム教徒になることであり、いかにイスラーム教徒として生きていくかを学ぶのであり、伝統的イスラーム法解釈を継承することにあるからです。イスラーム教を客観的に見る必要性はないのです。

このような教育を小学校から大学まで普通の学問と並行して学び、一人一人が正統的な法解釈の継承者として育まれていきます。もちろん、イスラーム教に関する知識を十二分に修得した学生は、やがて自分の見解を持つことになるでしょう。その見解が公に認められれば、それが新たな法解釈の一派となるわけです。

礼拝所も学校になる

もし、学校に満足に行けない者は、近くの礼拝所に行けば、イスラーム教に関する知識を持った人が親

モスクの天井（ブルーモスク、イスタンブール）

切に教えてくれます。時には高名な大学教授が礼拝に来たついでに子供達に教えているところに出合います。子供達はこの礼拝所で読み書きはもちろんのこと、イスラーム教に関するさまざまな知識を得ることができます。

もちろん、教える人が授業料などを取ることはありません。なぜならば、イスラーム教についての知識を持った人は、それを教える義務があるからです。私自身、カイロのマスジットで、名も知らない人からよくアラビア語の読み書きを習いました。時には出来が悪く、鞭《むち》で手のひらを打たれたこともありました。

知識を持っている者が子供達を教えること。それはイスラーム世界を特徴づけるものであり、そのような光景は至るところで見られます。

至るところが学びの園となる

学びの園は学校、マスジットだけではありません。ここで感激的なお話をしましょう。私はかつてサウジアラビアのメッカにある世界イスラーム連盟の事務局長とお会いしたことがあります。彼は当時のムスリム（イスラーム教徒）として信頼が高く、それゆえファイサル国王の信任が厚い老人でした。

その広い執務室に入っていくと、多くの国からきた人達が彼との話を待っていましたが、そこに子供達が二〇人近く、机の周りにたむろしていたのです。私は何でこのようなところに子供がいるのか不思議に思いました。彼のお孫さんなのかと思いました。

だが彼と子供達の様子を見ていると、おじいちゃんの仕事場へ孫が遊びにきているのではなく、子供達が読み書きを学んでいるということがわかりました。なんと彼は少しの暇を見ては、子供達に読み書きを教えているのでした。子供達は我々が話している間も際限なく間に割り込み、手ほどきを受け、また老人も面倒がらずに親切に教えているのです。そして、この子供達はサウジアラビア王国の高官の子供達かと思ったらそうではなく、事務所の近くで遊んでいる近所のふつうの子供でした。

　当時、連盟の事務局長は大臣に匹敵する高官であり、国王と直結するパイプを持っているほどの要職です。世界から訪れるイスラーム教徒の代表と連日のように会談し、多忙きわまる職務であるにもかかわらず、話の合間に、あるいは話をしながら近所の子供達に読み書きを教えている姿は、預言者時代を彷彿《ほうふつ》させるものでした。

　このような形で教育が行われ、イスラーム教世界の分裂を食い止めるための連帯意識の育成が時・場所・人を選ばずに行われているのです。

時・場所・人を選ばないイスラーム教の教育

　アッラーの前にはいかなる人間も平等であると教えたイスラーム教は、預言者ムハンマドもただ一人のイスラーム教徒にしかすぎない、という基本の教えに従えば、イスラーム教を知っている者がイスラーム教を教えることに不都合は生じないでしょう。

　アッラーとムスリムが直結し、その間に何者も介入することが許されないイスラーム教世界では、ムスリムすべてが牧師であり、神父であり、僧侶であり、神官です。そしてすべての空間・大地が礼拝所であり学校なのです。教育もまたその教えのとおり時・人・場所を選ばず、アッラーの意により行われます。それを制止する権限は人間にはないのです。

「マー・シャ・アッラー」にもとづく基本理念

事務局長の会談に「子供が邪魔である」という権限は、事務局長自身も持ち合わせていないのでしょう。彼にはあのとき、教えるという気持ちが与えられ、子供達もまた習いたいという気持ちを与えられたのでしょう。

我々がそのような場に臨み、それを見たのも、アッラーのご意志であったと考えるのがムスリムなのです。このように人間から偶然に見え、アッラーが設定した現象を「マー・シャ・アッラー（アッラーが認めたところのもの）」といいます。

それがイスラーム教の教育の基本スタイルで、能力のある者が請われれば、いつでも、いかなる場所でも教えるというのがこの宗教の基本原則なのです。

〈イスラーム教徒の男女交際と結婚〉

イスラーム教世界における男女関係の基本

さて、このようにして学業を終え青年に達すると、次に待っているのは結婚です。この世界に住む人間にとって、最も重要な問題がこの結婚であるといえましょう。

結婚に関するアル・クラーンの一節

「あなたがもし孤児に対し、公正にしてやれそうにもないならば、あなたがたがよいと思う二人、三人または四人の女を娶《めと》れ。だが公平にしてやれそうにもないならば、只一人だけ（娶るか）、またはあなたがたの右手が所有する者（奴隷の女）で我慢しておきなさい。このことは不公正を避けるため、もっとも公正である」（第四章「婦人の章」第三節）

イスラーム教徒の結婚は、イスラーム法に準じて行われますが、血の純潔を尊ぶこの世界では、「男女七歳にして席を同じゅうせず」の教えと似て、男女の関係は厳しい監視の下に置かれているため、相手を選ぶのは大変です。

イスラーム教世界では、男女の交際はいとこ同士のような親戚以外はご法度であり、タブーであるといえます。もしこの禁を破る者がいれば、それは一族の恥として糾弾され、時には親が子を手にかけることもあります。

アル・クラーンでも男女の関係、夫婦の関係を規定している箇所が随所に出てきますが、それはイスラーム以前からあった血の純潔に対する信仰を彷《ほう》彿《ふつ》させるものです。それはイスラーム教にとって重要な目的であるイスラーム教世界を確立、維持するためには、本能的にイスラーム教を理解したアラブ人的センスが必要であるとの考えにもとづいているのかもしれません。

血の純血に気を使う男女交際

法を遵守《じゅんしゅ》するためには、血の純血がそなわって初めて成されるという考えは、イスラーム教ばかりかこの地の宗教に共通して見られるものです。遊牧民族の世界で、家畜の血の純血性が尊ばれるのは、集団性に長《た》けているか、従順であるか、多産であるかが問題で、それは血統が保障する唯一のものだからです。そのようなセンスが人間関係に及んだとしても不思議ではないでしょう。その結果、男女の問題はその家の血統の評価にも及ぶことになるのです。

それゆえ、みだりに男女交際の範囲が広がると、個人ばかりか一族全体に影響することになります。原則としてイスラーム世界では、正式な婚約が成

離婚に関するアル・クラーンの一節

「あなたがたが一人の妻の代りに、他と替えようとする時は、仮令《たとえ》かの女に（如何に）巨額を与えていても、その中から何も取り戻してはならない。あなたがたは、ありもしない中傷という明白な罪を犯して、これを取り戻そうとするのか」（第四章「婦人の章」第二〇節）

立しない男女の交際は認められていません。もしその禁を破ると、その一族全部に淫乱の血が流れているとの評価がなされ、イスラーム教徒としてふさわしくない一族であると判断されます。したがって、男女交際は最も気を使う問題となるのです。

親が子を殺した悲劇と名誉

かつて私が聞いた話ですが、この男女交際にまつわる悲しくも、名誉ある話があります。ある町に住んでいた娘が婚約しました。娘にとって婚約するということは、本人の幸せばかりではなく、家族の名誉という意味からも喜ばしいことなのです。それは日本人が考えているより感激的なことで、言葉に表せないほどです。

婚約を公にした娘は、そのうれしさを隠すことができず、何を見ても、何を聞いても笑い、常に顔から笑いが絶えないほどでした。その娘が毎朝の通勤のとき、いつも同じ時間に道路ですれちがう男性がいました。ふだんは顔を合わせても無表情でしたが、婚約によるうれしさからこのときも彼女の笑顔は失われませんでした。

それを近くの子供が見て「あの娘は、婚約したのにほかの男に微笑《ほほえ》みかけた」と、娘の住む町の人に話しました。これを聞いた人々はこの娘を「淫乱な娘である」と噂するようになり、やがてその話は娘の父親の耳にもとどきました。

それを聞いた娘の父親の行動は、日本人には理解できないものでした。彼はただちに愛娘《まなむすめ》を殺し、こう叫んだのです。「もし私の娘が淫乱であるとい

結婚契約金「マハル」

アル・クラーン第四章「婦人の章」第四節に「そして（結婚にさいして）女にハマルを贈り物として与えなさい。だがかの女らが自らその一部を戻すことを願うならば、喜んでこれを納めなさい」と、結婚契約金のことが記載されています。この契約金の中には離婚のときや死別したときの金額も含まれています。すなわちイスラーム教では結婚するときに離婚する場合の慰謝料も決められているのです。

「マハル」は夫から妻に支払われるもので、夫の社会的地位や資産によって金額がそれぞれ異なり、また支払い方法もいろいろなタイプがあります。特に長女であり教養があり美人でもあるという女性を妻とする場合、マハルの額は大変なものであるといわれています。

このように大学出の一般市民が結婚するときには、このマハルが高すぎて結婚できないという問題が起きています。政府はこのマハルの額を低く定めて結婚しやすくする環境を作りましたが、なかなかそうはいかないようです。

うならば、その血はこれで絶えた。またわが家系に淫乱の血が流れていると するならば、私の行動がそれを否定している」と。アラビア世界では、人を罵倒《ばとう》するときには直接個人を侮辱するのではなく、その家系、すなわち血そのものを侮辱するのです。「お前は犬の子だ」と言うように。

さて、わが愛する娘を名誉のため、正しい教徒としての証《あかし》のため、手にかけたこの父親はどうなったでしょう。もちろん、エジプト政府及びイスラーム法曹界は、この父親を無罪としました。

これに似た事件は最近も起きています。父親の許しもなく（もっとも許すはずはありませんが）男友達と旅行に行った結婚前の娘を、帰宅するやいなや殺《あや》めたという事件が起きています。もちろん父親は無罪となったばかりか、反対に称賛を受けたという報道がなされています。

親が大きな権限を持つ婚約者の選択

イスラーム教世界では、結婚に親が大きな権限を持ちます。息子の嫁を決定するにも、娘の婿《むこ》を決定するのも親の承諾が必要であり、親が許可しない婚約・結婚はありえないのです。特に娘の場合、娘の意見よりも親の意見が大きな権限を持つのが普通で、結婚の契約も嫁の親と婿の間で結ばれるのです。しかし、いくら親が気に入ったからといって、娘が反対した場合には婚約は成立しないものとされています。

このように婚約の最初から親が深く介入してくるのがこの世界の特徴ですが、婚約が成立した場合、政府がそれを承認して正式なものになります。人

離婚

アル・クラーン第二章「雌牛の章」の第二二九節に「離婚（の申し渡し）は、二度まで許される。その後は公平な待遇で同居（復縁）させるか、あるいは親切にして別れなさい。あなたがたはかの女に与えた、何ものも取り戻すことは出来ない。もっとも両人が、アッラーの定められた掟を守り得ないことを恐れる場合は別である。もしあなたがた両人が、アッラーの定められた掟を守り得ないことを恐れるならば、かの女がその（自由を得る）ために償い金を与えても、両人とも罪にはならない。これはアッラーの掟である。それ故これに背いてはならない。凡《およ》そアッラーの掟を犯す者こそ不義の徒である」と離婚に関するアッラーの定めが記載されています。

イスラーム教での離婚は「相手の死」「双方の合意」「一方の意志」というように三つの形があります。

よくいわれるのは「夫もしくは妻の一方的な宣言」によるもので、これをアラビア語で「タラーカ」（解き放す）といいますが、それが成立するために

によってはそれを新聞に発表する人もいます。それは世間の人に正式に婚約した仲であることを知らせるためであり、世間の人がそれを受け入れて初めて婚約はめでたく成立となります。これなども、やはりイスラーム教世界全体のことを考えているこの宗教の特徴を見ることができるでしょう。

男女関係をチェックするイスラーム警察

イスラーム世界では、風紀警察という私服警官が街中を巡察しています。彼らの主な仕事は、男女が二人で歩いていたり、お茶を飲んだりしていると質問し、両者の関係がどのようなものであるかチェックするのです。これは世の中の風紀や道徳の乱れを阻止し、イスラーム教的環境を維持するために設けられた制度ですが、若者達にとって厄介な存在であることは間違いありません。

この風紀警察の質問にあったとき、双方の身分証明書の婚約者の欄に互いの名前があれば問題はなく、また同じ一族であれば問題はありません。もしそうではなく両者が全くの他人であれば、風紀警察の本部に連れていかれ、それなりの罰を受けることになります。

もっともイスラーム世界では、婚約中のデートにも両家の家族がついてくるのが普通ですから、めったにこのような質問を受けることはありません。しかしたとえ婚約していても二人だけの場合には説教されることがあります。これが彼らの楽しい婚約時代です。

はさまざまな条件・環境があり、簡単にいくものではありません。

結婚に関するアル・クラーンの規定

結婚はイスラーム教徒にとって連帯を強める最小単位であり、イスラーム教世界を継続させるため、子供を作るという意味で重要な問題です。アル・クラーンには結婚に関する章節が多いのを見ても、その重要性がわかります。

アル・クラーンの中で結婚について述べている章節は、他神教徒との結婚については第二章の二二一節で、四人妻に関する法的根拠に関しては第四章の三節で、離婚時の慰謝料に関しては第四章の二〇、二一節で、禁じられている配偶者に関しては同じ第四章の二二〜二四節で、破局時の調停者も第四章の三五節と一二八節で、妻たちに対する公平は第四章の一二九節に、合法な配偶に関する規定は第五章の五節、そして姦夫・姦婦の配偶者がとるべき行動に関しては第二四章の三節に、貧しい者の結婚に関しては第二四章の三二、三三節に、触れないうちの離婚は第三三章の四九節に、そして預言者の配偶者に関しても第三三章二八、二九節と五〇〜五二節に規定されています。

禁じられている結婚

禁じられている結婚は、アル・クラーンの第四章の二二節から二四節にかけて記されています。それによると「父が結婚したことのある女、母、女児、姉妹、父方の伯母、母方の伯母、兄弟の女児、姉妹の女児、授乳した乳母、同乳の姉妹、妻の母、あなたが関係している妻の生んだ養育中の養女、実の息子の妻、同時に二人の姉妹を娶《めと》ること、夫のある女」などです。

イスラーム教世界では、いとこ同士の結婚が割合に多いのですが、いとこ

وَإِذْ قَالَ مُوسَىٰ لِقَوْمِهِۦ يَٰقَوْمِ
ٱذْكُرُوا۟ نِعْمَةَ ٱللَّهِ عَلَيْكُمْ إِذْ جَعَلَ فِيكُمْ أَنۢبِيَآءَ وَجَعَلَكُم
مُّلُوكًا وَءَاتَىٰكُم مَّا لَمْ يُؤْتِ أَحَدًا مِّنَ ٱلْعَٰلَمِينَ ٢٠

アル・クラーン第4章（婦人の章）第20節

との結婚が認められているもう一つの理由は、金銭的な問題があるようです。

許される他の経典の民の女性との結婚

イスラーム教はユダヤ教徒、キリスト教徒の女性との結婚を認めております。アル・クラーン第五章の五節で「あなたがた以前に、経典を受けられた民の中の貞節な女も、きちんと結資を与え妻にするならば許される」と規定されています。もちろん結婚後、改宗することが望まれるとしています。

これは寡《か》婦《ふ》となった場合に、遺産相続の問題が残されるからだろうと思います。このように他の経典の民の女性とは結婚できますが、異教徒の女性との結婚は許されていません。

結婚は公表して成立する

イスラーム教には神父・牧師に相当する者がいないのと、寺院というものがないために結婚式は好みの場所で行われます。そのとき、証人として二人の成人したイスラーム教徒が立会うことと、この結婚を一般に公表することが必要であるとされています。

一般に公表するということは、日本でいえば披露宴に相当するかと思われますが、華美に走らないことがよいとされ、また貧者に対して施しをすることを奨励します。

婚約のときもそうでしたが、イスラーム教世界では自分の喜びを多くの人に分け与えることが大切なこととされ、このようなことが常に奨励されます。同じ喜びを分かち合うという習慣は、イスラーム教徒同士が一つになる

يَٰقَوۡمِ ٱدۡخُلُواْ ٱلۡأَرۡضَ ٱلۡمُقَدَّسَةَ ٱلَّتِي كَتَبَ ٱللَّهُ لَكُمۡ
وَلَا تَرۡتَدُّواْ عَلَىٰٓ أَدۡبَارِكُمۡ فَتَنقَلِبُواْ خَٰسِرِينَ ٢١

アル・クラーン第4章（婦人の章）第21節

ということで、ここでも意識の統一を図ることが試みられているといえましょう。

夫が妻に贈る結婚の贈り物――マハル

結婚する両者は三通の契約書に証人とともにサインし、二通をそれぞれが所有し、一通を裁判所に提出します。契約書には離婚するときの慰謝料の額も書かれ、その額は花嫁の父親の手腕にかかっています。

聞くところによると、とうてい払えない額が記されるそうです。アル・クラーンでは結婚のときにマハルを払うことが定められています。これは金銭でもいいしその他の財産でもよいのですが、すべて妻の法定財産となり、夫は手をつけることができません。

〈イスラーム教の葬儀〉

死もまたアッラーのなせること

イスラーム教徒にとって、死は現世の終着駅です。日本のようにすぐ来世に旅立つというわけにはいきません。それは一時的な別離ともいえる時であり、最後の審判が下され来世の門が開かれ、来世で再びよみがえる日を待つ時の始まりを意味します。

イスラーム教徒が死亡すると、アル・クラーンの「雌牛《めうし》の章」と呼ばれる第二章の一五六節に書かれている言葉、「本当にわたしたちは、アッラーのもの。アッラーの御許《みもと》にわたしたちは帰ります」を唱えます。

イスラーム教の墓

中東のイスラーム世界を旅行すると面白いことが目につきます。それは地域によって墓を大切にするところと、それほど墓に愛着を持たないところがあります。その理由は遊牧的世界を強く持っている地域で、イスラーム教が定着したところではお墓はほとんど目につきません。

たとえばサウジアラビア王国では、国王の墓でもたいへん質素なもので「沙漠に埋葬する」という感じです。ところがエジプトやシリア、イラクのような定着世界ではお墓は極めて立派で、ふつうの住宅といっても差し支えないようなものがあります。さすがピラミッドの国という感がします。

アル・クラーン第三章（イムラーン家の章）一四五節に「アッラーの御許しがなくては、誰も死ぬことはできない。その定められた時期は、登録されている」と記され、死もまたアッラーの認めたところのものと定義されています。また「人は死を味わうのである」という言葉はアル・クラーンの中で幾度か語られます。このほか、死に関する細かなことが数多く書かれていますが、死もまた死後の世界もアッラーの支配する世界であることを説いています。

イスラーム教の葬儀

寺院のないイスラーム教の葬式は、親類の者や友人たちが死者の家に集まり、死者のためアル・クラーンを吟唱します。ふつうはアル・クラーンを吟唱する専門の人が呼ばれますが、その余裕のない家では集まった人のなかで一番アル・クラーンを暗唱している人がその任にあたります。

預言者の伝承（ハディース）では、死者はすみやかに埋葬せよと命じています。埋葬に先立って礼拝前におこなう清めのように遺体を洗い、白布で包み、棺に入れ、人の肩にかついで礼拝所に運び、最後の礼拝をさせ、埋葬するのです。

この最後の礼拝は「埋葬の礼拝」と呼ばれ、普通の礼拝と変わるものではありませんが、平伏しないことになっています。

埋葬を見るとイスラーム教以前がわかる

埋葬は顔をメッカの方向に向かせて寝せ、華美にならないようにするのが原則ですが、それぞれの地方によって埋葬の方法には特色があるようです。遊牧的色彩の強い地方では、墓はあまり重要視されず、時には埋葬したところすら不明になることがあるといわれます。

サウジアラビア王国などでは、たとえ国王の墓であってもそれを見出すことが不可能であるといわれるほど、墓には関心がないといわれています。それは沙漠的というよりも、サウジアラビア王国の預言者時代のイスラーム教解釈に近いといわれるイスラーム教ワッハーブ派の法解釈に由来するのかもしれません。

しかし定着文化を持っていた地方では、墓は立派に立てられ、墓参りが頻《ひん》繁《ぱん》に行われます。エジプトやシリア、イラクなどはこの種の傾向を強く持つ国であり、特にエジプトのように墓の建立に莫大な金を注ぎ込む風習を見ていると、古代ファラオ時代のエジプトを彷彿《ほうふつ》させます。

イスラーム教の祭日

メッカからの集団的緊急脱出──ヒジュラ

イスラーム教世界を見るとき、忘れてはならないのがイスラーム暦です。イスラーム暦は別名ヒジュラ暦ともよばれ、預言者ムハンマドがメッカからマデ*ィーナへその拠点を移動した年、西暦六二二年七月一六日をイスラーム暦元

ヒジュラ暦（イスラーム暦）

イスラーム教世界は特別な暦により運営されています。日本に日本の暦があるように、この世界に住む教徒はヒジュラ暦という陰暦の暦をもとに生活しています。この暦の元年は西暦六二二年七月一六日です。一月は三〇日で一年は一二ヵ月、太陽暦より一年につき約一一日短い暦です。その結果、月は季節とずれて三二年と六ヵ月で一巡することになります。季節感とまったく関係のない暦で、いかにも季節感のないアラビアの民が作り上げた暦です。

この暦が正式に定められたのは第二代カリフ、ウマル一世のときでしたが、この暦以前にはこれとよく似たアラビアの暦があったようです。陰暦は新月から新月までを基準として定められる暦ですから、時間もそのように定められ、この暦を正式に使用しているサウジアラビア王国では、世界標準時とヒジュラ時間の二つを表す時計が必要となります。二つの時計がついた腕時計が必要な世界。それがイスラーム教世界なのです。

年とする陰暦です。

この暦はアラビア語の「ハジャラ――脱出した」という言葉から派生した「ヒジュラ――緊急的集団移住」という名詞を冠しています。預言者の遷都は、正式には「ヘジラト・ル・ナバウイーヤ（預言者の移住）」と呼ばれ、「サナーティル・ヒジリーヤ」というのがヒジュラ暦のアラビア語の正式な呼称です。

イスラーム暦の制定

ヒジュラ暦の制定は、遷都から一六年たった後、第二代カリフ・ウマルによって制定されたものです。

それ以降今日に至るまで、イスラーム教世界ではこのヒジュラ暦が使用され、近年になって西暦と併用されて使われております。

アラブ・イスラーム教世界のなかにはこのヒジュラ暦にそって国家予算を組む国もあります。新聞の日付にはかならず西暦と両方の年月日が書かれます。しかし最近はヒジュラ暦を使用する国が減り、それがまたイスラーム教的環境を破壊するとして、過激運動家の不満を高めています。

イスラーム暦は大陰暦で動かされている世界なので、年月日ばかりか、時刻も月齢で定められます。そこで日没が午前〇時となります。断食の開始が日没であるのは、このような理由によりますが、新月から次の新月までを一ヵ月としています。アル・クラーン第二章一八九節には「新月は人々のため、また巡礼のための時の定めである」と書かれています。すなわち新月は時の基点となると定めているのです。

西暦2015年 7月　*ヒジュラ暦1436年 9月～10月*

月	火	水	木	金	土	日
		1 *14*	2 *15*	3 *16*	4 *17*	5 *18*
6 *19*	7 *20*	8 *21*	9 *22*	10 *23*	11 *24*	12 *25*
13 *26*	14 *27*	15 *28*	16 *29*	17 *1*	18 *2*	19 *3*
20 *4*	21 *5*	22 *6*	23 *7*	24 *8*	25 *9*	26 *10*
27 *11*	28 *12*	29 *13*	30 *14*	31 *15*		

7月17日～19日 *(10月1日～3日)* :ラマダーン明け休日

西暦2015年 8月　*ヒジュラ暦1436年 10月～11月*

月	火	水	木	金	土	日
					1 *16*	2 *17*
3 *18*	4 *19*	5 *20*	6 *21*	7 *22*	8 *23*	9 *24*
10 *25*	11 *26*	12 *27*	13 *28*	14 *29*	15 *30*	16 *1*
17 *2*	18 *3*	19 *4*	20 *5*	21 *6*	22 *7*	23 *8*
24 *9*	25 *10*	26 *11*	27 *12*	28 *13*	29 *14*	30 *15*
31 *16*						

（日本サウディアラビア協会版のカレンダーを参照し作成）

西暦・ヒジュラ暦対照カレンダー（西暦2015年／ヒジュラ暦1436年）

月の運行周期の平均は二九日と一二時間四四分ですから、月によっては二九日の月と三〇日の月に分かれます。ヒジュラ暦の一年は一二ヵ月で閏年《うるう》はありません。したがって一年は三五四日となり太陽暦より一一日短いのです。このためイスラーム暦では、月と季節が一致することがないため、日本のような季節感は生まれません。

三つの時計を使うイスラーム教世界

ヒジュラ暦の存在は、近代になり西暦との競合を余儀なくされましたが、イスラーム教世界には、このほかにもう一つ生活と関係のある時の表現があります。それは一日五回の礼拝時間です。イスラーム教世界には西暦の時間とヒジュラ暦の時間、そして礼拝の時間というように三つの時間があり、現在もこの時間を使用する人がいます。

特に約束の時刻を「夕刻の礼拝の後」などと設定された場合、覚悟しなければならないでしょう。夕刻の礼拝の時間帯は、一時間はあるからです。また午後三時にお会いしましょうといっても、グリニッジ時刻なのか、ヒジュラ暦時刻なのかで相当な差があります。

きわめて少ないイスラーム教の祭日

人類の特徴の一つは祭りをすることでしょう。毎日どこかでお祭りが行われているといわれるほど多い日本は別にしても、人間と祭りは切っても切れない関係にあります。しかし、イスラーム教を特徴づけているのが、お祭りが極端に少ないということです。しかもそのお祭りも、アル・クラーンで命じられてい

預言者の生誕祭

どのような宗教でも、開祖の生誕祭は盛大に行われます。イスラーム教でも預言者の生誕を記念して「ムウリド・ル・ナビー」と呼ばれる生誕祭が開かれますが、たとえ預言者でも人間を神格化することを否定するアラブ人のイスラーム教では、この行事もそれほど盛大に行われません。

この日がたまたま金曜日の合同礼拝の日にあたったときには、礼拝のときに預言者を讃える話をウラマーから聞くぐらいか、あるいはラジオで詩が朗唱されるとか、砂糖菓子を作り食べるぐらいで、国家的規模でその生誕を祝うということはないようです。しかしアジアのイスラーム教世界ではこの生誕祭は盛大な祝賀行事として行われるようです。

るものではなく、預言者の伝承、すなわちスンニー派法学で定められているものなのです。

それは「断食明けの祭り」と「犠牲祭」の二つだけです。この二つだけが、イスラーム教世界で公式に行われる祭りということになります。預言者ムハンマドがメッカを脱し、ヤスリブ（後にアル・マディーナとなる）に移住したとき、ヤスリブの人があまりにも多くのお祭りを行うので、これらをやめさせ、アッラーが定めた二つの行事、断食と巡礼が無事終わったことを祝う祭りだけに限定したことによります。

この二つのお祭りは、共通して清潔な衣類を着けてアッラーへの礼拝を行い、困窮者への喜捨、友人縁者の相互訪問、贈り物の交換などをして、ムスリム同士の友好を再認識します。このようにこの二つのお祭りには、断食と巡礼を終えたという祭りだけではなく、連帯意識の強化を図る目的が見られます。

この祭りには、日本のお祭りのように山車《だし》が出るわけでもなく、神輿《みこし》が出るわけでもありません。寺院を持たないイスラーム教ではそのようなものは一切ないのです。せいぜい、マスジットやジャーミアが電気でイルミネーションされ、夜空をにぎわすだけです。夜店は出ますが、バザールを持つアラビア世界ではそれほど特筆すべきものではありません。

ただ、イスラーム教徒達は必ず家族で食事や礼拝をし、友人達と食事をしたり、お茶を飲んだりして夜を楽しみ、貧者への救済を行います。

アラブ・イスラーム教世界の祭り

アラブ人のイスラーム世界の祭りは、日本の祭りを基準に考えると地味なものでしょう。イスラーム教の祭りを祝う基準は家族です。「断食明けの祭り」すなわち「エィード・ル・フィトゥル」、また巡礼の最後を締めくくる「犠牲祭」（エィード・ル・アドハ）では家族が一堂に会し、食事することが慣行化しているようです。

お祭りの中でも「大バイラム」といわれる「断食祭」はいちばん華やかな祭りで、生きた羊を市場で買い家で料理し、洋服を新調し互いの家を訪問し「おめでとう」という挨拶が交わされます。それは日本のお正月とよく似た印象を与えます。「小バイラム」のときには町へ出て貧しい人に施しを与えることが奨励されます。とくに何らかの事情で断食ができなかった人に対しては、このような喜捨が好ましいといわれています。

断食明けの祭り―エィード・ル・フィトウル

このお祭りは「断食の月」（ヒジュラ暦九月）が終わった一〇月（シャワールの月）の一日を「断食明けの祭り」として祝います。アラビア語で「エィード・ル・フィトゥル」と呼ばれますが、「エィード」とはアラビア語の「祭り」を意味し、「フィトゥル」は「朝食をとる」とか「断食を破る」という動詞から派生した言葉です。そこで直訳すると「ラマダンの断食を破るお祭り」となります。

断食月で一日の断食が終わり、最初にとる食事のことを、たとえ夕方でもその日の最初に食べる食事ですから「朝食」となるわけです。ちなみにアラビア語で朝食は「イフタール」といいます。このお祭りは別名「小バイラム」とも呼ばれます。

犠牲祭―エィード・ル・アドハ

「エィード・ル・フィトゥル」から七〇日後のヒジュラ暦の一二月すなわちズル・ヒッジャーズの一〇日、大巡礼の行事が終わった翌日に行われるのが犠牲祭です。祭りは三日間続き、国を挙げての休みとなります。

アラビア語「アドハ」は「殺す」という意味から出た言葉で「犠牲」を意味します。この言葉は元来「明白にした」という意味を持つ単語と深い関係にあるように思います。それは、自分の信仰を明白にするように命令される夢を見て、その夢の中で息子イスマーイールを犠牲にする代わりに、一匹の仔羊を身代わりとして捧げたイブラーヒームの故事に関係があるようです。

神は彼に子供の代わりに動物を犠牲にすることを許しますが、この言葉もそこらあたりから出ているのではないかと思われます。

この犠牲祭は山羊《やぎ》・羊・牛などの家畜を犠牲として捧げます。その際特別に祭壇をつくるわけでもなく、ただアル・クラーンを朗唱し、犠牲の家畜をそれぞれが殺します。殺した後の家畜は肉にされ、家族・友人達に配分されますが、困窮者にも分けられます。実はこれが重要な意味を持っています。同じものを食べているという意識を持つこと、それがイスラーム教にとって重要なことなのです。

このとき、面白いのは一家族につき家畜が何頭という割当が決められていることです。この数はそれぞれの宗派により異なりますが、殺した後の肉の配分量もそれぞれの宗派により異なります。

個人的に祝うその他の祭り

これ以外のお祭りとして、「ヒジュラの日」といわれる一月（ムハンラムの月）の一日を祝うという宗派があります。これは預言者の移住を記念すると同時に新年に相当します。

次にあるのは「預言者の誕生日」で三月（ラビゥル・アッワルの月）の一二日。これも祭日にする宗派としない宗派があります。アラビア世界に多いのは後者の方です。

アル・クラーンが降りた日を祝う祭りとして、「みいつの夜」*を祝う宗派があります。この日ははっきりしませんが、ラマダーン月すなわち断食月の

みいつの夜

最初のアル・クラーンが降ろされたのは、断食の月であることは疑いもないことですが、それがいつなのかはっきりしません。一般に断食月の後半の一〇日間の奇数日（二一・二三・二五・二七・二九）であるとされています。そこでそれぞれの宗派でこの一〇日間のうちの任意の日を「みいつの夜」と定め、特別に礼拝の回数を決めてその日を確認しているようです。

アル・クラーン第九七章「アル・カドルの章」

1　本当にわれは、みいつの夜に、この（アル・クラーン）を下した。
2　みいつの夜が何であるかを、あなたに理解させるものは何か。
3　みいつの夜は、千月よりも優る。
4　（その夜）天使たちと聖霊は、主の許しのもとに、凡ての神命をもたらして下る。
5　暁の明けるまで、（それは）平安である。

最後の一〇日間の奇数日の夜であるといわれています。この日もお祭りといわれるほどのことは行われません。ただこの夜は断食期間中でもあり、信仰心が高まっているところでもあるので、個人的にラクーンを読んだり、礼拝を多くしたりして、夜を過ごす人が多いようです。

アル・クラーンの第九七章は「みいつの章」という名がついている全文五節の短いメッカ啓示の言葉ですが、それには「本当にアッラーは、みいつの夜に、このアル・クラーンを降ろした」と書かれています。

最後にヒジュラ暦七月（ラジャブの月）の二七日は「預言者の昇天の日」として記念される日です。これをお祭りとして祝う宗派があります。

以上のお祭りを祝うか否かは、それぞれの宗派により異なります。アラビア世界では預言者の誕生日を公的に祝うということはあまり行いません。ほとんどの祭りは個人的に行われるだけです。

六つの信仰が育む連帯意識

単純なイスラーム教の信仰

イスラーム教の信仰は単純なものです。おそらく数多《あまた》ある宗教のなかでその単純性は群を抜いているものと思います。当然のことながら、信徒の生活もまた同じように単純です。単純こそイスラーム教の大きな特徴の一つで、それがアジア、アフリカへの布教を容易にしたといえるでしょう。二一世紀の現在もまだ、イスラーム教徒の数が増え続けているのは、この単純性によるものといえます。

「アル・クラーン」について

イスラーム教の聖典「アル・クラーン」は、アッラーから預言者に二三年間にわたって降ろされた言葉を「長いものから短いもの」という順序で編集されたもので、全部で一一四章から成り立っています。教徒はこれを暗記することが望ましいとされています。もちろん暗誦した者は尊敬され、子供が暗誦すると親は自慢気にそのことを誇りとします。

「アル・クラーン」の暗誦は、音楽のないイスラーム教世界では音楽に相当するもので、暗誦を二四時間専門に流す放送局が設置されています。当然のことながら暗誦のプロのような人がおり、CDやテープが売られ定着したファンもいます。イスラーム教徒は自分の好みに合った「アル・クラーン詠み」の声を聞き、暇があると暗誦に励みます。

預言者はアッラーからの言葉をメッカとマディーナで受け取りますが、「アル・クラーン」にも「メッカ啓示」「マディーナ啓示」と明示されています。この言葉は最初から本に編集され原則的にイスラーム教徒は、アッラーとの直接的関係に置かれています。両者の間にはいかなる者も立ち入ることはできないのです。特にアラブのイスラーム教徒はこのような考えが徹底していて、イスラーム教徒が他のイスラーム教徒の生活を見て注意するということは出過ぎた行為として、逆に「お前はアッラーか」とたしなめられるほどです。たとえば礼拝を行わなかったり、断食をしなかったときに、友人がその怠慢を忠告すると、このような言葉が即座に返ってきます。

他人のことに必要以上の関心を持つ日本人には、とうていわからないことでしょうが、イスラーム教徒を見て、真面目な教徒と、不真面目な教徒というような区別や評価をしないのが、イスラーム教徒なのです。それゆえイスラーム教徒の日常生活は、他人が介入しないごく平穏な世界といえるでしょう。

イスラーム信仰の基本――タウヒード信仰

イスラーム教徒の基本的な目的は「アッラーを信仰する」ことにあり、キリスト教の三位《さんみ》一体説や、密教的な二元論的神性、偶像崇拝的宗教に見るさまざまな神の姿を求め従うものではありません。アッラーのみを信じ、疑わず、それ一つを信仰することが、イスラーム教の基本的信仰です。

これを「タウヒード」といい「ワヘド」（一つ）というアラビア語から派生した言葉を用います。イスラーム教世界が多様な世界であるにもかかわらず、イスラーム教世界は一つであると言われるゆえんは、アッラーに関する

たのではなく、すべてメモか記憶されていたものが、六五〇年に編集されました。その際、今日見られるように母音記号が付加されましたが、そのことは言葉の意味が決定されたことを意味します。

イスラーム教にとって最も重要な「タウヒード」

「タウヒード」はイスラーム教にとって最も基本的な教えです。「ひとつ」というのは「アッラー」と同一になるというのではなく「アッラーの唯一性」を意味するものでイスラーム世界が一つになること、イスラーム教徒が「アッラーの命じる世界」で一つになることを意味しているといわれています。「アル・クラーン」の第二章は「開端の章」に続く重要な章で、「雌牛の章」と単に名づけられている章ですが、その章の中にもこの「タウヒード」に関する節が三つあります。

○「あなたがたの神は唯一の神（アッラー）である。かれの外に神はなく、慈悲あまねく慈愛深き方である」（一六三節）

認識が一つであるからです。

このような環境のなかで、イスラーム教徒は六つの事柄を信じ、五つの行《ぎょう》を行うことが義務づけられています。これを「六信五行」といい、イスラーム教徒に課せられた義務であるとされています。

イスラーム教徒の六つの信仰

イスラーム教徒に課せられた六つの信仰とは、①アッラーを信じること、②アッラーの天使を信じること、③アッラーの経典を信じること、④アッラーの預言者を信じること、⑤最後の審判の日を信じること、⑥天命を信じること、です。

この六つの項目を信じて、生活を送る者が正しいイスラーム教徒であるということになります。

この六信はイスラーム教の根幹をなすもので、この信仰に少しでも疑いを持つ者はイスラーム教徒ではなくなります。逆説的にいえば、これら六信を信じている者がイスラーム教徒ですから、イスラーム教徒に対して「あなたはアッラーを信じていますか」とか、「ムハンマドが預言者であることを信じていますか」などの質問は馬鹿げていることになります。信じていない者はイスラーム教徒ではないのですから、この種の質問は愚問もいいところです。

この六つの信仰は常日頃口に出す必要はなく、ただ信じて疑わないことが大切であり、その信仰の証はアッラーだけが知るところとなります。もしこの六信を信じず、イスラーム教徒を装っていたならば、来世では地獄の生活

○「本当に天と地の創造、昼夜の交替、人を益するものを運んで海原をゆく船の中に、またアッラーが天から降らせて死んだ大地を甦らせ、生きとし生けるものを地上に広く散らばせる雨の中に、また風向きの変換、果ては天地の間にあって奉仕する雲の中に、理解ある者への（アッラーの）印がある」（二・一六四節）

○「アッラー、かれの外に神はなく、永生に自存される御方。仮眠も熟睡も、かれをとらえることは出来ない。天にあり地にある凡《すべ》てのものは、かれの有である。かれの許しなくして、誰がかれの御許で執り成すことが出来ようか。かれは（人びとの）以前のことも以後のことも知っておられる。かれの御意に適《かな》ったことの外、かれらはかれの御認識に就いて、何も会得するところはないのである。かれの玉座は、凡ての天と地を覆って広がり、この二つを守って、疲れも覚えられない。かれは至高にして至大であられる」（二・二五五節）

また第二一章「預言者の章」第二二

が待っていることになると、イスラーム教徒は信じています。

ムハンマドが預言者、アッラーの使徒であることに少しでも疑いを持ったイスラーム教徒は、アッラーの怒りにふれ、最後の審判では地獄への道が約束されるとされています。教徒の信仰心が本当であるかどうかは、アッラーしか知らず、他のイスラーム教徒の感知するところではないのです。

六つの信仰―イマーン

六信のことをアラビア語では「イマーン」と呼び、「信仰」と訳されます。すなわちこの六ヵ条すべてが信仰であり、どれ一つ欠けても信仰は成立しないのです。よって、イスラーム教徒はこの六ヵ条を信じて初めてイスラーム教徒となるわけです。

もしこれがキリスト教ならば、それぞれの宗派により六つの信仰が五つになったり、反対に七つになったりすると思いますが、イスラーム教の場合、いかなる宗派であろうと六つの信仰は変わりません。もしイマーンに変革を加えた場合、それはイスラームとは認められなくなります。その意味でイスラーム教は一つであり、このシステムは連帯意識の確立に大きな役割を果たしているといえましょう。

①アッラーを信じること

・「アッラーの神」という言葉はおかしい　まず最初に信仰すべきことはアッラーの存在です。「アッラーを信じること」。アッラーとはアラビア語の神を表す普通名詞「イラーフ」に定冠詞「アル」を付加して限定名詞としたもので、英語の「THE GOD」という名詞に相当します。日本の神名のよう

節には「もし、その（天地の）間にアッラー以外の神々があったならば、それらはきっと混乱したであろう。それで玉座の主、かれらが唱えるものの上に（高くいます）アッラーを讃えなさい」と述べられ、第一八章「洞窟の章」第一一〇節では「言ってやるがいい。わたしはあなたがたと同じ、只の人間に過ぎない。あなたがたの神は、唯一の神（アッラー）であることが、わたしに啓示されたのである。凡《およ》そ誰でも、主との会見を請い願う者は、正しい行いをしなさい。かれの主を崇める場合に何一つ（同位に）配置して崇拝してはならない」と記載されています。しかしもっとも有名なものは「アル・クラーン」一一二章「純正の章」の力強い言葉でしょう。

な固有名詞とは異なるものです。

・アッラーのみを信じること　イスラーム教はアッラーの存在を信じることに始まり、アッラーを信じることに終わりますが、名もなく、形もなく、その存在すらもはっきりせず、常に信者の傍にあって、すべての支配者・創造主であるとされています。アル・クラーン第二章二五五節にこのようなアッラーに関する言葉が書かれています。

原イスラーム教時代には、アッラーについて論議することはありませんでした。預言者もそれを望まなかったといわれています。しかし、イスラーム教がアラブ人以外の手に渡ったときからアッラーに関する研究が起き、イスラーム神学なるものが生まれ、その結果、さまざまな学派が誕生しますが、預言者の言葉を尊重するスンニー派の見解が認められています。

・アッラーの奴隷となること　イスラーム教徒はアッラーの奴隷として、主人アッラーに絶対的な服従を誓います。それがイスラーム教徒であるということです。奴隷は日本人が経験したことのない身分です。己を完全に失い、自己という意識を失う身分です。本能すら主人の手の中にあります。それゆえイスラーム教では、アッラーとの契約を守れないときでも、それはアッラーの成せることと解釈する宗派もあります。そのように解釈する宗派は、伝統的法解釈派に多いのです。だからこそ、アッラーに命じられ行《ぎょう》を行い、アッラーに感謝するのです。

②アッラーの天使を信じること

・天使はアッラーの使者である　次に信じなければならないことは「アッラーの天使を信じること」です。アル・クラーンの第三五章一節に「アッラーに讃《たた》えあれ。天と地の創造者であられ、二対《つい》または四対の翼を持つ天使たちを、使徒として命令なされる。アッラーは御心のまま数を増して創造される」と書かれています。

・代表的な天使は四人　イスラーム教の代表的な天使は四人いて、その中でもアッラーの言葉を預言者ムハンマドに届けた「ジブリール」が第一位の天使として特に有名です。第二の天使は「ミーカール」という名で、水の保護をその任務としています。第三の天使は「イスラーフィール」と呼ばれ復活の日を告げる天使であり、空気を管理する天使でもあります。第四の天使は「イズラーイール」で死の天使と呼ばれ、魂を肉体から取り出す役目をします。

　このほかに天使はアッラーの御座を護持する八天使がおり、また地獄を管理する一九天使がいます。

・なぜ天使を信じることが重要な信仰なのか　天使は光の源から作られ、性別もなく、老若もなく、情欲もなく、怒らず、嫉《ねた》まず、食べることもなく、飲むこともない。天使はアッラーの命令によってのみ動きます。

　この存在を信じるということは、預言者の言葉がアッラーのものであるということを信じる、ということになります。

　そればかりか、アッラーの命令でしか動かない天使は、アッラーと同じで

天使

　イスラーム教において天使は重要な役割をもっています。それはアッラーの使者として、人間とアッラーの間にあってその存在を誇示しています。アル・クラーンの中では一三の章の中に天使が出てきます。アル・クラーンの第三五章「創造者の章」第一節「アッラーに讃えあれ。天と地の創造者であられ、二対、三対または四対の翼を持つ天使たちを、使徒として命令なされる。かれは御心のまま数を増して創造される。本当にアッラーは凡《すべ》てのことに全能であられ」という言葉で天使の説明がなされています。

　また第二章「雌牛の章」の九七・九八節では「言ってやるがいい（ムハンマドよ）。ジブリールに敵対するのは、誰であるのか。本当にかれこそは、アッラーの御許しにより、先にあるものを確証し、また信者への導き、吉報として、あなたの心に（主の啓示を）下す者であるとし、「アッラーとその諸々の天使、使徒およびジブリールとミーカールに敵対する者は、誰であるのか。本当にアッラーこそ不信心

あると信じること。それはアッラーを信じることと同じであるということになったのでしょう。それゆえ重要な信仰の一つとなるのです。また天使はムスリムを監視し、過ちを起こさないよう、アッラーの命を受けています。

・天使と人間との関係　アッラーは「人間を一凝血《ぎょうけつ》から作られた」というのはアル・クラーンに書かれている言葉ですが、ムスリムがイスラーム教から外れないように、シャイターン（サタン＝悪魔）の誘惑に陥らないようにしなければなりません。このためアッラーは天使を送り、人間を見張ることにしたのです。

③アッラーの経典を信じること

・アル・クラーンはアッラーの言葉　第三番目に信じることは「アッラーの経典」です。イスラーム教の経典「アル・クラーン」がアッラーの言葉であるということを信じることです。イスラーム教ではアダム、セト、イドリース、イブラーヒーム、ムーサ（モーゼ）、ダビデ、イエス、ムハンマド等がアッラーから経典を受けたと教えていますが、これらの経典をアッラーの言葉であると信じる者がイスラーム教徒となるわけです。

・現存する聖書の中で唯一完璧なもの　神が降ろされた言葉で書かれている聖書として、アル・クラーンは唯一完璧なものです。アル・クラーン以前に降ろされた聖書のあるものは、その言語が消滅したり、他の言葉に変えられたり、あるいは内容が書き換えられたり、そのほとんどが完全なものとはいえないでしょう。ところがアル・クラーンは言語・内容とも、アッラーか

者にとっては敵である」として、天使の位置づけを確立しています。絵を否定するイスラーム教では天使の姿を絵としても見ることはできませんが、天使は預言者と同様身近なもののようです。

ら預言者ムハンマドが受けとったそのままの姿で今日に至っているのです。

・**アラビア語のみが正式言語**　アッラーの言葉をアラビア語に訳したものが、アル・クラーンであるというのがイスラーム教の解釈です。だから、イスラーム教はこの聖書の翻訳を無視します。他の言語によるアル・クラーンは、本当のアル・クラーンではないと判断するわけです。

それゆえイスラーム教に関係のある職業、すなわち教育者・裁判官・弁護士・学者などに就こうとする者にとって、アラビア語の修得は絶対的に必要なことになります。このため一〇二〇年の歴史を持つエジプトのアズハル大学に世界から学生が集まって来るのです。その数およそ五千人以上、そのすべてが大学が奨学金を払う完全政府給費生で、ある学生は五歳くらいから入学し、大学院を終了するまで滞在し勉強します。

・**なぜアラビア語でなければならないのか**　アラビア語でなければならない理由は二つあるように思います。一つはアラビア語の持つ音がアル・クラーンという書物を、アッラーの言葉であると感じるために不可欠な要素であるということです。

もう一つの理由は、言語を統一することにより、連帯意識が維持されることです。言葉の統一こそ、統一された世界を生み出す大きな要素となり、イスラーム教を分裂させる環境が育たなくなります。現に言葉を異にしたペルシャ・イスラーム教、すなわちシーア・アリー（アリー派またはシーア派）は、イスラーム教と世界を異にし分裂しています。

いろいろあるアッラーの名前

アル・クラーンの中で、アッラーは実にさまざまな名前で登場します。その数は九八もあります。代表的なものは次の通りです。

○アッラー（アッラー）
○アル・ラハマーン（最も慈善心に富む者）
○アル・ラヒーム（最も慈悲深き者）
○アル・マリク（諸王の王）
○アル・クドス（最も神聖なる者）
○アッサラーム（最も平和的な者）
○アル・ムアミーン（最も心癒《いや》す者）

・**アル・クラーンの意味するところ**　アル・クラーンの「クラーン」はアラビア語「カラア（読む）」という動詞から派生したもので「読むべきもの」という意味の名詞です。より適確に解釈すると、「読む」というのは「黙読」ではなく「声に出して読む」という意味になり、「クラーン」は「朗唱すべきもの」という意味になります。それに定冠詞「アル」がつき「これこそ朗唱すべきもの」というのが直訳となります。

・**音にしてわかるアル・クラーンの価値**　「これこそ朗唱すべきもの」という聖書としてはきわめて奇妙な名前の本ですが、書かれているアラビア語の文章を朗唱すると、アッラーの言葉がいかに素晴らしい文章であるかが理解できるからです。それは明らかに、人間の能力を越えた文章であり、ましてや預言者ムハンマドの手による文章とは考えられないものだからです。その素晴らしさを一言で言えば、アル・クラーンは文章でありながら、それはまったく音楽と同じであるということです。しかも名曲の部類に入るほどの。

・**アル・クラーンを暗唱すること**　イスラーム教徒として生まれ幼児になると、親は子にアル・クラーンの暗唱を奨励します。時には美しく暗唱するために、アル・クラーン暗唱の先生に習うことがあります。また暗唱の大会もあり、アル・クラーンを暗唱することはイスラーム教徒の一つの楽しみになっています。すべてを暗唱することをアラビア語で「ハーフィズ」といいますが、そのように呼ばれている人は、イスラーム教世界では名誉なこととされています。

またアル・クラーン暗唱をするプロもいて、テープ、レコード等が発売され、日本の歌手に対するようなファンもいます。人気のある先生を葬儀の場や祝宴の場に呼んで朗唱してもらうと、来客の数が数倍多くなるということです。

④アッラーの預言者を信じること

第四番目の信仰は「アッラーの預言者を信じる」ことです。アル・クラーンには二四名の預言者の名が挙げられていますが、イスラーム教では偉大な預言者として、アダム、ノア、イブラーヒーム、ムーサ（モーゼ）、イエス、ムハンマドの六名の名を挙げています。

アル・クラーンの第四章「婦人の章」一六四節に「ある使者達に就いては、先にアッラーはあなたに告げたが、未だあなたに告げていない使徒たちもいる。そしてムーサには、親しくアッラーは語りかけられた」と書かれています。これによると、アッラーが直接話されたのはムーサ（モーゼ）だけであったことがわかります。

そのなかでムハンマドは最後の預言者にして最も偉大な預言者であるとされているのです。このことを信じること。これが第四番目の信仰です。

・「預言者」と「アッラーの使徒」　「預言者」のことをアラビア語では「ナビー」といい「アッラーの使徒」は「ラスール・ラー」といいます。ナビーという単語は「ナバ（遠くに）」という意味の単語から派生したものです。「ラスール」は「ラシラ（流れる）」という単語から派生した「ラシー

壺を頭に乗せて運ぶイスラームの女性（銅版画）

ル」（配達人）と同様な言葉で、現代風に訳せば「郵便配達人」となりましょう。

ラスールは普通アッラーをつけて「ラスール・ラー」と呼び「アッラーの使徒」と訳されます。アラブ・イスラーム教世界では、このラスール・ラーを多く使います。それはアラブ人的感覚が「ムハンマドはただ単なるアッラーの郵便配達人」だというアッラーの教えを単純に理解させたのでしょう。アッラーと人間の関係を、両極性という感覚から理解することのできたアラビア民族ならではの判断といえましょう。

・「ムハンマドは最後の預言者」という言葉が持つ意味の深さ　さて「ムハンマドは最後の預言者」であるという言葉は、きわめて大きな意味を持っています。「ムハンマド以降預言者は現れない」というこの教えは、新たな預言が降りないということであり、律法の宗教はイスラーム教をもって最後であるということを意味します。

世の中が無法となり、イスラーム教世界の崩壊が近づいたとしても、新たな啓示が到来することはないという教えは、危機感を持ったイスラーム教徒にイスラーム教初期、すなわち預言者時代へ回帰するしかないという救済の道を必然的にとらせました。これが回帰運動の根底にある視点といえましょう。この運動は、今日なお世界の注目を集めています。

・アラブ・イスラーム教世界では預言者はただの信徒　アラブ世界以外では、預言者ムハンマドは聖人として崇《あが》め立てられ、誕生日なども国事や祭日

スルタンアフメット・モスク（イスタンブール）　一七世紀の建築。世界で最も美しいモスクのひとつといわれています

として、盛大なお祭りが行われるようですが、アラブ・イスラーム教世界ではそのようなことはありません。その日は個人的に甘い菓子などを食べて祝うぐらいで、特別な日とはなっていないのです。少なくともこの日は、連帯意識の形成とは関係のない日のようです。

アッラーの教えにあるように、ムハンマドは単なる預言者であり、使徒であって、集団礼拝のときに礼拝をリードし、イスラーム律法の適用を信者に示す知識者ウラマーでしかないのです。キリスト教のキリストでもなければ、法王でもない。彼は単なる教徒でしかないというのが、イスラーム教の教えです。ただアッラーが「アッラーの言葉の配達人に選んだ人物」として、ムハンマドの人格に尊敬の念が高められています。彼を信じること、それは当然ながらアッラーの言葉を信じることになります。

・なぜムハンマドを預言者として信じることが重要なのか　イスラーム教で最も重要な問題は、アッラーの言葉を信じることです。アッラーの言葉は天使ジブリールが預かり、それをムハンマドに渡し、ムハンマドがメッセンジャーとなり、人に伝えました。

人が手にした言葉がアッラーの言葉として正しいものであるかどうかは、天使ジブリールとムハンマドが預かった言葉に加筆したり、改悪したりしなかったかという保証が必要となります。しかしそれを確かめる術《すべ》はありません。唯一の道は天使ジブリールを信じ、ムハンマドを信じることです。それがアッラーの言葉を信じることにつながり、それゆえ重要なのです。

・「彼の上に平安があらんことを」　アラブのイスラーム教徒は、預言者ムハンマドに特別な態度・行為を示しませんが、彼の名前が人の口から発せられると、それぞれが聞こえるか聞こえないような低い声で「彼《か》の者の上に平安があらんことを」とつぶやきます。アラビア語で「サッラーラーヒ・アライヒ・ワ・サッラム」と。

この言葉は預言者ムハンマドだけでなく、すべての預言者に対して行われるイスラーム教徒の習慣ですが、講義中に教授が預言者の名を出すと、学生が一斉にこの言葉をつぶやく情景は、アラブ・イスラーム教の世界の中に自分がいることを意識させたものでした。

⑤審判の日を信じること

・審判の日―ヨーム・キヤーム　第五番目の信仰は「審判の日を信じること」です。アラビア語で「審判の日」を「ヨーム・キヤーム」といいますが、それはアラビア語「カーム（興る）」から生まれた言葉「キヤーム」、それに「日」を表す「ヨーム」をつけて「審判の日」としています。

直訳すると「興《おこ》る日」とでも訳すのが素直なのでしょうが、来世の始まる日を「興る日」という言葉を用い、それを「審判の日」と表現したことから考えると、現世と来世の関係が理解できそうな気がします。

すなわち、来世こそ本当の世界であるという考えで、そのために現世があり、それまでの生き方の審査が来世への門であるという意味を、この言葉が示していると考えられるのです。ちなみに、アル・クラーンには一五ヵ所に

イスラーム教と刑罰

日本の法律と異なり、イスラーム教の法律には必ずといってよいほど刑罰がともないます。イスラーム教徒にとって最大の刑罰は地獄へ落ちることですが、それは最後の審判が下った後に決定される刑罰です。しかし最後の審判が降りる以前、すなわち現世においても刑罰を設けています。その根底にあるのは「目には目、歯には歯」という、この世界独特の刑罰に関する感覚が存在しているように思われます。アラビア語「カタラ」（彼は殺した）と「クテラ」（殺された）という単語の子音が同じであることを考えると、「殺した」ならば「殺される」ことがこの世界の基本的理解であるのかもしれません。

さてイスラーム教における刑罰は、⑴固定刑、⑵復讐刑、⑶血に代わる代金刑、⑷強制刑などに区分されます。固定刑とはアッラーがきめた法を破った場合に適用される刑で、姦通罪・中傷罪・飲酒罪・窃盗罪などが含まれます。この罪はアル・クラーンに明確に書かれています。

この来世、審判の日に関することが書かれています。

・現世は来世のためにあり　アル・クラーン第五七章「鉄の章」の二〇節に

「あなたがたの現世の生活は遊び戯《たわむ》れに過ぎず、また虚飾と、たがいの間の誇示であり、財産と子女の張り合いに過ぎないことを知れ。

（現世の生活を）たとえれば慈雨のようなもので、作物は成長して不信心者（農夫）を喜ばせる。やがてそれは枯れて黄色に変わり、次いで粉々になり果てるのをあなたがたは見るであろう。

だが来世においては（不義の徒に）厳しい懲罰があり、また（正義の徒には）アッラーから寛容と善賞を授かろう。本当に現世の生活は、虚《むな》しい欺瞞《ぎまん》の享楽に過ぎない」

と述べられています。

ここには、来世を前提とする現世の世界の大切さが説かれているわけです。アッラーは、現世での行いを審査する最後の審判の日を信じることにより、現世での生活を正しいものにする効果を期待しているものと考えられます。

・その日、天使が来たりてラッパを吹く　なにごともアッラーの御心によって動く世界ですから、いつ審判の日が到来するかわかりません。アル・クラーンにはその第三九章「集団の章」の第六八節で

「ラッパが吹かれると、天にあるもの、また地にあるものも、アッラーが御望みになられる者の外は気絶しよう。次にラッパが吹かれると、見よ、かれ

たとえば中傷罪という項目に関してはアル・クラーン第二四章「御光りの章」第四節「貞節な女を非難して四名の証人をあげられない者には、八〇回の鞭打ちを加えなさい。決してこんな者の証言を受け入れてはならない。かれらは主の掟に背く者たちである」と述べられ、根拠のない中傷を行う者に対する刑をむち打ち八〇回としています。

　二番目の復讐刑は、アル・クラーン第二章「雌牛の章」第一七八節「信仰する者よ、あなたがたには殺害に対する報復が定められた。自由人には自由人、奴隷には奴隷、婦人には婦人と。だがかれ（加害者）に、（被害者の）兄弟から軽減の申し出があった場合は、（加害者は）誠意をもって丁重に弁償しなさい。これはあなたがたへの主からの（報復の）緩和であり、慈悲である。それで今後これに違反する者は、痛ましい懲罰を受けるであろう」とし、かつてあった「目には目、歯には歯」という刑罰を法的に規定しています。この刑罰は次にある「血の代償」という刑罰と関係を持ちます。

らは起き上がって見まわす。その時大地は主の御光で輝き（行いの）記録が置かれ、預言者たちと証人たちが進み出て、公正な判決がかれらの間に宣告され、（少しも）不当な扱いはされない」

と、そのときの情景が語られています。審判の日にはラッパが鳴らされ、瞬時にして現世の行いが裁かれ、人間は天国と地獄へ振り分けられるようです。

・天国とは　来世は天国と地獄から成り立ち、天国はアル・クラーン第四章「婦人の章」の第五七節、第四四章「煙霧の章」五一節から五七節、四七章「ムハンマドの章」の一五節などに書かれていますが、四章の五七節に

「信仰して善い行いを励む者には、アッラーは川が下を流れる楽園に入らせ、永遠にその中に住まわせよう。そこでかれらは、純潔な配偶を持ち、アッラーは涼しい影にかれらを入らせるであろう」

と述べられているように、天国は水の豊かな所であると力説されているところが面白いですね。

・地獄とは　一方、地獄に関しては酷暑の沙漠よりも熱い火炎の世界として描写されています。「あなたがたは地獄の門を入れ。その中に永遠に住みなさい」とアル・クラーン第三九章「集団の章」の七二節に記され、地獄の門を入った者は業火《ごうか》で焼かれ、その皮が焼き切れる前にまた新たな皮が用意され、幾度も幾度も業火で焼かれるぞと警告しています。そればかりではありません。業火の中で育っているザクームの木のまずい実を食べ、その上熱

三番目の血に代わる代金刑は、「賠償金」というべきもので、なるべく「目には目、歯には歯」という世界からの離脱を促したものでした。これに関するアル・クラーンは前に記した「雌牛の章」の一七八節ですが、地域によっては、やはりこの刑罰よりアル・クラーン第一七章「夜の旅の章」第三三節「正統な理由による以外は、アッラーが尊いものとされた生命を奪ってはならない。誰でも不当に殺害されたならば、われはその相続者に賠償または報復を求める権利を与える。殺害に関して法を越えさせてはならない。本当にかれは（法によって）救護されているのである」に記されている命令が実行されるようです。

最後の矯正刑は、アル・クラーンに記されていない罪に関する処罰を定めたものです。これはイスラーム共同体世界を維持するに当たり好ましくない行為をしたものを刑罰により矯正し、更正させる目的を持つものです。

湯を飲まされるという生活を余儀なくされると、説明しています。

このような天国と地獄の説明は、沙漠的環境に住むアラブ人には理解しやすかったでしょう。

・直線的思考のアラビア　さて、来世と現世の関係が一直線であるというのが、日本と異なるところです。日本では「あの世」と「この世」が平行して走っているような関係にありますが、イスラーム教では現世が完全に終了して、来世が始まるというのです。
それは直線的思考性を持つアラブ人にとって、しごく理解しやすいものであったろうと思います。だが、そのような発想のない日本人は理解に苦しむことと思います。死んでから最後の審判が降りるまでの間、死者はどこにいるのかという疑問が当然起きるでしょう。

・死について　死について、アル・クラーンには多くの章節で書かれていますが、その扱いは、死はアッラーの定めたものであり、来世へ行くためには通らなければならない門であるとされているようです。不信心者は死もなければ生もないとされ、天使が魂を抜き、永遠に地獄に封じ込めるとされています。
アル・クラーンでは死は生と同じように扱われ、最後の審判まで生で待つか、死で待つかはさほど重要な問題ではないようです。それもまたアッラーの御心のままということになり、奴隷としての教徒は、来世のために現世ではアッラーの命ずるままとなります。

⑥天命――カダルを信じること

・カダルは法令・布告・判決などという意味　最後の信仰は「天命を信じること」です。この「天命」という言葉は、アラビア語の「カダル」を訳したものです。この意味は、この世のすべてのことは「アッラーの意によるものである」というもので、あらゆる天変地異から、人間が起こす戦争・紛争、また日常起きるすべてのことがアッラーの御心によると信じることです。それを信じることが第六の信仰で、イスラーム教の最も基本的な信仰であるといわれます。

・この世はすべてアッラーの御心による　湯飲み茶碗が壊れたときも、お金を落としたときも、礼拝をしたいという気が起きないときも、断食の月に断食をする気になれないことも、これすべてアッラーのなせることであるという意味での天命です。

このためイスラーム教徒は、礼拝するとそのことを、断食をするそのことをアッラーに感謝するのです。断食を行えないときには、アッラーを恨むなという慰めの言葉が、友人・家族からかけられるのはそのためです。

すなわち、イスラーム教徒には自分の意志が存在せず、すべてがアッラーの意向により決定されると説明します。それを信じる者がイスラーム教徒となるのです。

・庶民に生きる天命の言葉――イン・シャ・アッラー　中東に行った人が腹を立てて恨む言葉に「イン・シャ・アッラー」という言葉があります。「ア

マスジット、ジャーミア、モスク

イスラーム世界を象徴する建物である礼拝所、すなわち「マスジット」もしくは「ジャーミア」と呼ばれる建造物は、暑い中東の世界で日影が最も美しい場所として多くの人を集めます。日本ではマスジットのことを「モスク」もしくは「イスラーム寺院」と呼んでいるようですが、「寺院」という名前は適切ではありません。マスジットにはご本尊に相当するものもなければ祭壇もなく、もちろん僧侶もいません。ただ暑い日差しをさえぎる空間があるだけです。

マスジットは礼拝の場所であり、礼拝時間以外のときは公の場として多目的に使用されます。多目的といってもそこでジャズ・フェスティバルを開くというようなことはありませんが、読書をしたり、人から学んだり、あるいは昼寝をしたり、その空間はまさに都会のオアシスというところでしょう。しかしこのマスジットは非常の場合には砦となり、または病院ともなり、かつては学校としても使用されました。

ッラーが認めたならば」という意味のこの言葉は、アラブのイスラーム教徒が口癖のように使うので有名です。

この言葉は一見、「約束破りの魔法」のように取られ、この言葉をともなった約束は絶望感に満ちあふれたものとして受け取められますが、この言葉がイスラーム教の真髄であるカダルを具体的に示しているのです。それを理解し、会得したときこそ、イスラーム教を理解したことになりましょう。

・そして「マー・シャ・アッラー」　「アッラーが認めたところのもの」という「マー・シャ・アッラー」もそれと同様で、これもよくイスラーム教徒が使う言葉です。それは前の言葉とは反対に、特に喜びの結果がもたらされたときに使われます。会いたい人に突然に会ったとき、よいことが突然もたらされたときなどに使われ、これもまたカダルを身近に感じる言葉です。

・アッラーのみが知るイスラーム教徒　以上がイスラーム教の六つの信仰イマーンです。これを信じる者がイスラーム教徒となり、これらを疑いもせず信じることができるのもまたアッラーのおかげであるとし、祝福されたイスラーム教徒として、アッラーに感謝することになるのです。

これらの信仰は、人の前で明示するものではなく、あくまでもアッラーと個人との間で取り交わされるものです。アッラーだけが認めればそれでよいことで、イスラーム教徒の認証などは必要ないのです。

・教徒には信仰心を判定する資格なし　イスラーム教徒は、教徒の信仰心を判断する資格はなく、日本人がよくいう真面目なイスラーム教徒、不真面

モスクにあるメンバル　メンバルは説教壇というもので金曜日の「サラート・ル・ジョマ」の礼拝時に律法学者がイスラームに関する話を行う場所です。時には時勢批判も行われます

目なイスラーム教徒などという評価は、イスラーム教世界では正当性を持たないものです。それができるのはアッラーだけです。

近年、イスラーム運動が大きな関心を呼んでいますが、この運動はあるイスラーム教徒に対して、不真面目なイスラーム教徒としての評価を下し、それを是正しようとするところに大きな特徴があります。

そのような評価を下すことは、アッラーのみが持つ権限への侵害であるとし、正しいイスラーム教の信仰ではないとする見解が伝統的な法解釈論です。すなわち、彼らは異端であるとする見解は、六信の最後の信であるカダルの信仰によるものといえましょう。

イスラーム教徒の連帯意識を育む五つの行

さて、六信（イマーン）を信じイスラーム教徒となった者には、次の五つの行《ぎょう》が課せられます。これは行ですから、イスラーム教徒であることが公にされることになります。

イスラーム教徒として、その生活を特徴づける行は五つあります。通称「五つの柱」とも呼ばれる義務行為は、「信仰の告白」「礼拝」「喜捨《きしゃ》」「斎戒」「巡礼」の五つのことを指します。これはイスラーム教を構成するいかなる宗派も同じで、一つとして欠けるものではありません。

全世界のすべてのイスラーム教徒が同じ時刻、同じ日、同じ月、同じ場所で同じ行を行うのです。しかも先に述べたイマーンのもとに生まれた同質の意識を有するイスラーム教徒として、この統一された義務を行うのです。連帯意識を育てるには、これほど優れたシステムはないでしょう。すなわちイマーンと行は、イスラーム共同体を支える根幹的システムといえるものです。

①信仰の告白――シャハーダ

・イスラーム教への入信　最初の「信仰の告白」とは「アッラーの外に神はなく、ムハンマドは神の使徒なり」という文句を唱えることをいいます。「シャハーダ」とは「証言する」とか「言明する」という意味のアラビア語から派生した言葉で「証言」もしくは「告白」と訳されます。

イスラーム教徒になるとき、「私は、アッラーの外に神はなく、ムハンマドは神の使徒なり、ということを言明します」と唱え、これで教徒になります。

この言葉は、サウジアラビア王国の国旗に書かれており、この文句を国旗にしたということは、国家そのものがイスラーム教徒の国家であることを宣言したことを意味しています。また湾岸戦争終了後のイラクが、この言葉を国旗に加えたのは、己の行動の正当性をイスラーム教に求めたからにほかならないでしょう。

・すべてが凝縮《ぎょうしゅく》されている言葉　この短い言葉の中には、イスラーム教のすべてが凝縮されているといわれています。言葉の意味は単純明快。アッラーだけが神であり、ムハンマドはその使者であるという、イスラーム教の根本中の根本の言葉なのです。

サウジアラビア王国の国旗

「一つの神を信じ、ムハンマドはその使徒である、ということを信じよ」という命令はごく単純なものです。この単純性がアラブ人には理解しやすかったばかりか、文化を越えて、言語を越えて、イスラーム教が拡大した理由の一つでしょう。そして、この単純性がごく明快な連帯意識を形成したものと思われます。

・この言葉一つで全アル・クラーンを言い表す　この言葉は、イスラーム教のすべてが凝縮されていることから、まだアル・クラーンを覚えていない教徒が、アル・クラーンの代わりにこの言葉だけを唱えることでよしとしています。もちろん、早々にアル・クラーンを暗唱することが望まれますが、このシャハーダがそれまでの代わりを務めるのです。

②礼拝—サラート

・礼拝—サラート　二番目の行は「礼拝」です。「サラー」がその語源で「行う」という意味です。そこから派生した言葉が「サラート」で「礼拝」と訳されます。

アル・クラーンには「本当にアッラーはあなたの主である。アッラーの外に神はない。だからアッラーに仕え、アッラーを心に抱いて礼拝の務めを守れ」（第二〇章「ター・ハーの章」一四節）と述べられ、礼拝の心構えが記されています。

・礼拝の方法　礼拝は決められた動作と言葉からなる、一連の言動の単位（ラカー）が、数回でもって一回の礼拝が構成されています。その回数はそ

礼拝の方向「キブラ」

「キブラ」とはアラビア語で「方向」を意味する言葉です。イスラーム教において方向とは「礼拝の方向」すなわちメッカを示すものです。礼拝所におけるキブラは前方の壁に凹みとして作られますが、元来方向を示すものですから別に「壁の凹み」にこだわりません。

礼拝時にメッカの方向を知ることは重要なことですが、どうしてもわからない場合はあまり固執する必要はありません。自分の決めた任意の方向に礼拝すればよいとされています。また移動する車、飛行機の中で礼拝するときも同様でキブラにこだわりません。石油ショックが襲ったとき、日本ではアラブ、イスラーム教に対する興味が高まり、日本でどの地域にいても必ずメッカの方向を示す磁石が作られましたが、そのようなものの必要性はそれほど高いものではなかったのです。

れぞれの宗派により異なりますが、日常の礼拝においても微妙に異なります。

このような礼拝は、すべてメッカの方に向かって行われます。その方向を示す印を「キブラ」といい、普通は壁の窪みとして作られています。信者はその前に立ち礼拝するわけですが、礼拝を指導する「イマーム」（先導者）が、集まった信者の中から選ばれ、一列に並んだ信者達より心もち前に出て先導をします。

・礼拝の意味―すべてのものがアッラーにサジダする　「あなたは見ないのか。天にある凡《すべ》てのものが、アッラーにサジダするのを。また地にあるもの凡てのものも、太陽も月も、群星も山々も、木々も獣類も、また人間の多くの者がサジダするのを見ないのか」（第二二章「巡礼の章」一八節）と述べられ、すべてのものがアッラーの前でサジダすることが命令されています。

これは創造主アッラーに対する敬愛の念を表す姿勢で、そこに礼拝の目的があるのです。「サジダ」というアラビア語は「おじぎをする」という動詞から派生した言葉で「頭を垂れ、膝を屈する、礼拝」という意味になり、礼拝の姿を表しています。

・サジダが語源のマスジット（礼拝所）　サジダから派生して、礼拝をする場所を表す名詞となったのが「マスジット」という言葉です。これは単に「礼拝所」と訳され、豪華なものから時には木の下に石かレンガで囲いが作られ、それが礼拝所となる場合もあります。それも立派なマスジットです。「ジャーミウ」という言葉は、大きな規模の礼拝所を指し、金曜日の集団礼

カイロのムアウィア礼拝所のキブラ
キブラは礼拝時にメッカの方向を示すもの。石のモザイクが美しい

拝に使われるマスジットと区別されます。

・一日五回の礼拝　礼拝は一日五回、日の出前から就寝前までメッカの方向に向かって行われます。場所は特に規定はなく、また人数の規定もありません。しかし金曜日の昼の礼拝だけは、一人での礼拝は意味のないものとされ、必ず集団で行わなければならないとされています。

一日五回の礼拝は、太陽の位置を基準として、太陽を礼拝しないように配慮されているかのように設定されています。

礼拝は「ファジル」（夜明け前─太陽が出る前に終了）、「ズフル」（太陽が天頂から動き出してから）、「アスル」（日没の前）、「マグリブ」（太陽が完全に没してから後）、「アシャーア」（夜）と呼ばれていますが、この礼拝の名と説明は、本書の序章（41頁参照）に書きました。

・礼拝の時を告げるシステム　このような礼拝を行うにあたり、時刻を知ることが重要になります。今ではテレビ・ラジオで知ることができますが、かつては人が礼拝の時を肉声で知らせました。

礼拝の時刻を知らせる人を「叫ぶ人――ムアズィン」といい、叫ぶことを「アザーン」といいます。叫ぶ言葉はそれぞれの礼拝時刻によって違いますが、早朝のファジルの礼拝時には「礼拝は眠りに勝る」という意味のことを礼拝所の塔（ミァザナ）から叫びます。

礼拝所にはかならず塔があり、それは普通「ミナレット」と呼ばれていますが、正式には「ミァザナ」もしくは「モナーラ」と呼びます。面白いことにムアズィンになる人は盲目の人が選ばれます。その理由は高いところから叫ぶため、塔の上から家の中を覗《のぞ》かれないためとされています。

時刻を告げる声は肉声ですから、大きな町ではモナーラが林立することになります。かつてエジプトのカイロは「千のミナレットの見える町」といわれ、その規模の大きさがモナーラで示されたものです。

・礼拝の前のウズゥとグスル　日本でも神社での参拝の前に手と口を清めるように、イスラーム教も礼拝の前には身体を清めなくてはなりません。礼拝所にはかならず沐浴《もくよく》のための設備が整っています。「清潔は礼拝の半分に相当する」という教えがこの清め、沐浴の重要性を示し、アラビア語で「ウズゥ」（小沐浴）といいます。ウズゥは普通の礼拝時に行われる清めですが「グスル」と呼ばれる大沐浴もあり、時には金曜日の礼拝時に行われます。

この二つの沐浴も、それをいつ行うかはそれぞれの宗派により異なり、またその時の環境によっても異なります。

・人が集まらなければならない日――聖なる金曜日　一日五回の礼拝はこのようにして行われますが、一週間に一度だけ集団でなければ意味をなさない礼拝があります。このため大きな礼拝所が必要であり、それはアラビア語でジャーミウと呼ばれます。

「ジャーミウ」という言葉の語源は「集まる」という意味で、金曜日もこの言葉で表されています。直訳すると金曜日は「人の集まる日」であり、礼拝所は「人の集まる場所」となるわけです。

「アラビアン・ナイト」に登場する、カイロの「ハンハリール」市場

・「集まる」というシステムが育む連帯意識　イスラーム教にとって金曜日は聖なる日です。すなわち、アッラーの命令を完全に履行する日です。ふだんはできない礼拝も、この日は一切の仕事を休んで、アッラーの命に服します。礼拝を行い、喜捨を施し、イスラーム教徒としてどう生きるかを考え、友人と話し合う日です。

しかし何よりも大切なことは、集団での礼拝・喜捨の奨励に見られるように、イスラーム教徒が仲間を意識する日です。言葉を換えていえば、イスラーム教の政治的効果ともいうべき連帯意識を育てることになります。

これが全世界において行われるのです。もちろん時差があり、物理的には同じとはいえませんが、同じ意識の下に行われていることは間違いありません。これはきわめて優れた組織テクニックといえましょう。こうしてイスラーム教世界はイスラーム共同体（ウンマ・トル・イスラミーヤ）を維持するのです。

・聖なる日の礼拝と大学の関係　金曜日の礼拝は、アラビア語で「サラート・ル・ジョマ」と呼ばれ、集団礼拝となります。このときの礼拝は、礼拝後にイスラーム教学者が現れ、イスラーム教に関する話ばかりではなく政治・経済などの話をします。また、日常生活のさまざまな問題に対するイスラーム法的判断を一般の信者が求め、それに対してもイスラーム教学者が解説を行います。

このため、金曜礼拝に使用される礼拝所に付属して組織が作られました。

スルタン・ハサン・モスク（エジプト・カイロ）　一四世紀半ば、マムルーク朝のスルタン・ハサンによって建築されました

その組織では学者の後継者の育成も行われたことから、それは教育機関も兼ね備えることになり、後にこの言葉が大学となりました。

アラビア語で大学を「ジャーミア」と呼びますが、それは金曜礼拝所（ジャーミウ）に付属した教育機関の名前から生まれ、付属していたということから女性名詞となったのです。預言者の後継者、信者の長「ハリーファ（カリフ）」が女性名詞であるようにです。ちなみに「礼拝所」は男性名詞です。この言葉の使い方により、大学が金曜礼拝所の付属機関であることがわかるでしょう。

・礼拝において大切なこと　サラート（礼拝）のときは、アッラーを心に抱いて礼拝するという教えがアル・クラーンに記されていることから、たとえ暴漢が襲おうとも心を乱してはならないとされています。また礼拝中に声をかけたり邪魔することは厳禁とされています。

アラブ・イスラーム教世界では、ふだん礼拝所に入るのはそれほど難しいことではありませんが、礼拝のときに入ることが禁じられているのは、このような理由からです。

また、歴史上、礼拝中によく暗殺事件が起きていますが、それは礼拝中は、無防備にならざるを得ないからでしょう。

③喜捨――ザカートまたはサダカ

・ザカート、サダカの意味　三番目の行は喜捨《きしゃ》です。喜捨は重要な義務で、イスラーム教世界の連帯性を保持する最も効果のある行といえます。アラビア語「ザカート」は「ザカー（よいことをする）」という言葉から派生したもので、「施しに関する法」とでも訳すことができます。「サダカ」は「サダカ（本当のことを言う）」という動詞から派生した女性形名詞で「慈善行為による施し」と訳されていますが、この動詞サダカからサディーク（友人）という名詞が派生しているところをみると、「嘘《うそ》偽りのない心を持つ施し」というところかと思います。

・喜捨の種類―ザカートとサダカ　三番目の行「喜捨」は「貧者への施し」で、それは「イスラーム世界の維持のため」に行われ、その額は法的に規定されている場合と、原則的に個人の判断に任されている場合とがあります。前者の喜捨をザカートといい、後者をサダカといいます。

・イスラーム教徒の義務―ザカート　ザカートは年の終わりに収入資産と貯蓄の双方に課せられます。金銭・家畜・穀類で納められ、それぞれの宗派によりその率は異なりますが、基本的なイスラーム教法によると、金銭での額は二・五％以上とされています。これには上限がありませんが、ザカートを提供する人の生活を圧迫するものであってはならないとされています。この寄付は義務づけられているのが普通ですが、それも宗派により異なります。また受ける者もその条件が規定されています。

このザカートは政府に納める税とは異なります。また個人の善意の行為とも異なります。これはアッラーからの命令による務めです。それゆえその能力があると認められたものはザカートを避けることはできません。

ウマイヤド・モスク（シリア・ダマスカス）

・**イスラーム教徒の善意──サダカ**　もう一つの寄付サダカは、善意で行われる喜捨でザカートと同様、イスラーム教徒としての同胞意識・連帯意識が双方に認識されるシステムです。サダカはあくまでも任意の救済で、匿名で施し、受け取る人の人格を傷つけないように行うべきであるとされていま す。侮辱をともなう施しは、アル・クラーンでは拒否される行為と指摘され、親切な言葉の方が数倍も勝ると教えています。

・**寄付はどこに集められ、どのように使われるか**　ザカートは「イードル・アドハ」、すなわち一年の最後を彩る犠牲祭を祝う祭りのときに納められます。納めるところは地区のイスラーム財団で、財団はこのザカートを法に従って管理し運営し配付します。財団の運営経費もこのザカートから出されます。もしイスラーム財団のようなものがない場合は、個人で救済者を探し直接手渡すという方法もとられます。学校・病院・礼拝所などにもザカートが持ち込まれます。

アラブ・イスラーム教世界にある礼拝所の多くは、個人のザカートにより建てられ、このような財源により維持されているのです。もし礼拝所が学校を兼ねている場合には、授業料は免除されます。もちろん医療費も無料です。またイスラーム教の拡大のためにもこのような資金が使われます。こうして、イスラーム教徒が受ける恩恵は平等に分配され、イスラーム教世界すなわちウンマ共同体は保持されるのです。

・**部族意識に代わり新連帯意識を育てたザカートとサダカ**　ザカートとサ

ダカこそ、イスラーム教世界の連帯意識を育てた最も強力な政策であったといえるでしょう。イスラーム教以前のアラブ世界は、激しい部族意識による弱肉強食の世界でした。そこでは弱者が滅びるのは当然のことでした。

だが、イスラーム教の世界になり、この世界は豊かな者が貧者を助けることが義務づけられたのです。それは当然のことながら部族意識を破壊し、イスラーム教による連帯意識世界を作り上げる最も具体的な力となったのでした。

・各派により異なるその額　イスラーム教世界が、アラブから異民族の世界に拡大するにつれて、イスラーム法の適用に際して、細かな点で異なる状況が生まれてきたのは当然でした。そこで、イスラーム教世界は、銀河系宇宙のようにさまざまな小宇宙に分かれ、イスラーム教世界の共同性、連帯性はきわめて概念的なものとなってきました。その状況を最も具体的に表したのが、このザカートの率に関してでしょう。こうして各派それぞれがザカートとサダカの率、納める場所、使用対象などを設定したのです。

・奇妙な話――サダカを受ける者がいてアッラーとの義務が果たせる　この義務としての行は、アラブ・イスラーム世界で生活の潤滑油となっていることは確かです。町を歩く貧者が堂々とサダカを要求する姿には、非常に興味深いものがありますが、それはアッラーの義務をはたすためには、その環境が必要であるということです。サダカが行える環境です。

彼らは卑屈なところが全くなく、堂々と喜捨を要求するのは、義務としての行サダカを行えるチャンスを与えてやっているのだと考えているからです。その証拠にサダカを施す人が「アッラーは偉大なり」とか、「アッラーに感謝します」という言葉をつぶやき、アッラーへの感謝の気持を表すからです。施しを受けた者は施しをした人に感謝するのではなく、アッラーに感謝の言葉を捧げるのです。

・バス停留所での出来事――私の経験したサダカ　私がエジプトに留学していたときのことですが、いつものようにバスを待っていました。そこに、私よりはるかに立派な服装をした男が近づいてきて、バス代がないので施しをして欲しいと声をかけてきました。日本なら交番で借りるでしょうが、彼は「貸して欲しい」というのではなく、「施して欲しい」というのです。

私は留学まもなくのことでしたから、おおいに驚かされましたが、財布を開け、いくばくかのお金を彼に渡しました。すると彼は「アッラーのおかげです」という言葉を残して、来たバスに乗り込みました。

私はそのとき、なんの感謝の言葉もなく去った男に対して少々怒りを感じ、なんと失礼な男だと思ったものでした。ところがこの男の行動こそ、正にイスラーム教の真髄であったのです。その後、今から思えばイスラーム教の先生ともいうべきこの男の人のように、私も見知らぬ人に小銭の寄付を要求し、アッラーに感謝したことがあります。そのとき、相手は当然という姿勢で、彼自身もまたアッラーに感謝する言葉を言いながら私に小銭を手渡し、去って行ったのです。

イラン・イスファハンのミナレット

このような話をイスラーム教の知識人に解説してもらうと「あなたは彼から小銭をもらったのではなく、アッラーからもらったのです。彼はアッラーに代わる仕事を行ったのです。そのチャンスをくれたアッラーに感謝しましょう。アッラーは偉大である」と。

④断食―サウムまたはスィヤーム

・第四番目の義務――断食（サウムまたはスィヤーム）　第四番目の義務行為は「斎戒」すなわち「断食」です。イスラーム暦の九月は「ラマダーンの月」と呼ばれ、「断食の行を行う月」として有名です。またアッラーの言葉が最初に降りた月でもあるとされ、聖なる月として認識されています。

ラマダーンの語源ラミダは「極端に熱い」という単語ですが、それがラムダーウ「干からびた大地」となり、九月を表す名称として使われました。

断食「サウムまたはスィヤーム」は、サーム「食を断つ」から派生した言葉で、意味する通りです。アル・クラーンでは「信仰する者よ、あなたがた以前の者に定められたようにあなたがたに斎戒が定められた。おそらくあなたがたは主を畏れるであろう」（第二章「雌牛の章」一八三節）と記され、断食の厳しさを経験しアッラーへの畏れを、断食を終え水を口にしアッラーの情を感じるのでしょう。

・イスラーム教以前よりあった断食の習慣　アル・クラーンに述べられているように、サウムはイスラーム教以前からこの地にあった習慣のようです。そのため、アッラーがこれを命じたとき、それほど違和感はなかったよ

شَهْرُ رَمَضَانَ ٱلَّذِيٓ أُنزِلَ فِيهِ ٱلْقُرْءَانُ هُدًى لِّلنَّاسِ

アル・クラーン第2章（雌牛の章）第185節　意味は「ラマダーンの月こそは人類の導きとしてアル・クラーンが降ろされた月である」

うです。イスラーム教が一ヵ月という期間とその意味を定めたというところでしょう。

ラマダーンの月が断食の月となったのは、預言者時代のメッカとの戦い（バドルの戦い。本書144頁脚注参照）に勝利した後であったようです。この戦いは、ヒジュラ暦二年のラマダーン月の一七日に行われたため、その勝利を記念して定めたともいわれています。これから考えますと、イスラーム教以前の断食の行事は、何かを記念するものとしてあったのかもしれません。それは行事として祭りの性格を強く持っていたのでしょう。

・イスラーム教徒にとって断食とは　イスラーム教はこの断食の行を三〇日とし、教徒の義務としました。日の出から日の入りまで一切の飲食を禁止し、また不浄な行為を禁止し、怒らず、従順な教徒としてアッラーの命に従う日々を送る月。それがスィヤーム（断食の行）です。

断食の行は、金持ちも貧しい人もすべて平等にその苦しみを経験します。特に豊かな者は飲食を断ち、貧者の苦しみや悲しみを味わい、なんでも自由に振る舞っていた者がそれを規制されることにより、貧しい者が経験している不自由さについて考えることができます。また、贅沢《ぜいたく》すぎる生活と何もない生活との間に、それほどの差がないことを自覚します。

教徒は断食が明けると「断食明けのお祭り」を行いますが、そのとき、義務の一つであるザカート、もしくは自発的行為であるサダカなどの寄付行為を行います。預言者は断食の行はこの慈善行為があってはじめて完結するといっています。このような制度から考えて断食はひもじさや飲食の喜びを教え、そのようなことを行うアッラーの偉大さを教えるものなのでしょう。

・**断食中の禁止事項**　日の出から日の入りまで、この間、一切の飲食は禁じられます。たとえ灼熱《しゃくねつ》の夏であろうとも例外はありません。もちろん煙草《たばこ》も禁じられます。ある宗派では唾《つば》を飲み込むことも、薬を飲むことも禁じています。また原則的に女性との接触は禁じられますが、その程度は宗派により異なるようです。またトラブルを起こすことも禁じられ、戦争も一時停戦が図られ平和的な生活をすることが望まれます。

・**断食中に許されること**　断食中であることを忘れ無意識に飲食したり、何かを口に入れたり、香水・膏薬《こうやく》・化粧クリーム・外用薬の使用、歯を磨いて口をすすぐこと、唾液を飲み込むこと、身体を洗うことなどは、無意識であれば断食を破ることにはならないとされています。

・**断食の義務を免除される者**　断食の行ができるのは、健康な人に限られます。病人はもちろんのこと老人、虚弱体質者そして思春期に達しない者、妊婦、幼児養育中の母親、出産後の四〇日間、生理期間一〇日間までに限って断食の義務が免除されます。また旅行中の者も、あるいはこれから帰路の旅に出る者も免除されます。

・**断食月にできなかった者は任意のときに、あるいは慈善行為で**　法的に認められている理由で断食ができなかった者は、別の月に同じ日だけ行えばよいとされています。しかし老人や虚弱体質者、長期の病人のように断食が不可能な人の場合には、生活困窮者に対して慈善行為を行うことが義務づけられています。しかし、これもそれぞれの宗派により細かな規定があります。たとえば、断食しなかった日と同数の日数分、あるいは少なくとも一人のイスラーム教徒困窮者に一回分として十分な食事か、それに相当する金銭を与えるというように細かく規定されているのです。

・**断食破りに対する罰**　故意に断食を破った者は、重大な違反行為者として罰せられます。これも宗派により異なりますが、たとえば一日につき六〇人の人に食事を供するとか、六〇人に慈善行為を行うとか、六〇日間の断食を行うとか、いろいろあるようです。しかし一般的な方法は、別の月に断食を行うことにより許されるようです。またそれもできない場合は、寄付行為に代わるでしょう。

・**義務ではない断食**　断食には義務ではない断食があります。自発的行為による断食です。第一〇月（シャワールの月）の六日間、一月（ムハッラムの月）の九日目・一〇日目・一一日目、八月（シャバーンの月）の一五日目に断食を行うことが好ましいとされています。

　このほか、断食は信者が好めばいつでも行えるとされ、実際にラマダーン月以外でも行う人が多くいます。断食を行う場合、断食に入ることをアッラーに告げて入り、断食期間中に特別の礼拝（サラート・ル・タラウィー）を行います。

・**いかなる者も断食を止めることはできない**　断食は教徒の義務ですか

ダマスカスの市場の風景

ら、いかなる者もこれを阻止することはできません。イスラーム教世界全体が断食のときはそれほど問題はありませんが、義務ではない自発的な断食を行っている人に対しても、これを邪魔してはなりません。

これは私も実際に見たことがあり、経験したこともあります。ある夏の熱い日、私はエジプトのカイロにある冷房をした喫茶店に入り、レモンジュースを飲んでいました。そこに一人のエジプト人男性が入ってきて、私の近くの席にすわりました。さっそく彼のもとに、ヌビア系のエジプト人と一目でわかる大柄なボーイが近づき、注文を尋ねました。するとそのお客は「私は今、断食中である」といい、注文を断りました。すると、そのボーイは「アッラーに感謝しよう」といってその場を離れたのです。

ボーイはお客に「注文しないのなら出ていけ」とはいわず、アッラーに感謝したのです。店長が出てきてお客を追い出すのかなと思いましたが、何事もなくそのお客は涼しい部屋に約二時間近くもいたあと、その喫茶店から出て行きました。その間、彼のいた席は全く売上がなかったばかりか、二時間の間には席がなく帰っていったお客もいたのです。

早速、私は後日これを実践してみました。やはり、見たのとまったく同じように応対されました。「アッラーに感謝しよう」「アッラーのおかげだ」、そして「アッラーは偉大なり」という言葉が、注文しない私への言葉として返ってきたのでした。

・断食中の生活　断食中はふつうに生活をします。学校は平常通り開校されます。しかしいつもいるお茶屋はいません。お茶がなければ生きていけないアラブ人にとって、これは辛いことでしょう。それはのどが乾く辛さではなく、おしゃべりができない辛さかもしれません。だからでしょうか、この期間中は静かです。そして多くの教徒がアル・クラーンを読み、礼拝所での礼拝を好んで行います。ふだん静かな礼拝所も、この期間は人の出入りが多いのです。

町の中は断食をしていない教徒や異教徒のためにいつものとおりお茶屋は開店していますし、レストランも営業しています。

会社や学校は午後は休みとなり、多くの人はその日の断食明けの食事を作るために市場に買い物に行きます。午後いっぱいかかって食事を作るのです。もちろん味見はできませんので、味の保証はありませんが。

・断食の終了が告げられ朝食が　大陰暦のイスラーム教では、その初めは新月です。月が新月になった時点で、ラマダーンの月が始まり断食が開始します。開始の合図はアザーンで知らされますが、空砲が撃たれ市民に知らされます。もちろん最近ではテレビ・ラジオも使われます。

教徒は、その日の断食が明ける数時間前から食事の支度をし、すべてが食卓に並べられ、家族全員が御馳走をにらみつける中で、断食明けの合図が告げられます。号砲一発と同時に、町の礼拝所からはアザーンの声が響き渡り、テレビ・ラジオからもアザーンに続いてアル・クラーンの一節が流れます。このときとる食事を「イフタール（朝食）」といいます。

モロッコの市場で売られるナツメヤシの実

・甘いナツメヤシのジュースを飲み胃を癒《いや》してから　預言者は、数個のナツメヤシの実を食べてその日の断食を終わり、礼拝し、本格的な食事をしたといわれています。そのようにする教徒もいますが、ふつうはナツメヤシのジュースを飲んだ後、朝食をとります。この間、町の中はそれまでの騒音がピタリと止み、ただ食器の触れ合う音が聞こえるだけです。

この月、教徒はできるだけ家族単位で生活し、食事は必ず一緒にとります。ボーイフレンドと一緒に外で食事するということはありません。両親のところにすべての兄弟・家族が集まり、食事をすることもあるようです。これもやはり連帯意識を強める効果をもたらす要因となりましょう。

夜の朝食を腹いっぱい食べた後は、睡眠をとる教徒もいます。また町に出て映画を見たり、町の広場で行われる催し物を見に外出する人もいます。それは日本の村祭りの情景とよく似ています。しかし多くの人は礼拝所で礼拝した後、行きつけのお茶屋で友人達と夜遅くまで談笑するのがふつうです。

・昼は寝て、夜は食べる　太陽の出ている間は飲食を禁じ、太陽が没し日の出までの間、飲食するというイスラーム教式断食は、東洋的な断食とは全く異なるものといえましょう。本には断食は健康によいと書いてありますが、私が実際に経験した断食は、その反対で断食期間中の過食に悩まされたほどです。

断食月も中ほどを過ぎると、学校は休みとなり、会社も緩慢となり、仕事にならなくなります。それは断食がきついのではなく、朝食後の生活環境が

ナツメヤシの実　ナツメヤシは沙漠を旅行するときのきわめて有効な果実です。これから甘いジュースを作り断食明けの食事の前に飲みます

楽しいから睡眠不足による疲れのように思います。それと友達との付き合いも多くなり、食べる量が多くなるので、体重が増えることからくる疲れもあるようです。貧困者も腹いっぱい食べられる月、それが断食の月なのかもしれません。しかしお互いに助け合う心は実践的に養われ、連帯意識の醸成は達成されることと思います。

・気をつけよう肥り過ぎ　断食の月に消費される食材の量は、ふだんの月の倍はあるといわれます。これを用意できない政権は打倒されるというのが、この世界の常識です。東洋の断食はきわめて厳しく、修行《しゅぎょう》という意味合いを強く持っていますが、イスラーム教の断食は昼間の厳しさと比べて、夜は対照的です。まさにその関係は、アラブ人の理解しやすい両極的性格ともいえるでしょう。

何はともあれ、断食の月は肥り過ぎに気をつけることが大切です。朝食の後にも食事があり、断食が始まる前にも食事をとります。仕事や学校が休みの人のなかには、食事の後すぐ寝入り、夕刻に起きて朝食をとり、また一晩中食べ、という生活を送る不埒《ふらち》な教徒もいます。このような人はまさに肥り過ぎになり、身体の特徴から一目で断食月の生活が看破されます。アッラー以外そのことを指摘しないのが礼儀ですから、誰も注意しませんが、社会的信用はなくすかもしれません。

・ライラ・トル・カダル（みいつの夜）　さて、この月は断食の月というだけではなく、イスラーム教にとって大きな記念すべき月とされています。

「ラマダーンの月こそは、人類の導きとして、また導きと（正邪の）識別の明証としてアル・クラーンが降ろされた月である」（第二章「雌牛の章」一八五節）と述べられています。

アル・クラーンの第九七章は「スーラ・トル・カダル」と呼ばれ「カダルの章（神命の章）」と読みますが「みいつの章」と訳しております。それは「①本当に、われれは、みいつの夜に、このアル・クラーンを下ろした。②みいつの夜がなんであるかを、あなたに理解させるものはなにか。③みいつの夜は、千月よりも優る。④（その夜）天使達と聖霊は、主の許しのもとに、凡ての神命をもたらして下る。⑤暁の明けるまで、（それは）平安である」という短い章句です。

この章句がラマダーン月のいつであるかは、明確には知られていませんが、預言者の伝承によればラマダーン月の最後の一〇日間のうちの一日であるとされています。礼拝所の天頂を見ると、よく三日月の飾りがあるのに気がつきます。また多くのイスラーム教国の国旗に三日月がデザインされていますが、それはこのことを示しているのでしょう。

この夜、イスラーム教世界では特別の礼拝が行われ、教徒もまた多くの時間をアル・クラーンの朗唱に当てます。

・連帯意識を育てる奇抜なアイデア—断食　預言者ムハンマドは「任意に断食するときは、それぞれ自分の立場に合わせてそれを行え」と言っています。またさまざまな断食に関する法の内容を見ても、イスラーム教は断食に

パキスタンの国旗

関して無理強いを避けているようです。しかし断食を義務とし、断食明けのお祭りに行う喜捨も義務であると命じています。そして、断食が困窮者の生活を知るために必要なことであると教えています。

富める者も、貧しき者も同じ戒律を守り、一ヵ月間同じ環境のなかで生活させる。飢餓を体験させ、家族そろっての食事が何事にも代えがたい喜びであることを貧しき者にも教え、また豊かさゆえに日頃気づかない者達に再認識させるのです。

このような行が一斉にイスラーム教世界で同日・同時刻に開始し、終了するのです。この間、餓える者もなく、豊かな者は貧しき者への喜捨を行い、富みの分配が行われます。まさに参加者全員が一つの制度のなかで一つの気持ちになることのできるシステムといえるでしょう。連帯意識を育てるシステムとして断食を持ってきたことは、正に奇抜なアイデアといえます。

⑤巡礼――ハッジ

・一生に一度の義務――巡礼　最後の義務としての行は「巡礼」です。「アル・カーバの巡礼をやりとげる」という意味もあります。ハッジは健康的にも金銭的にも、巡礼旅行の条件が整ったイスラーム教徒が一生に一度、決められたときに、サウジアラビア王国のメッカ市にあるカーバ神殿で儀式を行うことです。

・巡礼の意義　巡礼の意義は、自己犠牲の精神をもって、アッラーに帰依《きえ》する心を培うことにあります。すべてのものを犠牲にする心を育てることに、巡礼の目的があるといわれています。それは、預言者イブラーヒームが子供のイスマーイールを犠牲としてアッラーに捧げた心に由来することを意味します。

自己犠牲の精神こそアッラーへの最高の帰依であり、それを具体的に見せることが重要と考えられ、巡礼はその代表的な表現なのです。

・預言者イブラーヒームと息子イスマーイールの物語　預言者イブラーヒームの息子イスマーイールは、アラビア民族の始祖であるとされています。イスマーイールは預言者イブラーヒームが八六歳のとき、アッラーから授かったとされています。それに関してアル・クラーン第三七章「整列者の章」一〇〇節から一〇九節に書かれています。

「イブラーヒームは言った。主よ、正しい人物になるような息子を私にお授けください。それでアッラーは、優しい思いやりのある男児を授けるという吉報を伝えた。この子が彼と共に働く年頃となったとき、イブラーヒームは言った。

息子よ、私はあなたを犠牲に捧げる夢をみました。さあ、あなたは、どう考えるのですか。

息子イスマーイールは答えて言った。父よ、あなたが命じられたようにしてください。もしアッラーが御望みならば、わたしが堪え忍ぶことが御分かりでしょう。

そこで彼等両人は命令に服して、イスマーイールが額を地に付けうつ伏せになったとき、アッラーは告げた。

イブラーヒームよ、あなたは確かにあの夢を実践した。本当にアッラーはこのように正しい行いをする者に報いる。これは明らかに試みであった。

アッラーは大きな犠牲で彼を贖《あがな》い末永く彼のためにこの祝福を留めた。イブラーヒームに平安あれと言って」

自分の子供を犠牲としてアッラーに捧げる心こそ、絶対帰依の具象であるとするイスラーム教の教えがこの巡礼なのです。

・巡礼が刻みつける連帯意識　このように、巡礼は教徒としてアッラーに対する絶対帰依を具現する意義のほかに、もう一つ重要な意味を刻みつけます。それはイスラーム教徒すべての間に同胞意識を高めさせることです。

このカーバ神殿での礼拝は、神殿を中心として円を描いて行われます。教徒同士が相手を視野に入れた形で礼拝するのはこの地だけなのです。また巡礼は衣服も、食事も、行も、すべて同じで、そこには個人的な差は全くありません。まさに完全な平等が現実化するのです。この結果、教徒は強力な連帯意識を刻み込まれます。

・カーバ神殿　「カーバ」というアラビア語は「四角い形の建物」という意味ですが、アル・クラーンには預言者イブラーヒームとイスマーイールの親子がアッラーへの奉仕の証として建立したと書かれています。

「アッラーが人々のため、不断に集まる場所として、また平安の場として、この家カアバを設けた時を思い起こせ。アッラーは命じた。イブラーヒーム

古い時代のメッカ巡礼を描いた銅版画。中央の四角い建物がカーバ神殿

の礼拝に立った所を、あなたがたの礼拝の場としなさい。またイブラーヒームとイスマーイールに命じた。あなたがたはこれをタワーフ（回巡）し、イアテカーフ（御籠り）し、またルクーウ（立礼）し、サジダする者たちのために、アッラーの家を清めなさい」（アル・クラーン第二章「雌牛の章」一二五節）

　このカーバ神殿は別称「バイト・ル・ラー」すなわちアッラーの家と呼ばれ、またこの神殿を囲む大礼拝所を「アル・マスジット・ル・ハラーム（聖なる礼拝所）」と呼びます。

　カーバ神殿の片隅に黒い石がはめ込まれていますが、教徒は神殿の周りを回るときにこの黒石に口づけをしますが、大巡礼のときの混雑は想像を絶するものです。

・大巡礼と小巡礼　巡礼には二種類あります。一つはイスラーム暦の一二月の八日から一〇日までの間、定められた行を集団で行わなければならない大巡礼と、それ以外の日に個人的に行う巡礼「オムラ」があります。大巡礼を終えた者は「ハッジュ」という尊称が名前に付けられて呼ばれます。しかし小巡礼を終えてもそのような尊称を付けて呼ばれません。

　大巡礼は三日間にわたり激しい行が行われますが、小巡礼ではカーバ神殿の周りを時計と反対方向に七回まわり、サファの丘とマルワの丘の間を七回駆け足で往復するという行を行うだけです。もちろんそれ以上のことをやるのは自由ですが。

パルミラのオアシス

・**犠牲祭**　アッラーに犠牲を捧げるという犠牲祭は、預言者イブラーヒームが子イスマーイールを犠牲として捧げるようアッラーに命じられ、それに応じようとした預言者イブラーヒームの行為を見たアッラーが、それを許してくれたことにイブラーヒームは感謝して、子羊を犠牲にしたという故事にならったものです。これが最後の日に行われますが、大巡礼に参加しなかったイスラーム教徒も、この犠牲祭には参加することが義務づけられています。

犠牲に捧げた羊の肉の一部は貧しい人に配られ、羊を買うお金のないイスラーム教徒にも、参加する機会が与えられることになるのです。これもまた連帯意識の醸成を促すことになります。

・**ハッジャと呼ばれるために**　イスラーム教徒の義務である大巡礼を行うためには、時間と膨大な費用がかかります。金持ちは別として、多くのイスラーム教徒はそのための貯金を行います。巡礼貯金です。この積立預金を長い年数をかけて行い、目的の額がたまると巡礼に出発する用意をします。

大巡礼は三日間ですが、その後二日間かの地にとどまります。巡礼者の中には数ヵ月前からメッカに入り、小巡礼を行ってから大巡礼を行い、その後もメッカにしばらくとどまり、行をする信者もいます。正にお金も、時間も、名誉も、地位もすべて身から離しての数ヵ月を、アッラーに対する絶対帰依を具現した姿で暮らすのです。

そして、その結果「学ぶべきイスラーム教徒」として人々から尊敬を集め、「ハッジュ」という尊称を名前に冠して呼ばれることになります。

・巡礼の絵を家の外壁に描く　アッラーへの義務をはたした教徒は、自分が得た喜びを多くの人に知らせます。お土産を買い、帰国してから親類や近所の人たちを集めて宴会を開き、その喜びを分かち合います。また、どうやってメッカに行ったかを家の外壁に絵で描き、人に知らせます。アラビアの世界を歩くと、よくこのような絵を見かけます。それは大巡礼を行ったという安堵《あんど》感と、イスラーム教徒としての誇りが十二分に感じられるものです。

・飛行機を墜落させるザムザムの水　この巡礼の時期、中東を旅行する人は注意しなければならないことがあります。それはこの時期には、飛行機が墜落する恐れがあるのです。巡礼をした人はお土産をいっぱい持って帰国しますが、そのなかで巡礼ならではのお土産があります。

それは「ザムザムの池の水」といい、カーバ神殿の近くにある湧き水で、礼拝前の清めの沐浴に使用する水として最も聖《きよ》いものとされています。メッカからのお土産で、これほど素晴らしいものはないとされ、そのため多くの巡礼者が飛行機に水を持ち込みます。その結果、飛行機の着陸のとき、重量オーバーから墜落することがあるのです。

問題は、航空会社がこの水の持ち込みを阻止できず、またオーバー料金も取れないことです。それは次の話と同様、宗教の強さを示しています。

・飛行機の中でお茶を沸かす　ここでは日本人なら、とうていそのようなことはあり得ないと思われる話をしましょう。その年月日は忘れましたが、パキスタンのカラチからサウジアラビア王国の首都リヤードまで飛行してきた旅客機が燃え落ちる事件がありました。墜落原因が調査され、その結果が発表されましたが、それは想像を越えるものでした。

墜落原因は「機内火災によるものである」と報告され、火災の原因が機内で何者かが持参のコンロでお茶を沸かし、そのコンロの火が機内のカーテンに燃え移り火災となったというものでした。

巡礼者はその旅の行程中は、なるべく自然の状態で過ごすのがよいと定められています。そこで、お茶を沸かして飲むのも、もっとも原始的な方法だからよいとされ、そのための道具が売られています。なにしろ、下着をつけない服装で巡礼するのですから、飛行機の中で電気お茶沸かし器を使うことにも、抵抗を感じない信者がいてもおかしくないのです。

こうして火災は発生したのですが、さらに注目されるのは、機内で火をたいているとき、教育を受けているスチュワードが、これを止めることができなかったということです。この世界における宗教の存在がいかなるものかを、この事故が如実に示しています。

連帯意識の結集――ジハード

ジハードの意味――「アッラーの道のために奮闘努力すること」

アラビア語の「ジャハダ（努力する）」という言葉から派生した「ジハード」は、一般的に「聖戦」と訳されますが、その意味するところから考えて「奮闘努力」と訳した方が適切かもしれませ

ジハード

「ジハード」は「聖戦」と訳され、あたかも強制布教の命令のような印象を与えていますが、アル・クラーンでは「奮闘努力」という言葉で使われ、その意味は非常に幅の広いものです。ちなみに「聖戦」という訳は狭義の訳です。アル・クラーンの中でジハードの言葉が出てくるところを挙げてみましょう。

「アッラーの（道の）ために、限りを尽くして奮闘努力しなさい。かれは、あなたがたを選ばれる。この教えは、あなたがたに苦業を押しつけない。これはあなたがたの祖先、イブラーヒームの教義である」（第二二章「巡礼の章」七八節）

「本当に信者とは、一途にアッラーとその使徒を信じる者たちで、疑いを持つことなく、アッラーの道のために、財産と生命とを捧げて奮闘努力する者である。これらの者こそ真の信者である」（第四九章「部屋の章」一五節）

ん。

この言葉は、イスラーム教を代表する言葉として知られています。イスラーム教を知らない人は「ジハードは布教のための戦いである」と理解しているようですが、それは大きな間違いです。ジハードを聖戦と訳し、単なる戦いという意味でこの言葉を理解することもまた誤りです。

ジハードはイスラーム教世界、すなわちイスラーム共同体（ウンマ・トル・イスラミーヤ）の外からはもちろんのこと、内側に生じる崩壊の要因を取り除くための努力を意味し、生命をかけて奮闘努力するという意味から「戦い」という言葉で表現されたのでしょう。

イスラーム教徒に課せられた最も基本的な心構え

このジハード（聖戦・奮闘努力）は、なぜか六信五行というイスラーム教徒の信仰と義務の項目には入っていません。しかし、アル・クラーンに出てくるジハード（聖戦）という言葉は「奮闘努力」という意味の言葉として登場し、その意味からも六信五行を越え、イスラーム教徒として持たなければならない当然の心構えとして、最も基本的な命令と考えられています。

アル・クラーン第二二章「巡礼の章」の七八節には、ジハード（聖戦）は「アッラーの道のために、限りをつくし、奮闘努力しなさい」という言葉で始まりますが、この一節がジハード（聖戦・奮闘努力）の意味を代表するものとされています。ここでいう「アッラーの道のために」という努力の目的

「それはあなたがたがアッラーとその使徒を信じ、あなたがたの財産と生命をもってアッラーの道に奮闘努力することである。もし分るならば、それはあなたがたのために最も善い」（第六一章「戦列の章」一一節）

が、この言葉の重要性を意味しているのです。

防衛のための戦い

ジハード（聖戦・奮闘努力）が、アッラーの道のために奮闘努力するということは、イスラーム教世界、すなわち「ウンマ・トル・イスラミーヤ」を守るための努力といえるでしょう。

イスラーム教はこの世を二つに分けました。「平和な世界」である「イスラーム教世界」と「戦争の世界」と呼ばれる「非イスラーム教世界」の二つです。ジハード（聖戦・奮闘努力）はこの「平和な世界」を「守るための努力」という意味を持つもので、その努力を戦いにたとえているのです。

ジハードが適用される範囲はきわめて広く、それは二つに分けられるでしょう。一つはイスラーム教世界に対する外からの破壊的環境・圧力で、つまり不当な干渉、軍事的圧力が加わり、イスラーム教世界崩壊の危機が迫ったときです。他の一つはイスラーム教世界の中に発生する破壊的環境・圧力で、イスラーム教徒個人個人の心の中に生まれた堕落・怠慢・腐敗との戦いです。またそれらを増長させる外来文化の導入などによる環境変化への抵抗もまた戦いの一つです。

すなわち、アッラーの命令を完遂できないような環境が作られないようにするための奮闘努力ということになります。

イスラーム教世界は閉鎖的にならざるを得ないのか

このようにジハード（聖戦・奮闘努力）は、イスラーム教徒にとって最も重要にして基本的な命令です。そのため当然のことながら、

沙漠の夕暮れ

閉鎖的環境を作らざるを得なくなります。外からの異文化の導入、異質な世界との接触、異なる価値観との対立、これらのすべては、イスラーム教世界にとって、アッラーの道を破壊する要因となるものです。イスラーム教の歴史は、このような異質な世界からの汚染との戦いであったともいえましょう。

その結果、イスラーム教世界がとった方式が、大きく高い塀を作り張り巡らすというものでした。ヨーロッパ世界と目の鼻の先にある中東イスラーム教世界が、ヨーロッパから遠く離れた日本と比較して、いまだに中世的雰囲気の中にあるのは、このような背景があるからです。しかしだからといって、完全に閉鎖されているわけではありません。イスラーム教世界を発展させるための知恵の導入はおおいに歓迎されています。なぜならば、イスラーム教世界を発展させることもまた、ジハード（聖戦・奮闘努力）の目的だからです。

キタールとジハード

イスラーム教は、この世界の歴史を織りなしてきた普通の戦いをジハード（聖戦）とは明確に区別し、それを「キタール」といいます。キタールとは、侵略や領土拡大・戦利品獲得・資源確保・奴隷、あるいは植民地確保など、人間の単純な欲望にもとづいて行われる戦争のことです。

またジハード（聖戦・奮闘努力）と同様、人間の個人的欲望にもとづく行動、そして憎悪から生まれる行為、復讐の行為などもキタールと呼ばれ、否定される行為であるとされています。

キタールはアラビア語「カタラ（殺した）」という言葉から派生し「俗的欲望にもとづいた戦争」を意味し、イスラーム教のジハード（聖戦）とは区別しています。ちなみに、ジハードが規定する戦争とは、あくまでも防衛戦争で、イスラーム教世界を守るためのものでなければならず、その成立に関しては法的根拠を必要とします。したがって、戦争は「アッラーの御名によって（ビスミッラー）」という名のもとに行われます。

連帯意識の結集—ジハード

イスラーム教以前のアラビア世界では、血族による連帯意識の強弱が部族の命運を決めてきました。イスラーム教が否定するキタールの枠組みにはいる戦争・闘争の時代でした。それはやがて自滅への道になることを、長い沙漠での生活から学んだのでした。

イスラーム教はこの連帯意識を新たにし、その基本を血族意識から、イスラーム教という超血族意識に変革させました。それは革命そのものでした。しかしそれが成功し、アラビア民族はイスラーム教徒として衣替えをし、歴史に登場してきたのです。

この血族的ではない連帯集団を支えるものは、アッラーへの絶対帰依という信仰で、血族意識に比べれば曖昧《あいまい》なものでした。そこでイスラーム教徒は「六信五行」というシステムをアッラーから平等に受け、血族に代わる連帯意識の醸成を図りました。

日月・時間までも同一にし、その行も同じくし、その信じるところも同じ

トルコ・イスタンブールのブルーモスク

くするという希代《きだい》なシステムは、見事にその連帯性をもたらし、イスラーム教世界を作り上げました。すなわち「ウンマ・トル・イスラミーヤ」の完成でした。

その世界を守るのがジハードなのです。すなわちジハード（聖戦）は連帯意識の究極的なものといえるでしょう。

しかし、イスラーム教はアラブ世界から世界の宗教として成長拡大するにつれて、銀河系宇宙の星雲のように分かれ、それぞれが光り輝き、多様な世界へと変身し、その結果ジハードの力も弱まってきました。

5
今日の中東世界とイスラーム教

アシャーアの章

イスラーム脅威論のはじまり―ウサマ・ビン・ラーデンと九・一一事件

恐怖の中で迎えた二一世紀

今から考えると世界はそれまで予想だにしなかった問題を抱えて二一世紀を迎えたようです。そしてその将来に大きな不安を抱くようになりました。冷戦が終わり戦争のない世界がようやくやって来たと喜んだのもつかぬ間、「テロ」という名の新たな戦いの時代が幕を上げたことを知り、新世紀の将来に暗い未来を感じるようになりました。

それは紺碧に澄み切った美しい青空に包まれたニューヨークの摩天楼の一角にテロリストが操縦する二機の旅客機が突入、炎上、崩壊と続く一連の恐怖画をそこに描き出した時から始まりました。後に「九・一一事件」と呼ばれるようになるこの事件は「*ウサマ・ビン・ラーデン」という人物によって計画され、実行されたもので、イスラーム・テロ組織「アル・カーイダ」がその母体であるとアメリカ政府は発表しました。

ソ連がアフガニスタンに軍事侵略をした一九七九年一二月、イスラーム世界に「聖戦宣言」（ジハード宣言）が発せられます。それにより集まったイスラーム教徒が戦闘のための準備・訓練・生活をしていた基地のことを、アラビア語で「アル・カーイダ」といったのですが、実はこの基地はアメリカの支援を受けていました。ではなぜかつての親米的組織がアメリカを攻撃したのでしょうか。世界はイスラーム教徒の激しい行動に戸惑いを感じると同時

アメリカ同時多発テロ事件

二〇〇一年九月一一日早朝、ニューヨークの空港から二機、ワシントンから一機、ボストンから一機の民間航空機が同時にハイジャックされ、ニューヨークの世界貿易センタービル、アーリントンの米国防総省、そして成功はしませんでしたがワシントンの議事堂もしくはホワイトハウスを狙う航空機によるテロ事件が発生しました。約三〇〇〇名以上が死亡したイスラーム過激派によるテロ事件。通称九・一一事件と呼ばれています。

この事件によりウサマ・ビン・ラーデンの名とアル・カーイダというテロ組織の存在があまねく知られるようになり、世界はテロとの戦いの世紀を迎えたことを知りました。同時に世界最強の国、アメリカの中心部を同時に狙ったテロリストの高い能力、それに比しての対テロ対策のお粗末さを知り、世界は震撼としました。

に、イスラーム教に大きな関心を抱き始めました。

その後、調査が進みその詳細が判明していくに従い、「九・一一事件」を起こした一九人のうち、狂信的イスラーム教徒はほんの一部の人間であり、大部分はふつうの若者であったことが判明しました。参加し死亡した若者たちのうち、一五人はサウジアラビア王国の出身者であり、彼らは決して狂信的イスラーム教徒でもなければイスラーム過激運動家でもありませんでした。ふつうの裕福な家庭に育った青年達であり、そのほとんどがウサマ・ビン・ラーデンや彼の持っていた「アル・カーイダ」という集団とは何ら関係のない若者たちでしたが、イスラーム教徒であることは間違いなく、それゆえ「イスラーム脅威論」がアメリカ国内に定着しても不思議ではありませんでした。

だがこの事件はアメリカだけではなく世界の人々にもイスラーム教に対して大きな関心を抱かせたようです。こうしてイスラーム教そのものに対する興味が「テロの時代の演出者」という言葉とともに世界に沸き上がりました。特に激しい動きを引き起こす「過激的イスラーム運動集団」への興味とそれを生み出す背景を探ろうとすることに人々は関心を持ち始めました。

残念なことに、ウサマ・ビン・ラーデンの行動が一般市民を相手にした無差別にして未曽有の規模の残虐行為であったことから、イスラーム運動とテロは同一視され、イスラーム教に対する興味は高い警戒心という衣が着せられて表現されることになりました。

ウサマ・ビン・ラーデン

一九五七年生まれのイエーメン系サウジアラビア人で生家はサウジアラビア最大の建設会社。小さい頃から大学時代までは穏健で敬虔なイスラーム教徒として生きました。大学時代に、エジプトを追放された過激的イスラーム学者と会います。一九七九年一二月のソ連軍アフガニスタン侵略に対して発せられた「聖戦の勅書」に応じてアフガニスタンの戦場に赴き「聖戦の戦士」の称号とともに帰国、国民から熱い評価を受けます。一九九〇年八月のイラク軍によるクウェート侵攻に応じてクウェート解放をアフガニスタン時代の仲間と共に国王に直言、拒否されます。多国籍軍による解決が決定すると国王に反発し、これ以降通称「アル・カーイダ」といわれる一団を率いて過激的な言動を表しサウジアラビア政府と対立、国外退去処分になります。その後アフガニスタン、スーダン等を拠点として活動、九・一一事件を起こします。二〇一一年五月、滞在地パキスタンにてアメリカ海軍特殊部隊による軍事作戦により殺害されます。

だがこれまで一四〇〇年の歴史を積み重ねてきたイスラーム世界で、イスラーム運動と呼ばれる動きを展開してきましたが、その活動範囲と目的はあくまでも原則的にイスラーム世界の浄化に向けられ、他宗教世界に向けられるという運動ではなかったのです。九・一一事件に関して、イスラーム世界からはウサマ・ビン・ラーデンの行動について多くの疑問とその行動に対する否定的見解が出されました。それによると、彼の行動はイスラーム教の教理から外れた違法なる行為であり許されるものではないというもので、イスラームとテロとの関係を否定することにイスラーム界は全力をかけ世界に対して説明をしましたが、疑いはなかなか解けませんでした。

イスラーム教スンニー派を構成する四つのうちの一派マーリキ学派の最高学府であるアル・アズハル大学（エジプト・カイロ）のタンタウイ総長（当時）は「ウサマ・ビン・ラーデンの行動はイスラームから外れたテロ以外のなにものでもなく、イスラーム教の定めた聖戦（ジハード）の規定に沿ったものではない」として、ウサマ・ビン・ラーデンのアメリカ一般市民に対する大量殺戮事件は、非イスラーム的行動であるとの法判断を下しておりますが、その誤解を解くまでには至りませんでした。

過激派を作り上げたアメリカのアフガニスタン攻撃

民主国家アメリカが、不当に受けた攻撃に対してリベンジを行う国であることはよく知られています。九・一一事件に対するアメリカの報復は、ウサマ・ビン・ラーデンが匿われているといわれたアフガニスタ

カイロのアズハル大学　九八八年に創立された、イスラーム教マーリキ学派の最高学府

ンで当時活動していた、イスラーム過激派といわれる「タリバン」に対する攻撃として表現されました。イスラーム集団タリバンは、インドで生まれた反英運動を目的とするイスラーム集団で、それに付属する学校の学生により構成された、パキスタンを舞台に活動していたイスラーム集団です。それがソ連撤退後のアフガニスタンの混乱に乗じてその勢力を伸ばしてきました。

この集団はアル・カーイダと異なり、外の世界でのテロは封印しアフガニスタン国内限定の過激集団でした。すなわちこの時点でのタリバンは、アメリカにとって敵対する集団ではなく、アフガニスタン国内の統一を彼らの持つイスラーム理論で統一することを目的としてアフガニスタンを内戦状態に陥れた集団です。そのイスラーム神学及び法学は一般的に明らかにされず不明確ですが、国際的なイスラーム運動を行う集団でないことは確かです。

当時行く先のないウサマ・ビン・ラーデンはこの集団の許可を受け、アフガニスタンに隠遁し、多くの仲間とともにアル・カーイダの運営を行っていました。九・一一事件も、ここで計画が練られたといわれます。

アメリカのリベンジは、このアフガニスタンに居住するアル・カーイダに集中して行われましたが、アル・カーイダを保護しているタリバンも攻撃の対象となりました。これは激しい爆撃をともない、最初のアフガニスタン戦争といわれるアル・カーイダ、タリバン討伐戦争となって長期間に及びました。その結果、多くのイスラーム教徒が殺され、タリバンにも属しない、アル・カーイダのメンバーでもない一般の住民が殺されるに及んで、アメリカ

タリバン　→　本書376頁本文参照

に対する復讐が叫ばれるようになりました。

アメリカの攻撃に対して直ちに聖戦宣言したタリバン、またその他の派に属しながらアメリカの攻撃に巻き込まれた人々の復讐を誓う声、そして出された聖戦宣言。こうして「アメリカに対する聖戦」の勅命はアフガニスタン全土から出され、「復讐」という目的を持つイスラーム教徒によるテロリストが世界に広がり始めることになりました。こうしてアメリカの行動が、二一世紀はテロとの戦争の時代であるとの観を呈する状態を作り上げました。

管理する者のいないイスラーム世界

ウサマ・ビン・ラーデンの行動はイスラーム法上合法か否か。復讐はイスラーム教にとって正当性を持つか否か。アメリカのアフガニスタン攻撃は正当か否か。

また各派が出した聖戦宣言は正当性を持つのか否か。九・一一事件が起きたときも高い関心が払われたのは、この問題でした。

タンタウイ・アズハル大学総長（当時）はウサマ・ビン・ラーデンの聖戦宣言は不当であるとの法判断を下しましたが、それは全イスラーム教徒に対する権威ある判断でもなければ勅令というものでもないのです。それは単なる一法学者の言葉としての権威を持つがアッラーと人間の間に入り教徒の行動の是非を決定するものではなく、過激派といわれるイスラーム集団をコントロールすることもできません。今イスラーム世界は個々の集団が勝手に判断し行動する世界となっているのです。

かつて教徒の行動に法的根拠を定める任にあったのが、カリフ（ハリーファ）制という制度でした。カリフについては本書の第2章でも触れたように、預言者の代理者という意味を持ちます。つまりカリフは預言者の後継者ではなく、ただ単なる代理者であると意味を限定した言葉です。しかしスンニー派四大法学を管理し、そこから生み出される新しいイスラーム集団を合法的か否かを審査する法学者による審査委員会を集め、その結論をもって新派が合法的か否かの判断を下すイスラーム世界を、拡散しないように保護する、重要な役目でした。今日、イスラーム世界には数多くの集団が現れています。特に過激派と目される新集団は、イスラーム集団として本当に合法的なのか否かが判明しません。

アル・カーイダ、ムスリム同胞団、ボコ・ハラム*、タリバン、アッ・シャバーブ*、そして「イスラム国」等々の集団がイスラーム法学、神学から見てイスラーム集団として妥当であるか否かまったく判明しないのです。それゆえイスラーム教徒の世界ではこれらの集団を否定も肯定もできない状況にあり、彼らの行動の善悪の判断がつかず戸惑いを見せているのです。かつてはこのような問題が起きる度に、イスラーム世界をまとめていたカリフが断を下していたものでした。

イスラーム帝国とカリフ制の消滅

一九二二年、第一次世界大戦終了と同時にオスマン・トルコ帝国は一二九九年からの歴史に幕を下ろしました。それは同時に六三二年から始まりイスラーム世界をまとめていたカリフ制の廃止を意味しました。

ボコ・ハラム
ナイジェリアの過激的イスラーム集団。「ボコ・ハラム」は「西洋の教育は罪」という意味と理解されていますがその実態は不明です。イスラーム教スンニー派に属しているといわれていますが、スンニー派のどの宗派に属しているかは不明。一説にはハンバル派に属しているとの説もありますが、明らかではありません。その理由は宗教的集団の場合はイスラーム神学者が存在しその人の神学論が表された教団となりますが、「イスラム国」同様、それがありません。
現在のこの集団は「イスラム国」と連帯しているといわれています。

アッ・シャバーブ
ソマリア南部を中心として活動しているイスラーム過激集団。二〇〇四年に混乱のソマリア政局のなかで存在していた「イスラーム法廷」という集団の中から若手中心に結成された過激集団で、「アッ・シャバーブ」は定冠詞「アッ」を持つ「若者」という意味のアラビア語です。本来「イスラーム法六三二年に預言者は後継者を指名しないまま逝去したため、預言者の周りにいてイスラーム教世界の創世に尽力した教徒達は預言者の意志を踏襲できる人による継承を望みました。その結果、預言者を囲む人々の間の合意によってイスラーム世界をまとめる人物を選び出しました。選ばれた人物は「カリフ」すなわち「預言者の代理者」で、「預言者の後継者」ではないという見解の中で誕生しました。

この時代、まだ今のイランのイスラームである「アリー派」（シーア派）が誕生する前のことであり、それゆえカリフ制はスンニー派を対象とした制度となります。後生イスラーム指導者を「選挙か指名か」という後継者選択方法もこのとき定まったと言われますが、いずれにしろアッラーと教徒の間にいかなる組織、人間を入れることができないというアッラーの命令を破るわけにはいかず、そこにカリフの限界が定められていました。それゆえ完全な合意に基づくカリフの誕生が行われたのです。

しかしこの方法も四代目のカリフまででした。預言者と同じハシーム家のウマイヤが、一族を率いてカリフ・アリーの地位を奪うというアッラーの命に反した時に、温情あふれるカリフ・アリーはその行為を許したのです。このことによりアッラーの律法を守るという正当性が失われたとされ、その後のカリフ制に疑問が出されたという歴史があります。

だがその後もイスラーム世界、特にスンニー派イスラームの世界はこのカリフ制度の存在によってイスラームに対するさまざまな解釈をこなし、イス

廷」と名乗る組織からの分派であることから、イスラーム法の存在を重視しそれにもとづいての環境を作ることを目的としている集団と思われますが、この組織も「ボコ・ハラム」や「イスラム国」同様、指導的神学者の存在は明らかではなくまた神学的理論もありません。それゆえ今後の将来は不明です。

この集団はその発生時の環境から考えてアル・カーイダとの関係を持っているものと思われます。

ラーム教が異文化世界へ進出し法解釈変更の必要性が生まれたときカリフは柔軟な解釈を下すなど、イスラーム教の世界拡散に大きく貢献したことは否定できないでしょう。その行動、解釈が正しい否かは「最後の審判」に託するとしても、限界ぎりぎりまで「イジュテハードの門」*を開く努力をしたことは、イスラーム世界を破壊することなく維持できたことは、カリフ制の存在が大きかったといえましょう。

「カリフ制」崩壊がもたらしたもの

カリフ制度は預言者亡き後のイスラーム世界を束ねる制度で、預言者の後継者を意味するものではなく、代理者でもありません。かつては預言者の代理者と訳されたとありましたが、今はイスラーム教徒のまとめ役という意味で理解されているようです。正統四大カリフ、ウマイヤ時代、アッバース時代そしてスルタン・カリフ制と名称を変えたオスマン・トルコ時代の間、イスラーム世界を束ねていたシステムであったといえます。

だが四大カリフ時代と他のその後のカリフ時代は同一して見るべきではないとの意見があるなかで、カリフの役割は大きく変化変貌したことは間違いなく、そのことが原因でイスラーム世界に大きな波紋が生じたこともあります。このことからも、時代時代でカリフの役割は変化したものと思います。

しかし基本的にカリフはイスラーム法を管理し、イスラーム世界をアッラーの奴隷としての世界に留め置くための監視システムであろうと思われます。カリフの仕事は、教徒の長としての限界を持ち、さまざまな意見、法解

イジュテハードの門
「ジハード」と同じ語源から派生した言葉で「努力」の意味。「イジュテハードの門を開く努力をする」とは、「法解釈を努力する」という意味になります。本書186頁参照。

釈論を聞き、それを法学者による討論、完全な合議をもって結論を出しアッラーの裁断としてまとめる任にあって、カリフ自身の判断で結論を出すということは封印されている役職であるといわれています。四大カリフ（正統カリフ）時代はこのルールは守られていたといわれ、それゆえ正統カリフ時代といわれています。

このように、最も重要なカリフの仕事の一つに、新しい法解釈論が生まれた時、その法解釈論が正か否かの判断を裁断することがあるといわれていますが、カリフ制が廃止された今、イスラーム世界は百鬼夜行の時代となりました。近年世間を騒がしている「イスラム国」なる集団の、イスラーム法（シャーリア）上の正当性に対する判断ができないという事態がそれを示し、その結果混乱が生じております。またアル・カーイダ、アッ・シャバーブ、ボコ・ハラム、そしてタリバンの正当性に対してイスラーム法上の見解が出されず放置されております。それゆえこれらの集団がイスラーム的正当性を持つか否かの判断はできないという現実が存在しています。これがカリフ制廃止の結果の現象です。彼らがイスラーム教徒として正しい行動をしているか否かは「最後の審判」の判断が下りるまで判明しないということになります。それゆえイスラーム世界は混乱の中に置かれ、イスラーム世界の中にも「カリフ制復活」を唱える者が出てきても不思議ではないのです。

分割されたオスマン・トルコ帝国、新中東世界の誕生

西暦六三〇年、預言者ムハンマドがイスラームにとって重要なカーバ神殿のあるメッカを占領しイスラーム世界に組み入れてから始まったイスラームの歴史は、預言者時代、四大カリフ時代、ウマイヤ時代、アッバース時代、そしてそれまでのカリフ制から変えスルタン・カリフ制を用いてイスラーム世界に君臨したオスマン・トルコ帝国は、第一次世界大戦を最後に消滅しました。オスマン・トルコ帝国の中東アラブ世界は、一九二〇年四月二五日のサン・レモ会議で分割が決定、中東アラブ世界はヨーロッパ列強の手により分割され、今日見るアラブ諸国が誕生しました。

その結果、そこに住んでいた住民達は帝国の一員から一国家の一員となりました。一二九九年に登場したオスマン・トルコ帝国は、トルコ民族の下での帝国人という意識をアラブ民族に与えましたが、帝国崩壊後は比較的早く帝国人としての認識、アイデンティティは消え、本来の部族意識の残るイスラーム教徒としての自己認識に戻りました。

だがヨーロッパ列強は、アラブ・イスラーム教徒にトルコに代わる新たなアイデンティティを与えました。こうして彼らは「国家」という新たな意識を重ね持つという環境の中に置かれることになりました。

自分のアイデンティティは何か。部族民か、イスラーム教徒か、それとも新たに設定された国民か、という三つのアイデンティティが共存するという複雑な社会環境の中に、突然中東の民は置かれることとなったのです。それ

トルコ・イスタンブールのトプカプ宮殿　オスマン・トルコ帝国の君主が居住しました

から今日まで中東世界、特にアラブ世界は不安定環境の中に置かれることになり、それが政局を動かす大きな要因となっていきました。

三種のアイデンティティが並立する世界の出現

日本のように周囲を海に囲まれ他国から侵略されることもなく、また海外に糧を求めて進出する海洋国家ではなく、国内経済を主とする定着型の農業国家もしくは生産型の国家として生き抜いてきた完全な島国であった国・国民には、アイデンティティの移行等という問題は不要なことでしょう。日本開闢《かいびゃく》以来、日本人は日本というアイデンティティを失うことなく継続してきました。さまざまな宗教が生まれ持ち込まれましたが、宗教が主たるアイデンティティとなることはありませんでした。

ところが大陸世界では、さまざまな民族が移動し侵略し、そのたびに国名は変わり、国名と民族名が一致する状態が不変に続くという状態にはありませんでした。そこで不変なるアイデンティティを求め、その結果血統もしくは宗教という非定着型のアイデンティティを選択することになりました。

イスラーム教はアラブという孤立していた部族的アイデンティティを、イスラーム教徒としての連帯性を持つ超部族的アイデンティティに置き換え、アラビア半島に居住する部族を一つの意志の下に統一し、顆粒化状態にあった世界を一枚の板のように変化させ、民族の安定を目的として登場してきた宗教であるといえましょう。すなわちイスラームをもってアイデンティティの変化を起こさせようと試みたのです。しかし今日に至るも部族意識は残存し、その意味ではアラブの民は完全なイスラーム教徒とはなっていないともいえます。それゆえ彼らの行動にイスラーム以前のアラブ的行動様式が表現され、時にはイスラーム的行動様式が表現されるという表情を見せるようになり、その行動は複雑化しました。

「アラブの春」は民主化運動か

アラブの春が示す政教分離の姿

二〇一〇年一二月一七日、チュニジアから送られてきたニュースは世界に衝撃を与えるのに十分なものでした。チュニジアの一青年が焼身自殺を敢行したというニュースは、イスラーム世界では考えられないものだったからです。

イスラームでは、命はアッラーからの預かりものとして、身体は最後の審判が下りた後に収まるものとして焼身自殺は禁じられています。特に生きながら焼け死ぬという状態は、来世の約束もないままの死ということになりますから最悪の死です。最近では「イスラム国」の捕虜になったヨルダン空軍のパイロットが、生きながら焼き殺されるという映像が世界に流され衝撃を与えましたが、爆撃をされた「イスラム国」としては敵兵に対しての正しい処置であると判断したのでしょう。

チュニジアの青年の死は、自分を取り巻く環境に将来の望みを託すことはできないとの判断から選択した道であると思いますが、それはイスラーム教徒の死というよりも、一国民の死という印象を与えるものでした。すなわち

アラブの春

二〇一〇年、チュニジアの一青年がチュニジアを包む経済的・政治的環境の悪化を打破できない政治体制、宗教的環境に絶望し焼身自殺をした事件を契機に始まった、若者を中心とした閉塞的環境の打破を志して全国的規模で起きた事件。イスラーム教徒でありながら焼身し、自殺するという一青年の行動は、この世界がイスラームから国家への移行期にあることを示し、国が国旗で覆われイスラームの旗は倉にしまわれました。

この事件はその後、チュニジアに似た状況にあったエジプトに伝播し、両国の大統領をひきずり降ろし、新しい指導者の下での政権を作ることになります。大統領の交代はあったものの国の組織そのものに変化はありませんでした。指導者、理論の存在もなくそれゆえ革命でもなく維新でもない、現在の国民意識がどこにあるのかを表現した出来事として歴史に刻まれました。

チュニジアの青年には、イスラーム教徒としての認識よりも国民としての自覚が、アイデンティティとしてイスラーム教徒としての意識よりも強く存在していることを表現したことを意味しました。

その後、この一青年の死は大反響を呼び国民運動として拡大、チュニジアを大きく変えることになりますが、その運動の先頭に飾られたのはイスラームの旗ではなく、チュニジア国旗でした。デモ全体がチュニジアの旗で色づけられ、覆われたことが意味したのは、チュニジアでは政教分離が進行し国家意識、国民意識がイスラーム教徒という意識よりも強く定着したことを証明したことでした。

その後この現象はエジプトでも見られ、エジプト国も政教分離が進行し、国民、特に若者達にはイスラーム教徒というアイデンティティよりもエジプト国民というアイデンティティがもはや定着していることを世界に示したのです。

両国とも農業国家であり、それゆえ属地的感性を有している国民ですので、他のアラブ世界とは異なる生産的民族であるため国民意識の醸成が早まったものと思います。

このアラブの春を、世界は自由と民主主義を求めた民主化運動であると評価しましたが、指導者も存在せず、思想もない環境の中で始まった騒乱は青年達を包んでいた閉塞的な社会環境からの脱出であって、民主化でもなければ自由化でもありませんでした。政教分離という環境の中に望みを託したの

チュニジア国旗

です。

その後チュニジア、エジプト両国はこれまで長い間にわたって作られた議会政治の体制を壊すことはなく、三権分立の形態を維持することを選択しました。一時イスラーム色の強い政権が登場しましたが、組織のない若者集団としてはイスラーム集団がこれまで持っていたシステムに依存せざるを得なかった結果でした。しかしイスラーム集団にはもはやエジプト、チュニジアの国を動かす力がないことが判明、両国は政教分離した近代国家へと動き出しました。これでようやくエジプト人、チュニジア人という言葉でこの国の人々を判断することができるようになったのです。

シリア、イエーメン、リビアの騒乱が示す部族世界の存在

一方、「アラブの春」現象は、思わない旧世界の存在を再現させました。それはシリア、リビア、イエーメンで起きた内戦ともいえる現象でした。「民主主義革命」という言葉も外からの批評で聞かれましたが、当事者達にとってはそれまでベールで覆っていた対立という因果関係が表面化したという出来事でした。

シリアでは、北のアレッポから南のダラアの町をダマスカス街道が南北に走ってつないでいます。この街道の東に居住するアラブ族と西側の山岳地帯に居住する複数の異民族は、長年にわたって時には友好的な、時には抗争の関係にありました。特にアサド政権が登場し、東の沙漠に住むアラブ牧畜民の放牧地などが政府、軍、党等に摂取されるに及んで、深い対立関係が生ま

れ、時には多くアラブ住民が虐殺される事件が続きました。

アラブの住民は、冬期は南のアラビア半島の近くまで放牧し、夏には北上して自分達が居住しているダマスカス街道に沿った町で生活するというパターンの生活を送っていたのですが、アサド政権によりその生活ができなくなるほどの破壊行為を受けていました。彼らはこの日頃の恨みを「アラブの春」の余波の中で晴らすべく行動を起こし、ここに「シリア動乱」*が始まりました。

「シリア動乱」の特徴として、民主化とも政教分離とも関係なく、むしろイスラーム以前の部族的環境に戻ったという背景での闘争だということがあります。

これと同じように部族的環境の中で互いの利権を求めて紛争を引き起こし、収拾のつかない状態になっているのが、イエーメンとリビアの二国で起きている紛争です。

シリア、リビア、イエーメンで起きている紛争は、政教分離でもなければ、イスラーム運動でもありません。個々の利権を求める、部族時代の紛争形態です。それゆえ中世の時代のように優秀な仲介者が現れない限り、紛争は下火にならないでしょう。ましてやシリアの場合、東の沙漠地帯に住むアラブ族は由緒ある部族達で、名誉と団結力に優れ、アラブ特有の忍耐力に優れています。一方アサド政権側は、レバノン山脈、アンティレバノン山脈そしてアラウィ山脈の山中に住んでいるさまざまな民族の出身者から成り、ア

シリア動乱

一見「アラブの春」の流れであると見られるシリア動乱でありますが、「アラブの春」の流れに乗じてアサド・バース党政権に対する積年の恨みを晴らすべく立ち上がったアラブ・スンニー派系住民の起こした動乱。シリアは南部国境の町ダラアから北のアレッポを結ぶダマスカス街道を中心にして西の山岳地帯、東の沙漠地帯に分かれています。

遊牧的生活を中心としてこれまで生活してきたアラブ系住民は、アサド政権の下で放牧地の接収や水管理権の問題等で大きな圧力を受け大きな不満を抱いていました。政策に反対する者は投獄され、言論は封じられ、その意味での政治的自由は失われていました。こうした不満が「アラブの春」により刺激され爆発します。アサド政権消滅がその目的となっているのはその根底に許せない対立が存在しているからであり、動乱は現体制消滅をもって初めて収まるのです。

ラブ族とは異なって北の方から南下してきた民族であるといわれています。

このようにシリア、リビア、イエーメン内戦は、部族というイスラーム以前のアイデンティティを背景とした騒乱で、政教分離とは遠い動きであるといえましょう。部族というアイデンティティは今なお健在であることを証明しています。

近代を彩ったアラブ・ナショナリズムとパン・イスラミズム

第一次世界大戦終了後、中東地域は分割され半ば強制的に国家としての道を歩まされることになりました。オスマン・トルコ帝政下においてある程度の自治権が与えられ、地域ではトルコ帝国下において準独立国のような待遇を受け、また古来よりのエジプト文明の継承者としての自覚も誇りもあったこと、一七九八年から一八〇一年の四年間にわたって異教徒の支配、すなわちナポレオンの支配を受けるという屈辱を経験していること――。これらの歴史を通して、エジプト人という属地的アイデンティティの下での自覚意識が強くなったことから、エジプトは分割されたアラブ諸国の中でいち早く国家概念の創設と国家建設の道を歩み始めました。

アラブ・イスラーム世界でエジプト的雰囲気を有していたエジプトは、将来の選択としてイスラームよりもアラブを選択し、アラブ・ナショナリズムという政教分離型のアイデンティティをもって国家作りに乗り出しました。これはその後エジプト・アイデンティティとして変化し「アラブの春」を謳歌させることになりました。

一方アラブ民族は、部族、血統とイスラーム教徒としてのアイデンティティが混在した形のアイデンティティを主軸として定着してきた、いわば沙漠的環境の強い風土の中で生活してきた民族です。そのようなアラブ民族が選択したのは、部族意識をイスラーム教によって封印し、イスラーム教徒としてのアイデンティティを主軸とするパン・イスラミズムでした。こうして湾岸を中心とする一つの世界を作り上げたのです。このように、トルコ帝国崩壊後の中東アラブ世界は「アラブとイスラーム」という似て非なる二つの潮流に覆われることになりました。

近代国家の概念との対立に直面する中東世界

近代イスラーム運動の芽生え

分割後の中東世界において、国家意識の醸成は、エジプト、イラク、チュニジアのように定着型の農業国家として長い歴史を持ち、また過去において巨大な文明、国家を作り出していたという経験を持つ国においては、非定着型で非生産的な国に比べ容易なものでした。だが、スピードが早ければ問題の発生も早く、新たなアイデンティティにとって最も強大な敵の登場もほぼ同時に登場します。それは近代中東史を特徴づける「神の逆襲」として表れました。つまり、高度に鍛えられたイスラームというアッラーの律法が、民主主義、自由、共和制、大統領等々の近代政治を象徴する言葉と激しく対立する歴史のページの幕開けでした。

ナイル川沿いの畑。エジプトは農業国としての長い歴史を持つ

イスラーム教徒の中にも議会制民主主義の導入をよしとする者が多く現れます。イスラーム教徒自身が、超宗教的意思決定機構の導入を強く望む声をより強くするに及んで、すなわち「政教分離」を求める声が巷に満ち始めるにつれて、近代化・国家化に激しく抵抗するイスラームの声が日増しに高く、時には近代国家を呼ぶ声よりも情熱的に激しい抵抗の声となってこの地を覆い始めたのです。

こうして「イスラーム運動」という近代の中東アラブ世界を彩る運動が始まりました。この結果、宗教でアイデンティティを構築確立していたイスラーム教徒に大きな試練が到来したのです。彼らの住む世界はあくまでもイスラームの世界であり、それ以外の世界はまったく想像を越えた未知なる世界でした。

近代国家を否定し抵抗するイスラーム

近代国家の条件は「主権在民」であり、「自由なる国民の存在」であり「人権の確立と独立」であるといえます。イスラームをアイデンティティとする世界では「主権在神」であり、教徒と呼ばれる住民は「アッラーの奴隷」です。この基本的な概念が近代国家への流れに対して激しいイスラーム的抵抗を生み、今日見られるがごとく深刻な政治混乱を招いています。

中東の近代は「政教分離」という流れの中で「主権在神」の世界観から「主権在民」の世界観への移行が革命というエネルギーの炎の中で演じられる、一大歴史劇です。民主国家では国民が集まり議会が開催され、法が作られ決議が政策として施行されます。これに対しイスラームは、民主国家で我々国民が政治を営むことは、奴隷であるべき人間がアッラーに代わり法を作るという行為であるとし、アッラーを裏切る行為そのものであると考えます。

元来アッラーが持っている三権を国民が握るという国家の成立に、イスラーム教がどこまで抵抗するのか。国家が勝利を収めるのか。イランのように世俗的パーレビ政権を崩壊させ、再びイスラームに引き戻すことがアラブ世界でも起こるのか。今中東世界は一進一退を繰り返す歴史の真っ只中にあるのです。そうである以上、混乱は防ぎようもありません。それがそこに住む人間を不安定化させ、混乱が混乱を呼ぶ世界へ誘うのです。これが中東政治の底流を構成し混乱を引き起こしているのです。

日本と異なり中東に住む民の大部分は基本的に未だ国家意識がなく、その心の拠り所は宗教にあります。ですから国を捨てることはあっても、宗教を捨てることはありません。これは中東に居住するキリスト教徒、ユダヤ教徒にしても同様で、国籍を変えることに抵抗のない彼らでも宗教から離れたり、改宗するということはきわめて稀なことです。

今中東世界を中心として激発しているイスラーム運動は、イスラーム教徒がキリスト教徒を改宗させるための運動を展開しているのでもなければ、ユダヤ教徒を中東から追い払うために動いているものでもありません。それはイスラーム教徒自身、イスラーム教への意識を自ら後退させざるを得ない時代の中に置かれていることから生まれている現象です。

超宗教的意識である国家意識の誕生は、従来の秩序を根底から変革する問題を提起しております。これまで中東世界は部族意識から宗教意識へという変革の歴史を歩んできました。だがいまだ部族主義が完全に消え去っていないうちに、超宗教意識としての国家意識が登場してきたのです。今日見られる騒動の背景を形成しているのは、この宗教という不滅のアイデンティティが変化せざるをえないという時代の流れに対する反発であるといえましょう。

これまでイスラーム世界はさまざまな文化との出合いにおいてその都度激しいイスラーム運動を展開してきました。それは九世紀半ばアラビア半島から豊かな三日月地帯へと移住を開始し、先住文化との接触を始めた時から開始されました。今日のイスラーム運動は、日本人にとって目新しいものであっても、彼らにとっては目新しい問題ではなく、ごく慣れた世界であるのです。

しかし中東世界に居住する人の大部分が拠り所としているアイデンティティは宗教であり、超宗教主義たる国家主義の台頭を好ましいとは思っていない人が多くおります。しかし、すべてのイスラーム教徒がそのような意識を強く持っているというわけでもありません。イスラーム教をただ単なる信仰であるという範囲での認識を有している者も、アラブの春で見たように政教分離ができた人もおります。教徒にとって国家意識の台頭は、それほど衝撃的な問題とは思っておりません。特に大地と密接な関係のある農耕型のイス

アジアとヨーロッパを隔てるボスポラス海峡

ラーム教徒達は、預言者時代に回帰するという激しいイスラーム運動をあえて遂行するという考えを持っていないのです。

だが今問題となっているのは、このような属地的性格を強く有する教徒達による運動ではなく、属宗的性格を強く持つ教徒達によるものです。彼らにとっての敵は、それぞれが所属している自分たちの国家そのものであると考えます。国家を倒し、もしくは国家に対して本来のイスラーム世界に回帰せよと要求する教徒がイスラーム回帰派であり、それを行うにあたって過激的な方法を使う集団が、過激派集団と呼ばれるのです。国家意識をまったく持つことができない集団が、イスラーム運動の特徴を作り上げているといえます。だがこのようなことは、中東と異なる風土、歴史観、宗教観を持つ我々日本人には不可解なことであるのかもしれません。

イラン・イスラーム革命の衝撃

イランに誕生した指導的イスラーム世界

一九七二年二月、イランの首都にあるテヘラン空港は異様な興奮に包まれていました。やがて着陸した旅客機から黒色の衣で痩身を包み黒いターバンを頭に巻いた老人が数人の人に抱えられるようにして姿を現しました。この瞬間、イランにその歴史始まって以来のイスラーム政権が誕生したのでした。もちろんアリー派一二イマーム派のイスラーム政権です。

アヤトラ・ホメイニー師と呼ばれる彼は、イラン・イスラーム世界の最高

イラン・ペルセポリスの古代レリーフ

法学者であり、それまでのイランの支配者パーレビ国王と長い抗争を続け、ついにイスラームによって統治されるイラン国を作り上げたのです。

それまでのイラン支配者パーレビ国王は、ありあまる石油収入を手にしてもそれを国民に分配することもなく豪華絢爛な生活を楽しみ、一部の階級のみその恩恵にあずかるというような政策を展開しました。その結果、貧富の差は拡大し、国民の中に大きな不満を拡大させていきました。

このような反イスラーム的世界の中でイラン国民の不満は蓄積され、やがて反パーレビ運動として形を見せ始めました。特にイスラーム世界を刺激したのは、パーレビ国王の目的がイスラーム以前のペルシャ帝国の再現であると知ったことでありました。国王はこの計画を「白色革命」と名づけます。イランのイスラーム教を表現する「黒色」の反対色を表現色として使用し、その目的とするところを明確にしたのです。

イスラームからの逃避を考えた国王に対して、イラン・イスラーム世界は立ち上がりました。これまでのイラン・イスラーム世界は長い間、俗権を国王に任せイスラームがそれを見守るという形をとってきました。すなわちサウジアラビアのようにイスラームが前面に出てくるということはありませんでした。しかし白色革命を粉砕するべく、「イスラーム法学者による直接統治」（ヴェラヤーテ・ファギーファ）という統治理論を展開するアヤトラ・ホメイニー師とその弟子によって、イラン・イスラーム革命が遂行されたのです。

アヤトラ・ホメイニー師

「アヤトラ」とはアリー派イスラーム世界のイスラーム学者に冠せられる称号です。イランのイスラーム世界はアラブのイスラーム世界と異なり、イスラーム学者に階級が存在します。下からモジタヘド、ホッジャトル・イスラーム、アヤトラ、アヤトラ・オズマ（大アヤトラもしくはマルジャエ・タグリード）などと呼ばれるものです。この称号は政府から与えられるのではなく、イスラーム学者を取り巻く人々によって呼称されるもので、イランのアリー派イスラーム教徒の信頼と尊敬が込められています。ホメイニー師は晩年アヤトラ・オズマ・ホメイニーと呼ばれ、教徒から最高の信頼を得たイスラーム学者として評価されました。今のイランは彼の統治理論「ベラヤーテ・ファギーファ」にもとづいています。

この「白と黒の革命」といわれたイラン・イスラーム革命は、その意味で別名「ホメイニー革命」とも呼ばれ、イスラーム法学者がイラン政治を動かすという世界を作り出しました。しかし直接的なイスラーム法による統治という政治形態をとらず、議会を設定し、イスラーム法学者を主とする合議制を採用しました。こうしてイスラーム政権下になっても多民族国家イランにおいては議会がもたれ、大統領制が採用されましたが、議会の上に憲法評議会という名の組織が置かれ、議会が決議した法案がイスラーム法に沿っているか否かという審査が行われる制度を持つことになりました。これによってイスラーム教がイランを統治する基本法として位置づけられ、アッラーがイランの支配者となったのです。アッラーが約束した富の公平な分配がパーレビによって無視され、格差社会が生じていたイランは、これにより富の共有が行われることとなりました。

もちろんイスラーム革命がこのような制度による改革であると判明したとき、この制度に反対する者、また伝統的なイラン政治体制（俗権と神権の共存）の復帰を願う者達もいましたが、ホメイニー師はこれらを処断し、一切の反対勢力を葬り去ったのです。イランのホメイニー革命は、イスラームの富の公平な配分という基本原則を回復するために指導的イスラーム運動が展開された実例です。内面の敵と戦い、指導的イスラーム世界を建設する努力によって、アッラーと信徒の間に立ち、信徒を指導する世界が出現したのです。その意味で典型的な指導的イスラーム世界であるといえるでしょう。

ホメイニー師の名を冠した広場（イラン・テヘラン）

聖典に見る国家否定の神託

イスラーム教では、人間は――個人としても全体としても――至上権、立法権、支配権を有するものではないと規定しています。いかなる人間であろうとも、法律を制定する資格はなく、この権限はアッラーだけが持っていると規定していま す。

聖典アル・クラーンの第一二章（ユーセフの章）第四〇節に「大権はアッラーにだけ属し、あなたがたはアッラー以外のなにものにも仕えてはならないと命じこれこそ正しい教えである」と記されています。

また第四章（食卓の章）の第四四節に「もしアッラーが下されたもので裁判しないものは、不信心者である」ともあります。

すなわち、人間の作った法律を適用すると、それは不信心者として取り扱われることになるとの解釈が明記されているのです。イスラーム教において立法府たる議会の設定は、不信心者の成せることであり、イスラーム教に敵対する具体的なものだということになると解釈されています。

またアル・クラーン第一六章（蜜蜂の章）第一一六節には「あなたがたの口をついて出る偽りで、（これは合法だ、またこれは禁忌です）といってはならない。それはアッラーに対し偽りを造る者である。アッラーに対し偽りを造る者は、決して栄えないであろう」とアッラーは教徒に命令しているのです。

この言葉が意味するのは、アッラーの絶対性は政治に限らずごく日常的な生活の中にも適用されること、そして普通の日常生活を営む教徒の生活を規定することができるのはアッラーだけであるとする、完全な全体主義的性格により特徴づけられていることです。ここから結論できることは、イスラーム世界はアッラーの唯一性と至上性を信じることにより、また教徒が完全な奴隷として存在することにより成り立つ世界であり、それが社会的道徳的世界の基本を構成しているということになります。すなわち個人、階級、集団、また国家構成員総体でさえも主権を主張することはできず、アッラーだけが唯一の主権者で、他のすべては下僕にすぎないということになるのです。

アッラーは真の立法者であり、絶対的立法権はアッラーだけが有するものであり、それゆえイスラーム世界では、教徒が法律を制定しようという欲求に駆られても、あるいはアッラーの法の変更に皆が賛成したとしても、それはナンセンスなことであるということになります。

主権はアッラーのみにあり、教徒には主権はもちろんのこといかなる個人的見解も権利も存在しないという命令であり、アッラーの奴隷として生きる姿が正しい生きる姿であり、それゆえ生きられるとの命令です。よって個々の生命のコントロールも自分ではできず、アッラーのみそれが可能であるとなり、それゆえ自殺は禁止されます。アラブの春を呼んだチュニジア人青年の自殺は、この意味で政教分離の進行度を表した現象として印象的でした。

イスラーム世界はアッラーの下ろした命令、イスラーム法に基づく世界であり、それ以外の法律は存在せず、教徒はその下での奴隷としての完全平等の権利を享受することになります。これがイスラーム教の基本理念で、「主権在神」こそイスラームの世界なのです。

イスラーム運動のはじまり

正統カリフ時代に生まれた最初のイスラーム運動

イスラーム運動といわれているものは預言者が世を去り、正統カリフ時代最後のカリフとなったアリーの時代に始まったといわれています。それから今日までイスラーム運動はその内容を膨らませながらイスラーム史の中でその存在を誇示しています。

イスラーム運動は、最初はイスラーム内部の腐敗に対する不満から始まりました。預言者時代が終わり、正統カリフ時代に入ってイスラーム社会が公平な富の分配による繁栄と身分差別のない平和な世界を体現するにつれて、必要以上の豊かさの中で生活できるようになりました。

その結果、豊かさがもたらす悪行が横行し始め、二代目カリフ時代の中頃からアラブ・イスラーム世界はエジプト、シリア、パレスチナ、トルコに拡大、それにつれてさらに豊かさを求めるアラブのイスラーム教徒がこれら世界に進出、異文化との接触を幅広く展開しました。その結果、いまだ完全なイスラーム教徒というよりは部族的文化意識の強いアラブ族が異文化に大きな影響を受け、利益を追求するあまりアッラーの言葉を都合よく解釈するような傾向が深まり、時にはアッラーの言葉が無視される社会現象が現れたよ

イスラーム教は世界の脅威か

欧米世界を中心にイスラーム教に対する警戒感が広がっています。旧ソ連邦の各地で起きている武装騒動の背景にイスラーム教の存在が明らかになると、警戒は一段と現実味を帯びてきました。先のボスニア・ヘルツェゴビナ紛争、コソボ紛争などもキリスト教徒とイスラーム教徒との対立とみれば、西欧世界のイスラーム教に対する意識は、十字軍時代を呼び起こさずにおかないでしょう。

一九七九年イランで起きたイスラーム革命は、ホメイニー師の国家統治論による西欧と異なった価値観の出現によるものでしたが、それは中東に大きな権益を持っている欧米諸国に、ショックを与えたことは間違いないでしょう。だが、イスラーム教の運動は、キリスト教やユダヤ教に抗して生まれたのではなく、あくまでも自身をとりまく環境に対して生まれたものなのです。

うです。

今の時代でも、必要以上の豊かな時代が訪れると道徳が崩壊していくという現象が見られますが、この当時のイスラーム世界の中でもあったのでしょう。そしてこの繁栄が二代目カリフ・ウマル暗殺（六四四年）、三代目カリフ・ウスマーン暗殺（六五六年）、そして最後の正統カリフ・アリー暗殺（六六一年）と三人の正統カリフがすべて暗殺されるという事態を迎えたのです。まだ完全なイスラーム世界ではない環境の中でカリフ三人が暗殺・殺害された事件の背景にあるものが、部族的問題か宗教的問題かは、不明です。しかしこの裕福になった時点で預言者、初代カリフ時代のイスラーム世界が緩み始めたことは確かでしょう。その結果、アッラーが定めたイスラーム的環境を維持しようとする純粋な集団が生まれていたとしても、おかしくありません。また純粋なイスラーム世界よりも現実的利益を追求する集団も存在していたことも考えられることです。その結果、今日のように過激なイスラーム教徒の存在が目に感じるようになるのです。

ハワーリジュ派に見るイスラーム運動

本書第2章でも触れましたが、正統カリフ四代目のアリーは、預言者の従兄弟で預言者の娘アイーシャの婿として人望のある人でした。四代目に選ばれイスラーム世界を管理することになりましたが、アリーがカリフに就くことについて異なった意見を持っていたのが、預言者と同じクライシュ族のウマイヤ家のウマイヤでした。

アヤソフィア（イスタンブール）　東ローマ皇帝コンスタンティヌス一世によって建立された聖堂に起源。その後オスマン・トルコ帝国のメフメット二世によってイスラーム寺院に転用されました。現在は博物館。ビザンチン建築の傑作といわれています

彼はカリフ・アリーを認めず兵馬をもってアリーとの対立を望み、両者の間で戦闘が起きました。アリーは正式に認められたカリフであり、ウマイヤがこれを認めないということは、イスラームすなわちアッラーの命に反することで、明らかに反イスラーム的行為と判断されるものでした。当然のことながらカリフ制イスラーム体制を維持する教徒達はカリフ・アリー側につき、ウマイヤはイスラームの敵となりました。

戦いはカリフ軍優勢のまま進んだのですが、六五七年シリアのラッカ西南のスィッフィーンの戦いが行われていた戦場で劣勢に立たされたウマイヤは、カリフ・アリーに和解を申し込み、カリフ・アリーもなぜかそれを受け入れ、休戦和解が成立しました。クライシュ部族を真っ二つにして行われていた戦闘でしたが、この戦争はイスラームの権威を掛けた戦争であり、聖戦の名の下に行われた戦争であって、いわばアッラーの採決に関わる重大な戦争でした。ところがカリフ・アリーは聖戦であるのも関わらず、この突然出されたウマイヤ側の休戦協定を呑み、戦争を停止させました。

このカリフ・アリーのとった行動が、イスラームの規範に反抗した集団を認めたとしてカリフ・アリーの行動に疑問が出されました。そしてこれはイスラームの規範に違反した反逆に相当するとの見解を持つ者達が現れ、カリフ・アリー軍にいたイスラーム教徒の一団がカリフ・アリーを殺害、スンニー派集団から離脱しました。

彼らは、カリフ・アリーがイスラームの敵ウマイヤとの間に「聖戦」を戦いその途中で敵と休戦妥協したことを「アッラーの採決である聖戦を無視した」としてアリーを否定、イスラームの敵として殺害したのです。

この離脱した集団を「ハワーリジュ派」と呼び、イスラーム史上最初のイスラーム運動として認識されています。「ハワーリジュ」とは「外に出た者」という意味で、「スンニー派イスラーム集団」から離れたものとして認識され、それゆえ彼らはイスラーム教徒ではないと判断する人もいるようですが、カリフ制の時代に出されたこの判断についていまだに議論の的となっていることは、本書第2章で触れた通りです。

「ハワーリジュ派」の行動はその後カリフを継承したウマイヤ朝崩壊まで続き、のちのアッバース朝になっても内部告訴型の運動を展開しました。

イスラーム降誕五一年目で発生したイスラーム運動

「ハワーリジュ派」をもって最初のイスラーム運動であるとの認識は一般的に認められていることですが、「ハワーリジュ派」の行動はイスラーム世界以外の世界に対する抗戦ではなく、イスラーム内部に起きた問題に対する抗戦です。いわば内部に発生した汚染を取り除く清掃作業です。

イスラームでは、イスラーム外からの侵略に対しては「聖戦」という規定があり、それはイスラーム運動とは異なったものとして侵略者を直接迎える立場にいるイスラーム教徒に課せられた義務として扱われています。

一方で、イスラーム内部が腐敗し、法解釈が正しく行われない状況になったと判断されたとき、イスラーム教徒の一部が法解釈の間違いを是正するために集団を組み行動を起こすことがあります。ハワーリジュ派のこういった行動をもってイスラーム運動の嚆矢《こうし》となったとされているのです。しかしその行動が法的に認められるかどうかは確定していません。ウマイヤ朝カリフの判断では、この集団を認めていないといわれています。

イスラームが降誕したのが六一〇年、預言者時代が終了した六三二年までは預言者自身による解釈がなされ、問題はありませんでした。

しかし正統カリフ時代が始まった六三二年からハワーリジュ派が登場した六五七年、そしてハワーリジュ派がカリフ・アリーを暗殺し袂を分かって教団から出て行ったとされる六六一年までの五一年のうちに、イスラーム世界では法解釈の問題からイスラーム運動が起き、イスラーム・スンニー派世界は細分化、分裂化、分派化への道を歩むことになります。

こうしてイスラーム世界は多様化していきます。

イスラーム過激運動の要因とは

過激的イスラーム運動とは

イスラーム運動はイスラーム法解釈上の問題をめぐってその正当性を求めて起きる法学上の問題です。イスラームが多様な文化の中に波及する過程で、その法解釈に変化が生まれることになりました。法解釈に携わることのできるイスラーム法学者、シェイフとか、イマームとかという名前で呼ばれる指導的立場の人

エジプトのナイル川

は、アル・クラーン、伝承の書（ハディース）の二冊と、マーリキ、ハナフィー、シャーフィイ、ハンバル派それぞれの法解釈論を基に提出された問題の法解釈を行います。これがスンニー派の世界で行われる提出された問題に対する判断です。

この場合、法学者はあくまでも過去の判断事例を参照として、持ち込まれた問題への解答を行います。イスラーム世界は伝承法の世界ですので、法学者が自分独特の法判断を下すことはありません。またイスラームはアッラーと教徒が直線的に結ばれ、その間にはいかなる人、組織も入ることができないことが前提となっているため、法学者の見解はあくまで意見として伝えられます。すなわち法学者の見解に強制力はありません。

ところが中には強制的に自分独自の見解を、相談に訪れた教徒に強いる法学者がいます。すなわちアッラーと教徒の間に入り、教徒に命令を下し、強制的に行動を取らせる、あるいは理解させる学者です。このような法学者が集めた集団を過激集団といい、その行動は過激運動と呼ばれます。そして時には暴力をともなう暴力集団に発展し、イスラーム法に沿わない暴力行為を是認する集団となります。しかしアッラーと教徒の間に介入することが許されないイスラームでは、これら暴力集団の処罰に関しては最後の審判時におけるアッラーの裁決に任せるしかないのです。

内部の矛盾により発生するイスラーム運動

一般にイスラーム運動といわれているものには決まった定義なるものはないのですが、運動の目的はイスラーム体制の保持にあるように思えます。これを内面のイスラーム運動とします。他の一つは、外からの要因によってイスラームが汚染され崩壊するという危機感に対する抗戦を意味し、これは外部要因といえましょう。

内部要因はイスラーム世界内部で起きる問題で、身近な日常生活、政治問題、教育問題そして富の配分問題等、さまざまですが、一番重要な問題はイスラーム教徒の間に格差が生まれるという事態の到来です。イスラームはアッラーの前での平等を約束した宗教ですので、「格差経済の是正」は単なる経済問題ではなく、イスラームの根幹を揺るがす問題として位置づけます。

イスラーム教徒が餓死するとか、病になっても医者にも行けないとか、学びたくても学校に行けないとか、人間関係に隷属関係が生まれているとか、扱いに格差がある等々の生活環境が生まれた場合、イスラーム世界では教徒による是正運動が起きます。そして「預言者時代への回帰」が叫ばれます。一四〇〇年以上に及ぶイスラームの歴史の中でアッラーがアル・クラーンの中で約束した世界が実現したのが、預言者時代であったという考えです。こうして回帰運動（サラフィーヤ運動）という、イスラーム運動が起きます。現在この運動を遂行する最も有名な国がサウジアラビアですが、豊かな石油から生まれた富を国民にまんべんなく還元させることがアッラーの命であ

ドバイの高層ビル群（アラブ首長国連邦）

り、富を管理するサウド家がその命を間違いなく履行しているといえるでしょう。

一方で、このような生活環境の公平化、平穏化を求める運動と異なる、内部要因によるイスラーム運動があります。それはハワーリジュ派に見られたように法解釈への疑問に対する問題で、きわめて高度なイスラームに関する知識が必要とされます。生活環境は時代と共に変化します。それにともなって生活スタイルも変化します。特に女性をめぐる環境は日々変化し、一人で外へ出ることも規制されていた女性も、今の時代ではそういうわけにはいかなくなりました。そこで新たな法解釈が必要となります。しかし現在のイスラーム世界では「法解釈の改革」という問題は簡単ではないのです。

本書第3章でも触れましたが、イスラームでは法解釈を許可することを意味する「イジュテハードの門」という言葉があります。「イジュテハード」とは努力するという意味の言葉ですが、今はこの門が閉じられている状態にあります。またそれを開く権限のあるカリフが不在です。このため法解釈の試みが成されないのです。この意味でイスラーム世界は中世そのままの顔を見せるのです。

このようにイスラーム内部に不適切な問題が生じたとき、解釈を時代に合わせて改正できないがゆえにイスラーム教徒は完全なイスラーム時代を現出させた預言者時代に戻ろうとするのです。サラフィーヤ運動、原理主義、回帰運動などと呼ばれる一連のイスラームの動きは、完全なイスラーム世界であった「預言者時代への哀愁」ともいえる教徒達の夢なのです。

外部からの刺激により発生するイスラーム運動

近世になりイスラーム世界は文明の侵略を受けることになりました。オスマン・トルコ帝国へのヨーロッパによる侵略は、イスラーム世界に「聖戦」の場を作り上げました。また近年の科学技術の発達は欧米文化の無神経な侵入をもたらしました。

もともとイスラームは沙漠という環境の中で変化を好まない閉鎖的性格を有する人間、アラブによって育まれた宗教です。沙漠では先祖からの智恵が命を守り、その智恵を無視したり、変化させることは死を意味します。この風土的背景がアラブ人をしてきわめて閉鎖的な人間を作り上げました。

地中海の南に位置する中東は、近隣のヨーロッパ世界へ歩いてでも行ける距離にあります。しかし、ヨーロッパ世界の姿と地中海の南に広がるアラブ・イスラーム世界の情景を比べてみると、一目瞭然のことですか、アラブ・イスラーム世界は一七世紀、一八世紀そのままの姿で我々の目にその姿を映します。日本とヨーロッパのように遠く離れた関係であるのならば当然のことと思いますが、ごく近くにありながら、その姿は中世的です。閉鎖的であることが沙漠世界で生きるために必要な条件であることが風土的環境を作り、アラブ人の行動思考を形成したものと思います。

彼らはこの性格を変化させることなく、今日まで伝統的な世界の中での生活をよしとしてきました。しかし外部からの圧力が強くはたらく事態に遭遇

沙漠の厳しい環境が、アラブ人の性格を作り上げた

すると、変化する恐怖からか、激しく抵抗することになります。それはちょうど蜂のようで、何もしなければ襲わない蜂でも巣を棒で突き刺激を与えると激しく反撃する姿に似ています。イスラームでは「ジハード（聖戦）」という教徒に課せられた義務がありますが、それが成立する時は、防衛戦に限定されます。

アメリカは、ウサマ・ビン・ラーデンに対する復讐を行うために、国際的テロリストでもない単なるテロリスト支援集団であるタリバンに対して、これまでの過去に見るような激しい軍事攻撃をしかけました。もしそれを行わず、交渉か秘密行動によってウサマ・ビン・ラーデンを捕縛、殺害という方法を選択しておけば、後に名づけられるイスラーム・テロリスト等という集団が生み出されなかったかもしれません。おとなしく営巣している蜂を刺激しなければ蜂は蜜を楽しませてくれますが、一度巣を刺激すれば蜂は優秀なテロリストになります。イスラーム世界に対する外圧は最大の敵を作り上げます。ナポレオンのエジプト遠征以降始まったヨーロッパ諸国のイスラーム世界の侵入、支配に応じてイスラーム運動が生まれ、発展していったのです。

アッラーとの契約を守ることが「最後の審判」時における天国の入場券です。その契約が守れない環境が生まれれば、抵抗せざるを得ないのです。

こうして外部要因によってイスラーム運動は始動しました。

それはナポレオンのエジプト征服から始まった

一七九八年、北アフリカのイスラーム世界からごく近いところにある北の国フランスからナポレオンがエジプトにやってきました。彼は一八〇一年までの遠征の間エジプト、シリアに滞在し、ヨーロッパの近代戦争術を中世さながらのイスラーム軍に見せつけて帰国しました。短期間でありましたがナポレオンによる異文化の定着は、イスラーム世界に大きな衝撃を与えました。一〇九六年から始まった十字軍が一二九九年にシリアから駆逐されてから五〇〇年を経て、イスラーム軍は再びヨーロッパの武装集団と遭遇し、軍事力の差を身をもって知らされました。イスラーム軍は当然のことながら動揺し、イスラーム世界に危機が訪れたことを悟ります。その後ヨーロッパ大航海時代の要求の下、スエズ運河の建設が押しつけられてもその軍事力の前には抵抗することもできず、一八五九年から一〇年近くかけて一八六九年にスエズ運河は開通、その後、イギリスのエジプト支配が開始されました。

この間、イスラーム世界は反撃に出ます。一八四三年、イスラームの反撃としてリビアにサヌーシ教団*というイスラーム運動集団が現れ、一八八一年にはスーダンに駐留するイギリス軍を駆逐したマハディー集団*が現れます。一八八二年には立憲君主国を名乗るエジプトでオラビー大佐によるイギリスに対する反乱が起きます。こうしてイスラーム世界は反植民地運動としての武装闘争を開始します。外部要因によるイスラーム運動の始まりです。

サヌーシ教団

創設者ムハンマド・イブン・アリー・アッサヌーシはアルジェリアで生まれ、イスラーム神秘主義者イブン・イドリースの高弟となりました。その後一八四三年オスマン帝国の領地であったリビアに移りそこで教団を創設、遊牧民を中心とした神秘主義者の世界を作り上げます。一八五九年アッサヌーシが亡くなった後も教団は継続し、後にリビアとなるキレナイカ一帯に大きな勢力を形成しました。

その後イタリア、そしてトルコとも戦うなど勢力を拡大し、教団指導者ムハンマド・イドリースが一九二〇年にイタリアと和平条約を結ぶなど国家としての形態を整え、一時ムッソリーニに追い立てられるもそれまでキレナイカ首長と名乗っていたイドリース首長は、一九五一年のリビア国家誕生に応じて国王となりました。この教団には神秘主義にもとづく神学理論が存在し、それが国家の主柱となりその存在が承認されたのです。

また一八八三年パリではイスラーム教改革連盟が設立され、ヨーロッパの侵略に対するイスラームのあり方についての検討が開始されます。イスラーム運動の基本的な理論の検討のはじまりです。しかしヨーロッパによるイスラーム世界に対する侵出は止むことはなく、オスマン・トルコ帝国を脅かしました。一九一七年一月には第一次世界大戦が起きる中、イギリス軍がイラクの首都バグダードを占領、一九一八年一〇月にはシリアの首都ダマスカスを占領し、第一次世界大戦終了後のオスマン・トルコ帝国崩壊後に開催された一九一九年のパリ会議を得てオスマン・トルコ領土は分割され占領されました。

またエジプトはイギリスに占領され、完全にイギリス領と化しました。そして一九二二年のトルコ革命によるカリフ制崩壊によってスンニー派イスラーム世界は預言者の代理者を失い、イスラーム世界は統一性を失って暴走の危機感を抱きます。イスラーム法解釈においての権威が消滅することは、状況に応じてさまざまな法解釈が出され、その結果イスラーム世界は不安定化しさまざまなイスラーム集団が誕生することを意味します。

そのような中、エジプトで一九二八年「ムスリム同胞団」[*]が誕生します。イスラーム学者ハッサン・アル・バンナの理論を基本に、イスラーム回帰運動もしくはイスラーム原理運動と呼ばれる預言者時代への模索が開始されます。彼らの運動は行動をともない、アッラーとイスラーム教徒の間に指導者が介入し、あたかも預言者のように教徒を指導し、行動し、時には暗殺、破

マハディー集団

一八二一年エジプトに支配されたスーダンは、その後エジプトがイギリスに併合されたことによりイギリスの支配下に入ります。一八八〇年、ムハンマド・アハマドという人物が自らを「マハディー」と名乗り、スーダンをスーダン人のために取り戻すべく反英・反エジプト闘争、独立戦争を開始します。「マハディー」とは「救世主」を表すアラビア語ですが、イスラーム世界が困難に陥り神との契約が守れないような環境が生まれたとき、この名前を冠した人物が現れ激しい闘争をもって教徒の救済に当たります。

マハディー軍に集まったスーダン人は自らをアンサール（支援者）と呼称し、青ナイルと白ナイルの合流点ハルツゥームに駐留する英・エジプト軍を攻撃、全滅させ、スーダン人に解放しました。その後十数年間この地を「マハディー国家」として管理しましたが国家の主柱である神学論は存在せず、詳細な記録もありません。しかし民族運動としてのマハディーの存在はその後の世界に大きな影響を与えました。

壊も辞さないという運動を展開します。

エジプト人によるこの集団は、農耕民族という制度化・組織化されやすい民族性を背景に狭量な政治宗教集団となり、近代エジプト政局に大きな影響を持つことになります。

エジプトの支配者であるイギリス政府は、この集団を非合法化し対応しましたが、ムスリム同胞団は、頑強な指導者の存在と組織力により強力な宗教勢力となり、時には政治を動かす力を持つに至ります。しかし彼らの「指導するイスラーム」は、多くのイスラーム教徒から恐怖をもって見られました。その結果、既存のエジプト・イスラーム世界は厄介な集団を抱えることとなりました。ましてやエジプトにはスンニー派の最高学府の一つであるアズハル大学があり、一般イスラーム教徒の法解釈の相談に乗っていました。しかしカリフ制度の崩壊により、ムスリム同胞団が異端であるか正統であるかの判断を下すことが不可能な環境を作り上げましたので、ムスリム同胞団は時には恐怖な集団として危険視されました。こうして現在のイスラーム過激派のような無差別なテロを展開する集団ではないが、初期過激派とも評される集団となりました。その後のムスリム同胞団は先の「アラブの春」に見られるように一政党として存在しています。

イスラーム過激派を生み出した紛争

指導的イスラームを組織化し一つの目的に向けて動かすイスラーム集団のことを、過激派という名で呼ぶようになったのは、ハワーリジュ派をもって嚆矢《こうし》とする

ムスリム同胞団（イフワーン・ムスリミーン）

イスラーム教スンニー派によるイスラーム復興運動の草分け的存在です。エジプトのイスマイリア出身の中学教師ハッサン・アル・バンナが一九二九年に創設した秘密団体で、イスラーム教指導者のサイード・クトゥビィ（一九〇六～六六年）の法解釈論にもとづきイスラーム復興運動が展開されました。彼の論理もこれまでと同様、社会をイスラーム教以前のジャーヒリーヤ時代と位置づけ、イスラーム教による開明が必要であるというものでした。「同胞団」もしくは「兄弟グループ」というアラビア語の名の通り、イスラーム世界を同じ血を引く兄弟のようにすべきであると主張、社会全体が一つの家族のようにと説き、その浸透力はエジプト全体に及びました。特に一九三三年、本部を首都カイロに移してから組織は拡大し、影の国家のような姿を呈しました。同時にこのような運動を阻害する要因・人・組織の破壊も行い、当時の政府と激しい攻防戦を展開したのです。

といわれていることは、先にご紹介したとおりです。以前は、イスラームに対する考えが「指導されるイスラーム」という思いを持つ教徒を中核としている集団を過激派と呼ぶというのが、一般的な判断でした。

しかし現在の過激派といわれるイスラーム集団は、武装し暴力的行動をともない、時には無差別に殺戮を行い、無抵抗な女子供まで襲い誘拐、男子を誘拐し兵士に仕立て戦場につれだし、地雷原を走らせ、自爆テロを強要するというような、おおよそイスラーム法では認められないような、イスラームとは関係のない殺戮行動を展開する集団です。各地の戦場を行き来し掠奪を目的とする行動をとる集団にイスラーム教徒が参加しているということで、イスラーム過激派というようになりました。

学校を襲い若い男女を誘拐し殺害、売買、兵士として若い将来を犠牲にするボコ・ハラム、他宗教を襲い改宗を強要、拒否されると暴行殺害、殺害現場をインターネットで流し世界に恐怖を与え、世界中に散らばる若きイスラーム教徒に対して参加を呼びかけカリフ制の復活を宣言した「イスラム国」、預言者を侮辱したとしてフランスの出版社を襲い編集者を殺し、風刺画家らも殺害するという暗殺テロ事件を起こしたアル・カーイダ系の「アラビア半島のアル・カーイダ」等々、人が顔を背けるような無差別な殺戮を行う若いイスラーム教徒がアフリカ、中東、ヨーロッパを中心に暴れ回り、一般市民を恐怖で縛り付けています。このような現状はなぜ起きるのか。もとはイスラームの抱える内面の矛盾を是正するために動き出したイスラーム運

近代エジプト政治の基礎をつくったナセル革命時においても、イフワーン・ムスリミーンが革命に参加しましたが、革命が終わった後、同胞団はナセル政権（一九五六〜七〇年）の激しい弾圧にあい一挙にその勢力を縮小させました。特にナセル政権下ではこの団体は非合法化され、サイード・クトゥビィの著書は禁書とされました。その後、同胞団の考えと行動は、エジプトにとどまらずスンニー派のアラブ諸国に拡大しましたが、激しい弾圧を受けています。

動だったのが、なぜこのような凄惨な運動と化したのか。なぜイスラーム教徒は凶暴的、戦闘的に変質していったのか。

それは、「聖戦の戦士」を生んだソ連のアフガニスタン軍事侵攻によって変質した、若きイスラーム教徒の姿に源流を見ることができます。一九七九年一二月から一九八八年四月までの約八年間ソ連がアフガニスタンに侵攻したことに対し、アフガニスタンに近接もしくはごく近いところにあるイスラーム諸国およびイスラーム集団は、これを正式な「聖戦」（ジハード）の場として宣言しました。聖戦ジハードは、イスラーム教徒が日常的に守る六信五行の中には入らない、イスラーム教徒に課せられた義務として認識されている防衛戦参加への義務です。しかしカリフ不在の今、「ジハード宣言」は、敵に侵略され防衛の戦いのための必要な環境が整ったと判断されたときだけ出されることになっています。その法判断は、侵略された地に近いため影響を受けると感じたイスラーム集団やイスラーム国家の宗教的権威に委ねられており、「聖戦の勅書」を布告することができることになっています。

ソ連軍がアフガニスタンに軍事侵入した一九七九年一二月、アフガニスタンを囲む周辺のイスラーム諸国は「聖戦の宗教的裁定（ファトワー）」を発表、それによりこれらの地域に住むイスラーム教徒は「聖戦参加の義務」を与えられました。こうして、大学を卒業した真面目で熱心なサウジアラビア有数の資産家の息子であるイスラーム教徒ウサマ・ビン・ラーデンも参加したのです。正式に「聖戦の勅書」が出された参戦国は、アフガニスタンは当

雨上がりのウマイヤド・モスク（シリア・ダマスカス）

然のこととしてサウジアラビア、パキスタンなどの数カ国に及びましたが、それ以外のイスラーム諸国からの参加者も多く、八年に及ぶ戦争の期間中多くのイスラーム教徒が加わりました。自分の所属しているところが「聖戦の勅書」を出されていない国や宗派に属するイスラーム教徒も参加しました。彼らは聖戦参加によって得られる「天国への切符」は手にすることができないのですが、それでも続々と参戦しました。こうして、戦場は世界各地から集まったイスラーム教徒で埋まり、その結果一九八八年ソ連軍は撤退を開始します。

聖戦に参加したイスラーム教徒は「聖戦の戦士」としての名誉を冠せられ、世界のイスラーム教徒から尊敬を受け、名誉が与えられました。天国への無条件な入場券の持ち主となった「ジハード戦士」はイスラーム教徒の先頭に立ち、多くの教徒が彼の周りに集まり、常に集団で動くこととなりました。幸いウサマ・ビン・ラーデンは資産家であるばかりではなく、アフガニスタンでは基地の管理者として兵站《へいたん》部を管理していましたので、彼は名の知れたジハーディストでもありました。

一方、激しい戦場で暮らしていたイスラームの兵士達の中に、アメリカのベトナム帰還兵同様の精神状態となる者も現れました。彼らは終戦後から始まったアフガニスタン内紛に巻き込まれ、聖戦の戦士としてイスラーム教徒が絡む戦場を傭兵として渡り歩くことになります。またこのアフガニスタン戦争とほぼ同時代に、並行的に始まったイラン・イラク戦争（一九八〇年九

イラン・イラク戦争

イランにホメイニー師によるイスラーム革命が勃発した翌年の一九八〇年九月、イラク軍は突然イラン領へ攻撃を開始し、八年にわたるイラン・イラク戦争が始まりました。開戦の理由はいまだ明確ではありません。俗には、イラクはイラン革命の波及を抑えるとともに、ティグリス・ユーフラテス川の河口のシャトル・アラブ川の領有権獲得にあったといわれていますが、理屈に符合しない点があります。

戦争では都市部へのミサイル攻撃やペルシャ湾の他国船籍のタンカーへ攻撃なども行われましたが、イラクはイランに比して小国、長期戦は敗戦を意味しました。一九八八年七月、イランのホメイニー師はイスラーム法解釈上の問題から戦争継続は難しいと判断し、イラク軍を完全に追い払った後、戦争を終結させました。この戦争が長期化した理由は、欧米諸国が停戦の努力にそれほど真剣でなかったからでした。大国はイラン、イラクとも崩壊する方がペルシャ湾の安全に効果的であると考えていたのです。

月～一九八八年八月）の戦場でも、サダム・フセインの聖戦宣言、ホメイニーの聖戦宣言によってイラク、イラン両国以外の多くのイスラーム教徒が参戦し、聖戦の戦士を生み出しました。その後に続くイラク軍のクウェート侵略（一九九〇年八月）、それに続く湾岸戦争（一九九一年一月～四月）と、アフガニスタン、イラン、イラク、湾岸諸国と戦場は約一〇年にわたって開かれ、参加した若者達は戦場を渡り歩く完全な兵士となってその存在を誇るようになりました。

このような環境の中、ソ連崩壊にともなうワルシャワ条約機構の完全解体が一九九一年に行われ、それによって解放された中央アジアでは、忘れられていた先祖の信仰であるイスラーム教への復興が叫ばれます。それを受けて多くのイスラーム教指導者がアラブ世界から派遣されることとなり、中央アジアのイスラーム化教育が行われることとなりました。ところが派遣されたイスラーム指導者の中には本国がもてあましていた強硬派系のイスラーム指導者もいたため、復興した中央アジアのイスラームはきわめて強硬派的イスラームになりました。その結果、一般人の反対の声が高まり、中央アジアから強硬派追放が行われ、追放者は、タリバン登場とその後の内戦で騒乱の続くアフガニスタンへの移動を選択することとなります。

こうして二〇〇一年のウサマ・ビン・ラーデンの登場となり、アメリカによる九・一一事件のリベンジの攻撃が開始され、アフガニスタンは再び戦場となっていきました。かつて共闘していたアメリカとアフガニスタンは、今

湾岸戦争

一九九〇年八月二日早朝、イラク軍がクウェートに侵攻しました。イランとの戦争で金庫が空となったイラクのフセイン政権は、政権維持のため多額の資金を必要としました。それをクウェートに要求しましたが些細なことでもめ、クウェート襲撃となったのです。

それはまさにイスラーム教以前のアラブ世界の再来でした。もしこの時点で米英が静観していれば湾岸戦争にはならなかったかもしれません。しかしクウェートのサバーハ家がイラクに強い調子で対応したのを見てもわかる通り、アメリカとクウェートとの関係は強力なものでした。また将来の石油問題を考えた場合、湾岸諸国との信頼関係樹立は米英にとって必要不可欠なものでした。

よくいわれるようにイラクのサダム・フセイン政権の狙いは、世界石油市場支配にあったという見解は、石油技術と販売システムを持たないイラクの能力から考えても現実的ではないでしょう。

この戦争で最も興味深いのは、クウ

度は敵同士となり、戦いを再現することになったのです。

そして多くの戦場帰りの戦士が再びこれに参加、イスラーム教徒の戦士を取り巻く環境は終わることのない戦場の中でますます厳しくなると同時に、高度に訓練されていきました。そして戦場はイラクに移ります。九・一一事件と同じ年の二〇〇一年二月、アメリカとイギリスは、イラクのフセイン政権が大量破壊兵器を持ち、攻撃する姿勢を崩していないとしてイラクを空爆、イラク・フセイン政権打倒の道が開き始めました。

こうしてやがて始まるフセイン政権崩壊へ向けてのシナリオの一ページが開かれますが、攻撃のための決定的な大義名分はそろいませんでした。その中で、九・一一事件が発生、アメリカは国民の復讐心を満足させるため、ただちにイスラーム過激集団タリバンによる内戦状態にあるアフガニスタンにウサマ・ビン・ラーデンは隠れているとして、タリバンをテロ支援集団と見なし攻撃を開始します。このようにしてアフガニスタン苦難の歴史は扉を開けました。しかしアメリカの目標はイラクでした。フセイン政権の崩壊は、湾岸世界の安全保障を確定する重要な課題とするブッシュ大統領の政策として存在していました。アメリカは、九・一一事件の背後にはイラクのフセイン政権が存在しているという、のちにアメリカ政府によって否定されることになる謀略的理由を立ち上げ、イラク攻撃を準備します。

バグダーディ、ウサマ・ビン・ラーデンらの位置づけとは

エートとイラクの原油が市場から消えたにもかかわらず原油価格は一セントも上昇しなかったことです。第四次中東戦争の時は戦場が湾岸から遠く離れていたにもかかわらず価格が四倍に上昇しました。これにより石油価格は市場価格として決定するだけではなく、操作することもできることがわかりました。

「イスラム国」の樹立宣言

イラク・フセイン政権崩壊を目的としたアメリカを中心とした連合軍によるイラク攻撃は、二〇〇三年三月に開始されました。イラク・フセイン政権はアメリカの思惑通り崩壊しましたが、イラクはそれまで虐待されていたシーア派系住民の復讐、それに対するスンニー派、フセイン残党の反撃と、内戦状態に入りました。このような状態の到来を待っていたかのように、アフガニスタン等で戦闘を続けていた、どの宗派に属するかもわからない戦闘的イスラーム教徒が参入、イラク情勢は一段と複雑な構造の下での戦争状態を呈し始め、連日爆破、惨殺事件が多発、イラク情勢の安定化はほど遠い状況を呈するようになりました。

イラクの混乱の中、二〇一四年六月二九日、イラクのキルクークの北に位置するアルビルの町から我が耳を疑うような宣言が世界に発せられました。それは、アブー・バクル・バグダーディを「カリフ」とする「カリフ国家の成立」を宣するものでした。宣言は「カリフ国家の領域」は「シリア北部のアレッポからイラク中部のディヤラ県」に及ぶとし、世界の全イスラーム教徒に対し「カリフ」に忠誠を誓うよう求めるとの布告が重ねて告げられました。

この「イスラム国」については本章381頁以降で詳しく取り上げますが、実はこの時代錯誤的な発表は、今から八年近く前に画策されていたものでした。二〇〇六年一〇月、スンニー派武装組織連合体「ムジャヘディン評

イラク戦争

二〇〇三年三月一九日、米英空軍による攻撃により開始された「イラク自由作戦」は同年四月末に終了、イラクは連合国暫定当局下に置かれ、同年一二月一三日、フセイン大統領拘束という一国家壊滅までハイスピードで進みました。開戦理由はフセイン政権が持つ「大量破壊兵器」の存在でしたが、終戦後の調査でその存在は否定されました。そこで「イラク戦争開戦理由」について疑問が出され、結果として大量兵器の存在は否定、アル・カーイダ等のテロ組織との関係、九・一一事件との関係にも否定的な意見が大勢を占め、米英国指導部の開戦理由に疑問が残された戦争でした。

イラク国はこの戦争により事実上内戦状態となり、その結果「イスラム国」登場を見ることとなりました。

議会」の指導者アブー・オマル・バグダーディ（二〇一〇年四月に死亡。前述のアブー・バクル・バグダーディとは別人）が同評議会指導者としてイラク西部一帯での「イスラム国」樹立を一方的に宣言し、翌年の二〇〇七年四月一九日、「イラク・イスラム国」がインターネットで一〇人の「閣僚名簿」を発表し「最初のイスラーム教徒による政府」の樹立を宣言しました。それによると首相・戦争相にアブー・ハムザ・ムハージル幹部が就任、石油・イスラーム法、殉教者・拘束者担当、情報などのポストが置かれ、バグダードを含む中西部のスンニー派が居住する八県を「国土」と称したのです。

二〇一四年六月末をさかのぼること八年前にイラク・スンニー派系の地域を中軸とした「イスラム国」が出現したのです。この時点では「カリフ国家」の名を冠していないと同時に「イラクの『イスラム国』」と範囲も限定されております。すなわち「ムジャヘディン評議会」というさまざまな集団の連合団体の指導者となったアブー・オマル・バグダーディなる人物が、イラク内に限定した「イスラム国」建設を宣言し、その内閣人事も発表したということになります。

だがそれ以降この「イラク・イスラム国」の名前での統治が、スンニー派教徒が占める八県を統一して国家運営に乗り出したという具体的な報道はありませんでした。しかし二〇〇五〜六年頃から始まった「ムジャヘディン評議会」による「イラク・イスラム国」としての行動は、八県に居住するスンニー派アラブ部族民との協調に置かれ、合法的にこの地に新国家建設を画策

アレッポ全景　トルコ国境近く、ダマスカスにつぐシリア第二の都市。内戦により大きな被害を受けました

していたものと思われます。すなわちイラクを「シーア派の国」と「スンニー派の国」に分割する構想を持ち「イスラム国」にアフガニスタンその他で居住する戦闘に明け暮れしているイスラーム過激集団を取り込み、彼らの安住の地とする構想を持っていたのかもしれません。

しかし我々の目の前に登場した「イスラム国」は、イスラーム集団というよりもテロ集団として認識されるべき運命を持つ集団でした。最も重要な問題は、この「イスラム国」を指導しているといわれるバグダーディなる人物には、サウジアラビアのワッハーブ師、リビアのサヌーシ師、ムスリム同胞団のサイード・クトゥビィ師、イランのホメイニー師等々のようなイスラーム神学、哲学、法学に関する独自の理論が備わっていないことにあります。

たしかに預言時代への回帰を主張しこれまでの回帰主義者のような宣言をしましたが、それでは不十分です。預言者時代は身分の差なし、餓死者なしの格差のない世界でしたから、欧米の格差社会で苦しむ若いイスラーム教徒に預言者時代の復帰を目指すという宣言は魅力に満ちたものであったでしょうが、行き所のないテロリストが集まった集団と解釈されて当然の団体であるといえましょう。

九・一一事件がもたらしたイスラームへのテロ疑問

ウサマ・ビン・ラーデンの出身国サウジアラビア王国のイマーム大学大学院教授サーリフ・ビン・ガーニムドゥラーン師は、ジハード（聖戦）のファトワー（宗教的裁定。イスラーム法に基づく意見）を出すには条件があるとし、ウサマ・ビン・ラーデンのジハード声明を批判するとする内容の意見を述べております。

スドゥラーン師はリヤード紙に対し「イスラーム教徒は、イスラームの次に、自分が生まれ、居住している国家に敬意を払わなければならないし、イスラームのために努力しなければならない。しかし、この努力は、言葉や、その行動によってイスラーム教徒の間に紛争をもたらすようなものであってはならない。また、ファトワーを出す人物は、イスラーム法の専門家である必要がある。特にジハードの関しては多くの条件があり、これがジハードであるかないかという裁定は誰でもしていいというものではない。それができるのはウラマー（イスラーム教の学識者として認められた者）だけであり、ジハード裁定に関する十分な知識を持った人物のみがそれ可能である」と述べています。

彼はサウジアラビア王国のラジオ放送で一般信者からの電話質問を受け、それに対する宗教的解釈を下しているウラマーです。サウジアラビア王国はイスラーム世界の中で最もシンプルな法解釈をするワッハーブ派の国であり、その意味ではウサマ・ビン・ラーデンに最も近い解釈をする派でもあります。そのワッハーブ派のイマームの見解がこのようなものであったことから考えても、ウサマ・ビン・ラーデンの行動はイスラームの道を逸していたといえるのでした。

このような見解はインドネシアのイスラーム世界からも、ウサマ・ビン・

預言者時代を彷彿《ほうふつ》させるワッハーブ運動

アラブ人によるイスラーム教の歴史はアッバース朝をもって終焉を告げましたが、再びアラブ民族復興の口火を切ったのが、アラブ人によるイスラーム教の復興運動でした。それがアラビア半島に起きたワッハーブ運動です。

法学者ムハンマド・イブン・アブドゥル・ワッハーブ（一七〇三〜八七年）のイスラーム教解釈は、まさに預言者時代への回帰ともいうべきもので、法源には「アル・クラーン」と「正統ハディース」のみに限定するという論を展開したのです。このきわめてシンプルな解釈論を展開する派を開祖の名を冠して「ワッハーブ派」といいます。しかしこの派に属するイスラーム教徒は自分達のことを「ムワッヒドゥーン（一つの法解釈のみをする教徒）」といい、「ワッハーブ派」とは称さないといわれています。

「一つの法解釈」とは、簡単にいえば預言者時代の法解釈を意味し、その後に加えられた法解釈を否定します。

このようにそのシンプルな法解釈から

ラーデンと近い関係にあったパキスタンのイスラーム教徒達からも同様な法判定が出されており、これによりイスラーム世界はウサマ・ビン・ラーデンとその一派アル・カーイダをイスラーム運動団体ではなく、単なるテロ組織であると裁定し、そのように位置づけたということになります。

よって非イスラーム教徒のアメリカ軍がウサマ・ビン・ラーデン一派を捕縛、もしくは殺戮しても、そこにイスラーム世界に対する挑戦であるという問題は成立しないということです。ここにおいてアメリカ軍を中心とした外国軍によるウサマ・ビン・ラーデンとその一派であるアル・カーイダへの直接攻撃が可能となったのですが、イスラーム世界全体に判断を下せるカリフが不在の世界では、ウサマ・ビン・ラーデンの決定は誤りであるとの判断が下されても他のイスラーム教徒にとって拘束力のない見解で、アメリカの攻撃が激しくなればなるほどアメリカに対する復讐を誓うイスラーム教徒の数は増えることになります。

元来イスラーム運動は、イスラーム世界内においてのみ展開されるもので、イスラーム世界以外のところで一般市民に多くの犠牲者を出すような行動を起こすということはこれまでほとんどないことでした。

しかし今回の行動は、イスラーム世界の一部とはいえ、違法であるという判断が出された結果、ただ単なる凶悪なるテロリストとして、あるいは一人のカルト的性格をもったイスラーム教徒の手による行動であったと判断され、それがハンバル派に属するサウジアラビアのワッハーブ派に属するウサ

見ても、最も厳格にして純正なイスラーム教徒の世界であることがわかります。

法学上はハンバル派（スンニー派の一派で最も厳格な法解釈をする派、始祖イブン・ハンバルは獄死）に属していたイブン・タイミーヤ（一二六三〜一三二八年獄死）の影響を強く受けているとされているように、そのイスラーム教世界は預言者時代を彷彿させるものです。

ワッハーブはおのれの解釈論をもってイスラーム世界の浄化を目的とした行動を起こし、一八世紀半ばにアラビア半島中央にあるネジド砂漠のダルイーヤの一地方豪族だったサウド家と姻戚関係を結び、この一族の力をもとにイスラーム教世界の再建に乗り出します。その結果、半島からトルコを追い出し、腐敗したイスラーム教世界に預言者時代を彷彿させるようなアラブ人によるイスラーム教世界を再建したのです。これが近代アラブ民族史の幕開けでした。

ワッハーブ派はサウド家の首長、つまり国王が代々受け継ぎますが、それ

マ・ビン・ラーデンの一団に対して公式に誤りであるとの定義が出されたことになります。

しかしウサマ・ビン・ラーデンの行動は、世界の人々にイスラーム教は「恐怖の宗教」であるとの印象を抱かせたことは否定できないでしょう。たとえイスラーム世界からこのような判断が出されたとしても、イスラーム教に対する印象はその影を薄める効果をもたらすことはなく、イスラームとテロとの関係に同時に大きな関心が集まり、世界的なイスラーム・ブームとなりました。その結果、イスラーム過激集団と呼ばれる集団は特殊な集団で、一般のイスラーム教徒と過激的な団体に所属しているイスラーム教徒とを分けて考えるというアプローチが世界的に定着し、イスラーム過激派は孤立を深めていくことになったのです。

イスラーム・テロ以前のアラブのテロ

イスラーム教が今日のように世界の注目を集めているのは、残念ながらさまざまなテロ事件が起こり、それらがイスラーム教との関連によるものであるという判断が生まれたからであります。それは近年になってからです。それまでは確かにイスラーム教徒が起こした事件であっても、今日見るようにイスラーム教との関連で起きたテロとは判断されなかったのです。それはパレスチナ問題から端を発した政治的テロと判断され、イスラーム教そのものに懸念が生じるということはありませんでした。一九六〇年代に多発したユダヤ人相手のハイジャック事件、オリンピック村襲撃事件などが「黒い九月」

もまた預言者時代のように政教完全一致の世界を創るためでしょう。サウジアラビア国王は正式には「国王」という称号を使わず、「二つの聖都の守護者」という称号を名乗るのもまたイスラーム教の法解釈によるものです。

パレスチナ問題

「中東を制する者は世界を制する」という言葉が示す通り、西欧列強の中東支配の試みは第一次世界大戦から始まりました。トルコ帝国の支配から中東を外し列強の支配下に置くこと。このときアラブ人もまたこの野望を利用してトルコからの独立を画策します。一方、ユダヤ人も一九世紀後半以降生まれた建国運動「シオニズム運動」を軸にパレスチナへのアプローチを行いました。「パレスチナ」は現在のイスラエル、ヨルダン一帯を指す言葉ですが、第一次世界大戦後はイギリスの支配下に置かれます。

問題は、イギリスがアラブ人とユダヤ人に国家建設の約束をしたことから発生しました。パレスチナに住んでいた、多くは不在地主に小作人として使

「黒い六月」などのゲリラ団体の名とともに世界を震撼させましたが、イスラームという名で呼ばれるテロ事件ではありませんでした。日本人によるテルアビブのロッド空港襲撃事件も、パレスチナ問題絡みであったことから、パレスチナ問題支援テロと判断されました。中東でのテロはパレスチナ問題との関連で発生するか、あるいは国内の政治抗争という背景の下に生まれたものでした。

特にパレスチナ人およびその同調者によるテロは、世界の目をパレスチナ問題に向けさせ、国際的な力を利して問題の解決を図る戦術として使われていました。東西対立の時代には、パレスチナ問題もまたその枠組みの中で影響を受け、テロリストは逃亡の道を確保することができたのです。

しかし、パレスチナ問題解決の戦術としてのテロは多くの批判を浴び、人々はパレスチナ人を危険視するようになりました。世界の関心を買おうとしたテロでしたが、結果的には逆効果でした。また各国のテロ対策が効果をあげるにおよんで、パレスチナ・テロはその攻撃目標をイスラエルに絞り、イスラエル人攻撃を激化させました。

テロの激化によりパレスチナ・グループとアラブ諸国が反目し合い、パレスチナ人はアラブという支援者を失う危険性を感じるようになりました。一九七〇年九月に勃発したヨルダン内戦は、それを象徴するものでした。レバノンに逃れたパレスチナ・ゲリラは、レバノン内戦を誘発し、やがてイスラエルの本格的な攻撃（一九八二年）を受けるに及んで、パレスチナ運動は活

われていたアラブ人達の、国家を建設するという要求から生まれた問題でした。すなわちパレスチナ・アラブ人の国家建設です。

アラブの中のパレスチナ問題

この問題は第一次世界大戦以降のアラブ世界の政治舞台で重要な問題として取り扱われましたが、それには理由がありました。複雑なアイデンティティを抱えるアラブ諸国は国家建設に際し、国民の意識を統一するという大問題を抱えていました。アラブ民族運動とパン・イスラミズムは、近代アラブ建国の二大潮流でしたが、双方とも運動の具体的目標を必要としていました。その位置に置かれたのがパレスチナ問題であったといえるでしょう。

一方、パレスチナ人もアラブ諸国の力を背後に具備しなければ、イスラエルに抗することができないのが現状でした。かくしてアラブ諸国はこの問題を徹底的に利用し、またパレスチナ側もアラブ諸国の力を利用するという関係の中で、動かされ続けてきました。アラブ大国はパレスチナ問題をアラブ

動の拠点をチュニジアに移動せざるを得なくなり、パレスチナ運動は大打撃を受けることになります。

これら一連の変化は、テロによる結果であったといえましょう。これに懲《こ》りたパレスチナ人はテロ戦術を停止させ、その後アラブ世界での失地回復を先行させたのです。

しかし、テロはまったくなくなったわけではありませんでした。一部パレスチナ集団の手には残されはしましたが、その行為者がパレスチナ・ゲリラからイスラーム集団に変化したのです。

一九七九年イランにイスラーム政権が誕生するに及んで、中東世界ではイスラーム運動が激化するようになります。パレスチナ運動においても、占領地の中で生まれたイスラーム過激集団がパレスチナ運動を展開するに及んで、イスラーム集団がテロ集団として全世界に印象づけられることになります。

特にイランに生まれたイスラーム共和国は、激しいテロ活動を展開、イランのパーレビ国王はそれにより追放され、アメリカ大使館人質事件も加えてイスラーム教とテロリズムとの関係を強く印象づけることになりました。

またイランの影響を受けて中東世界ばかりか、他のイスラーム教世界までイスラーム運動が活発化しました。アフガニスタン、アルジェリア、エジプト、パレスチナ、レバノン、トルコ、シリア、サウジアラビア等々で、イスラーム集団によるテロが日増しに活発化するに及んで、イスラーム教がテロ

の政治下に置くという戦略を展開して近代中東政治を動かしてきました。それは湾岸戦争前夜まで続いたのです。いちばんの犠牲者は難民としての生活を余儀なくされている一般パレスチナ人であったといえるでしょう。

レバノン内戦

一九七五年四月一三日、レバノンでイスラーム教徒とキリスト教徒の対立が戦火を交え、通常の状態を越えて激化し内戦状態に入りました。この戦争は一〇年以上も続き双方とも力尽きて終了という感で終わりました。この内戦の特徴は、右派キリスト教に比して力の劣っていた左派イスラーム教集団に、ヨルダンから逃げてきたパレスチナ勢力が結合したことからバランスが崩れ、それが内戦に拡大したのが一つの理由として挙げられるでしょう。

一時はレバノン全体がイスラーム教徒とパレスチナ勢力の支配下に置かれるのではないかという危険な情況にまで落ち込みましたが、一九七六年六月シリア軍が介入、左派イスラーム教徒とパレスチナ勢力によるレバノン支配

を是認し、奨励しているかのような印象を与えることとなったのです。

イスラーム過激派について

多くの人は、イスラーム運動は常に過激的に動くものと考えている人がいるようですが、それは間違いです。イスラーム世界において展開される運動にはきわめて目立たない穏健的な運動を展開する集団も存在します。むしろこの種の運動の方がイスラーム世界には多く、「穏健的イスラーム運動」といわれる運動は全体の八〇％以上を占めているものと思われます。

ニュース等で華々しく騒がれるイスラーム過激派の運動はイスラーム世界においてわずかしかなく、その意味ではきわめてまれな行動であるといえるでしょう。しかしその行動の派手さゆえ、この運動がイスラーム運動を代表しているかのような印象を抱かせているのは事実でしょう。イスラーム世界の中で起きているごく穏健的な運動にこそイスラーム運動の本当の姿があるといえるのです。

穏健派と過激派の相違は、前者には明確な指導者がいないのに対し、後者に明確な指導者と哲学、神学が存在していることです。哲学もなく神学もなく法も備わっていない集団はイスラーム過激派とはいわず「イスラーム教徒による暴力団」といえるでしょう。

を阻止しました。理由はこの勢力の支配が拡大することでイスラエルとの抗争が常に起き、それにシリアが巻き込まれるのを恐れたのでしょう。「パレスチナ問題をアラブのコントロール下に置く」という基本線を維持するシリア軍の行動でした。

レバノンに介入したシリア軍はパレスチナ人を押さえ、時には銃火にものをいわせました。このような行動に対してパレスチナ側はアサド・シリア大統領に対する復讐団体「黒い六月」を作り、その気持ちを表しました。その後レバノンからの度重なるパレスチナの攻撃に対して、一九八二年六月イスラエル軍が侵略を開始、レバノンからのパレスチナ勢力一掃を図ります。この結果、パレスチナ勢力はレバノン撤退を余儀なくされますが、当初受け入れを拒否していたアラブ諸国は武装解除という条件つきで数ヵ国が彼らを受け入れます。その後この内戦は一九八五年一二月に一応終了しますが、情勢はその後も不安定のまま継続し、最近ようやく安定化の方向に進み始めました。

イスラーム過激派の特徴

過激派の第一の特徴

イスラーム世界が過激な行動を起こすのは、イスラーム世界、イスラーム共同体が破壊されるとの意識から発生するのですが、それは非イスラーム世界（時には異文化）の接近によりイスラーム世界が崩壊の危機に立たされたという認識が生まれた時に芽生えるものです。この場合の戦いを「ジハード」（聖戦）というのですが、この聖戦は二つに分類されます。目に見えない内部の腐敗に対する聖戦を「内なるジハード」といい、また別名「大ジハード」と呼ばれ、イスラーム教ではこれを最も重要な「ジハード」と定めています。

もう一つの「ジハード」は「外なるジハード」といい、別名「小ジハード」とも呼ばれますが、これは外敵によるイスラーム世界への軍事的攻撃に対する防衛戦争という形をとる「ジハード」で、日本人が理解している「ジハード」なる言葉がこれを指しております。しかしこの「外なるジハード」は「内なるジハード」よりも義務責任の範囲は狭く、それゆえイスラーム共同体にとって内部からの腐敗に対する「戦い」こそ、重要な「ジハード」であると認識されているのです。よってマスコミが伝えない目立たない穏健的なイスラーム運動こそ、真のイスラーム運動であるといえるでしょう。

イスラーム過激集団は、この無意識化されて使用されている言葉をあえて意識的に受け入れ、アッラーの言葉である「アル・クラーン」と預言者の言行を記録した「ハディース」に記された通りの生活を実行するための努力を行うのを特徴とします。イスラーム教世界の特徴は「アッラーと教徒が直接結びつく世界」です。それゆえ「アル・クラーン」、「ハディース」からの解説が必要なときに「ウラマー」と呼ばれるイスラーム学者を訪ねます。しかし彼は教徒に命令することはなく、説明するだけで教徒の要望に応じます。神と教徒の間に神以外のものが立ち入ることができないという原則に基づいた行動です。しかし過激派といわれる集団では神と教徒の間に人間が立ち、行動を指示するという現象を行います。すなわち「人間が指導するイスラーム集団」という言葉で表現されます。

過激派の第二の特徴

「ウンマ・トル・イスラミーヤ」すなわち「イスラーム共同体」を守るための行動において、きわめて積極的、指導的に行動するイスラーム教徒の行動を、イスラーム過激派と呼ぶことができましょう。

「アル・クラーン」の第二一章（預言者の章）の第九二節「本当に、あなたがたのこのウンマこそは、唯一の共同体である。そしてわれはあなたがたの主である。だからわれに仕えなさい」、また第二三章（信者たちの章）の五二節「本当にあなたがたのこのウンマは、唯一の共同体である。われはあなたがたの主である。われを畏れよ」と述べられ、また同じ章の第五三節には「それなのにかれらは諸宗派に分裂した。しかも各派は自分たちが素晴らしいといっている」としてアッラーは「イスラーム共同体」がイスラーム教に

カイロ・イスラーム地区の街並み

おいていかに重要なものであるか述べ、また分裂はイスラーム教にとって歓迎すべきものではないと警告しています。このため積極的な行動をとる指導者が現れることは自然なことですが、イスラーム法の範囲内で行わなければならないとされています。

その後、「イスラーム共同体」をかろうじて支えていたカリフ制はオスマン・トルコ帝国の崩壊により消滅し、それ以降「イスラーム共同体」の再建運動「カリフ制復活」がイスラーム世界のあちこちで囁かれることになります。「イスラム国」の「カリフ宣言」も、それを歓迎する教徒がいることは不思議ではないのです。

過激派の第三の特徴

「アッラー」のためにすべてのものを投げ出すか否かによって分かれます。この意味は「イスラーム共同体」を守るために生命と財産を投げ出すのが望ましいことである」というイスラーム理解によるものでありますが、イスラーム教はイスラーム教徒を救うためにアッラーから下ろされた律法であることから、この命令は「イスラーム共同体」が破壊された地域に限定され適用されるものであると考えるのが一般のイスラーム運動家です。しかしイスラーム過激集団は、このように地域を限定することなく、その地域の限界をなくし、その責任範囲を「イスラーム共同体」全体に及ぶと考えているようです。

「アル・クラーン」第四章（婦人の章）第九五節には「信者の中、これといった支障もないのに（家に）座っている者と、財産と生命を捧げて、アッラ

イスラームの水場

ーの道のために奮闘する者とは同じではない。アッラーは，財産と生命を捧げて奮闘する者に、座っている者より高い位階を授けられる。アッラーは（信者の）それぞれに、よい報奨を約束なされる。だがアッラーは奮闘する者には座っている者よりも偉大な報奨を授けられる」。この章句だけで判断すると、過激集団を生み出す背景を十分に形成する可能性を与えているといえます。

そして「イスラーム共同体」を守るために「財産と声明を投げ出した者」に対して「アル・クラーン」の第二章（雌牛の章）第一五四節では「アッラーの道のために殺害された者を、『（かれらは）死んだ。』と言ってはならない。いや、（かれらは）生きている。只あなたがたが知らないだけである」と述べ、「死」は「生」であるとして、そのように認識されるべきであると言明しております。すなわち「ジハード」（聖戦）によって死んでも、それは死んだのではなく、生きているのであると認識されるとし、死の恐怖を恐れること、聖戦によっての死は生であると説いているのです。

このような「アル・クラーン」に書かれている命令を何の条件もつけず、そのまま実行するのが過激集団といわれていますが、四大法学の解釈にもとづくとこれらの解釈にはそれぞれニュアンスは異なるが、なんらかの条件や説明が加えられ、このような命令を敢行するにあたりさまざまな条件が付加され、よほどのことがない限り「すべてを投げ出してイスラーム共同体を守る」ということは緩和され、その法解釈に沿った生活を送るのが一般的イスラーム教徒であるとされています。

このように、イスラーム教徒の生き方には「アル・クラーン」と預言者の伝承「ハディース」のみを信じ、それに直接従って生きようとする集団をイスラーム過激集団と判断し、そして四大法学の解釈を加味し、その解釈に沿って生きようとするのが一般的なイスラーム教徒であると考えます。またいかなるイスラーム教徒も基本的に信じ行うことが定められていますが、一日五回の礼拝に関しても四大法学の世界では、現実の生活を重視し、時に応じての礼拝を休むことを容認することもありますが、イスラーム過激集団の世界、すなわち「アル・クラーン」と「ハディース」のみの世界では、この行は完全に守られることになります。

さまざまなイスラーム運動

このように一般のイスラーム教徒の行動と過激的イスラーム教徒の住む世界は大きく異なり、その行動から考えて、(A) 個人生活におけるイスラーム的環境の整備 (B) 社会的イスラーム環境への回帰 (C) イスラーム国家建設を目指す地域限定的な過激運動 (D) イスラーム世界の再統一を目指す国際的過激派、などに分類できましょう。

穏健的イスラーム運動

これに属するイスラーム教徒は、ごく当たり前のイスラーム教徒で、四大法学の法解釈内で行動し、周辺環境が非イスラーム的なものに変化した時、できるだけ四大法学の法解釈内で約束された環境に復帰させようとする運動を展開するイスラーム教徒の集団です。時には個人生活というごく限られた限定的な枠組みの中で神との契約をはたす動きを見せる時もあります。ふつうは近所周辺のイスラーム浄化運動として展開され、町内の貧者救済、学校設立、病院設立等の福祉的活動を中心に活動します。

よってこの集団は、社会的に大きな騒動を起こすこともなければ、テロ等という手段に訴えることもありません。ふつうの一人のイスラーム法学者が活動の中心となり、資金を集めたり、子供たちに寺小屋的な教育をしたり、病人が出ればその世話をし、老人の世話をするというように小さな「イスラーム共同体」を作り管理するという活動を呈することになります。

もちろん彼らの教域に腐敗を誘う文化の導入などが行われると、それを激しく阻止し、できるだけイスラーム世界を浄化された状態にすることを試みますが、決して過激的な行動に出ることはありません。

現在のイスラーム世界で起きているイスラーム運動の大部分は、このような穏健な運動であり、マスコミが流すような過激なイスラーム運動はこのような穏健的に生活環境の改善を試みる運動から見ればごくわずかでしかないのです。

社会的イスラーム環境への回帰

生活環境のイスラーム的浄化運動がある限界に達したり、または政府の政策が非イスラーム化的傾向を帯び始めると、イスラーム運動は社会的、国民的規模で運動を展開します。風俗の俗、特に異文化による風俗環境の非イスラーム化が進行

街を行くイスラーム教徒の女性

したり、貧富の差が現れ貧困が長く続く社会が生まれると、もはやイスラーム運動は身近な生活環境の改善だけに留まらなくなります。しかし、これもあくまでも四大法学の法解釈論の中で限定されて行われる運動であり、決して自分たちの世界を「アル・クラーン」と「ハディース」だけの世界に戻そうとは考えてはおりません。

また自分たちが政権を奪取し、そこにイスラーム政権を樹立しようというような目的も持っていません。彼らの目的は、あくまでも国家規模での社会的環境の浄化です。これには全イスラーム教徒から尊敬を受けるイスラーム法学者が中心となって行動が起こされる場合が多いのですが、政権打倒運動に発展するというものではなく、あくまでも大衆行動としての範囲を越えるものではないことを原則としています。具体的な行動としては、政府に対する抗議集会やデモで政府に対して反省を促すことを目的とする行動を取ることが多いようです。しかし、政府がこのような集団の抗議を無視した場合、彼らは風俗を乱しているような店や、人間、組織に対する集団的な直接行動を展開することが時にはあります。それでも政府はこれら集団の抗議に対して何らの反応を示さない場合には、暴動はエスカレートし、騒乱状態をかもし出すことになりますが、政府が抗議に耳を傾け生活環境の改善、貧富の差の消滅、貧者への施しなどを行うことを約束しそれが実行されれば、政府に対する抗議はその段階で終了します。

これまでに記した二つの運動は、「アル・クラーン」と「ハディース」だけにより構成される世界を作るという目的をもって展開されたものではありません。あくまでも現政権の下で社会的秩序を正し、イスラームにはイスラーム教四大法学の法解釈論の段階まで戻そうとする運動でした。しかし、イスラーム運動にはイスラーム政権を樹立することを目的とした運動があります。これが俗にいわれている「イスラーム過激運動」といわれるものです。

イスラーム国家建設を目指す地域限定的な過激運動

この運動には二つの流れがあり、一つは四大法学の世界の一つに限定した的秩序の再建を図ろうとするものです。すなわち秩序をイスラーム教四大法世界を形成し、それを指導していくというものです。イランのホメイニー革命はこのラインで動いた運動であり、運動はあくまでもアリー派の一二イマーム派を舞台としたホメイニー法学によるシーア派革命でした。ホメイニー師の革命論理は従来のシーア派の統治理論と異なり、イスラーム法学者が直接統治するという特徴を持つものでしたので「ホメイニー革命」とか「イスラーム革命」と呼ばれました。

他の一つは「アル・クラーン」と「ハディース」の世界に戻ることであり、預言者世界の再建を目的としたものです。この実例はサウジアラビア王国のワッハーブ運動によって実現したものですが、限定的に預言者時代のイスラーム世界を再現し、その中での近代的な生活を実現するために行われた運動です。

ハマス

一九八九年末、ヨルダン川西岸ガザで始まったパレスチナ人の住民蜂起「インティファーダ」を契機に、ガザのムスリム同胞団を母体として組織されたのが「ハマス」という組織でした。「ハマス」という言葉は「イスラーム抵抗運動」という言葉のアラビア語の頭文字を読んだものですが、この言葉自体も「熱狂」という意味があります。

指導者は九七年秋に釈放された車椅子のイスラーム法学者アフマド・ヤシン師です。パレスチナ解放機構（PLO）のアラファト議長の路線とは異なる行動を起こし、一九九六年二月から三月にかけて連続自爆テロをイスラエル国内で起こし、中東和平交渉に大きな影響を与えました。

またパレスチナのイスラーム集団「ハマス」[*]とアフガニスタンの「タリバン」そして「イスラム国」が持つイスラーム世界観は明確ではないが、一つの法解釈論によるイスラーム法学者の直接統治という形態がその目的であるとするならば、それは政権樹立型のイスラーム運動であり、当然のことながらその過程において過激的運動を展開することになるのは当然で、それゆえ過激派と分類されるでしょう。

イスラーム世界の防衛を目指す国際的過激派

世界のマスコミが大騒ぎするのが、国際世界を舞台として過激的なイスラーム運動を展開するグループの存在です。この集団の目的とするところは、イスラーム世界の異文化的な環境の汚染を阻止し、イスラーム世界の法と秩序による文化的な再統一といわれています。この集団の行動は欧米諸国でのテロ活動、破壊活動として表現されます。

この集団を構成している者はさまざまなイスラーム諸国で運動を起こし、国を追放処分になったイスラーム教徒で、その具体的なターゲットを現在の世界を支配している欧米諸国に定めて行動するという性格を持っております。その典型的な集団がウサマ・ビン・ラーデンの率いた「アル・カーイダ」です。この集団の目的は、イスラーム世界の防衛、再統一にあり、そのためその行動は国際的に広がらざるをえないという規模を見せています。しかし、どのようなイスラーム世界を形成するかということに関しては不明です。預言者時代への回帰か、それとも新たな法解釈による新イスラーム世界の創造か、または四大法学の時代に戻るのか。これら集団には柱となる法的な見解が存在していないがゆえ、不明です。

いずれにしろ国際的規模で動くこの集団には定まった本拠地を持つことができないという弱点があり、それゆえ世界各地に分散して居住し、活動するという特徴を持ちます。この集団は世界的ネットワークという新たなシステムの中で動く集団であり、創造するイスラーム世界が明確でないため、さまざまなイスラーム教徒が集まります。時には厳格なイスラーム教徒の集団という背景を持たずしてただ単に社会的不満を持つイスラーム教徒が集まるなど、その構成実態はそれほど明確ではありません。しかし豊かな資金を稼ぎ、高い才能を有しているイスラーム教徒も数多く参加しているばかりか、地域的限定的イスラーム運動にイスラーム教徒として参加、応援し、外部からの恐るべきパワーを発揮します。

特にイスラーム政権を樹立しようとする運動を起こしているイスラーム運動に介入し、次の運動資金を稼ぐ集団も存在します。それゆえきわめて厄介な存在として認識されているのです。

指導的イスラーム運動の実例

イブン・サウドによる統一サウジアラビア王国の建国

世界最大の石油大国サウジアラビア王国こそ、イスラーム回帰運動の精神により誕生した国であるといえましょう。「サウド家のアラビア」、これが世界最大の石油保有国の国名です。我々はこの国のことを「サウジアラビア王国」と呼び、サウド家という一族の支配下にあるアラビア半島、それがこの国を特徴づけるものであるとの印象を持ちます。

最初のイスラーム回帰運動であり、「イスラーム教スンニー派」を構成する四大法学の一つであるハンバル法学を世に出したイブン・ハンバル。彼はイスラーム教が異文化、ペルシャ文化、ギリシャ文化等に汚染され、イスラーム教の本質が変革し始めたとき、彼は激しく時代の波に抵抗し、イスラーム教の変化を阻止することに全力を捧げました。彼自身は獄中で死亡しましたが、彼の主張は生き続け、ハンバル派という学派を作り上げました。

死を賭けた彼のイスラーム運動は、汚染されたイスラーム体制を預言者時代のような状態に戻すことでありましたが、ある程度引き戻すことに成功しました。これによってイスラーム世界はリフレッシュしたのです。

このイブン・ハンバルの学説が再び時代の脚光を浴びることになったのは、一四世紀に登場したハンバル派法学者イブン・タイミーヤによってでした。彼はシリアのダマスカスを舞台に神秘主義教団とモンゴルの西征及び十字軍の侵略に抗し、見事それら異文化の汚染からイスラーム世界を守ることに成功したイスラームのウラマーでした。

このイブン・タイミーヤ学説の流れを汲み、サウジアラビア王国を建設したのがムハンマド・イブン・アブドゥル・ワッハーブです。彼こそサウジアラビア王国の心柱でした。ワッハーブは、アラブ民族の中でその武勇ゆえに詩にも謡われたテミム族の出身者で、アラビア半島のネジドにあるアナイザの町に一六九六年に生まれたイスラーム法学者です。

この当時のイスラーム世界はオスマン・トルコの時代で、異端邪説が蔓延し、真のイスラーム法解釈は歪められ、イスラーム教は腐敗しつつありました。また中東世界は、アラビア半島を除いてすべてオスマン・トルコの支配下にあり、トルコ化が進んでいましたが、七世紀以降アラビア半島は歴史から忘れられていました。歴史の舞台は預言者の死後、三日月地帯へと移行したため、半島は空白化したのです。すなわち部族主義が再びそのアイデンティティを復活させ、イスラーム教はその部族主義の上にあり、イスラームは部族主義を超えるアイデンティティとはなっていなかったのです。

それはあたかも預言者時代の半島世界と似ていました。すなわちそこは分裂の世界であり、律法を必要とする世界でした。トルコ支配下の中東世界にて、ワッハーブは、カリフ制の弱体化にともないヨーロッパ世界の侵略を食い止めることのできないイスラーム世界に絶望し、そこで目をつけたのは、自分の出身地であるイスラーム以前のようなアラビア半島でした。彼は、預言者と同じように、沙漠で瞑想し、こもり、祈りました。そうしてあらゆる部族を一つのイスラーム的倫理の下に再編成する必要性を感じ、それが己に課せられた使命であると結論したといわれています。

彼の行動は、偉大なる先人と同様、預言者時代への回帰でした。新しい天啓を求めるのではなく、預言者時代への回帰だったのです。預言者ムハンマ

シリア沙漠の遊牧民

ドのもたらしたイスラーム教は最後の律法であるゆえ、何びとも新たな律法の到来を期待してはいけないというのがイスラーム教の教えです。したがって残された選択は最初に戻る以外にはないと、先人同様彼は考えたのです。

この世をアッラーの律法が降りた時の純粋な姿に戻すこと。すなわち回帰運動の展開でした。それには異文明に侵されていないアラビア半島の沙漠の民が最も理想的であったとの考えに至ったのだと思います。彼は新しい宗派を作ろうとはまったく考えてもいませんでした。

彼は、イスラーム教が浄化され、再生され、本来の姿に立ち返るべきであり、それを多くの人に示すことが己の使命であると考えたのです。この彼の運動は、当時のイスラーム世界から多くの反発を呼びました。皮肉なことに、彼のイスラーム浄化運動の最大の敵は、聖地メッカ、預言者の町マディーナにいたイスラームの権威者達でした。

イスラーム運動の敵はキリスト教徒でもなく、ユダヤ教徒でもなく、既存の汚染されたイスラームが敵であるというのがイスラーム運動の本質です。しかし運動を進めるにあたり重要なことは、腐敗したイスラームを破壊する理論が必要です。

サウジアラビアのイスラーム教運動の開祖ムハンマド・イブン・アブドゥル・ワッハーブは、一六九六年ブライダの近くのアナイザに生まれ、その彼が保護を求めたのが南のダルイーヤに居住していたムハンマド・イブン・サウドでした。時に一七四九年のことです。

ナイル川とルクソールの岩山

この両者は、アラビア半島の統一、その統一を預言者時代の回帰運動という ワッハーブ師のイスラーム理論をもって行う、という一つの考えのもと、意見の目的を同じくした両者が縁を結び、その結び付きが今日のサウジアラビアの基礎となったのです。こうして始まったイスラーム回帰運動は、九世紀にイスラーム神学の中で最もシンプルな法解釈を下し、新時代に汚れるイスラーム教を浄化したイブン・ハンバルの流れを汲み、一三世紀のイスラーム神学の乱れを正すことを使命としたイブン・タイミーヤを通して結実したのでした。

そして半島の統一と回帰運動の情熱は少しも色褪せることなく、半島にはびこっていたイスラーム世界の浄化は行われ、イスラーム世界で最もアッラーとの契約が守られている世界としてアラビア半島は再生したのです。ワッハーブの活動は一八世紀半ば、それから約二五〇年。これらすべては内面の敵、汚染を浄化するための運動を中心としたものでした。その意味でここに典型的なイスラーム回帰運動の具体例があり、その運動の特徴を見ることができるといえましょう。

ホメイニー師によるイラン・イスラーム世界の再建

中東世界にヨーロッパの風が吹き込み始めた一七世紀半ば、イスラームの巡礼にとって重要な町であるメッカとマディーナ（メディナ）があるアラビア半島は、イスラーム以前のアラブ世界に戻ったかのような状態、強い部族意識の支配する世界と化していました。それはヨーロッパ

イランの国旗

の風が吹き荒れ始めた時代のなかで危機意識を増幅させるに十分なものでしたが、アラビア半島の住民が選択した防衛戦略は、イスラームをもって対抗することでした。

部族主義的環境の半島をイスラームで再建し、来るべき時代に備えると結論したワッハーブ師と彼の考えに協賛したサウド家の手によるワッハーブ運動、部族主義を破壊し半島を預言者時代のイスラーム世界に回帰させイスラームの力をもって新時代に対応するという構想は、サウジアラビア王国という形となって実現しました。

一方、イランで起きたホメイニー師のイスラーム革命は、アッラーと教徒の間に介入してイスラーム世界を指導するという点ではサウジアラビアと似ているといえます。しかし前者はイスラーム以前の部族主義の破壊であるのに対し、後者は欧米の手により生まれたパーレビ俗政権がもたらした非イスラーム的環境を正し、イスラームを回復するというものでした。特に晩年のパーレビ政権は富の配分にイスラーム的均衡を欠き、国民の間に格差社会を生み出したばかりかイスラーム以前の大ペルシャ帝国の再建を画策してイスラームからの離脱を考えているとの懸念を抱かせる政権でした。イランの組織的なイスラーム世界がこれを無視することは、イランのイスラーム的権威が損なわれる問題として認識されていました。パーレビ政権打倒、イスラーム的秩序の再構築は、こうしてイラン・イスラーム世界の必然的な問題としてイスラーム指導者の肩に負わされたのです。こうしてアヤトラ・オズマの

イランの町を歩く女性

称号を持つホメイニー師が登場し、彼の弟子達によるイラン・イスラーム再建が始まり、イスラーム政権に繋がったのです。

イランのイスラームは、アラブのスンニー派イスラームと異なり、アリー派、俗にシーア派といわれるイスラームですが、ホメイニー師のような法学者が遠くから政権を監視するという世界でした。これまでは政治は俗権に任せ、イスラームがそれを監視するというスタイルでした。このためイラン・イスラーム世界ではイスラーム学者が私塾を作り弟子を育て、法体系の継承を図ることが重要でした。こうして高名な先生の下に塾が作られ、イラン・イスラーム世界は組織的なイスラーム世界という特徴を見せるようになりました。現在のイランは最高指導者としてハメネイ師がその地位に就いていますが、彼はホメイニー師塾の塾生で、先生の行ったイスラーム革命を共に行った愛弟子の一人です。

ホメイニー師によるイスラーム革命の結果、イランはアッラーが支配する国となり、政教分離の道を閉ざすこととなりました。あらゆることにアッラーとの契約が優先するという世界。それが現在のイランです。世界の注目を集めている核問題にしても、核開発の範囲をアッラーの法にもとづき決定するという国がイランであり、欧米やイスラエルが恐れる核兵器開発においてもイスラーム法（シャーリア）にもとづき定められる国となったのです。

新しい世界が創造された時には、きわめて強力な力が展開されることになることは避けられないのが歴史的事実でありますが、一つの法の下で統一す

渋滞するテヘラン市内

るということにより生まれる希望には、時には大きな悲劇がともなうことがこれまでの歴史の常としてあります。イランにおけるイスラーム世界の再建も、欧米による経済封鎖のなかで歴史から外れることの難しさを味わいながら進行して今日まで来ました。

革命では多くの旧政権関係者が国を離れ、その結果多くの知識者、技術者、管理者そして軍人が不足し、イラン・イスラーム共和国建設は難しい状況下に陥りました。町には黒い衣を着けたイスラーム法学者が溢れ、パーレビ時代の軍人、貴族にとって代わりました。この状態からホメイニー革命は成功せず終わるのかと懸念されましたが、シーア派国家が出現したことに恐怖を抱いた隣国イラクのフセイン大統領が兵を挙げイランに戦端を開いてくれたおかげでイランはホメイニー師の下で結束、皮肉なことにイランのイスラーム革命は安定しその政権は今日まで続いています。

政教分離反対の道は国家意識の建設です。時代の流れに反するかもしれませんが、イランはアッラーという主権在神と俗権である主権在民の間をいかなる才気をもってバランスよく進むのか。アイデンティティの選択に悩む世界の人にとって興味深い対象の世界といえるでしょう。

アフガニスタン・タリバンに課せられていた責務

「タリバン」を生み出したのは、アフガニスタンという国が特殊な環境にあることが考えられますが、この集団は一九九四年後半にイスラーム教独特の救済運動を通じて登場してきたグループでした。この団体を構成する人間の多くはパシュトーン人で、パキスタンで難民として生活していた学生達でした。

「タリバン」という言葉は、アフガニスタンもしくはパキスタンでは特にイスラーム教学を学ぶ学生を指す言葉として使用されているものですが、この言葉はアラビア語を語源とする言葉です。意味は「要求する」という語で、派生された単数名詞「ターリブ」は「要求する者」ということから、「知識の要求者」という意味から「学生」という言葉として一般に使用されます。

だがこの言葉はパキスタンやアフガニスタンで使用されると、その意味は一般的な学生ではなく、特にイスラーム学を学ぶ学生を指す言葉として限定的に使用されているようです。日本では「神学生」と訳されているようですが、数人の先生のもとでイスラーム教に関する授業が行われる塾、もしくは寺小屋的な学校で、イスラーム教に強い関心を持っている親が我が子を普通の学校を終えた後にイスラーム教を学ばせるために通わせているというような学校の学生のことを指します。

「タリバン」はその「学生」という意味の言葉の複数形です。パキスタン政府は、アフガニスタン内乱によって難民となりパキスタンに来た子供たちに、このようなイスラーム教学を教える場所を提供しました。当然のことながら一つの法解釈の学習ということになり、この塾で学んだ子供たちは統一されたイスラーム観を持つ子供として育つことになりました。もちろんパキスタン政府が奨励する学習である以上、彼らのイスラーム観は親パキスタン

パキスタンの村の風景

的傾向を持つことは避けられず、パキスタン住民への深い親近感を特徴とするイスラーム教徒として、育成されることになったのは当然でした。

　当時パキスタン政府は、分裂に分裂を重ね、そこから生まれる混乱により紛争の歴史を終わらせることができないでいたアフガニスタンを、一つのイスラーム法によって統一することが最も現実的にして可能性の高い効果的な方法であると考え、イスラームによる統一化がアフガニスタンの現状を救済する一つの有効な政策であると考えました。そこでその任を負わされることになったのが、この統一されたイスラーム観を持つパシュトーン人を主とする集団でした。

　元来イスラーム教は、分裂し、互いに相《あい》争う世界を統一するために生まれてきた秩序でもあります。イスラーム以前のアラビア半島には部族間抗争が激しく展開されていましたが、同じ意識を持つことにより、相争う世界から脱皮することができるとの目的をもって臨んだのが、イスラーム教でした。イスラーム教徒は同じ時刻に同じ方向に向かい礼拝し、ある月に全員が断食をし、そしてある一点の場所に向かって巡礼するというような、さまざまな行を団体で行うことにより、同一の意識を持たせるシステムを作り上げているのです。

　ソ連との聖戦を終えたアフガニスタンを襲ったのは、内部の混乱でした。そしてその影響を最も受けたのは、隣国パキスタンでした。一〇以上の言語があり民族があり、そしてその民族自体が部族、氏族に分かれて、統一という言葉からまったく無縁な世界を形成していたアフガニスタンの状況は、常に不安定な政治的環境を生み出し、それがパキスタン政府を悩ませていました。このためパキスタン政府は、アフガニスタンの情勢安定を計るための方法として、統一された一つのイスラームによる統治を選択したのです。パキスタンにとってアフガニスタンの統一こそ、パキスタンの安全保障上必要不可欠なことであり、それは「カシミール問題」の解決にも大きな影響を与えるものでありました。そしてこの統一の任を背負ったのが、タリバンであったのです。

一九九四年九月、ムハンマド・オマル師がタリバンを設立し、その行動を開始しました。タリバンはことにあたり、アフガニスタンに平和を実現し、法と秩序を確立させ、国内の武装解除を行い、一つのイスラーム法を適用することによる統一を行うと宣言し、アフガニスタンに乗り込んでいきました。アフガニスタンの現状に嫌気がさしていたアフガニスタンの南部の住民達、パシュトーン人達がこのタリバンの行動を歓迎し、彼らを迎え入れ、その結果、改革は南部から北部へと展開されることになりました。この時点でのタリバンに対する評判は高く、アフガニスタンの住民達は彼らの進出を歓迎したのです。なぜならばタリバン統治下の地域では、イスラーム法による管理が徹底し、秩序が維持され、平和にして安全な生活が確保されるという現実が生まれたからでした。彼らが期待したイスラーム世界が誕生したのです。

アフガニスタンの老人

しかしこのようなタリバンの姿勢もアフガニスタンの首都カブールを占拠し、ナジブラ大統領が処刑されその遺体が吊るされることになる一九九六年九月以降から、徐々に変貌します。特に九・一一事件の首謀者ウサマ・ビン・ラーデンがアフガニスタンにその拠点を構えていたことによる影響を受けてか、より急進的なイスラーム集団と化していったのです。一九九八年にタリバンはアフガニスタン北部の大部分を支配することになりますが、パシュトーン人以外の民族により構成されている北部同盟を北東の狭い地域に追い込むことに成功しました。

こうしてアフガニスタンの大部分がタリバンの支配下に置かれ、それによりアフガニスタンはムハンマド・オマル師の法解釈の下に統一され、一つのアフガニスタンとして再生したかに見えました。

しかし首都圏支配以降のタリバンのイスラーム法は日々厳しくなり、一切の外来文化との接触を禁じるまでに狂信的になっていったのです。

だがこのタリバンの行動は狂信的であるといえども、それはイスラーム教を離脱したものではなく、きわめて厳しいイスラーム世界であるが、イスラーム教の枠組みの中で理解できるものでした。彼らの行動は原則的にはアフガニスタンに限定されており、たとえ近隣のイスラーム教徒がアフガニスタンに来てイスラーム教の教育と軍事訓練を受け、それが近隣諸国に少なからずの影響を与えたとはいえ、タリバン自体はアフガニスタン限定のイスラーム世界を維持してきたのです。

二〇一五年五月、「イスラム国」はパルミラを占拠したと宣言した

それゆえタリバンに対するアメリカ等の直接攻撃は、イスラーム教が規定する聖戦の成立を可能とする環境を持っているとの法的結論をイスラーム教徒の意見として成立することになりました。アメリカがタリバンを直接攻撃することは、きわめて危険な環境を作り上げるということになる、ということになります。

そこでアメリカはタリバンに対する攻撃を北部同盟に託し、イスラーム教徒同士の戦いという形をとることによってこのような危険は状況に陥らないように戦略の活路を見出そうとしたのですが、アメリカに対する聖戦の成立を覆すことはできませんでした。こうしてアフガニスタンは聖戦の戦士を育てる道場的存在となり、多くのイスラーム教徒がこの地で訓練を受け、外国への新たな戦場に出ることになりました。

「イスラム国」を読み解く

突然の「カリフ国家成立」宣言

イスラーム暦（ヒジュラ暦）の一四三五年、ラマダン月（断食の月）初日に当たる西暦二〇一四年六月二九日、イラクのキルクークの北に位置するアルビルの町から不可解な宣言が世界に発せられました。それはアブー・バクル・バグダーディを「カリフ」とする「カリフ国家の成立」を宣するものでした。宣言は「カリフ国家の領域」は「シリア北部のアレッポからイラク中部のディヤラ県」に及び、世界の全イスラーム教徒は「カリフ」に忠誠を誓うよう求めると告

パルミラ遺跡のレリーフ

げました。

この集団は旧フセイン政権残党、イスラーム武装集団及びイラク西沙漠一帯に散在するアラビア諸部族等との共存体制を形成しながら、シリア、イラク北部国境地帯への攻撃を激化させました。彼らは水と食糧を確保するとともに石油地帯を支配、石油を闇市場へ流して資金を獲得するとともに、非アラブ系、非イスラーム系住民に税の納入か改宗を強要、拒否した者への凄惨な情景を彼らの黒い旗と共に世界に伝えました。それは中世時代を映した映画の一コマのように二一世紀の世界に映し出されました。世界は沙漠の蜃気楼を自宅で見ているような錯覚を覚え、この事態を理解するためにしばらく時間を要しました。そして第一次世界対戦終了後の一九二二年に消滅した「カリフ制」の復活を宣したこの出来事は、世界のイスラーム教徒を一瞬戸惑わせ、イスラーム世界との間に一〇〇〇年にわたる十字軍時代という歴史を持ち、人口の一割を超えるイスラーム教徒と同居しているヨーロッパ世界にとってもこの事件を理解するのには時間を有しました。

だが欧米から取材に来ていた三人のジャーナリストがこの「イスラム国」の手により殺害、続いて二人の日本人も拘束され解放交渉が行われましたが悲惨な結果となるに及んで、この「イスラム国」なるものの存在を強く意識することになりました。さらにこの「イスラム国」にヨーロッパ在住の若いイスラーム教徒が多く参加していることが明らかになるに及んで、欧米世界は緊張の度合いを強めました。それはやがて起きる国内でのテロ事件を想像したからにほかなりません。その結果「イスラム国」対策に本格的に取り込むことの必要性を自覚したのです。加えて国際世界は、この集団に「イスラーム」という名を冠するのは世界に約一六億人いるといわれるイスラーム教徒を刺激するとして、彼らと区別するため「過激組織ＩＳ」という特別な名称をつけ他のイスラーム教徒と区別する配慮を見せました。この「イスラム国」出現に最も迷惑したのが、世界のイスラーム教徒でした。

「イスラム国」はその範囲を「西のアンダルシアからウイグル」までとその範囲を拡大させ、各地の過激組織に「イスラム国」への参加を呼び掛けました。その結果、非アル・カーイダ系集団のボコ・ハラム、アッ・シャバーブ、シナイ半島で活動中の反エジプト政府犯行グループやリビアで行動中の過激団体など幾つかの集団が参加を宣言しました。

「イスラム国」出現の過程

「イスラム国」はさまざまな武装集団で構成されている集団です。フセイン政権崩壊後のイラクは、それまでの恨みを晴らすかのように展開されたイラク・シーア派住民のスンニー派住民に対する復讐で始まり、その後、スンニー派のシーア派に対する復讐劇が幕を開け、イラク世界は騒然たる様子を見せていました。このような状況は二〇〇三年末にフセイン大統領が拘束されてから一段と激しくなり、特にイラク西部は不法地帯となりました。

これと同じ頃、アフガニスタン等で戦闘を続けていたどの宗派に属するかもわからない戦闘的なイスラーム教徒が参入、イラク情勢は一段と複雑な構

中東諸国の人口と宗教の構成比

ここでは中東諸国の人口構成と宗教構成を示します。中東の宗教はそれ自身法を持つ国教のない国家のようなものですから、これをみるとそれぞれの国が複雑なモザイク国家であることがわかると思います。使用した資料は「The Middle East Military Balance 1996」Edited by Mark A. Heller Columbia Univ.Press版です。〈人口単位は千。パーセントは四捨五入〉

アルジェリア　総人口二八、五四〇

アラブ人	二二、四〇〇	76%
ベルベル人	五、五三六	19%
ヨーロッパ人	二七六	1%
その他	三一二	1%
スンニー派	二七、三二四	99%
キリスト教・ユダヤ教	二七六	1%

バーレーン　総人口五七六

アラブ人	四三〇	73%
ペルシャ人	四六	8%
南西アジア人	七五	13%

造のもとでの戦争状態を呈し始め、連日爆破、惨殺事件が多発、イラク情勢の安定化はほど遠いという状況を呈するようになっていました。その中の二〇〇三年九月一〇日、アル・カーイダのスポークスマン役を一時務めたイスラム教学者フティ・シャムジ師と、同組織と連携するイスラム過激派「ハラカトル・ムジャヘディン」の指導者が「アル・カーイダを含むムジャヘディンはイラクで再び仕事場を見つけ結集しつつある」と述べ、アフガニスタンで活動していた過激的なイスラーム教徒がイラクに活動の場を移したことを明らかにしました。そして一年後の一二月末にカタールの衛星テレビ放送アル・ジャジーラがウサマ・ビン・ラーデンの声明とされる録音を放送し、アブー・ムサブ・アル・ザルカウィをイラクにおけるアル・カーイダの指導者と認定するとし、イラクのイスラム教徒に対して「ザルカウィの言うことを聞くように」と呼びかけました。

この時点で過激集団は旧バース党・軍、イスラム過激派ら二～三万人で、潜在的シンパはスンニー派三角地帯を中心に約二〇万人とイラク情報機関が指摘し、旧フセイン政権幹部がシリア国境を自由に行き来しながら武装勢力の指揮や資金援助にあたっていると報告されています。そしてアメリカのCIA（中央情報局）はその報告書で、イラクがアフガニスタンに代わって次世代のテロリストの養成所となっている現状が明らかになり、テロリストが新たに補充、訓練され、イラクで生き残ったテロリストの一部が将来、他の国々に散らばっていく可能性もあると指摘しています。このようにイラクに

その他	三四	6%
シーア派	四〇三	70%
スンニー派	一七三	30%
バーレーン国籍	三六三	63%
他のアラブ国籍	五七	10%
南西アジア国籍	七五	13%
イラン国籍	四六	8%
その他国籍	三四	6%
エジプト	総人口六二、三六〇	
アラブ人	六一、三六〇	98%
ヌビア人	六二	0.1%
ギリシャ人・イタリア人・アルメニア人	六二三	1%
その他	三一五	0.5%
スンニー派	五八、六一八	94%
コプト教・キリスト教	三、七四二	6%
イラン	総人口六四、六〇〇	
ペルシャ人	三二、九〇〇	51%

は明確ではない武装集団が多く存在し、冠せられた名も自称他称さまざまであり、それが不透明感を一層深めると同時に不可解な破壊活動が展開されて、イラク情勢は複雑化し、混乱は混乱を呼ぶようになっていったのです。

　この混乱のイラクで二〇〇四年の末、「イラク・イスラム国」の人質となっていた仏人記者が、今から考えると大変興味深い手記を発表しました。手記では「イラク・イスラム国」の目的がイスラム教原理主義にもとづく「カリフ国家」の再現にあると述べ、組織はスンニー派でフセイン政権残党も参加しており、アラブ諸国の政権を倒し、アンダルシアから中国国境までカリフ国家を再現するのが目的で、打倒する政権の優先順位は「サウジアラビアとエジプト」と記者に話したと伝えています。

　二〇〇六年一〇月、スンニー派武装組織連合体「ムジャヘディン評議会」の指導者アブー・オマル・バグダーディが、同評議会指導者としてイラク西部一帯での「イスラム国」樹立を一方的に宣言したというニュースが流されました。「ムジャヘディン評議会」とは、イラクで活動していたさまざまな武装集団が参加している評議会です。続いて翌年の二〇〇七年四月一九日、「イラク・イスラム国」がインターネットで一〇人の「閣僚名簿」を発表し「最初のイスラム教徒による政府」の樹立を宣言しました。首相・戦争相にアブー・ハムザ・ムハージル幹部が就任、石油・イスラム法、殉教者・拘束者担当、情報などのポストを置き、バグダードを含む中西部のスンニー派八県を「国土」とするとの声明を出しました。

アゼル人	一五、五〇〇	24%
マザンダーラ人・ギラーキ人	五、一七〇	8%
クルド人	四、五二〇	7%
アラブ人	一、九五〇	3%
バルーチ人	一、三〇〇	2%
トルコ人	一、三〇〇	2%
ロル人	一、三〇〇	2%
その他	六四〇	1%
シーア派	六一、三七一	96%
スンニー派	二、五八〇	4%
キリスト教・ユダヤ教・ゾロアスター教・その他	六五〇	1%

イラク　総人口一五、一四〇

アラブ人	一五、一四〇	74%
クルド人	四、四五〇	22%
トルコ人	四九五	2%
アッシリア・その他	五一五	3%
シーア派	一一、三三〇	55%
スンニー派	八、六五〇	42%
キリスト教・その他	六二〇	3%

この組織が本当に稼働していたのかどうかはわかりませんが、この時点での「イスラム国」の発表には、世界はあまり注目しませんでした。しかし「イスラム国」が発表されたのが二〇一四年の六月末であることを考えると、二〇〇四年から約一〇年かけて目的の第一歩を踏み出したことになります。こうして見ると、この「イスラム国」は昨日今日の思いつきでできた計画ではなく、相当長い準備期間をおいて出現したことになります。このことからこの「イスラム国」を、世界が望んでいるように消滅させることは、思っているほど単純にはいかないということになります。また打倒政権の優先順位のトップにサウジアラビアとエジプトをあげたということは、現在のイエーメン問題を考えると非常に興味深いものがあります。

アル・カーイダとの関係は

世界が関心を持っているテロ組織といえば「アル・カーイダ」ですが、「アル・カーイダ」と「イスラム国」の関係があまりはっきりしていません。「アル・カーイダ」の指導者ウサマ・ビン・ラーデンは、二〇〇四年末に指導者の座を若いときから共に活動していた友人で、かつて「エジプト・ムスリム同胞団」で活動して国外退去処分となっているアイマン・ザワヒリに譲り、自らイスラーム法学者である「シェイフ」を名乗って引退していていました。しかし彼は引退直前にアブー・ムサブ・アル・ザルカウィをイラクに置ける「アル・カーイダ」の指導者と認定、イラクのイスラーム教徒に対して「ザルカウィの言うことを聞くように」と呼びかけています。

イスラエル

	総人口五、六一九	
ユダヤ人	四、五五〇	81%
アラブ人・ドルーズ人・その他	一、〇七〇	19%
ユダヤ教	四、五五〇	81%
イスラーム教	八一三	14%
キリスト教	一六三	3%
ドルーズ教・その他	九四	2%

ヨルダン

	総人口四、一〇一	
アラブ人	四、〇一九	98%
アルメニア人・その他	八三	2%
スンニー派	三、七七三	92%
キリスト教・その他	三二八	8%

クウェート

	総人口一、八〇〇	
アラブ人	一、四五〇	81%
イラン人	七〇	4%
南アジア人	一六	1%
その他	一二	1%

この時点では「イラクのアル・カーイダ」と「イラク・イスラム国」は、「バグダーディ」が最初の「イスラム国」を宣言した二〇〇四年から二〇〇六年末までの間は共闘関係にあったようです。しかし二〇〇六年六月八日、「イラクのアル・カーイダ」の指導者アブー・ムサブ・アル・ザルカウィがヨルダンとアメリカの手により暗殺されたことから、両者の間に溝が生じたようです。

二〇〇七年四月五日「イラク・イスラム国」はインターネットで声明を発表し「師ウサマ・ビン・ラーデンよ、責任をもってアル・カーイダの活動をただすべきだ」とイラク国内でのアル・カーイダの暴走を止めるよう訴えます。その理由は「イラクのアル・カーイダ」が「自分たちに忠誠を誓わない」として「イラク・イスラム国」のメンバー三〇人以上を殺害したほか、スンニー派宗教指導者や一般市民の殺害を行ったことによるものでした。「イスラム国」はスンニー派集団から援助を仰いでいると思われることから、それを横取りしようとしたのか、それとも暗殺された指導者アブー・ムサブ・アル・ザルカウィの復讐をしたのか判明しませんが、「イラクのアル・カーイダ」は「イスラム国」と袂を分かち合ったようです。いずれにしろ両者の関係は相対することとなったのです。

この「イスラム国」の声明で注目すべきは、アイマン・ザワヒリが「アル・カーイダ」の指導者であるはずですから、バグダーディは彼に苦情を述べるのが正当であるのに、ウサマ・ビン・ラーデンへ抗議したことです。実

スンニー派	九九〇	55%
シーア派	五四〇	30%
キリスト教・その他	二七	15%
クウェート国籍	八一〇	45%
他のアラブ国籍	六三〇	35%
南アジア国籍	一六	9%
イラン国籍	七	4%
その他国籍	一二	7%

レバノン

	総人口三、七〇〇	
アラブ人	三、五一五	95%
アルメニア人	一四八	4%
その他	三七	1%
シーア派	一、一八四	32%
スンニー派	七七七	21%
ドルーズ教	二二〇	6%
アラウィ教	三七	1%
キリスト教	六二九	38%
その他	七四	2%
レバノン国籍	三、二二七	87%
パレスチナ国籍	四一八	11%
その他	五五	2%

はアイマン・ザワヒリは、アブー・ムサブ・アル・ザルカウィの行動に対して「支持者を減らすことになる」とする警告を二〇〇五年一〇月にしているのですが、無視されたようです。この事実が意味するところは、アイマン・ザワヒリに「イラクのアル・カーイダ」をコントロールする力がないということです。この事件以降、「イスラム国」は、カリフ制を唱える「イスラム国」宣言をする二〇一四年六月末までの間、内部整理にそのエネルギーを注ぐことになります。

八年前に出されていたスウェーデン人風刺画家暗殺司令

「イラク・イスラム国」を宣言したバグダーディは、二〇〇七年九月一五日、ウェブサイト上に声明を出し、イスラム教の預言者ムハンマドの風刺画を描いたスウェーデン人漫画家を殺害した者に一〇万ドルの賞金を出すことを表明しました。また掲載した日刊紙の編集長にも五万ドルの賞金をかけていると、あわせて発表しました。

この暗殺司令は、二〇一五年一月七日午前から一月九日の夕刻にかけて実行されました。フランスの「シャルリー・エブド社」を襲撃し、編集会議に参加していた編集者、漫画家を襲い一二名を殺害します。こうして預言者ムハンマドを風刺した漫画家、新聞関係者に対するバグダーディの命令を敢行しました。犯人はアルジェリア系フランス人でパリ出身の三四歳と三二歳の兄弟でしたが、兄弟の一人は二〇〇五年にイラクに渡りジハーディスト（聖戦の戦士）となると計画し事前に発覚、執行猶予のついた有罪判決を受けて

リビア 総人口五、二五〇

アラブ人・ベルベル人	五、〇九三	97%
その他	一五七	3%
スンニー派	五、〇九三	97%
キリスト教・その他	一五七	3%

モロッコ 総人口二、九一〇

アラブ人	一七、三四〇	60%
ベルベル人	一一、四九〇	39%
ヨーロッパ人・その他	二六二	1%
スンニー派	二八、七二〇	99%
キリスト教	三二〇	1%
ユダヤ教	五	0.02%

オマーン 総人口二、一二五

アラブ人	一、九二五	91%
その他	一九九	9%

いました。

この事件に関してイエーメンに在する「アラビア半島のアル・カーイダ」を名乗るナセル・ビン・アリ・アンシ師が「アッラーの使者であるイスラーム教の預言者ムハンマドのための復讐として、アル・カーイダの最高指導者アイマン・ザワヒリによって命じられた」とインターネットで発表しました。同師は「標的を選び、構想を練り、計画に資金を提供したのは『アラビア半島のアル・カーイダ』の指導部だ。我々の最高指導者アイマン・ザワヒリの命令に従った。英雄達は選ばれ、その使命を果たした」と語っています。バグダーディが指令を出したのは二〇〇七年の九月で、「イスラム国」は「イラクのアル・カーイダ」との間に問題を起こしていた時です。その時から七年あまり経って実行された暗殺事件は、はたして「アラビア半島のアル・カーイダ」の手によるものか、もしくは「イスラム国」の手によるものかは判明しません。

しかし二〇〇七年に出された暗殺司令が七年後に実行されたことは間違いありません。九・一一事件を起こしたエジプト人技術者の「ムハンマド・アタ」の場合も、ウサマ・ビン・ラーデンのもとで一〇年余りの間、企画から訓練、実行までかかったといわれております。今回の事件ははたして「イスラム国」の手によるものか、それとも「アラビア半島のアル・カーイダ」の手によるものかは不明ですが、総額一五万ドルの懸賞金を出すことを申し出て実行者を募集した「イスラム国」の行動から、「イスラム国」にはその能

イバーデ派	一、五九〇	75%
スンニー派	三九九	19%
シーア派	一三一	6%
パレスチナ		不明
スンニー派		90%
シーア派		10%
カタール	総人口五三四	
アラブ人	二一三	40%
パキスタン人	九六	18%
インド人	九六	18%
イラン人	五三	10%
その他	七四	14%
スンニー派	三七五	70%
シーア派	一二九	24%
その他	二九	6%
サウジアラビア	総人口一、八七三	
アラブ人	一、七一二	91%
アメリカ系アラブ人	九三六	5%
その他	六七四	4%

力がなかったと判断されるでしょう。それを「アラビア半島のアル・カーイダ」が行ったことによって「イラクのアル・カーイダ」が受けた屈辱、「ザルカウィ暗殺事件」のお返しをしたことになるかもしれません。

「イスラム国」はカリフ制復活を宣言しました。
この「カリフ制の復活」は、多くのイスラーム教徒を戸惑わせ、一時的混乱に陥れました。

なぜ「イスラム国」には若者が集まるのか

それればかりではありませんでした。「カリフ制の復活＝預言者の後継者の登場」は多くのスンニー派イスラーム教徒に預言者時代の再建と映りました。特にヨーロッパ格差世界に住むイスラーム教徒達にとっては、沙漠的格差世界を是正した預言者時代の再到来として夢を抱いたのかも知れません。

二〇一五年二月、アメリカ政府国家テロ対策センターが発表した数字によると、「イスラム国」に参加している欧米人の数は三四〇〇人あまりで、アラブ諸国を入れての参加国は九〇ヵ国に及び、その総数は二万人に及ぶといわれています。

その彼らを「イスラム国」に引きつけたものがイスラームそのものであったようです。特に預言者時代のイスラーム世界が、彼らを引きつけたといわれています。

実は預言者時代のイスラームが抱え、解決すべき重要な問題が、今日いわれている「格差世界」の是正でした。それは現在の世界が抱える大きな問題「格差世界」と重ね合わせて理解される同じ内容を持つものでした。不毛の

スンニー派	一、七二五	92%
シーア派	九三六	5%
その他	五四三	3%
サウジ国籍	一、三六〇	73%
その他	五一一	27%

スーダン 総人口三〇、一二〇
不明（アラブ人・ナイロト人・ネグロ・その他）
不明（スンニー派・アニミズム・キリスト教）

シリア 総人口一五、四五二

アラブ人	一三、九〇〇	90%
クルド人・その他	一、五〇〇	10%
スンニー派	一一、四三五	74%
アラウィ派・ドルーズ教・シーア派	二、四七〇	16%
キリスト教	一、五四五	10%

沙漠という世界が能力のない者の生存を拒み、それゆえ人間世界の荒廃をもたらし、持てる者、持たざる者の格差が支配する世界、それがイスラーム以前のアラビア半島でした。そこに登場したイスラームというアッラーの法は「アッラーの前の奴隷としての平等」と「アッラーへの納金」を命じ、すべての住民を身分上の格差世界から解放し、アッラーの手によって富の分散を行い、経済的格差世界を崩壊させ、沙漠の住民を格差世界の苦しみから解放したのです。

「格差世界」の崩壊を成し遂げ、能力あるゆえ恵まれた者、能力のないゆえ恵まれない者も名誉を傷つけることなく、共に共存できる世界、「ダール・サラーム」と呼ばれる争いのない平和な世界が現実に預言者時代に登場したという歴史的現実を、格差世界の中で苦悩していた彼らが知った時から、彼らはその再現を夢見るようになっていったのです。「イスラム国」が宣言された時、欧米在住の閉塞的環境で未来を見失っていた若きイスラーム教徒は、それをまさに一条の光にも似たニュースと感じたに違いないでしょう。

　こうしてこのニュースは、欧米やアラブ、アフリカおよびその他の地域に住む若きイスラーム教徒に旅支度を急がせることとなりました。「イスラム国」がネットを使用して世界から若者を集めたというよりも、格差世界の中で明日を見ることのできなかった若きムスリム達が自ら「イスラム国」への旅を望んだという現実は、無視できないことです。

　しかし若者が期待する「イスラム国」の将来は暗澹たるものです。サウジ

チュニジア　総人口八、八〇〇

アラブ人・ベルベル人	八、六二四	98％
ヨーロッパ人	七〇	1％
その他	一〇六	1％
スンニー派	八、六二四	98％
キリスト教	八八	1％
その他	八八	1％

アラブ首長国　総人口二、九二〇

アラブ人	一、四六〇	50％
南アジア人	一、二八〇	44％
その他	一八〇	6％
スンニー派	一、八二五	63％
シーア派	四三八	15％
その他	六五七	22％
首長国国籍	五五五	19％
他のアラブ国籍	六七二	23％
南アジア国籍	一、四六〇	50％
その他	二三三	8％

アラビアやイランのように独特なイスラーム神学も法学も哲学もなく、単なる武装集団であるという線を越えていない「イスラム国」の将来は、そこには分裂して消滅するという終末論が見えてきます。アメリカ的文化からイスラーム世界を守ることに徹したウサマ・ビン・ラーデンのような思想と決意もない「イスラム国」の存在は、集まった多くの若者に破壊のテクニックを教えましたが、イスラーム教の神髄を教示したとは思えません。その意味では歴史に大きな責任を負わされる集団であるといえましょう。

過激派組織を支えるもの

イスラームの運動、組織とその資金

九・一一事件と呼ばれるニューヨーク同時多発テロ事件が起きた時、アメリカは、ウサマ・ビン・ラーデンの捕縛もしくは殺害、その組織アル・カーイダの消滅、そして彼の保護者と見られたタリバン指導者ウマル師の捕縛もしくは殺害、タリバンの壊滅を目標とする行動を直ちに起こしました。その結果、ウサマ・ビン・ラーデンは殺害されましたが、アル・カーイダは生き残りました。オマル師もタリバンも存在しています。しかもこの組織がどのような組織であったのかさえ、いまだに不明のままです。特に誰が組織を動かしていたのか、また誰が幹部で何人いるのか。誰がオマル師について重要人物であったのかという内部構造についても、不明のままです。そればかりか九・一一事件が本当にウサマ・ビン・ラーデンが直接命令し、本当に彼の組

イエーメン	総人口一四、七三〇	
アラブ人	一三、五〇七	92%
アフリカ系アラブ人	九二八	6%
その他	二九四	2%
スンニー派	九、一三三	62%
ザイド派	五、三〇〇	36%
イスマーイール派	七五	1%
その他	二二二	2%

織の中枢が計画したものであるのかどうかも不明です。誰が命令し、誰が具体的な計画を立て、その資金はどのようにして調達されたのかも不明です。またアメリカはウサマ・ビン・ラーデンに関係する資金の流れを遮断することを行いましたが、それが本当に効果を上げているかどうかも不明です。

ふつう我々が理解している組織論から見れば、世界中で活発に活動している組織であるならば、あるいは指導者であるならば、もっとその内容が明らかになってもよいはずであるのにもかかわらず、その実体がいまだに明らかではないのです。

その理由は、我々の考えている組織なるものと、彼らの考えている組織なるものが根本的に異なっていることから起きているといえます。組織がすべての活動の舞台であり、組織がものを動かす基本的なものであるという日本人の考え、感覚とは異なり、彼らの組織論と日本人の組織論は根本に異なっているがゆえに、彼らの組織を理解することができないという結論に到達せざるをえないのです。

典型的な農耕民族たる日本人にとって、完全な組織を持たずして行動を展開するという習性は備わっていません。日本人の場合、そのパワーは組織により生み出されるものです。しかし遊牧牧畜的世界特有の彼らの生活環境は、彼らに日本人と異なった独特の行動感覚を与え、その結果、彼らの行動を決定するのものは個人であり、組織ではないのです。彼らのパワーは組織から生まれず、個人個人のパワーから生まれるものなのです。

アラブ人が展開する戦争においても、組織された軍隊による行動よりも、テロやゲリラ戦法という個人レベルによる戦法を彼らが戦場で得意とするのは、このような彼らの性格によるものです。現在のパレスチナで展開されているイスラエルとの抗争においても、パレスチナ側はあくまでも個人レベルでの戦法を好み、反対にイスラエルは組織された戦法を展開していることがそれを証明しているといえます。イスラエルはこのようなパレスチナの行動をテロであると抗議し、パレスチナ側はテロではなく正式な戦法であるとの反論を展開し、その意見の擦《ず》れを見せていているのは、異なる民族的性格が背景に存在しているからです。

彼らがこのような非組織的感覚を持っているということは、イスラーム世界が組織化されていない世界であるということによって、きわめて明確に理解されます。アッラーは、イスラーム教徒を奴隷として平等に扱い、直接的に命令するものとして認識されています。アッラーとイスラーム教徒の間には何者も存在せず、個々の教徒とアッラーが直接結びつくというのが大原則です。それゆえイスラーム世界には僧侶も、牧師も、神父もおかず、また寺院も存在せず、聖なる場所と俗なる場所の区別もないのです。イスラーム教徒になったアラブ人がごく簡単にイスラーム教を理解できたのは、その遊牧的性格によるものであったのであろうということは本書の第1章で詳しく述べた通りです。

イスラーム運動を展開している集団が「ジャマイーヤ・トル・イスラミー

ヤ」などと呼ばれる名称を付けますが、この意味は「イスラーム教徒の集まり」というような意味であり、翻訳される「イスラーム協会」という組織的名称とは少々意味合いが異なっています。この翻訳された「イスラーム協会」という名詞を通してこの集団を考えると、そこには会長がいて副会長がいて、事務局長がいて、組織部長とか、運動部長とかという役職名をもった人間がいると考えるようになります。しかし実際は、まとめ役の人物を中心として、ただ同じ考えを持っているイスラーム教徒が集まっている「集い」というのが現実の姿です。「組織」というよりも「集まり」というようなものであり、ふだんは存在しているのかいないのかも明らかでない場合が多いのが普通です。タリバン、アル・カーイダという組織にしても、ウマル師とウサマ・ビン・ラーデンという人物の持っている人間的魅力が人を集め、とりわけ集まったイスラーム教徒には生活の心配のいらない世界が与えられることから、人が集まるという世界が作り上げられたのです。特にウサマ・ビン・ラーデンの場合、何らのイスラーム的権威がないのにもかかわらず多くの人間が彼のもとに集まったのは、その豊富な資金力と彼のカリスマ的魅力であり、「アル・カーイダ」の意味は「兵站《へいたん》所」というアラビア語に定冠詞「アル」を付けた普通名詞であり、外国人が勝手に固有名詞化したものにほかなりません。

　彼と集まったイスラーム教徒との関係は、ちょうど蜂の世界の女王蜂と蜂に似ています。もちろんこの場合多くの蜂は働き蜂ではないのがふつうで、働き蜂は女王蜂そのものであるところが我々の知っている蜂の世界とは異なります。ウサマ・ビン・ラーデンとその友人達が、すべての生活の面倒を見、拘束することもなく出入りの自由なキャンプを設営していたということでしょう。

さて問題は資金です。イスラーム世界では基本的に難民が発生しないようになっています。なぜならばイスラーム世界の基本は「アッラーによるイスラーム教徒の救済」にあるからです。よってイスラーム教のシステムを持っている国では病院、学校等はすべて無料というのが一般的で、特にイスラームを学びたいというイスラーム教徒に対してその経費全額の面倒をイスラーム世界が見るというのが普通です。

問題は、このようなことに費やされる資金をどうやって集めるのかということです。イスラーム教においては、あらゆる富はアッラーの所有するものであるとする基本的な考えがありますが、この考えが基本となってイスラーム教徒に「寄付行為」が義務づけられ、任意化されています。

本書第4章の「雑学イスラーム教案内」で詳しく紹介しましたように、イスラーム世界には「ザカート」と呼ばれる義務的寄付行為と「サダカ」と呼ばれる任意的寄付行為があります。「ザカート」は義務的寄付行為であるから統治者もしくは政府によって集められ、アル・クラーンに記された用途に対して使用されます。病院、学校、食料への補助金、福祉政策等への使用が現在においてはその主たるものはこの資金が充てられるのがふつうです。

「サダカ」は完全に個人の意志による行為であり、時には贖罪《しょくざい》の意味を持つものでありますが、日頃あまり礼拝ができないからとか、断食月に断食ができなかったからとかという戒律を守ることができなかった時などは贖罪の意味を込めてこの「サダカ」という寄付行為が行われます。しかし「サダカ」の主たるものは「ザカート」では補えないところを補う形で一般のイスラーム教徒が行う行為がその主たるものであり、礼拝所に付属して置かれている「サダカ」を集める専用デスクに無記名で置かれるのが常です。しかしいずれにしても「サダカ」を行った者が誰であるかは知らされないことになっています。またその「サダカ」がどう使われたかも知らないのが普通です。なぜならば「ザカート」「サダカ」の管理配分はアッラーに任されたものであり、人は単なる管理者にすぎないからです。

このようにイスラーム世界においては、資金を出す者と使う者の関係が明確でない資金が大量に流れていることになります。九・一一テロの実行犯ムハンマド・アタも、何らかの理由を付けてこのような資金を使用したものと思われます。もちろんウサマ・ビン・ラーデンもまたタリバンのウマル師もその資金を提出した可能性はあるといえるでしょうが、それを証明するものはありません。

イスラーム運動の活動資金は参加者自身が作り出すものばかりではなく、公的に流れる資金が流用されるケースが決して少なくはないのです。よってムハンマド・アタが集めた活動資金も、ウサマ・ビン・ラーデンやタリバンのオマル師から直接出ただけの資金だけではないものと思われます。ましてや現在はインターネットの時代です。誰かが全世界のイスラーム教徒にアメリカのイスラーム教徒救済のために資金を呼びかけ、その結果差出人不明の金が集まったとしても、おかしくはないのです。このような救済システムが一四〇〇年あまりにわたってイスラーム世界では維持されているのです。「ザカート」と「サダカ」というアッラーとの契約を果たした人は、「最後の審判」において「天国への道」が用意されているという約束をアッラーは忘れてはいない、という信頼が教徒の中に存在している限り、資金が不足することはないでしょう。将来イスラーム世界が拡大することを考えると、イスラーム・マネーは尽きることがないように思えます。

非組織的センスを潜在的に持つ遊牧的民族がイスラーム共同体を作り上げ、それを他の民族が継承しました。アラブ世界に近いアフガニスタンやパキスタンにおけるイスラーム活動を展開している組織が不明確なのも、そのような理由が根底にあろうと思われます。遊牧的世界の中で生まれたイスラームという組織は、空に浮かぶ雲のようなものであり、その破壊は難しいでしょう。

エピローグ

日本と異なり中東の住民の意識は、基本的にいまだ国家にはなく、その心の拠り所は宗教にあります。彼らは、国を捨てることはあっても宗教を捨てることはありません。これは中東に居住するキリスト教徒、ユダヤ教徒にしても同様で、国籍を変えることに抵抗のない彼らでも、宗教から離れたり、改宗するということはきわめて稀なことです。

今中東世界を中心として激発しているイスラーム運動は、イスラーム教徒がキリスト教徒を改宗させるための運動を展開しているのでもなければ、ユダヤ教徒を中東から追い払うために動いているものでもありません。それはイスラーム教徒自身、イスラーム教への意識を自ら後退させざるを得ない時代の中に置かれていることから生まれている現象です。

すなわち、イスラーム教は、近代国家主義の台頭にともなって自然発生的に生まれた政教分離という現象に反発しているのです。

超宗教的意識である国家意識の誕生は、これまであった秩序を根底から変革する問題を提起しております。これまでの間、中東世界は部族意識から宗教意識へという変革の歴史を歩んできました。だがいまだ部族主義が完全に消え去っていないうちに、超宗教意識としての国家意識が登場してきたのです。今日見られる騒動の背景を形成しているのは、この宗教という不滅のアイデンティティが変化せざるを得ないという時代の流れに対する反発であるといえましょう。

これまでイスラーム世界は、さまざまな文化との出合いにおいてその都度激しいイスラーム運動を展開してきました。それは九世紀半ば、アラビア半島から豊かな三日月地帯へと移住を開始し、先住文化との接触を始めた時から開始されたものでした。それゆえ今日のイスラーム運動は、日本人にとって目新しいものであっても、彼らにとっては目新しい問題ではなく、ごく慣れた世界であるのです。すなわち、このイスラーム運動はイスラーム世界においてはきわめて自然な動きであると受け止められており、その意味で人の皮膚の新陳代謝にもそれは似ているといえるでしょう。

しかし中東世界に居住する人の大部分が拠り所としているアイデンティティは宗教であり、超宗教主義たる国家主義の台頭を好ましいとは思っていませんが、すべてのイスラーム教徒がそのような意識を何よりも強く持っているというわけでもありません。イスラーム教をただ単なる信仰であるいう範囲での認識を有している者もおります。このような教徒にとって国家意識の台頭は、それほど衝撃的な問題とはなっていないのです。特に大地と密接な関係のある農耕型のイスラーム教徒には、属宗的性格よりも属地的性格が強く、強い宗教心よりも日本人のように大地に対する心を持っている者が多いのです。このような教徒は、預言者時代に回帰するという激しいイスラーム運動をあえて遂行するという考えを持ってはいないように思えます。彼らの中には、激しいイスラーム運動の展開にむしろ批判的でさえある教徒がいる場合があり、近年アラブ世界を賑わした「アラブの春」現象もそのような集団が集まり動かされたものでした。

だが今問題となっているイスラーム運動家達は、このような属地的性格を強く持つ教徒ではなく、属宗的性格を強く持つ教徒達によって展開されている運動であり、彼らにとっての敵はそれぞれが所属している自分たちの国家そのものであるとの認識を持っています。国家を倒し、もしくは国家に対して本来のイスラーム世界に回帰せよと要求する教徒の集団であるといえましょう。すなわち国家意識をまったく持つことができない集団が、イスラーム運動家の特徴であるといえましょう。だがこのようなことは、中東と異なる風土、歴史観、宗教観を持つ我々日本人には不可解なことです。

日本がアラブを知るようになったのは、一九七三年の第一次石油ショックでした。以降多くの人が中東、イスラーム教、アラブ等の名称で表現されるこの地域への関心を持つことになりました。それ以前はアラブ人、アラブ世界はまったく未知なる存在でした。そこで彼らから発せられる行動に大いに戸惑うことになりました。特に何人かの日本人がイスラーム教徒に襲われ命を落とすという事態に遭遇してからは、このアラブ、イスラーム世界に対する関心は、かつての新しい世界を知るという楽しい興味から離れ、恐れ・恐怖をともなった世界へのアプローチという、以前とは異なった興味への接近という状態に置かれるようになりました。

とりわけ欧米諸国からのアラブ、イスラームに関するニュースにおいて、「テロ」「過激派」などの言葉が「アラブ」「イスラーム」の形容詞として使われる形で伝えられることから、それが本当の姿を表現しているのかという疑問が生まれ、一九七三年の時とは異なった興味が生まれました。

特に「九・一一事件」、それにともなう「アル・カーイダ」という組織、「ウサマ・ビン・ラーデン」なる人物、アメリカが攻撃した「タリバン」そして「イスラム国」登場と日本人の犠牲、となるに及んで、日本人の関心はイスラーム教とテロとの関係に注がれました。フランスの出版社が襲われ、アメリカで開催中だった預言者ムハンマドの風刺画展への攻撃などが発生するに及んで、不安と謎の中でイスラーム教への関心を高めました。そして同時に「宗教と人間の関係」についても強い関心が持たれました。

日本という島国と違い、大陸世界では未来永劫に維持される国境というものはありません。これは未来永久に続く国家が存在しないということを意味します。それゆえ人はそれぞれの心の中に国境を持つ必要が生まれました。人間は何かに属していなければ生きていけない動物だからです。この「何か」が「宗教」であるといえましょう。日本人の思考に合わせて表現すると「宗教は律法、哲学、理念を持つ見えない国家である」といえるでしょう。

近代になり国家が作られ、人はいずれかの国家に属さなければならなくなりました。こうしてさまざまな宗教が共存することになりましたが、国家の宗教を選択する必要性が生まれました。最もパワーの強い宗教が国家の宗教となりましたが、時代が進むにつれて国民という概念が生まれ育ってきました。こうして国家と宗教の問題が発生し、政教分離が近代化の象徴のように見られるようになりました。

だが国民という概念には、国家理念が必要です。それがない国では、国民の心は不安定になります。今、中東および中央アジアの諸国では、政教分離国家への道を政府が模索していますが、宗教が人に与えてくれたのと同じぐらい強い意識・理念を、国家が与えられるかが問題です。すなわち国家理念が明確であり、人が引きつけられるものを国家が備えなくてはなりません。それが具備されていない国家のもとでは、民は再び古巣に戻ろうとするのです。これがイスラーム教運動の根底にある理由の一つであるといえましょう。イスラーム教に代わる国家理念が国家の礎に存在しなければ、旧秩序であるイスラーム教に戻るという現象も当然のことなのです。すなわち、イスラーム教運動は新秩序の確立が十分でない中で見せた彼らの存在意識の一表現であるともいえるのです。

近代的教育を受けた医学者、教育者、数学者、科学者等々とおよそ宗教とは関係のなかった人達が、ある年代に達すると突然としてイスラーム過激運動に挺進《ていしん》するという現象も、国家理念未成立に対する不満がなしたものとも解釈されるでしょう。

イスラーム教は若い律法の宗教です。それゆえエネルギッシュです。五〇〇〇年の歴史を持つ彼らにとって、一四〇〇年余りの歴史は、つい昨日生まれた宗教のように思えるのです。日本人は聖徳太子の言葉を現在の世界に復活させるなどと誰も考えないでしょう。しかしイスラーム教世界では二四時間、すべての教徒が同じ法の下で生活し、そのことについて語り、本を読み、言葉を聞いているのです。大陸民族の持つ時間感覚と島国民族の時間感覚のずれの大きさを感じないわけにはいきません。

今後もイスラーム教徒の動きはより活発化するでしょう。そのたびに日本は大陸民族への研修を積むことになるでしょう。そこでより多くの時間を異文化の勉学にあてざるをえないでしょう。

幸い今やインターネットの時代です。それはあたかもあなたの部屋にイスラーム教に関する本が山のように積まれているようなものです。「アル・クラーン」の朗唱も聞けますし、「アザーン」（礼拝の呼びかけ）に耳を傾けることもできます。もはやその気になれば、資料は身辺に山積みされています。イスラーム教は、あなたのすぐそばにその知識の層をしのばせているのです。

＊　＊

本書の出版にあたり、昭和経済研究所アラブ調査室研究員、瀧田眞砂子氏からの資料提供などのご助力を得たことに深く感謝します。また本書の出版にご尽力頂きました東京堂出版第一編集部の吉田知子氏に感謝、御礼申し上げます。

ヒジュラ暦一四三六年（西暦二〇一五年）ラマダン月初日

渥美　堅持

本書は、1999年に小社から刊行しました『イスラーム教を知る事典』を改題し、大幅に加筆・修正を行い、新たにまとめたものです。

本書において現代では不適切な表現が含まれているものもありますが、当時の社会意識や認識を反映したものであり、その歴史性を考慮してそのまま収録しています。

本書掲載の系図などの図版は、『新イスラム事典』（佐藤次高・編者代表、日本イスラム協会監修、平凡社）などを参照にし、作成しました。

また写真の主な出典は、以下のとおりです。

「銅版画」:『アラブ文明誌』グスターファ・ルーブン著より転載。

380頁：著者提供。

その他は、フォト・ライブラリー。

渥美　堅持（あつみ・けんじ）

1938年、北海道に生まれる。1964年、拓殖大学政経学部卒業。卒業後エジプト共和国開催の世界青少年会議に参加のため渡航、アズハル大学に政府官費留学生として滞在。1971年帰国。1975年、国際商科大学に奉職と同時に財団法人昭和経済研究所内にアラブ調査室を開設、室長としてアラブ政治情勢分析を関係各位に提供、中東季報の刊行を開始し、財団法人中東協力センターニュースに毎月アラブ政治情勢分析を25年にわたり発表。情勢分析報告会を開催、情勢分析活動を展開。陸・海・空自衛隊幹部学校、警察大学校、関東管区警察学校、筑波大学大学院、拓殖大学大学院、千葉商科大学等で講義。アジア親善交流協会企画委員、エネルギー情勢調査会研究員、拓殖大学海外事情研究所客員教授、拓殖大学イスラーム研究所客員教授。2008年、東京国際大学を定年退職。
現在は財団法人昭和経済研究所アラブ調査室室長、東京国際大学名誉教授、田中塾塾長、扶桑塾塾長、アラブ戦略問題懇話会代表世話人。専門はアラブ政治情勢分析。主な著書に『イスラーム教を知る事典』、『イスラーム過激運動』（いずれも東京堂出版）、『図解　イスラーム教とその運動』（立花書房）、ほか。その他論文多数。

イスラーム基礎講座

2015年７月７日　初版印刷
2015年７月17日　初版発行

著　　者　渥美　堅持
発 行 者　小林　悠一
発 行 所　株式会社 東京堂出版
〒101-0051　東京都千代田区神田神保町1-17
電　話　(03)3233-3741
振　替　00130-7-270
http://www.tokyodoshuppan.com/
装　　丁　斉藤よしのぶ
図版製作　藤森瑞樹
D T P　株式会社 オノ・エーワン
印刷・製本　東京リスマチック株式会社

ISBN 978-4-490-20912-9 C0036